J 17227

Paris
1871

Chaignet, Anthelm-Edouard

La vie et les écrits de Platon

LA VIE ET LES ÉCRITS

DE PLATON

OUVRAGES DU MÊME AUTEUR.

Vie de Socrate. 1 vol. in-12 . . . . 3 fr.
Des Principes de la Science du beau. Ouvrage qui a obtenu une mention honorable de l'Académie des sciences morales et politiques. *Paris*, 1860. 1 fort vol. in-8. 7 fr. 50
De la Psychologie de Platon. Ouvrage couronné par l'Académie française. *Paris*, 1862. 1 vol. in-8. . . 5 fr.

LA VIE ET LES ÉCRITS

DE

PLATON

PAR

A. ED. CHAIGNET

Professeur de littérature ancienne à la Faculté des lettres de Poitiers.

PARIS

LIBRAIRIE ACADÉMIQUE

DIDIER ET Cⁱᴱ, LIBRAIRES-ÉDITEURS

QUAI DES AUGUSTINS, 35.

—

1871

Tous droits réservés.

AVERTISSEMENT.

La biographie n'a pas l'importance exagérée et, je crois, funeste qu'elle a prise de nos jours dans la critique littéraire et philosophique. Si l'homme ne se sépare pas de l'écrivain, il s'en distingue; c'est une erreur de confondre absolument la vie réelle avec la vie de l'imagination et de l'intelligence. Qui donc n'a pas appris par l'histoire, comme par des expériences personnelles et multipliées, que la valeur intellectuelle d'un individu ne donne pas la mesure de sa valeur morale, et réciproquement? Hélas! il n'est que trop vrai : on rencontre des esprits grands qui ont eu l'âme petite! Quels contrastes fréquents et frappants entre la conduite et les maximes, entre le caractère et les opinions! La faible nature humaine n'a pas dans son essence la parfaite unité qu'on lui suppose, et il ne faut pas un effort extrême d'attention pour apercevoir la contradiction qui en est le vice incurable et la tache originelle.

Je ne prétends donc pas, en racontant la vie de Platon, y montrer le principe de son développement philosophique, la racine et le germe de sa doctrine, et expliquer la génération logique de ses idées. Est-ce à dire qu'il est inutile de la connaître? Ce serait une exagération contraire, et une autre erreur.

Si l'originalité du génie consiste précisément dans la puissance de réagir contre la fatalité de la nature et de l'histoire, et de résister aux influences des faits extérieurs et des milieux qui l'entourent, il est heureusement impuissant à les dominer tout à fait. L'homme est un système, c'est-à-dire qu'il a en lui un principe libre de développement, une force qui se suffit à elle-même pour atteindre sa fin; et en même temps il fait partie d'un système, c'est-à-dire qu'il ne peut atteindre sa fin que dans et par le tout dont il n'est qu'un fragment. Plongé dans la mer immense de la vie universelle, où se fond et se perd l'individualité vulgaire, l'individu énergique s'en distingue, et maintient sa personnalité debout et ferme, sans rompre le lien qui l'attache à l'humanité. Si le grand courant des choses qui dissout ou broie les roches de formation inconsistante et mal agrégées respecte le bloc de granit, il parvient cependant à en user les arêtes, à en arrondir les contours, peut-être même à en modifier, dans une mesure qu'il n'est pas possible d'apprécier, la composition interne et la substance.

Quelle que soit la puissante individualité du génie de Platon, il est donc impossible de nier que les circonstances au milieu desquelles il a vécu, ont exercé sur la tendance et le caractère de ses doctrines une influence qu'il ne faut exagérer ni méconnaître; sans s'imaginer qu'elle les expliquera tout entières, on peut croire que la biographie du philosophe répandra quelque lumière sur l'histoire de ses opinions, du moins sur l'histoire de quelques-unes de ses opinions. D'ailleurs la vie de ces hommes qui ont nourri et nourriront tant de générations de la moelle de leur pensée, qui sont comme la chair et le sang de notre propre esprit, excite une curiosité universelle et un sympathique respect.

C'est lui-même que l'homme honore et admire quand il admire et honore ces nobles exemplaires de l'humanité ; si elle n'a pas la beauté dramatique et l'importance philosophique de celle de Socrate, j'aime à penser que la biographie de Platon, qui forme la première partie de ce volume, ne sera ni sans intérêt ni sans utilité.

Il est certain, toutefois, que la vraie grandeur, la vraie individualité de Platon n'est pas là; il n'a pas, comme son maître, mis sa philosophie dans sa vie : il l'a mise dans ses écrits, qui ont donné à la littérature philosophique en Grèce sa forme la plus parfaite; c'est là qu'il faut l'étudier pour le connaître. J'ai cru faciliter l'intelligence de cette vaste et subtile doctrine, en exposant et en discutant les nombreux problèmes que ces écrits ont soulevés. Cette discussion, suivie de la solution qui m'a paru la plus raisonnable, a pour objet d'abord l'authenticité; j'ai fait connaître, j'ai examiné, et souvent contredit les principes généraux et les applications particulières de la critique allemande, sur ce point délicat, où, tout en restant bref, j'ai cherché à être complet et surtout précis; je n'ai, je crois, omis aucun argument considérable, ni aucune solution sérieuse; j'ai mentionné les conjectures si diverses et si nombreuses des critiques sur les dates supposées de la composition de chaque dialogue, et les principes d'après lesquels on a cru pouvoir les calculer, et enfin les classifications dans lesquelles on les distribue par groupes liés, tantôt par des rapports internes, tantôt par des rapports purement formels et externes. Ce travail fait, il en restait un autre plus long, plus important et aussi plus difficile : c'était de donner un résumé des dialogues.

Tous ceux qui ont lu ou voulu lire un des ouvrages de Platon ne méconnaîtront pas l'utilité de ces arguments analytiques, dont je dois expliquer la méthode constante.

Après quelques détails historiques sur les personnages mis en scène, je fixe, avec toute la précision possible, le but et le sujet ; j'établis nettement le plan, les divisions et les parties, et surtout je cherche à suivre pas à pas la marche des raisonnements et le lien des idées qui souvent, personne ne le conteste, trop souvent se dérobent. Enfin, je termine en citant les ouvrages et les travaux les plus autorisés, aussi bien que les éditions spéciales, de sorte qu'il n'est aucun dialogue de Platon, ni aucune question philosophique traitée par lui sur laquelle on ne trouve des renseignements bibliographiques, sinon complets, du moins suffisants à une étude approfondie et sérieuse.

Si l'illustre M. V. Cousin avait complété, comme il en avait l'intention, les arguments philosophiques qui accompagnent son excellente traduction, et dont quelques-uns sont des chefs-d'œuvre de clarté, de profondeur et d'éloquence, je n'aurais pas eu la pensée, et encore moins le courage, de recommencer son œuvre; mais on sait que ces arguments font défaut à un certain nombre de dialogues, et non pas aux moins importants, tels que le *Sophiste*, la *République* et le *Timée*. D'ailleurs, comme il n'entrait pas dans son plan de donner ce que les Allemands appellent la littérature, c'est-à-dire les renseignements bibliographiques, mon travail, que je demande en grâce qu'on ne compare pas au sien, aura peut-être, même pour les dialogues qu'il a résumés, son utilité modeste, mais spéciale.

Cette analyse est suivie de considérations sur l'ordre des dialogues et sur les caractères particuliers que présente la forme de l'exposition philosophique choisie par Platon. J'y cherche à expliquer pourquoi il a écrit, pourquoi il a écrit en prose, et constamment, exclusivement, donné à l'expression de ses doctrines la forme dialoguée; après quelques pages sur l'emploi qu'il fait du mythe et de l'ironie, cette partie se termine par une appréciation littéraire des dialogues.

J'ai ajouté enfin, dans une troisième partie supplémentaire, comme un document à consulter, une liste raisonnée des principaux biographes, commentateurs, éditeurs et traducteurs de Platon.

Si l'exécution n'a pas trahi l'intention qui l'a inspiré, cet ouvrage pourra être considéré comme une introduction à l'intelligence et à l'étude de la philosophie de Platon.

LA VIE ET LES ÉCRITS
DE PLATON

PREMIÈRE PARTIE

§ 1. LA VIE.

Favorin, dans son Histoire universelle (1), fait naître Platon dans la maison de Phidiadès, fils de Thalès, à Égine, où son père avait reçu un lot de terre, quand les Athéniens s'étaient décidés à expulser les habitants de l'île, et à y envoyer une colonie. La chronologie ne rend pas impossible cette tradition; seulement elle oblige d'admettre que Platon est né dans l'année même où eut lieu cette colonisation. Cependant l'historien ajoute que son père Ariston ne revint à Athènes que lorsque les Lacédémoniens vainqueurs rétablirent les Éginètes dans la possession de leur île et en eurent chassé les envahisseurs, c'est-à-dire à une époque où Platon avait vingt-six ans, et, comme ce détail ne s'accorde nullement avec ce que nous savons de l'édu-

(1) Diog. L., III, 3.

cation de notre philosophe, dont les maîtres habitaient Athènes, on préfère généralement rejeter tout le récit de Favorin, et suivre celui d'Apollodore (1), qui place le lieu de la naissance à Athènes, ou du moins dans le dème de Collyte, situé à un quart d'heure de marche de la ville (2). La date est moins certaine encore : on la fixe habituellement à la troisième année de la 87ᵉ olympiade, au 7 du mois thargélion, qui correspondait au 21 mai de l'an 429 avant notre ère, et nous admettons, de préférence à plusieurs autres, cette date, que semble recommander, sinon confirmer, un remarquable synchronisme, la coïncidence de l'année de sa naissance avec l'année de la mort de Périclès, dont nous sommes d'ailleurs certains (3).

(1) Diog. L., III, 3.
(2) Antiléon, cité par Diog. L., III, 3. — Jac. Spon, *De Pag. attic.*, p. 20.
(3) Pour bien comprendre les difficultés de cette chronologie, il est bon d'avoir sous les yeux le tableau des archontes, au moins des deux Olympiades 87 et 88, que j'emprunte à Casaubon, *ad Athen.*, p. 377.
Ol. 87 α. Archontes : Pythodore. Siége de Potidée.
    β.   —   Euthydème. Commencement de la guerre du Péloponnèse.
    γ.   —   Apollodore.
    δ.   —   Épameinon, ou Épameinondas, ou Ameinias.
Ol. 88 α.   —   Diotime.
    β.   —   Euclide.
    γ.   —   Euthydème.
    δ.   —   Stratoclès.
Ol. 89 α.   —   Isarque.
Maintenant la *Chronique d'Alexandrie* fait naître Platon

Le jour précis, que sembleraient fixer avec certitude les fêtes par lesquelles ses disciples en

Ol. 89, α, qui a eu pour archonte Isarque et correspond à l'année 424 de notre ère. Eusèbe place sa naissance Ol. 88, 4, c'est-à-dire en 425, sous l'archontat de Stratoclès; Apollodore, Plut., *Symp.*, VIII, 1, 1; Apul., *de Dogm. Plat.*; Hermodore, Ol. 88, 1, c'est à-dire en 428 ; Athénée, l. V, p. 217, la fixe sous l'archontat d'Apollodore, c'est-à-dire Ol. 87, 3 = 430. Diogène, III, 3, et l'auteur des *Prolegg. grecs à la philosophie de Platon*, c. 2, font, le premier, naître Platon et mourir Périclès sous l'archontat d'Ameinias. Les Allemands changent dans le texte de Diogène le nom d'Ameinias en celui d'Épameinon, se fondant d'une part sur l'Anonyme, d'autre part sur Athénée, V, 217. Saumaise, ad Solin., p. 157, avait, au contraire, changé dans Athénée le nom d'Épameinon, auquel il avait substitué ἐπ' Ἀμείνονος; Meursius, *de Archont. Athen.*, l. III, c. 3, a conservé le texte d'Athénée, et même restitué d'après cette leçon le passage du *Scholiaste* d'Euripide qui dans l'argument d'Hippolyte portait ἐπ' Ἀμείνονος. Le second fait naître Platon sous l'archontat d'Ameinias, pendant que vivait encore Périclès. L'auteur anonyme des *Olympiades* ramène la naissance de Platon à l'archontat d'Épameinon. Or nous savons que Périclès est mort dans l'automne de l'an 429, Ol. 87, 4, dans la troisième année de la guerre du Péloponnèse, et Athénée, V, p. 218, nous apprend que cet événement eut lieu sous l'archontat d'Épameinon.

Quelle date choisir entre toutes ces dates? Et comment, si Périclès est mort sous l'archonte Épameinon, et si Platon est né sous un autre, a-t-on pu signaler un synchronisme entre ces deux événements? L'année attique commençait au mois de juillet; l'année romaine, qui est devenue la nôtre, au mois de janvier, en sorte que chaque année romaine correspond à deux archontats; par exemple : l'an 429 voit la fin de l'archontat d'Apollodore et le commencement de l'archontat d'Épameinon. Il est probable que les chronologistes ont mêlé et confondu ces deux manières de compter, et c'est sans doute à cette con-

célébrèrent longtemps l'anniversaire (1), présente cependant des particularités qui éveillent de très-

fusion que sont dues les différences de nombre dans les années et de nom dans les archontes, différences qu'ont augmentées encore ceux qui ont voulu les corriger.

La date de la mort est plus certaine : on s'accorde généralement à la placer Ol. 108, 1, qui comprend la fin de l'année 348 et le commencement de l'année 347. Mais, comme la durée exacte de la vie est très-diversement appréciée, nous ne pouvons presque rien en conclure pour fixer la date de la naissance. Les uns en effet, comme Cicéron, *de Senect.*, 5, Denys d'Halicarnasse, *de Comp. verb.*, font vivre Platon quatre-vingts ans; d'autres, et c'est le plus grand nombre, quatre-vingt-un ans, comme Hermippe, cité par Diogène, III, 2; Lucien, *Macrob.*, 20; S. Augustin, *de Civ. Dei*, VIII, 11; Censorinus, *de Die nat.*, 15; *les Prolégomènes*, c. 6; Sénèque, *Ep.*, 58, 31. Athénée, V, p. 217, porte ce nombre à quatre-vingt-deux ans, tandis que Valère Maxime, VIII, 7, extr. 3, et Néanthès, cité par Diogène, III, 3, le poussent jusqu'à quatre-vingt-quatre.

Enfin, pour en finir avec les renseignements chronologiques, Plutarque, *Vit. Isocrat.*, 2, fait Platon de sept ans, et les *Prolégomènes*, c. 2, aussi bien que Diogène, III, 2, de six ans plus jeune qu'Isocrate, né Ol. 86, 1, c'est-à-dire en 436.

C'est ce dernier détail qui, joint au synchronisme de la mort de Périclès, nous invite à adopter l'an 429 de notre ère : Platon sera né Ol. 87, 3, qui correspond au commencement de cette année; Périclès sera mort Ol. 87, 4, qui en est la fin; de la sorte Platon aura sept ans de plus qu'Isocrate, et, mort en 348, aura vécu quatre-vingt-un ans accomplis.

Consulter sur la question chronologique Corsini, *Fasti Attici*, III, 229, b, et le mémoire *de Die natali Platonis, ejus ætate et in Italiam itineribus*, imprimé dans l'ouvrage de Antoni Gorio, savant antiquaire florentin, intitulé *Symbolæ litterariæ, opuscula varia complectentes*. Florent., 1751, 8, p. 80.

(1) Plut., *Symp. Qu.*, l. VIII, 1, 1; Apul., *de Dogm. Plat.*, 1. On a remarqué que le jour où il place la conversation où se

légitimes soupçons. Socrate était né le 6 du même mois thargélion, et les anciens eux-mêmes avaient été frappés de ce rapprochement. « Le poëte Ion, » dit Plutarque (1), « a eu raison de dire que, malgré la différence qui se trouve entre la sagesse et la fortune, leurs effets sont très-souvent semblables. Du moins elles semblent avoir disposé fort à propos la naissance de Socrate et celle de Platon, en faisant d'abord qu'elles se suivissent de fort près ; ensuite, que celle du plus âgé, et qui devait être le maître de l'autre, précédât immédiatement dans l'ordre des jours celle du second. » Malgré le doute que fait naître involontairement le rapprochement trop significatif de ces deux jours de la naissance de Platon et de celle de Socrate, il n'y a peut-être là rien que de fortuit, un jeu bizarre du hasard, qui a précisément cela d'étrange, de ressembler à une intention calculée. Mais il y a autre chose encore : tandis que Socrate était né le jour où Athènes célébrait par un sacrifice solennel la naissance de Déméter Chloé, jour propice entre tous, et où l'on purifiait la ville (2), son disciple venait au monde le jour où Athènes et les colonies ioniennes fêtaient à Délos la naissance d'Apollon, le dieu des arts, de la poésie, de l'éloquence,

---

discute la grande question de la République était le 21ᵉ du mois Thargélion ; mais que conclure de là ?

(1) Plut., *Symp. Qu.*, l. 1.
(2) Diog. L., II, 44 ; Æl., *Hist. var.*, II, 25. Ἡμέρα πολλῶν καὶ ἀγαθῶν αἰτία. C'était également le jour de naissance d'Alexandre.

le dieu de l'harmonie, de la grâce et de la beauté. On connaît la prédilection des néo-platoniciens pour ces mythes symboliques destinés à exprimer sous une forme populaire et poétique certaines idées ou certains rapports. A cet amour naturel chez eux de l'allégorie et du symbole, se joignait le désir d'opposer aux légendes du christianisme naissant des traditions non moins merveilleuses, et de lui enlever le privilége de s'emparer des imaginations et des âmes par l'attrait prestigieux du surnaturel, toujours puissant, et à cette époque tout-puissant sur les esprits. De là toutes sortes de mythes, et particulièrement ceux dont Platon fut l'objet, et qui le rattachent tous à Apollon.

Ce jour de naissance, coïncidant avec l'anniversaire de la naissance d'Apollon, semble donc choisi, comme les autres mythes qui le concernent (1), pour exprimer l'impression que faisait son génie et l'idée qu'on en concevait : il est trop significatif, trop expressif pour ne pas être suspect (2). Un si beau génie ne pouvait être le fils d'un homme :

Οὐδὲ ἐῴκει
Ἀνδρός γε θνητοῖο παῖς ἔμμεναι, ἀλλὰ θεοῖο.

---

(1) C'est ainsi que Favorin, Diog. L., III, 2, le fait naître à Égine, dans la maison de Phidiadès, fils de Thalès.

(2) Ottfr. Müller, *the Dorians, Engl. translation*, vol. I, p. 336. « According to Delian tradition, Artemis and Apollo (ἑδδομαγέτης) were born on the sixth and seventh days of this month; » et en note : « It is probably a fiction that (der maieutische) Socrates was born on the former, Plato on the latter day. »

Il fut donc le fils d'Apollon, qui avait ordonné au mari de sa mère de ne pas s'approcher de sa femme pendant les dix premiers mois de son mariage (1) : ce qui ne veut pas tout à fait dire, comme l'interprète saint Jérôme, que les traditions grecques faisaient du prince de la philosophie le fils d'une vierge (2). Nous voyons ces mythes se reproduire à toutes les époques de sa vie. A peine a-t-il vu le jour, que ses parents vont faire un sacrifice sur le mont Hymette et consacrer leur fils à Pan, aux Muses et à Apollon. C'est là, pendant le sacrifice, que des abeilles viennent déposer leur miel sur la bouche de

(1) Diog. L., III, 2; Plut., *Symp.*, VIII, qu. 1; Olymp., *Vit. Plat.*; Apul., *de Dogm. Plat.*, 1; Orig., c. *Cels.*, l. I, 37, et l. VI, 8. Origène compare la conception surnaturelle de Jésus avec le récit de la conception de Platon par Apollon, et dans un endroit (l. VI, 8) il est d'avis que des malintentionnés seuls peuvent douter de tels récits; dans l'autre passage (I, 37), il dit que le récit concernant Platon appartient aux mythes, par lesquels on a voulu expliquer la sagesse et la capacité extraordinaires de certains grands hommes ; mais il laisse ici de côté le récit de la conception de Jésus : il pose donc en fait la similitude des deux récits, donne à l'un une interprétation mythique et se tait sur l'autre. Ce qu'il y a de remarquable dans ces traditions, c'est que la légende parait s'être formée autour du nom de Platon, presque de son vivant, si du moins il faut en croire l'assertion de Diogène, III, 2, qui nous affirme que le bruit courant à Athènes d'une naissance surnaturelle était attesté non-seulement par Anaxilidas, dont l'époque nous est inconnue, mais par Cléarque de Soles, disciple d'Aristote, et, ce qui est plus grave encore, par Speusippe, fils de la sœur de Platon (sororis Platonis filius. S. Jérôme, *Adv. Jovin.*, I, 23).

(2) S. Jérom., c. *Jovin.*, l. I, 23. « Sapientiæ principem non aliter arbitrantur nisi de partu virginis editum. »

l'enfant endormi, afin que se vérifiât en sa personne ce beau vers d'Homère :

Τοῦ καὶ ἀπὸ γλώσσης μέλιτος γλυκίων ῥέεν αὐδή (1).

Le jour où son père le présente à Socrate, il se trouve que celui-ci venait de raconter à ses amis un songe qu'il avait eu la nuit précédente. Il lui avait semblé voir s'envoler de l'autel consacré à l'Amour, dans l'Académie, un petit cygne qui se réfugia dans son sein, et s'élança ensuite vers les cieux, charmant les dieux et les hommes d'une suave mélodie (2). Platon lui-même, quelques moments avant de mourir, se voit, en songe, transformé en cygne, — c'est l'oiseau d'Apollon, — et, pour échapper aux mains des oiseleurs, volant d'arbre en arbre (3). Enfin, on remarque qu'il a atteint dans sa vie le nombre sacré et parfait 81, ce qui annonçait, dit Sénèque, une nature plus qu'humaine. De là, en l'honneur de ses mânes, un sacrifice offert par des mages qui se trouvaient par hasard à Athènes (4). En effet, ce nombre de 81 est le carré de 9, et 9 est le nombre des Muses, filles et compagnes d'Apollon. Tous ces mythes semblent donc marquer l'impression que fit son génie sur les anciens et expriment l'idée qu'ils s'en formaient. Comme Homère, dont ils aiment à le rap-

(1) *Prolgg.*, c. 2 ; Apul., *de Dogm. Plat.*, c. 1 ; Olympiod., c. 1.
(2) Diog. L., III, 5 ; Apul., *de Dogm. Plat.*, l. I ; Pausan., *Attica*.
(3) *Prolgg.*, c. 1 ; Olympiod., c. 1. Ἀπολλωνιακὸν γὰρ τὸ ὄρνεον.
(4) Sénèq., ep. 58. « Rati amplioris fuisse sortis quam humanæ, quia consummasset perfectissimum numerum quem novem novies multiplicata componunt. »

procher, Platon est pour eux le type vivant et humain de la beauté morale, de la mesure et de l'harmonie dont Apollon est le type divin (1).

Sa généalogie réelle (2) lui donnait une origine non moins glorieuse que celle que lui attribuait cette mythologie symbolique : il appartenait aux plus grandes et plus illustres familles d'Athènes (3), et par son père comme par sa mère était de race royale et même divine. Ariston, son père, faisait remonter l'origine de sa famille jusqu'à Codrus, fils de Mélanthus, lequel descendait lui-même de Nélée et de Neptune (4). Cependant, malgré ce sang divin qui coulait dans leurs veines, ni Ariston ni son père Aristoclès n'ont laissé de traces dans l'histoire. Suivant l'usage des grandes familles de son pays, Platon prit le nom de son grand-père Aristoclès, qu'il changea plus tard, pour prendre celui sous lequel il

(1) *Prolgg.*, c. I. Θεῖος δὲ ἦν ὁ Πλάτων, καὶ Ἀπολλωνιακός... ἔτι δὲ κἀκ τοῦ καιροῦ τῆς γενέσεως τεκμαιρόμεθα αὐτὸν Ἀπολλωνιακὸν ὄντα... ταὐτὸν γὰρ ἑκάτερος, Ὅμηρός τε καὶ Πλάτων πεπόνθασιν, διὰ τὸ ἐναρμόνιον αὐτῶν τῆς φράσεως... Olympiod., c. 6, le compare également à Homère : Δύο γὰρ αὗται ψυχαὶ λέγονται γενέσθαι παναρμόνιοι.

(2) Nous trouvons sa généalogie maternelle tout au long dans Proclus, *in Tim.*, p. 25, qui corrige celles d'Iamblique et de Théon sur quelques points importants. M. H. Martin a dressé cette table généalogique, en en faisant remarquer les points obscurs : il s'agit de savoir si Dropide et Solon étaient cousins germains ou frères. Comp. Meursius, *de Arch.*, l. I, c. XIII.

(3) Suivant Antiléon, au IIe livre de sa *Chronologie*, il était du dème de Collyte (Diog. L., III, 2), qui appartenait à la tribu Ægéide.

(4) Diog. L., III, 1.

est universellement connu, et qui lui fut donné soit à cause de la largeur de sa poitrine (1), soit à cause

(1) Platon était beau et fort, si l'on en croit Épictète, *Dissert.* I, 8, 13, et un beau buste que Visconti, *Iconog. grecq.*, I, 169, pl. XVIII, considère comme authentique : il avait les épaules hautes, et ce fut pendant quelque temps la mode, parmi les disciples de son école, d'imiter cette attitude, comme on imita plus tard le bégayement d'Aristote et la tête penchée d'Alexandre. Plut., *de Discern. adul. et amic.* Sa voix était faible et grêle. Diog. L., III, 5.

Le *Recueil iconographique* de Faber [1], l'*Iconologie* de Canini [2], le *Trésor des Antiquités grecques* de Gronovius [3] contiennent des images de Platon dont les antiquaires ont contesté, il semble avec raison, l'exactitude et même l'authenticité, uniquement fondée sur une inscription grecque, gravée sur un hermès de ce genre [4] et qui est apocryphe. Ce ne sont que des têtes idéales et barbues du Bacchus indien. Winckelmann [5] croyait authentique une tête gravée sur une cornaline et ornée, au-dessus de l'oreille, de deux ailes de papillons, qu'il considérait comme devant signifier l'immortalité de l'âme : il supposait donc que c'était comme la désignation symbolique du philosophe qui avait développé cette doctrine avec le plus de force et d'éloquence, de l'auteur du *Phédon*. Mais, outre que ce symbole est commun à plus d'un sujet mythologique, et que la doctrine de l'immortalité et de la renaissance de l'âme n'est pas exclusivement propre à Platon, il est difficile d'admettre, d'après les traditions constantes de la sculpture grecque, que cette tête bouclée et ornée de perles représente l'image d'un philosophe grec. Le seul buste que Visconti reconnaisse comme authentique est celui qui est gravé dans son *Iconographie* et qui appartient à la galerie de Florence : c'est un buste en marbre, de la grandeur de demi-nature, qu'on peut croire être le même qui fut trouvé près d'Athènes, et au-dessous duquel on lit le

[1] *Imagines*, n° 112.
[2] Pl. XLVIII.
[3] T. II, p. 83.
[4] Mus. Capitol., t. I, pl. 22.
[5] Mon. inediti, n° 169.

de la beauté de son large front, soit enfin à cause du caractère large et étendu de son esprit (1).

Διὰ τὸ πλατὺ καὶ ἀναπεπταμένον τῆς φράσεως.

nom du philosophe : Πλάτων. Il est représenté à l'âge où la vieillesse n'a pas perdu la pureté et la fermeté des lignes du visage, et où elle lui donne quelque chose de grave, de vénérable, de divin; la tête est sereine, noble, belle, et, de face, a quelque analogie avec celle d'Homère, dont elle se distingue par l'ampleur du front et l'arc fortement accusé des sourcils; elle est ceinte du cordon appelé strophium, marque ordinaire des têtes de dieu. Le profil, où le caractère du type grec est peut-être plus visible, laisse apercevoir également dans le mouvement des narines, de la bouche, cet air de vanité qui paraît avoir été son principal défaut, et que la lettre XIII, qui lui est attribuée, ne fait pas difficulté de reconnaître. Il est probable que ce buste, comme la statue que Cicéron possédait dans sa villa de Tusculum (*Brut.*, 6), comme la statue qui ornait le gymnase de Zeuxippe, à Constantinople (Christodore, *Analect. Brunck.*, t. II, p. 459), était une copie de la statue originale exécutée par Silanion, d'Athènes, sculpteur autodidacte, qui vivait après la guerre du Péloponnèse, et aux frais d'un satrape du Pont, qui la fit placer dans l'Académie avec cette inscription : Μιθριδάτης ὁ Ῥοδοβάτου Πέρσης ἀνδριάντα ἀνέθετο Πλάτωνος, ἣν Σιλανίων ἐποίησε. (Diog. L., III, 25, d'après Favorin.) Visconti n'est pas éloigné de croire que la statue du gymnase du Constantinople, décrite par Christodore, ne soit la statue originale de Silanion : il est vrai que Silanion n'a travaillé qu'en bronze; mais, comme Diogène ne mentionne pas la matière de la statue de l'Académie, son silence, s'il n'autorise pas cette conjecture, ne la renverse certainement pas.

(1) Anonym.; Diog. L., III, 4; Olympiod., Sénèque, ep. 58; Apul., *de Dogm. Plat. Init.*, l. I; Sext. Empiric., *Adv. Math.*, I, 258; Hésychius, v. Πλάτων, qui cite à l'appui du nom de Platon le vers de Timon : Τῶν πάντων δ' ἡγεῖτο πλατύστατος. Tzetzès Chil., VI, 419; XI, 853.

Nous voyons ici un double procédé de nomenclature des individus : l'enfant, le fils, prend le nom de son grand-père et

La famille de sa mère, Périctione ou Potone, a joué au contraire un grand rôle dans l'histoire intérieure d'Athènes et dans ses révolutions et agitations politiques. Elle se rattachait par Glaucon et Critias à Dropide, frère ou cousin de Solon, qui descendait également de Codrus (1). Critias, fils de Callæschros, son grand-oncle, Charmide, son oncle maternel, avaient pris parti pour le gouvernement oligarchique, et après s'y être fait, le premier surtout, une triste célébrité, étaient morts le même jour dans le combat que Thrasybule livra aux Tyrans (2), et dont le succès délivra enfin Athènes de leur violente et

---

non celui de son père; puis souvent il le change, tantôt pour prendre celui d'un étranger, hôte de sa famille, comme le fils de Clinias prit le nom dorien et lacédémonien d'Alcibiade, tantôt pour prendre un sobriquet, qui devient un nom propre, comme Théophraste, dont le vrai nom était Tyrtame, et qui reçut son honorable surnom διὰ τὸ θεῖον τῆς φράσεως; c'est encore ainsi que, d'après Suidas, Tisias reçut le nom de Stésichore, qu'il avait mérité par d'heureuses innovations introduites dans la danse et le chant des chœurs.

(1)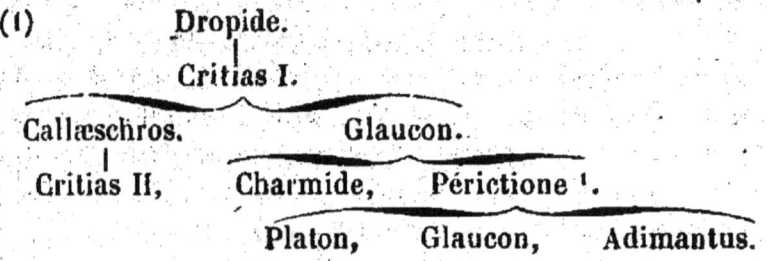

(2) Xénoph., *Hellen.*, 11, 4', 19. Ἀπέθανον δ' ἐνταῦθα τῶν μὲν τριάκοντα Κριτίας ... τῶν δ' ἐν Πειραιεῖ δέκα ἀρχόντων Χαρμίδης ὁ Γλαύκωνος.

' Cette Périctione a dû épouser, en premières ou deuxièmes noces, outre Ariston, père de Platon, un Pyrilampe, père d'Antiphon, qui est appelé (*Parm.*, 126, *b*) frère, par sa mère, de Glaucon et d'Adimante.

sanglante domination. Platon avait donc les relations les plus intimes avec le parti aristocratique, et semble n'avoir pas été insensible à l'illustration de sa race, qu'il mentionne avec une certaine complaisance dans le *Charmide* (1) et le *Timée* (2). C'est par cette parenté, et par suite de ses rapports intimes avec Critias et Charmide, qu'on a voulu expliquer le caractère de ses idées politiques et ses préférences marquées, bien qu'accompagnées de réserves expresses (3), pour le régime aristocratique dont Lacédémone était le type. Sans nier l'influence des traditions de famille, je tiens à constater qu'elles n'expli-

(1) *Charmid.*, 155, a. Πόρρωθεν ὑμῖν τὸ καλὸν ὑπάρχει ἀπὸ τῆς Σόλωνος συγγενείας ..., et 157, e. Ἥ τε γὰρ πατρῷα ὑμῖν οἰκία, ἡ Κριτίου τοῦ Δρωπίδου, καὶ ὑπ' Ἀνακρέοντος καὶ ὑπὸ Σόλωνος, καὶ ὑπ' ἄλλων πολλῶν ποιητῶν ἐγκεκωμιασμένη παραδέδοται ἡμῖν ὡς διαφέρουσα κάλλει τε καὶ ἀρετῇ καὶ τῇ ἄλλῃ λεγομένῃ εὐδαιμονίᾳ.

(2) *Tim.* 20, d. Critias, parlant de Solon, dit : Ἦν μὲν οὖν οἰκεῖος καὶ σφόδρα φίλος ἡμῖν Δρωπίδου τοῦ προπάππου, ce qui semble exclure l'hypothèse que Solon était le frère de Dropide.

Croirait-on que cette nuance d'orgueil est une des raisons pour lesquelles Ast rejette le dialogue du *Charmide*, parce que ce sentiment ne lui paraît pas conforme avec le mépris que doit faire un vrai philosophe des avantages de la naissance, et avec le mot que Sénèque (ep. 44) prête à Platon : « Plato ait neminem regem non ex servis oriundum, neminem servum non ex regibus? »

(3) Par exemple, l'éducation qui, à Sparte, négligeait l'âme et ne s'occupait que du corps, la politique ambitieuse et avide de domination, la passion guerrière, l'immoralité des femmes, sont sévèrement appréciées par Platon. *Rep.*, VIII, 547, e. et 548 ; *Legg.*, II, 673, c.; *Legg.*, I, 637, c.; VI, 781 a VII, 806, c.; *Rep.*, VIII, 548 : Διὰ τὸ τῆς ἀληθινῆς Μούσης τῆς μετὰ λόγων τε καὶ φιλοσοφίας ἠμεληκέναι καὶ πρεσβυτέρως γυμναστικὴν μουσικῆς τετιμηκέναι.

quent pas tout, et je réserve les libres déterminations de la personne morale. C'est surtout le propre des grands esprits de se dégager des influences extérieures et de se faire eux-mêmes et eux seuls ce qu'ils sont. La fatalité des causes purement externes ne pèse pas d'un si grand poids sur l'homme, surtout sur l'homme de génie, et il n'est nullement nécessaire qu'il hérite des opinions et des préjugés de ses pères. La politique de Platon est dans un accord trop intime avec les tendances de son maître, avec les principes de sa propre philosophie, et particulièrement avec la théorie des Idées, pour avoir besoin d'une autre explication.

Platon avait deux frères, Adimante et Glaucon, qu'on a cru longtemps être les personnages de ce nom qui figurent dans *la République* (1), et une

---

(1) C'était le sentiment de Plutarque, *de Fratern. amore*, c. 12; de Proclus, t. IV, p. 67, éd. Cousin, in-8°, accepté encore par Groen van Prinsterer, *Prosopographia Plat.*, p. 211. Ces deux personnages, qu'on retrouve dans le *Parménide*, avec un demi-frère nommé Antiphon, ne peuvent être les frères de Platon, parce que les deux fils d'Ariston, de la République, figurent à un combat livré en 456, auprès de Mégare, et parce que ce dialogue est censé avoir lieu vers 430 av. J.-C., époque à laquelle les frères de Platon n'étaient pas nés. Quant au *Parménide*, comment Antiphon, s'il était frère cadet de Platon, pouvait-il se trouver, avec Pythodore, ami de Zénon, et chez lequel Parménide et Zénon étaient descendus, à une date où Socrate lui-même n'était qu'un jeune homme de quinze ou seize ans? On voit dans *le Charmide*, 158, a., un Antiphon, fils de Pyrilampe, nommé l'oncle de Charmide, qui était le frère de la mère de Platon. On peut donc supposer, avec K. Hermann, que Pyrilampe, père d'Antiphon, avait épousé une sœur de la mère de Charmide, et qu'Ariston, mari en premières noces de cette même sœur, et père

sœur nommée Potone, dont le fils Speusippe succéda à son oncle dans l'Académie (1).

Aucun des éléments qui, d'après les idées des Grecs, constituaient une parfaite éducation (2), ne lui manqua. Il eut pour maître de gymnastique Ariston d'Argos, et l'on veut même qu'il ait assez bien profité de ses leçons pour remporter deux prix aux jeux Olympiques et aux jeux Isthmiques (3). La musique lui fut enseignée par Dracon, élève du célèbre Damon, et par Métellus d'Agrigente (4). Tous ses dialogues, et particulièrement *le Timée*, attestent qu'il avait poussé fort loin les études théoriques de

---

d'Adimante et de Glaucon, était le frère d'Aristoclès, grand-père de Platon. Adimante et Glaucon de *la République* et du *Parménide*, n'auraient été que les cousins germains du père de Platon, et ne sauraient être les frères du philosophe.

(1) Diog. L., III, 4.
(2) Olymp., Vit. Plat. : Τρία δὲ καὶ ταῦτα ἐπαιδεύοντο οἱ Ἀθήνῃσι παῖδες, φημὶ δὲ γράμματα, μουσικὴν, παλαίειν.
(3) Olymp., p. I, éd. Didot; Diog. L., III, 4, Vit. Anonym., Porphyr. ap. Cyrill. c. Julian., p. 208, d.; Servius *ad Virg. Æn.*, VI, 688 : « Athleta enim fuit qui post omnium victoriam se philosophiæ dedit. » Ces renseignements sont peut-être suspects; mais nous n'avons aucun moyen de les contrôler, ni aucune raison de les rejeter. K. Hermann observe qu'avant de connaître Socrate Platon était trop jeune pour se présenter à ces jeux ; et qu'après l'avoir connu il aurait rougi de le faire. C'est, je crois, juger d'après nos idées modernes, très-étrangères aux Grecs, des goûts, non-seulement populaires, mais encore très-nobles à leurs yeux. Euripide n'avait pas dédaigné ces exercices de la lutte ; Socrate, dans sa vieillesse, dansait encore. Il faut avoir de bons yeux pour découvrir dans le *Criton*, p. 52, b., l'origine de cette tradition qu'on veut trouver fabuleuse.
(4) *Id.* Plut., *de Mus.*, c. 17. Ce nom latin est peut-être d'origine sicilienne.

cet art, qui, dans l'antiquité, se rattachaient étroitement aux mathématiques. Ce fut Denys le Grammairien, mentionné dans *les Amants*, qui l'initia à cet ensemble de connaissances libérales que les anciens appelaient la grammaire (1), et longtemps avant son voyage en Égypte il avait peut-être entendu à Athènes le célèbre mathématicien Théodore de Cyrène (2), qui était venu visiter cette ville avant la mort de Socrate. L'importance des mathématiques a sans doute été grande à ses yeux ; mais on a cependant beaucoup exagéré son opinion, et il ne leur a jamais accordé que le second rang dans la hiérarchie des sciences. Plutarque a déjà remarqué que le mot fameux ἀεὶ γεωμετρεῖν τὸν θεόν ne se trouve dans aucun de ses ouvrages (3), et c'est sans plus de fondement qu'on lui attribue d'avoir fait placer au-dessus de la porte de son école l'inscription : μηδεὶς ἀγεωμέτρητος εἰσίτω (4), qui a plutôt une origine pythagoricienne. Toutefois Platon fut un des plus grands promoteurs de cette science (5), et s'il faut en croire une tradition rapportée par Proclus et suivie par Montucla, c'est à lui qu'est due l'invention de la méthode analytique et des sections coniques (6).

---

(1) Diog. L., III, 4.
(2) Diog. L., III, 6 ; *Theæt.*, 143, e.; Xén., *Mém.*, IV, 2, 10.
(3) Plut., *Qu. Symp.*, VIII, 2, qui, cependant, lui trouve un caractère vraiment platonicien : Τοῦ πλατωνικοῦ χαρακτῆρός ἐστι.
(4) Tzetz., *Chil.*, VIII, 972.
(5) Cic., *de Orat.*, I, 50 : Platonem omnes in illis artibus (la Géométrie et la Musique) præstantissimum fuisse fatentur.
(6) Diog. L., III, 24 ; Proclus, *ad Euclid.*, II, p. 19 et 58 ;

D'après des documents de famille qu'avait conservés Speusippe, son esprit, dès l'enfance, vif et rapide, docile et modeste, ardent et laborieux, mit à profit cette éducation libérale (1); mais, malgré les espérances légitimes que pouvaient faire naître et les grands appuis de sa famille et ses propres talents, il renonça de bonne heure à la vie politique (2), la seule cependant qui fût digne d'un homme, suivant le sentiment de toute l'antiquité, et que lui-même considérait non-seulement comme le plus grand honneur, comme le plus grand devoir d'un bon citoyen, mais comme la perfection et pour ainsi dire le couronnement de la vie philosophique (3). Si l'on en croit la VIIe lettre, dont l'authenticité est acceptée par quelques critiques, et dont le témoignage paraît considérable aux yeux mêmes de ceux qui la contestent, il aurait essayé de la politique, et même pris quelque part au gouvernement des Trente; mais il

---

Montucla, *Hist. des Mathém.*, I, p. 164. Il ne dédaignait pas même les mathématiques appliquées; Athénée, IV, 174, c., lui attribue l'invention d'une horloge de nuit semblable à la clepsydre; et on connaît l'histoire du problème de l'autel de Délos, que le dieu avait ordonné de faire du double plus grand. (Plut., *de Gen. Socr.*, c. 7; *de ei*; c. 6; *Marcell.*, c. 14.

(1) Apul., *de Dogm. Plat.*, 2 : « Speusippus, domesticis instructus documentis, pueri ejus acre in percipiendo ingenium et admirandæ verecundiæ indolem laudat, et pubescentis primitias labore atque amore studendi imbutus refert, et in viro harum incrementa virtutum et ceterarum convenisse testatur. »

(2) On le voit prendre la parole non-seulement pour défendre Socrate, mais aussi pour défendre Chabrias que tout le monde abandonnait. Diog. L., III, 23.

(3) *Rep.*, VI, 496, a.; VII, 519.

y aurait vite renoncé, dégoûté par les excès et les fureurs des partis (1).

Ce qu'Élien rapporte de la pauvreté de sa jeunesse, qui l'aurait obligé de prendre du service comme mercenaire, ne mérite aucune confiance (2), et quoi qu'on doive croire qu'il a rempli à des époques et dans des circonstances qui nous restent parfaitement inconnues les devoirs militaires imposés à tous les citoyens (3), on ne peut ajouter foi aux récits de Diogène et de ce même Élien (4), qui, en dépit de la chronologie, le font assister aux campagnes de Tanagre, de Corinthe et de Délium (5).

C'est probablement pour expliquer le caractère de son style ou quelques connaissances techniques qu'il

___

(1) *Ep.* VII, p. 324, c. ᾬήθην ... ἐπὶ τὰ κοινὰ τῆς πόλεως εὐθὺς ἰέναι. Conf. Fréret., *Acad. inscr.*, t. XLVII, p. 258.

(2) Élien, *Hist. Var.*, III, 27. Du reste, Élien, en rapportant le fait, déclare expressément qu'il n'en garantit pas l'exactitude.

(3) Élien, *Hist. V.*, VII, 14; Diog. L., III, 24. Ὑπὲρ τῆς πάτριδος ἐστρατευόμην.

(4) Élien même se contredit, car il raconte ailleurs, III, 27, que Socrate ayant rencontré Platon qui venait de s'équiper pour une campagne, le détourna du métier des armes, et l'engagea à se donner tout entier à la philosophie.

(5) Il y a eu deux batailles de Tanagre : l'une a eu lieu, Ol. 80, 4 : Platon n'était pas encore né; l'autre a eu lieu Ol. 88, 3; celle de Délium, Ol. 89, 1. Ainsi, Platon avait quatre ans à la seconde, et six à la dernière. Perizonius, *ad Æl.*, VII, c. 14, suivi par Stanley, conjecture avec vraisemblance qu'on a confondu Platon avec Socrate, qui avait, à Délium, remporté le prix du courage, ou avec un autre Platon. Il est vrai qu'il y a eu une autre guerre de Corinthe, en 394, à laquelle on le fait assister à son retour de Mégare ou d'Égypte.

montre dans ses ouvrages (1), qu'on veut qu'il se soit essayé dans presque tous les arts, dans la peinture comme dans la poésie, où il aurait abordé tous les genres, le dithyrambe, la poésie mélique, la tragédie, et même, au rapport d'Élien, l'épopée (2), poussé sans doute par cette orgueilleuse ambition qu'on lui prête d'effacer par sa gloire la gloire d'Homère (3). On ajoute même qu'il allait concourir avec une tétralogie (4) et avait déjà remis ses pièces aux acteurs, lorsqu'il entendit Socrate (5); cela décida de sa vocation; il jeta au feu ses drames et tous ses vers, qui ne valaient peut-être pas grand'

(1) Olympiod. et Vit. Anonym. Τὴν τῶν χρωμάτων ποικίλην μῖξιν ἐκμαθεῖν βουλόμενος, et Olymp. ajoute aussi διὰ τὸ ἀπὸ τῆς τραγικῆς γνωμικὸν καὶ σεμνὸν καὶ τὸ ἡρωϊκόν.

(2) *Hist. Var.*, l. 11, c. 30; Diog. L., III, 5.

(3) Dion. Hal., *Ep. ad Pomp.*, VI, 756, ed. Reisk.; Athén., XI, segm. 116.

(4) La Trilogie projetée et en partie exécutée du *Sophiste*, du *Politique* et du *Philosophe*, serait à la fois un témoignage et un résultat de ces goûts pour l'art dramatique.

(5) Olymp., Vit. Anon.; Diog. L., III, 5 ; Æl., *Hist. Var.*, II, 30; Eust. ad Hom., Il., Σ, v. 392. Il n'y aurait rien d'étonnant que Platon eût, dans un temps qui les voyait naître par milliers, au dire d'Aristophane, *Ran.*, 89, *Aves*, 1444, risqué quelques tragédies. Il est plus probable encore qu'il avait composé quelques poésies lyriques, et il en reste quelques-unes, qu'on peut voir dans Diogène, et la délicieuse inscription sur Aristophane, que nous a conservée Olympiodore. Du temps d'Aulu-Gelle, on les considérait comme authentiques, et on les rapportait à la période poétique de sa jeunesse. *N. Attic.*, XIX, 11. « Eos esse Platonis philosophi affirmant, quibus ille adolescens luserit, quum tragœdiis quoque eodem tempore faciendis præluderet. » Le caractère de ses poésies érotiques n'est malheureusement pas une raison suffisante pour en rejeter l'authenticité.

chose (1), et se livra exclusivement à la philosophie : il avait alors vingt ans (2). Une fois qu'il eut été captivé par l'éloquence irrésistible de son nouveau maître, qu'il comparait lui-même à la voix enchanteresse d'une sirène, il ne le quitta plus jusqu'à sa mort, qui arriva huit ou neuf ans après. Cependant une maladie lui ôta la consolation d'assister aux derniers moments de son ami (3) et d'entendre ce dernier entretien, dont il a fait le plus pathétique de ses dialogues, et peut-être le plus parfaitement beau (4).

Si Platon n'eut pas cette triste joie, il assista du moins à toutes les phases du procès; il était un de ceux qui s'étaient engagés à fournir caution pour

(1) Apul., *de Magia*, c. 10. « Cujus nulla carmina exstant, nisi amoris elegia; nam cetera omnia, *credo quod tam lepida non erant*, igni deussit. »

(2) Diog. L., III, 6. Suidas, qui n'a pas compris le passage, fait rester vingt ans Platon auprès de Socrate.

(3) Près de mourir, il considérait encore le bonheur d'avoir vécu dans l'intimité de Socrate, comme le plus grand bienfait qu'il eût reçu des Dieux. Plut., *Mar.*, c. 46. Πλάτων μὲν οὖν ἤδη πρὸς τῷ τελευτᾶν γενόμενος ὕμνει τὸν αὐτοῦ δαίμονα καὶ τὴν τύχην ὅτι μὲν ἄνθρωπος, εἶτα Ἕλλην, οὐ βάρβαρος γένοιτο· πρὸς δὲ τούτοις ὅτι τοῖς Σωκράτους χρόνοις ἀπήντησεν ἡ γένεσις αὐτοῦ. Conf. Lact., *Div. Instit.*, III, 19, 17, et Diog. L., I, 33, qui rapporte le mot à Thalès.

(4) *Phædon*, 59, b. Πλάτων δὲ, οἶμαι, ἠσθένει. Plutarque (*de Virt. Mor.*, c. 10) semble attribuer cette maladie au trouble jeté dans cette âme jeune et tendre par ce grand exemple de la cruauté et de l'injustice des hommes : « Qui oserait comparer les terreurs de Dolon à la crainte d'Ajax, et la douleur de Platon à la mort de son maître avec celle d'Alexandre désespéré de la mort de Clitus ? »

Socrate (1), et probablement aussi un de ceux qui avaient offert à Criton leur fortune pour favoriser l'évasion de leur ami commun (2); et même, s'il faut en croire Justus de Tibériade, cité par Diogène, il essaya, au tribunal, de prendre la parole en faveur de l'accusé (3); mais, après les premiers mots, elle lui fut violemment retirée à cause de sa jeunesse : il avait alors cependant bien près de trente ans.

Quoiqu'il fût encore bien jeune quand il fit la connaissance de Socrate, on peut croire (4) qu'il

---

(1) Plat., *Apol.*, sub fin. C'est, comme le remarque Diogène, III, 37, avec le *Phédon*, p. 59, b, le seul endroit de ses ouvrages où Platon ait parlé de lui.

(2) *Crit.*, 45, a.

(3) Diog. L., II, 41, et Vit. Anon. On a contesté avec quelque raison cette anecdote, qui suppose que Socrate fut défendu par d'autres orateurs encore : Νεώτατος ὤν..., τῶν ἐπὶ τὸ βῆμα ἀναβάντων. Non-seulement, comme le fait observer K. Hermann, nous ne savons absolument rien de ces avocats, mais comment admettre que Socrate, après avoir refusé le discours de Lysias, ait consenti à laisser prendre la parole à des défenseurs qui pouvaient encore davantage compromettre sa dignité?

(4) Ce n'est pas cependant une nécessité. Aristote, *Met.*, I, 6, nous dit que ses rapports avec Cratyle remontaient à sa jeunesse, ἐκ νέου. Comme on ne veut pas qu'une fois admis dans le cercle des auditeurs de Socrate, il ait prêté l'oreille à d'autres maîtres, on est obligé de placer l'un de ces deux faits avant l'autre. Sur ce point, d'ailleurs, Apulée, *de Dogm. Plat.* est formel : « Antea quidem Heracliti secta imbutus fuerat, verum quum se Socrati dedisset.... » Diog. L., III, 8, dit, au contraire, qu'il ne connut Cratyle qu'après la mort de Socrate; mais il avait alors près de trente ans, et cet âge ne s'accorderait guère avec les mots d'Aristote, ἐκ νέου, pris à la rigueur; Proclus, *in Cratyl.*, éd. Boiss., p. 4, se borne à mentionner le fait. Olympiodore et la Vie Anonyme suivent Diogène, et le dernier de ces documents, au moins

avait cependant déjà reçu quelque teinture de philosophie, et particulièrement qu'il avait été initié par Cratyle à la doctrine d'Héraclite. Mais il est impossible de s'arrêter un instant à l'opinion qui lui donne encore pour maîtres de logique Parménide et Zénon (1), puisque Athénée conteste même la possibilité chronologique de l'entretien de Socrate avec les représentants et les chefs de l'école d'Élée (2). M. K.-Fr. Hermann (3) ne veut pas que l'enseignement des sophistes, qui avaient hérité et abusé de la dialectique éléatique, et qui firent tant de bruit à Athènes, ait pu contribuer à éveiller chez Platon le goût des choses philosophiques, et à former son talent d'écrivain. Les raisons qu'il donne ne me persuadent pas; il objecte que les plus illustres de ces maîtres d'erreur et d'éloquence n'étaient plus à Athènes au moment où Platon eût pu profiter de leurs leçons. Protagoras, en effet, était mort, si l'on suit les calculs de Fréret (4), en 410 avant Jésus-Christ : Platon n'avait alors que dix-huit ans et ne connaissait peut-être pas encore Socrate. Gorgias (5), il est vrai, vivait encore; mais c'est en Thessalie et non à Athènes que se passèrent les dernières années de sa longue carrière. Prodicus

---

par la succession des parties de son récit, semble placer le voyage en Italie avant la rencontre avec Cratyle.

(1) Photius, *Bibl. Cod.*, CCLIX.
(2) Athén., XI, 505. Conf. K. Hermann, l. l.
(3) *Gesch. u. Syst. der Plat. Philos.*, p. 47.
(4) *Acad. inscr.*, t. XLVII, p. 277.
(5) Foss., *de Gorgia Leontino, Hall.*, 1828, p. 25.

enfin devait être à cette époque à Thèbes, s'il est vrai que la captivité de Xénophon, pendant laquelle il a suivi dans cette ville les leçons du sophiste, tombe dans l'olympiade 92. Sans doute dans les dernières années de la guerre du Péloponnèse, Athènes, épuisée, irritée de ses défaites, inquiète de l'avenir, n'offrait plus à ces artistes de la parole le séjour agréable dont ils y avaient longtemps joui (1). Mais, quoique les livres fussent encore rares à cette époque (2), qui pourra admettre que ces doctrines, professées avec un tel éclat, accompagnées d'un tel retentissement et d'un engouement pour ainsi dire universel, ne laissèrent, après le départ de leurs éloquents interprètes, nulle trace, nul souvenir, et qui pourra nier qu'elles n'aient pu, qu'elles n'aient dû susciter en Platon au moins l'instinct de la polémique et le goût de la philosophie? D'ailleurs, parmi les disciples de Socrate, qu'il connut sans doute même avant de s'abandonner tout entier à la direction de leur maître commun, Antisthène, qui avait entendu Gorgias, Simmias et Cébès, qui avaient suivi les leçons de Philolaüs, et peut-être aussi celles de Prodicus, Euclide, disciple des Éléates et son ami particulier, avaient pu donner quelques ouvertures à cet esprit chez lequel on doit soupçonner, sans trop de témérité, une curiosité et une ardeur précoces pour les questions scientifi-

---

(1) Athén., V, 59, p. 218. Οὓς οὐκ εἰκός ἐν Ἀθήναις ἀσφαλῶς διατρίβειν.

(2) Porphyr. in Euseb., *Præp. ev.*, X, 3, p. 468.

ques (1). Nous savons en effet que le développement du talent et du savoir fut rapide chez Platon, car il publia, du vivant même de son maître, quelques-uns de ses dialogues, parmi lesquels on place *le Lysis* (2) et *le Phèdre*, qui fut, dit-on, son premier ouvrage (3). Enfin Critias, son parent, et qu'il a trop souvent mis en scène dans ses dialogues pour qu'il soit téméraire de supposer entre eux d'intimes relations, aimait à fréquenter les sophistes aussi bien que Socrate et à se mêler aux controverses philosophiques; quoi de plus naturel qu'il ait initié son jeune neveu à ces goûts et à ces études qui lui avaient valu à Athènes la réputation d'être ἰδιώτης ἐν φιλοσόφοις, φιλόσοφος μὲν ἐν ἰδιώταις (4)?

A la mort de Socrate, c'est-à-dire en 399, Platon, alors âgé de près de trente ans (5), suivit à Mégare les disciples du sage, qui craignaient que le peuple n'étendît sur eux ses colères et ne se portât aux mêmes excès et aux mêmes violences (6). A Mégare

---

(1) Quant à Anaxagore, Socrate lui-même avait dû le lui faire connaître.

(2) Diog. L., III, 35.

(3) C'est le sentiment unanime des anciens. Diog. L., III, 38; Anonym.; Olympiod.

(4) Schol. ad Tim., p. 20. Ἥπτετο δὲ καὶ φιλοσόφων συνουσίων καὶ ἐκαλεῖτο, κ. τ. λ.

(5) Diog. L., III, 6, dit vingt-huit ans, d'après Hermodore; mais, Socrate étant mort en 399, Platon, né en 429, devait avoir bien près de trente ans.

(6) Hermodore, cité par Diog. L., II, 106, et III, 6, dit que ce fut par crainte des tyrans. C'est évidemment une erreur historique, puisque le régime de la terreur oligarchique avait fini en 404, à moins que par une interprétation plus ingénieuse que

il trouva Euclide qui avait établi dans cette ville un centre d'études philosophiques, et qui, bien que disciple de Socrate, avait adopté en grande partie les théories des Éléates, du moins la dialectique, dont son école abusa bientôt.

Là Hermogène put l'initier à la doctrine éléatique (1), s'il ne la connaissait déjà, soit par les livres, soit par les communications orales, comme il est certain, par le *Phédon*, qu'avaient déjà pénétré dans Athènes les idées pythagoriciennes. Quoi qu'il en soit, il est presque certain que la direction de son esprit dut être influencée par ce séjour à Mégare, où il vécut dans un commerce intime et peut-être long avec des hommes voués à des doctrines que plus tard sans doute il a combattues, mais qu'il admit aussi en partie, en les modifiant et en les fondant avec ses propres idées (2).

---

naturelle on ne veuille entendre par le mot τυράννων la tyrannie démocratique qui avait condamné Socrate.

Tandis que Platon et les autres disciples donnaient cette preuve de faiblesse, le rhéteur Isocrate osait le lendemain même porter publiquement le deuil de leur maître commun.

Il n'y aurait d'ailleurs rien d'impossible ou d'invraisemblable à admettre que Platon fût conduit à entreprendre ce voyage comme les autres, uniquement par amour de la science.

(1) Diog. L., III, 6, et Olymp., la *Vit. Anon.*, au lieu du nom d'Hermogène, donnent celui d'Hermippe, qui n'est probablement qu'une mauvaise leçon ; l'édition Didot rétablit le nom d'Hermogène.

(2) C'est pendant ce séjour qu'ont été conçus et en partie exécutés, d'après Stallbaum, les dialogues du *Théétète*, du *Sophiste*, du *Politique*, du *Parménide*, qui rappellent, au moins

En quittant Mégare (1), où il resta on ne sait pas au juste combien de temps, il commença ses voyages (2). Le commerce avait établi des relations fréquentes entre la Grèce et l'Égypte, l'Asie-Mineure, la Sicile, l'Italie : des rapports intellectuels avaient dû nécessairement résulter des relations commerciales, et les sophistes avaient singulièrement contribué par leur système de conférences ambulantes à cet échange des idées et à la diffusion des doctrines. Platon pouvait ainsi connaître, même avant ses voyages, les doctrines qui avaient pris naissance à l'étranger. C'est donc une assertion peu fondée de prétendre, comme M. Stallbaum, que Platon était

---

les trois derniers, la manière sèche des logiciens de Mégare, mais qui ne purent être terminés, toujours d'après le même critique, qu'après ou pendant le voyage d'Italie, parce qu'ils contiennent des traces de pythagorisme, qui cependant ont échappé aux yeux de M. K. Hermann.

(1) Diog. L., III, 6. Ἔπειτα εἰς Κυρήνην... Comme il avait quarante ans à l'époque où il vint en Sicile, d'après les renseignements de la lettre VII, p. 324, a, si l'on ne veut pas admettre qu'il ait passé dix ans dans ses séjours à Mégare et en Égypte, on peut admettre qu'il revint à Athènes, et que même il put y commencer son enseignement. Mais ce ne sont là que des conjectures, et je préfère m'en tenir aux faits attestés par ses historiens.

(2) Ce goût de lointains voyages, fréquent et vif chez les philosophes antérieurs, est en opposition marquée avec les habitudes sédentaires de Socrate, qui n'avait fait d'autre voyage que celui de Corinthe, pour voir une seule fois les jeux Isthmiques. (*Crit.* p. 52, b.)

Eusèbe, à l'Ol. 97, 4 — 389, dit : « Plato philosophus agnoscitur. » Faut-il entendre cela de la réputation qu'il s'acquit à Mégare ou en Sicile?

complétement étranger aux théories pythagoriciennes avant d'avoir visité l'Italie; et il est certainement téméraire de tirer de ce principe, si légèrement admis, la conclusion que l'on ne doit placer dans la jeunesse de Platon aucun des ouvrages où se présentent des traces des doctrines de Pythagore, comme par exemple le *Phèdre*. Mais, sans aller jusqu'à ces excès de raisonnement, personne ne niera l'influence que ces voyages vraiment scientifiques ont pu exercer sur l'esprit de Platon et les tendances de sa philosophie, surtout si l'on réfléchit qu'une partie de ces doctrines étaient l'objet d'un enseignement secret, cachées souvent sous des formes énigmatiques (1), et exigeaient, pour être bien comprises, une véritable initiation.

S'il faut en croire Cicéron, notre témoin le plus ancien, quoique déjà bien éloigné des faits qu'il atteste, son premier voyage fut celui de l'Égypte, qu'il commença par une visite à Théodore de Cyrène (2). Au dire de Strabon, on montrait encore de son temps à Héliopolis la maison que Platon y avait occupée, auprès du palais des prêtres, pendant un séjour de treize années, avec Eudoxe, son compagnon de voyages et d'études (3). La chronologie ne

---

(1) Par exemple : les symboles et les similitudes des pythagoriciens.

(2) Cic., *de Fin.*, V, 29 : « Cur Plato Ægyptum peragravit? Cur, post, Tarentum? » *De Rep.*, I, 10 : « Primum in Ægyptum, discendi causa, post in Italiam et in Siciliam. » C'est aussi l'ordre que semble adopter Valère Maxime, VIII, 7, 3.

(3) Strab., XVII, c. 1, p. 446. Proclus, *ad Euclid.*, II, p. 19,

permet d'admettre ni le fait du voyage d'Eudoxe (1), ni le séjour de treize ans, que M. K.-Fr. Hermann réduit, par de bonnes et solides raisons, à trois (2), de 393 avant Jésus-Christ, à 390. Diogène de Laërte nous dit que Platon fut malade en Égypte, et qu'il y fut soigné et guéri par les prêtres (3); et Plutarque prétend que, pour suffire aux dépenses de ce voyage, il avait fait dans ce pays le commerce des huiles (4),

attribue à Eudoxe d'avoir développé la théorie des sections coniques, dont le principe avait été trouvé par Platon. Un savant allemand, cité par K.-Fr. Hermann, a prétendu qu'Eudoxe et Platon n'ont pas pu se trouver en même temps en Égypte, quoique Clément d'Alexandrie (*Strom.*, I, p. 303, c) connaisse par leurs noms les deux prêtres égyptiens qui ont initié les deux voyageurs aux mystères de la sagesse égyptienne. Au lieu d'Eudoxe, par une erreur évidente, Diogène, III, 6, donne à Platon pour compagnon de voyage le poète Euripide, mort depuis bien longtemps, et envoie Eudoxe en Égypte, avec le médecin Chrysippe, porter au roi Nectabis des lettres d'Agésilas.

(1) Plutarque (*de Dæm. Socr.*, c. 7) place vers la même époque un voyage de Simmias, l'interlocuteur du *Phédon*, en Égypte.

(2) Quelques manuscrits de l'abrégé de Strabon donnent aussi ce nombre.

(3) Diog. L., III, 6 ; Plut., *Vit. Sol.*, 2.

(4) Il n'y a rien là qui nous doive surprendre : les Athéniens paraissent fort étrangers à nos sots préjugés contre la noblesse du commerce et de l'industrie. Solon, qui avait inventé le pressoir à olives (Cic., *de Finib.*, V, 29 ; Hor., ep. I, 12, v. 12, et les schol.), et dont Fréret (*Acad. Inscr.*, XLVII, p. 227) fait un marchand d'huiles, Thalès, Hippocrate, s'étaient enrichis dans le commerce, et Plutarque, à cette occasion, rappelle le beau mot d'Hésiode, v. 287 :

Ἔργον δ' οὐδὲν ὄνειδος, ἀεργίη δέ τ' ὄνειδος.

Pline (*Hist. nat.*, XXVIII, 28) nous apprend que le commerce

industrie considérable et très-lucrative dans l'antiquité.

On ne peut guère admettre une influence directe de l'Égypte sur les idées philosophiques de Platon : nous le voyons célébrer comme des inventions égyptiennes la découverte des nombres, du calcul, de l'écriture, de la géométrie, de l'astronomie, du trictrac et des dés (1); il vante les procédés pratiques de leur système d'éducation (2); il loue leur sentiment religieux et l'intention morale qui leur a fait consacrer aux dieux des jours de fêtes, et sanctifier tous les arts, jusqu'à la danse, par la religion et la prière (3); il vante enfin ces lois qui déterminaient

---

des huiles avait également enrichi Démocrite. On a voulu tirer de ce fait la preuve que Platon était pauvre. La pauvreté, sous l'influence des idées cyniques, fut, à une certaine époque, l'attribut et comme une vertu spéciale du philosophe : on répéta donc sur tous les tons, pour qu'il ne lui manquât rien des vertus philosophiques, que Platon était pauvre. Aul. Gell., III, 17 : Tenui admodum pecunia familiari. Damasc., *V. Isid.*, 158 : Πένης γὰρ ἦν ; Suidas, Apul., Ælien, III, 27, qui, du reste, met lui-même en doute l'exactitude du renseignement qu'il transmet. C'est par le même préjugé que Sénèque ne voulait pas qu'il fût de noble race. Platon, au contraire, appartenait à une famille illustre de grands propriétaires; il était riche, tout le prouve : sa Chorégie, quoique Dion voulut en faire les frais (Diog. L., III, 3), l'acquisition de la bibliothèque de Philolaüs, son testament (Diog. III, 41), sa manière de vivre (Diog. L., VI, 25; S. Jérôm., adv. *Jovin.*, II, 203), et j'ajoute même ses voyages, luxe qu'un homme pauvre n'aurait pas pu se permettre.

(1) *Phædr.*, 274, e ; *Phil.*, 18, c.
(2) *Legg.*, VII, 819, a. Μετὰ παιδιᾶς τε καὶ ἡδονῆς μανθάνειν.
(3) *Legg.*, VII, 799.

en Égypte le type des productions de tous les arts, et, interdisant aux artistes toute innovation, les condamnaient à répéter servilement et éternellement le modèle une fois adopté (1). Mais ses éloges, on le voit, portent exclusivement sur des arts techniques, sur des procédés pratiques plutôt que sur des sciences, sur des directions politiques et morales plutôt que sur des idées philosophiques (2). Une philosophie égyptienne ! On n'en trouve pas de trace, du moins dans Platon.

On a d'ailleurs exagéré son admiration pour la sagesse et les institutions des Égyptiens ; il a vu d'assez près ce peuple actif et industrieux pour le bien juger, et perdre, s'il en avait conçu à son égard, bien des illusions ; il les caractérise par l'expression peu flatteuse de φιλοχρήματον (3), et trouve que leurs arts méritent le nom d'une assez méchante industrie plutôt que celui de science πανουργίαν ἀντὶ σοφίας (4). Il signale chez eux bien des institutions vicieuses (5);

---

(1) *Legg.*, II, 656, d.

(2) Cicéron, *de Fin.*, V, 29 ; Apulée et les *Prolégomènes* veulent que ce soit en Égypte qu'il ait appris la géométrie ; Diodore, I, 98, prétend que, comme Lycurgue et Solon, c'est aux Égyptiens qu'il emprunte les principes et les applications de ses lois ; Quintilien, I, 12, qu'il a été initié aux mystères de leurs prêtres. Il y a peu de fond à faire sur des témoins si éloignés.

(3) *Rep.*, IV, 436, a. Il est très-remarquable même que dans ce passage Platon donne aux Thraces et aux Scythes pour caractère le courage, aux Égyptiens et aux Phéniciens l'amour de la richesse, aux Grecs seuls l'amour pur et désintéressé de la science, τὸ φιλομαθές.

(4) *Legg.*, V, 747. Cf. Walcken., *ad Adon.*, p. 357.

(5) *Legg.*, II, 657, d. Ἀλλ' ἕτερα φαῦλ' ἂν εὕροις αὐτόθι.

on ne voit en lui aucune trace de ce fanatisme religieux qui poussait les Égyptiens à s'isoler des autres nations, et, dans ses rêves les plus chimériques de constitution politique, il ne fait aucune place à l'élément sacerdotal, organe essentiel de leur gouvernement. Platon, malgré tout, est un Grec, et même un vrai Athénien (1); il ne voit dans le prêtre qu'un magistrat et un serviteur de l'État (2). D'Égypte, il alla en Phénicie, suivant Olympiodore (3), dont les Pères de l'Église (4) se sont empressés d'adopter le sentiment. Ce fut là qu'arrêté par la guerre, qui ne lui permit pas de pousser, comme il le désirait (5), jusque dans la Perse et dans l'Inde, il fut initié par les mages aux doctrines de Zoroastre, et par les Chaldéens à l'astrologie (6).

On peut sans crainte placer ces récits au nombre des fables; mais il est certain (7) qu'il visita l'Italie

(1) Son mépris systématique pour la démocratie, le pire d'entre les bons gouvernements, et le meilleur parmi les mauvais, n'étouffe pas toujours en lui le sentiment de la vérité et de la patrie; le cœur lui bat aussi au souvenir de Marathon.

(2) Plat., *Polit.*, 290, d. Διακόνου τέχνης.

(3) Et *Vit. anonym.*, et tous les auteurs cités par Ménage, ad Diog. L., III, 6 et 7; Fabric., *Bibl. græc.*, t. III, 62; Brucker, t. I, p. 635 et 148.

(4) Clem. Alex., *Protrept.*, p. 46; Lact., *Div. Inst.*, IV, 2; S. Aug., *de Civ. D.*, VIII, 11, et XI, 21; *de Doctrin. Christ.*, II, 28.

(5) Diog. L., III, 7; Apul., *de Dogm. Plat.*; Cicéron, *Tuscul.*, IV, 2, lui fait visiter *ultimas terras*.

(6) Pausan., IV, 32, 4; Plin., *Hist. nat.*, XXX, 2, 9.

(7) Rien n'est plus incertain que l'ordre et la durée de ces voyages. Olympiodore met le voyage en Italie avant celui d'Égypte, et Diog. L., III, 6, Quintilien, I, c. xiv, la *Vie anonyme* s'accordent avec lui. L'auteur de ce dernier document

méridionale, où il se lia avec Archytas à Tarente, Timée à Locres, Eudoxe de Cnide (1), et où il fit, mais peut-être plus tard, la coûteuse acquisition des trois livres de Philolaüs (2). Après un séjour d'une durée ignorée en Italie, il passa à Syracuse (3), où

n'attribue même son désir de visiter l'Égypte qu'aux récits enthousiastes que lui auraient faits les pythagoriciens de la science et de la sagesse des prêtres de ce pays. J'ai suivi l'ordre indiqué par Cicéron (de Fin., V, 29; de Rep., I, 10; Tuscul., I, 17) et adopté par K.-Fr. Hermann. Pour concilier les renseignements divergents Clinton (Fasti Hellen., II, p. 366) suppose deux voyages en Italie, supposition qu'autorise Apulée : « Et ad Italiam iterum venit. »

(1) Diog., L. III, 9; Cic., Rep., I, 10; Aul. Gell., III, 17, évalue cette somme à 10,000 deniers, équivalant à 100 mines attiques (Diog. L., VIII, 15) et à 40 mines d'Alexandrie. Diog. L., VIII, 85. Conf. Iamb., V. Pythag., § 199.

(2) Cicéron, de Fin., V, 29, nomme encore Échécrate et Acrion ou Arion; Valère Maxime, Cœtus; Apulée, Eurytus, et Diogène, Philolaüs, qui devait être mort à l'époque de ce voyage.

(3) On donne aussi à ce voyage un but scientifique. Diog. Laërt., III, 18 : Κατὰ θεὰν τῶν κρατήρων. Olymp., Diod. Sic., XV, 7. Athen., XI, segm. 116, p. 507. Ce qu'il y a de plus singulier, c'est que de nombreux écrivains prétendent que la réputation de la cuisine sicilienne n'y fut pas étrangère. Apul., Thémist., Orat., XXIII, 285 : Ἐπὶ χρήμασι καὶ τραπέζῃ. Diog. L., VI, 25; Athén., XI, 507, b. Olympiodore (Vit. Plat.) mentionne ce bruit tout en le réfutant, et soutient qu'il n'alla en Sicile que pour persuader Denys de déposer son pouvoir. Cornélius Népos, X, 2, et Diodore XV, 7, s'accordent à dire qu'il y fut appelé par Denys, à la prière de Dion, et c'est à peu près l'opinion de Plutarque (Dion, 4). La VIIe lettre, p. 324, a, 327, a, 336, b., prétend qu'il avait voulu connaître par lui-même la législation et les principes politiques qui gouvernaient la Sicile, et commencer cette grande collection de constitutions, que réalisa plus tard Aristote.

il fut mis en rapport avec Denys l'Ancien, et se lia avec Dion. Une lettre qui lui est attribuée (1) lui donne à l'époque de ce premier voyage quarante ans : c'était donc en 389 (2). Le philosophe, d'abord bien accueilli, ne tarda pas à se brouiller avec le tyran, qui ne l'épargna qu'à la prière de Dion et d'Aristomène; mais, lié en ce moment avec Lacédémone, le tyran déclara Platon prisonnier de guerre, et le remit comme tel à Pollis, ambassadeur de Sparte. Celui-ci le vendit à Égine, où les fureurs trop légitimes des haines nationales contre les Athéniens firent courir à sa vie des dangers auxquels il n'avait échappé en Sicile que grâce à l'amitié et à l'influence puissante de Dion (3). La générosité dévouée d'Annicéris, son hôte de Cyrène, le sauva. Racheté par lui au prix de 20 ou 30 mines, Platon put rentrer dans sa patrie, après dix ou onze ans d'absence, vers l'année 388 avant Jésus-Christ (4).

(1) Ep. Plat., VII, p. 324, c. M. V. Cousin, par une construction peu naturelle, mais possible, fait, il est vrai, rapporter à Dion les mots σχεδὸν ἔτη τετταράκοντα γεγονώς.

(2) Les calculs de Cicéron, qui fait tomber le voyage à Tarente sous le consulat de C. L. Camillus et d'App. Claudius, c'est-à-dire en 349, sont évidemment faux.

(3) Ce détail aide à fixer la date du retour de Platon à Athènes. La guerre des Athéniens et des Éginètes, racontée avec détail par Xénophon, *Hellen.*, V, c. I, est placée par Dodwell à l'Ol. 98, 1, c'est-à-dire en 388, car elle précéda de très-peu de temps la paix d'Antalcidas, Ol. 98, 2 — 387. C'est donc une erreur de Ott. Müller, relevée par Stallbaum, de l'avoir fait descendre à l'année 385.

(4) Diog. L., III, 18-21; Plut., *Dion*, c. IV et V, et *de Exil.*, p. 603, b. Luc., *de Paras.*, c. XXXV, rapporte, sur le témoignage

Là se réalisa un des plus ardents désirs de sa jeunesse : il inaugura dans le gymnase de l'Académie un enseignement qu'il continua pendant près de vingt-deux ans (1).

Si l'on excepte Socrate, qui, à proprement parler,

d'Aristoxène, qu'il appelle peut-être en riant πολλοῦ λόγου ἄξιοι, que les deux disgrâces qu'éprouva Platon à la cour de Denys furent dues, la première à son incapacité naturelle, ἀφυΐα, la seconde à son ignorance, ἀμαθία, dans l'art du parasite.

(1). Diog. L., III, 5, ajoute qu'il le transféra plus tard dans un jardin qui lui appartenait, auprès de la statue équestre de Colon. Élien (*Hist.*, V, III, 19) nous met sur la voie d'une interprétation naturelle de ce fait insignifiant, en racontant que Platon renonça à un certain moment aux leçons données en se promenant au dehors, ἀποστὰς τοῦ ἔξω περιπάτου, et se retirait dans un jardin à lui, réservé et intérieur, avec ses disciples particuliers, ἔνδον ἐβάδιζε σὺν τοῖς ἑταίροις.... ἀναχωρήσας ἐν τῷ κήπῳ τῷ ἑαυτοῦ. L'Académie était l'un des trois grands gymnases d'Athènes, tous trois bâtis aux frais de l'État, et lui appartenant ; il était placé entre le Céramique extérieur et la statue de Colon. Outre les nombreux bâtiments nécessaires aux exercices de la jeunesse, il renfermait un grand jardin planté d'arbres, et surtout de platanes, que Platon avait, dit-on, consacré aux Muses : à l'entrée se trouvaient l'autel et la statue de l'Amour. Schol. Arist., *Nub.*, v. 1001 ; Pausan., I, 30 ; Olymp. et *Vit. anonym.* Outre deux terrains placés dans la même tribu Acamantis (Diog. L., III, 41), Platon possédait un petit jardin contigu à l'Académie, qui, devenu par héritage la propriété de Speusippe son neveu, fut légué par celui-ci à l'École, et faisait encore, du temps de Proclus, partie de la propriété commune. Damasc., ap. Phot. Bibl., cod. 243 ; Apul. Plutarque, qui confond ce jardin avec l'Académie, nous apprend que le Gymnase contenait des logements destinés aux professeurs et occupés déjà par Platon, Xénocrate et Polémon ; il ajoute même que Xénocrate n'en sortait qu'une fois par an, pour aller en ville, le jour des nouvelles tragédies, assister aux grandes Dionysiaques.

ne tenait pas école, tous les anciens philosophes, Pythagore et Zénon d'Élée eux-mêmes, avaient fait payer leurs leçons. Platon trouvait que ce n'était pas là aimer la sagesse, mais tenir boutique de paroles, et donna le premier l'exemple d'un enseignement gratuit (1). Cette noble pratique, par laquelle il se distinguait des avides sophistes, fut constamment suivie par les philosophes de son école (2), qui, à cause de cela même, furent plus tard obligés de subir un autre joug et d'accepter un salaire de l'État. Ils devinrent donc des professeurs officiels, nommés et révocables par l'État, au lieu de rester indépendants et libres comme ceux des autres sectes le furent d'abord, jusqu'au moment où la centralisation romaine fit de l'enseignement une institution de l'empire, et où des chaires publiques furent établies pour toutes les écoles de philosophie et de rhétorique (3).

(1) Vit. Anon. Κάπηλος μᾶλλον λόγων τυγχάνων ἢ φιλόσοφος.

(2) Les legs de Platon n'étaient pas assez considérables pour suffire aux traitements des professeurs. La fortune de l'École, quoique augmentée par les testaments de plusieurs disciples (Damasc., ap. Phot., Bibl. cod., 242 et Suidas), devint bientôt insuffisante, d'autant plus que des confiscations l'atteignirent plusieurs fois. Conf. Olymp., *Comment. in Alc.*, 1; p. 141 : Πολλῶν δημεύσεων γινομένων.

(3) Philostr., *Soph.*, II, 2. Par Adrien à Rome, Antonin le Pieux et Marc-Aurèle dans les provinces, et particulièrement à Athènes. De même qu'un décret les avait instituées, un décret les supprima; Justinien, en 529 ap. J.-C., ferma les écoles de philosophie, et interdit l'enseignement public de ce qu'on appelait encore alors la Sagesse. Conf. Jean Mala, *Hist. Chron.*, II, p. 187; M. V. Cousin, *Fragm. de Philos. anc.*, Zénon, p. 79, éd. in-18.

Après avoir séjourné dans sa patrie pendant vingt-deux années, qu'il consacra à l'enseignement et à la composition de ses ouvrages, Platon se laissa persuader par Dion de retourner à Syracuse, pour chercher à faire du jeune Denys (1) le modèle du prince, en en faisant un philosophe (2) : c'était au commencement de l'hiver de l'année 368 : il confia son école et son enseignement à Héraclide d'Héraclée, et partit emmenant avec lui Speusippe, fils de sa sœur (3).

Mais Denys s'étant brouillé avec son oncle, et l'ayant même exilé, Platon renonça à ses chimériques espérances, de faire de la tyrannie un instrument de politique honnête, et quitta en 365 Syracuse où il eut l'imprudence ou le courage de revenir encore, quatre ans plus tard, à l'âge de soixante-neuf ans pour essayer de les réconcilier. Ses efforts furent inutiles (4) : il courut même encore une fois

---

(1) Il avait succédé à son père en 368 ; chassé par Dion, en 357, de Syracuse, il y rentra après le meurtre de son oncle, en 347, mais il en fut de nouveau expulsé par Timoléon ; c'est alors qu'il se réfugia à Corinthe où il se fit, dit-on, maître d'école.

(2) Plat., *Ep.* VII, 327, e. Le but de réaliser, à l'aide du despotisme, la conception socialiste et communiste de la *République*, est attesté par d'autres témoins qui ne varient que dans les détails. Plut., *Philos., c. princ.*, c. 4, et *Dion.*, c. XI ; Thémist., *Orat.*, XVII, p. 215 ; Diog. L., III, 21 ; Apul.

(3) Suid., v. Ἡρακλ.

(4) Diog. L. III, 21. Cornel. Nep., *Dion.*, c. 2 ; Diod. Sic., XV, 7. Them., *Orat.* IV ; Athen., XI, dernier chap.; Apul., *de Dogm. Plat.* « Ceterum tres ejus ad Siciliam adventus .... ille primo historiæ gratia, ut naturam Ætnæ et incendia concavi montis intelligeret ; secundo petitu Dionysi ; ... tertius ejus

des dangers que lui évitèrent difficilement les Pythagoriciens de la Grande-Grèce, ses amis (1), sur l'invitation et sous la garantie desquels il avait entrepris ce voyage (2). Revenu définitivement à Athènes, il partagea ses dernières années entre l'enseignement (3) et la révision et la composition de ses dialogues (4), et mourut dans un banquet nuptial, suivant une tradition plus poétique que certaine (5), la treizième année du règne de Philippe, la deuxième année de la 108ᵉ Olympiade, l'an 347 avant J.-Christ. Les Athéniens lui firent, dit-on, de magnifiques funérailles (6); son tombeau,

adventus fugientem Dionem, impetrata a Dionysio venia, patriæ suæ reddidit. »

(1) Il y a quelque contradiction dans les témoignages: d'après Plutarque, ce fut par Denys qu'Archytas et les Pythagoriciens de Tarente avaient connu Platon ; d'après la VIIᵉ lettre de Platon, ce serait au contraire le philosophe qui, ayant fait antérieurement connaissance avec Archytas (Cic., de Fin., V, 29, Tarentum ad Archytam peragravit), aurait mis en rapport d'hospitalité et d'amitié Archytas et Denys.

(2) Plat., *Ep.* VII, 338, c.; Plut., *Dion.*, c, 18 et 20 ; Aristid., *Orat.*, II, p. 304 ; Diog. L., III, 22.

(3) S'il faut en croire Élien, *H. V.* III, 17, et Cicéron, *de Orat.*, III, 34, il aida Dion dans sa tentative pour rendre la liberté à la Sicile.

(4) Ce soin d'artiste ne l'abandonna jamais, et c'est sans doute ce qu'il faut entendre par la phrase de Cicéron (*de Senect.*, V, 13), « scribens est mortuus ».

(5) Diog. L., III, 2. D'autres, au contraire, le font mourir d'une affreuse maladie, la fièvre vermineuse. Diog. L., III, 40. D'après Suidas, la mort vint le surprendre pendant le sommeil, ὕπνων ἀπεβίω, et sans souffrance, « sine ulla deductione ». Senec. *Ep.* 58.

(6) Olympiod., p. 4.

placé dans le Céramique et près de l'Académie (1), reçut sans doute une épitaphe que nous ne pouvons distinguer parmi toutes les épigrammes que nous rapportent ses historiens et dont nous ne donnerons qu'une seule :

Τοὺς δύ' Ἀπόλλων φῦσ' Ἀσκλήπιον ἠδὲ Πλάτωνα,
τὸν μὲν ἵνα ψυχὴν, τὸν δ' ἵνα σῶμα σόοι (2) :

« Ces deux grands hommes, Esculape et Platon, doivent le jour à Apollon, qui les fit naître, l'un pour guérir le corps, l'autre pour guérir l'âme. » Ses disciples instituèrent un banquet annuel (3) où ils

(1) Pausan., 1, 30.
(2) C'est celle que cite Olympiodore : il y en a cinq autres dans Diogene, III, 43-45, qui est l'auteur d'une d'entre elles. Il y en a une sixieme dans l'Anthologie de Planude, III, 31, attribuée à Speusippe, et qui, d'après la juste remarque de M. K. Hermann, doit avoir plus d'authenticité.
(3) Ces repas communs, où les Grecs, et les Romains à leur exemple, introduisaient non-seulement la poésie, le chant, la musique, la danse, les représentations dramatiques, mais encore des conversations littéraires, morales et philosophiques, étaient déjà institués du temps de Platon, comme le prouve la scène même de son *Banquet*, et le fait cité par Athénée, X, 419, que Timothée y fut invité par Platon : εἰς τὸ ἐν Ἀκαδημίᾳ συμπόσιον. Athénée semble même dire, XII, 548, que « ces réunions, à la fois gastronomiques et académiques, avaient été instituées par lui, ἐποιήσαντο τὰς συνόδους ταύτας οἱ περὶ Πλάτωνα καὶ Σπεύσιππον, dans un but religieux, de cordialité dans les relations, de distraction et d'étude. » On peut conclure du passage que nous analysons que ces banquets, associés à des sacrifices aux Muses, avaient lieu tous les mois, le dernier jour du mois, et que l'on en couvrait les dépenses au moyen d'une cotisation individuelle. Il faut, il est vrai, pour cela, transporter à l'Académie tout ce

célébraient l'anniversaire de sa naissance par des hymnes dont on nous a conservé un vers (1), et Aristote lui éleva un autel : c'était en effet à Aristote qu'appartenait le devoir et l'honneur de lui rendre ce pieux témoignage d'admiration, de respect et de reconnaissance (2). Platon ne s'était pas marié (3) : il laissait pour héritier, aux termes du testament que Diogène de Laërte nous a conservé, un petit enfant παιδίον, qu'on a peine à croire son fils, si l'on rapproche l'âge que désigne ce diminutif, de l'âge auquel est mort Platon : Ménage croit qu'il s'agit d'un fils de sa sœur, qui d'ailleurs vécut peu (4). L'hé-

qui est dit par Athénée des banquets de Lycon le péripatéticien. Ailleurs, I, 4, le même grammairien nous apprend que Platon avait limité à vingt-huit le nombre des convives de cette syssitie, de ces Deipnosophistes, οἱ ἐν τῷ Πλάτωνος συσσιτίῳ ; y a-t-il quelque sens mystérieux dans ce chiffre, ou cela veut-il dire simplement que Platon n'admettait à l'intimité de sa table et de son enseignement que vingt-huit de ses meilleurs écoliers, ou qu'il n'avait en tout que vingt-huit disciples ? Aristote, Speusippe et Xénocrate avaient écrit une règle pour ces repas communs, dont on élisait tous les dix jours le président. Voir sur ce détail Athén., I, 3, p. 186 b ; Diog. L., V, 4 ; Jonsius, *Script. H. Phil.*, I, xi, 5 et 6 ; Eschenbach, *de Sympos. Sapient.* ; Lehrs, *de Aristarchi Stud. Hom.*, p. 213.

(1) Vit. Anon., p. 8.
(2) Diog. L., III, 18-21, avec les notes d'Aldobrandini et de Ménage. Olymp., Vit. anon.; Prolegg. Philos. Plat.; Plut., *Qu. Symp.*, VIII, 1 ; Marin., *Vit. Procli*, Boissonade, p. 114 ; Vit. Aristott. Macrob., *Saturn.*, I, 11 ; Apul., *de Dogm. Plat.*
(3) Suid. : Οὔτε γάμον τινὰ δεξάμενος.
(4) Men. ad Diog. L., III, 41 : Ἔστω Ἀδειμάντου τοῦ παιδίου. « Accipio de filio Adimanti Platonis ex sorore nepote. » Un certain Théophilacte Simocatta, de Locres, sophiste du septième siècle

ritage passa bientôt à Speusippe, autre neveu de Platon, qui en mourant le légua à l'école fondée par son oncle et son maître.

§ 2. Le Caractère.

Cette biographie, dans ses points les plus importants, nous montre le disciple de Socrate assez peu fidèle, dans les habitudes de sa vie, à l'exemple de son illustre ami. Tandis que l'un limite sa curiosité intellectuelle aux principes directeurs de la vie morale, et, satisfait de l'observation intérieure, ne quitte jamais, si ce n'est une seule fois, sa ville natale pour recueillir les fruits de l'expérience acquise chez des peuples étrangers, Platon, tourmenté du désir de tout voir et de tout savoir, embrasse dans son activité le cercle entier des sciences, et toute l'étendue des pays connus de son temps. Ce contraste nous apparaîtra plus vif encore, si nous parvenons à retrouver quelques-uns des traits qui composent la physionomie morale de notre philosophe, aspect sous lequel il serait pour nous plus intéressant encore à connaître que celui où nous l'avons jusqu'ici considéré.

Notre tâche serait facile et douce à remplir s'il était vrai qu'on peut et même qu'on doit juger l'homme moral d'après le caractère moral de ses

---

après J.-C., parle cependant, *Ep.* 40, d'un fils de Platon tué par les Barbares.

idées et de ses ouvrages (1); mais je ne puis me résoudre à accepter cette hypothèse, quoiqu'elle soit aujourd'hui devenue, sous sa forme convertie, le principe généralement admis de la critique littéraire : l'expérience de la vie, l'histoire de la philosophie et des lettres, et ce qui est plus certain encore, l'observation de notre propre conscience et l'examen de notre propre nature sont d'accord pour nous dire que la vie de l'imagination est profondément distincte de la vie réelle, que notre nature morale n'explique pas complétement notre personnalité littéraire et intellectuelle, et réciproquement que notre esprit ne donne pas la vraie mesure et ne montre pas la vraie cause de notre caractère et de nos mœurs. Chez l'un le cœur vaut mieux que l'esprit; chez l'autre l'esprit vaut mieux que le cœur. Ce serait donc un portrait de fantaisie qu'on tracerait, en allant chercher dans la beauté, la sérénité, la grandeur, l'harmonie, dans la perfection esthétique de l'œuvre intellectuelle de Platon, l'image de son caractère moral et réel. Il faut bien le dire : ce n'est pas ainsi que nous le dépeignent la plupart de ses contemporains, dont ses admirateurs eux-mêmes nous ont conservé les témoignages. Des voix nombreuses signalent, outre des mœurs suspectes, un esprit critique, mordant, satirique, une conduite malveillante et des sentiments jaloux envers la plupart des disciples de Socrate, un amour-propre excessif et irritable, prenant souvent

---

(1) Senec., *Ep.* 114. « Talis hominibus oratio qualis vita. »

la forme d'un orgueilleux dédain, la passion de l'argent, le goût des élégances et d'un certain luxe de la vie comme des relations aristocratiques; son mépris de la liberté et sa prédilection pour la tyrannie et pour les tyrans, une impudence effrontée à piller ses ouvrages dans les livres des autres philosophes et à leur en ravir la gloire, enfin des indiscrétions et presque des calomnies qui pouvaient porter atteinte à la mémoire de Socrate. Et ce ne sont pas des reproches qui, par le vague et la généralité des termes, ne mériteraient pas d'arrêter les regards : on articule des faits précis et souvent significatifs qui, s'ils étaient bien prouvés, justifieraient peut-être les accusations portées contre son caractère.

Les épigrammes érotiques que Diogène nous a conservées comme son ouvrage semblent prouver qu'il n'avait pas échappé à cette odieuse confusion de l'amour et de l'amitié, dont le nom et les détails souillent quelques-unes des pages de ses plus beaux dialogues (1). J'ai de la peine à trouver quelque ombre d'excuse pour les ignobles et cyniques aveux qu'il met dans la bouche d'Alcibiade, et les épithètes d'αἰδήμων et de κόσμιος (2), données par un

---

(1) Diog. L., III, 29. Aristippe nomme Aster et Dion ; d'autres Phèdre, d'autres Archéanassa, courtisane de Colophon. L'épigramme à Dion est une épitaphe, et on a fait observer qu'à la mort de Dion, qui fut assassiné à l'âge de soixante ans, il en avait lui-même soixante-treize; mais qu'est-ce que cela prouve sur leurs relations de jeunesse?

(2) Diog. L., III, 26.

Grec à un Grec, ne me rassurent que médiocrement. Antisthène dans un dialogue d'une violence outrageante l'appelait Sathon (1), et l'on sait ce que ce mot désigne en grec : ὑποκόρισμα ἐπὶ παιδίων ἀρρένων, ἐπὶ τοῦ αἰδοίου (2). Ce qui peut diminuer l'effet de ces diffamations cruelles, c'est que ceux qui en sont les auteurs sont connus pour être ses ennemis personnels, et les adversaires déclarés de ses doctrines. Athénée qui lui est si hostile reconnaît qu'Antisthène, d'ailleurs violent et outrageant envers tout le monde, ne pouvait supporter Platon (3); les injures qu'il lui adresse paraissent, même à ce critique si malveillant, ἀσυρῶς καὶ φορτικῶς, aussi méprisables que grossières (4), et nous n'en devons pas, j'imagine, faire plus de cas que lui. Mais Athénée, à son tour, attaque vivement le caractère de Platon qu'il qualifie par les plus dures épithètes : malveillant, jaloux, méchant envers tout le monde, il le fut surtout envers les autres disciples de Socrate (5), et à tel point qu'Hégésandre de Delphes avait fait un traité spécial Περὶ τῆς πρὸς ἅπαντας τοῦ Πλάτωνος κακοηθείας. Outre que dans ses ouvrages on le voit calomnier tous les

---

(1) Athén., XI, 507 ; Diog. L., III, 35.
(2) Hésych., v. La calomnie fit son chemin, et bientôt Hérodicus, dans des vers attribués à Aspasie, n'épargna pas Socrate lui-même. Athén., V, 216.
(3) Athén., XI, 507.
(4) Athén., V, 220.
(5) Athén., XI, 506. Δυσμένης πρὸς ἅπαντας ....; 507, Πρὸς τῇ κακοηθείᾳ φθονερὸς καὶ κατὰ τὸ ἦθος οὐδαμῶς εὐδοκιμεῖν.

poëtes, sans respecter même la gloire d'Homère, il dénigre les plus grands citoyens de sa patrie; et tandis que le souvenir de Salamine ne protége pas Thémistocle, tandis que la réputation universelle de son intégrité et de sa justice ne défend pas Aristide, il loue Ménon qui avait trahi les Grecs au détriment de ceux qui les avaient affranchis. Dans les relations sociales, il se conduit avec la même jalousie acerbe. Gorgias, en lisant le dialogue qui porte son nom, ne pouvait s'empêcher de s'écrier, sous l'impression vive de cette blessure terrible et de cette puissante ironie : « Quel satirique que ce Platon (1) ! » Un jour que le sophiste revenait de Delphes où il avait été consacrer au dieu sa propre statue en or, Platon le salua en ces termes railleurs : « Voici venir à nous le beau Gorgias tout en or (2); » à quoi le sophiste répondit non sans esprit : « Voici le nouvel et bel Archiloque d'Athènes. » Eschine était pauvre, et n'avait qu'un seul écolier, Xénocrate : Platon le lui enleva; et, le rencontrant en Sicile plongé dans la misère, lui refusa l'appui de son influence alors puissante, et des secours que le voluptueux Aristippe lui donna généreusement (3). Non content de cela, il lui enleva l'honneur d'avoir fait auprès de Socrate une dernière tentative pour le sauver, et l'attribua à Criton. Envers Phédon, il fut plus cruel encore; il lui intenta un

---

(1) Athén., XI, 505 : Ὡς καλῶς οἶδε Πλάτων ἰαμβίζειν.
(2) Athén., XI, 505 : Ὁ καλὸς τε καὶ χρυσοῦς Γοργίας.
(3) Diog. L., II, 61.

procès pour lui faire perdre ses droits et son état légal d'homme libre : enfin, envers tous ses anciens condisciples, on peut dire qu'il a été comme une marâtre, μητρυιᾶς (1). Socrate l'avait deviné : Platon lui était apparu en songe transformé en corneille; perché sur sa tête chauve, tout en frappant du bec la peau de son crâne dénudé, il croassait d'un air insolent (2). Il n'est pas difficile de répondre à ces accusations : mettons de côté d'abord le rêve de Socrate, qui n'est évidemment que la copie parodiée de la légende qui avait transfiguré Platon en cygne et semble comme le revers de la médaille. Les théories politiques de Platon expliquent suffisamment la sévérité et si l'on veut l'injustice de ses jugements contre les poëtes et les grands citoyens d'Athènes; on ne lui fera pas un crime d'avoir employé contre les doctrines pernicieuses des Sophistes l'arme du ridicule, que les honnêtes gens ne doivent pas s'interdire, et quant à sa conduite avec les autres disciples de Socrate, et particulièrement avec Eschine, loin d'être prouvées, les anecdotes qui la présentent sous un jour odieux sont contredites par Plutarque, qui raconte un assez long entretien du philosophe avec Denys, pour l'amener à faire du bien à Eschine, « l'un des plus vertueux amis de Socrate (3). » Démétrius soutient qu'en disant qu'Aristippe était resté à Égine, pendant les derniers jours de la vie

(1) Athén., XI, 507.
(2) Athén., XI, 507.
(3) Plut., *de Adul. et Amic.*, c. 26 : Ἀνὴρ τῷτε ᾔθει παρ' ὁντινοῦν τῶν Σωκράτους ἑταίρων ἐπιεικής.

de Socrate, Platon veut faire allusion aux orgies voluptueuses dans lesquelles il se plongeait en ce moment même (1) : mais n'est-ce pas prêter à son langage des intentions gratuites? en constatant l'absence d'Aristippe, ne constate-t-il pas aussi la sienne? et enfin, si ce que Démétrius nous rapporte était vrai, le reproche ne serait-il pas mérité, et l'indignation contenue dont il serait l'expression bien modérée ne lui ferait-elle pas plutôt honneur? D'ailleurs, à la cour de Sicile, où, dit-on, ils se rencontrèrent, rien n'atteste leur mauvaise intelligence, et Athénée se borne à dire que Platon raillait quelquefois Aristippe (2). Quant aux rapports de Xénophon et de Platon, quelle qu'en ait été la nature, on ne peut en tout cas en faire retomber la responsabilité sur ce dernier, puisque, d'après les conjectures les plus autorisées, les ouvrages de Xénophon où l'on croit saisir les traces d'une certaine inimitié étaient antérieurs à ceux de Platon qui aurait été ainsi l'attaqué (3).

(1) Démétr., *de Eloc.*, 3, 306 ; Diog. L., II, 65 ; Athén., XII, 544, d.
(2) Athén., XI, 507.
(3) Sur cette question, déjà très-controversée chez les anciens, et qui ne l'est pas moins chez les modernes, voir Athén., XI, 504 ; Diog. L., III, 34 ; Aul. Gell. XIV, 3 ; M. Böckh, *De simultate quæ Plat. cum Xenoph. intercessisse fertur.*
Les raisons qu'on allègue pour affirmer leur inimitié réciproque sont des plus faibles et des plus bizarres. Athénée, XI, 505, se fonde, probablement d'après Hégésandre :
1. Sur ce qu'ils rapportent de Cyrus : l'un disant qu'il avait reçu, dès sa jeunesse, une éducation parfaite ; l'autre que Cyrus

Je ne voudrais pas répondre que Platon fut aussi avait été un bon général, mais que son éducation laissait à désirer ; Xénophon accuse le Thessalien Ménon d'avoir été cause, par sa trahison, de l'assassinat de Cléarque, et le traite d'homme dur et débauché, tandis que Platon, faisant allusion à ces critiques, lui donne un démenti complet : Οὐκ ἔστ' ἔτυμος λόγος οὗτος, et, contrairement à ses habitudes de dénigrer tout le monde, comble Ménon de ses louanges.

2. Tous deux ont écrit un *Banquet*, et, dans leur ouvrage, l'un introduit des joueuses de flûte que l'autre renvoie, l'un fait boire à Socrate de petites coupes de vin, l'autre le fait boire dans une coupe énorme, et cela jusqu'à l'aurore.

3. Enfin Platon, dans son *Phédon*, énumérant tous les amis de Socrate réunis pour lui dire adieu, n'a pas même nommé Xénophon.

Diog., III, 34, pour preuve de la rivalité et de la malveillance de ces deux hommes, se borne à dire qu'ils ont écrit sur des sujets semblables : un *Banquet*, une *Apologie de Socrate*, des Traités de morale, celui-ci *la République*, l'autre *la Cyropédie*, que Platon appelle une fiction.

Aul. Gell., XIV, 3, reprend quelques-unes des raisons précédentes, et y ajoute des détails nouveaux. Suivant lui, Platon avait publié d'abord et séparément les deux premiers livres de sa *République*, et Xénophon les réfuta en opposant à la meilleure des républiques la monarchie parfaite. En outre, Xénophon soutient que Socrate, qui, dans les dialogues de Platon, parle si souvent physique, musique et géométrie, ne s'était jamais occupé de ces sciences que les Grecs appellent mathématiques. La conclusion d'Aulu-Gelle est toutefois plus sage. Entre deux beaux génies contemporains, il y a, dit-il, toujours une apparence de rivalité à laquelle il ne faut pas ajouter foi légèrement. Platon et Xénophon, représentants illustres de la philosophie socratique, ont paru, par leur grandeur même, des rivaux ; mais ce fut la faute de leurs partisans et non la leur : c'étaient les autres qui disputaient de leur supériorité relative. M. Böckh s'est donné la peine, peut-être superflue, de réfuter sérieusement ces critiques paradoxales ; il a doctement prouvé :

innocent des sentiments d'orgueil un peu fier et de certains dédains aristocratiques qu'on lui prête :

1. Que le but de Platon et de Xénophon, dans leurs ouvrages, n'étant pas le même, ils pouvaient et devaient, sans motifs de rivalité ou de jalousie, présenter Socrate, Ménon, Cyrus, sous un jour différent, et leur prêter des opinions et des thèses qui ne sont pas identiques.
2. Cornarius signale dans *le Banquet* de Xénophon un discours de Pausanias, qu'il suppose tiré du *Banquet* de Platon, et dont Xénophon, par la bouche de Socrate, combat les conclusions. Il trouve là, d'abord, une preuve de l'hostilité des deux philosophes, ensuite une preuve du peu de fondement qu'il faut faire de leurs assertions; car, dit-il, Pausanias ne dit rien de tout cela dans le dialogue de Platon, et on ne connait aucun ouvrage de Pausanias, ni aucun autre ouvrage où Pausanias soit introduit traitant de cette matière. Il faut donc croire ou que Xénophon a menti, ou qu'il avait entre les mains un texte du *Banquet* de Platon différent de celui que nous avons.

Mais rien n'autorise Cornarius à supposer que les paroles de Pausanias étaient tirées du *Banquet* de Platon. Comment, d'une hypothèse gratuite, conclure à des faits calomnieux?
3. Enfin, si Platon n'a pas nommé Xénophon au nombre des amis de Socrate qui figurent dans *le Phédon*, peut-on lui en faire un reproche, puisqu'à ce moment Xénophon était en Asie? Il en a fait autant pour lui-même, et, en l'expliquant par une maladie, il a témoigné sa propre absence. Si le nom de Xénophon ne se trouve dans aucun de ses ouvrages, on peut seulement en conclure que dans ces deux hommes, dont la vie et le caractère ne diffèrent pas moins que l'esprit, il y avait peu d'analogie et peu de penchants réciproques.
4. Il est faux que Xénophon n'ait pas mentionné le nom de Platon; il le cite même avec éloge, *Mém.*, III, 6, 1, et rapporte que c'est par amitié pour lui et pour Charmide, son oncle, que Socrate détourna Glaucon de se mêler des affaires publiques.
5. Il n'y a dans le passage des *Mémorables*, IV, 7, où Socrate

il aimait la gloire (1) et ne savait pas s'en taire. L'honnête homme, disait-il, doit laisser en mourant un souvenir, soit dans ses amis, soit dans ses livres (2); et l'amour de la renommée, suivant lui, est le dernier vêtement dont les hommes se dépouillent (3). Diogène le Cynique, qu'il appelait avec quelque raison un Socrate fou (4), se vantait de fouler à ses pieds sa vanité et son orgueil (5),

déclare qu'il avait renoncé aux sciences mathématiques après les avoir profondément étudiées, rien qui semble faire allusion à Platon, et, s'il y avait une allusion, elle s'adresserait plutôt à Aristophane.

6. Il n'y a pas lieu de s'arrêter un instant à la lettre supposée de Xénophon, Stobée, *Florileg.*, III, p. 106, où l'auteur fait évidemment allusion à Platon. Comme l'ont déjà vu Eusèbe, *Præp. Ev.*, XIV, 12, p. 745, et Théodoret, *Græc. Aff. Cur.*, II, p. 734, c'est évidemment l'œuvre d'un faussaire, tout aussi bien que la 15ᵉ d'Allatius et d'Orelli, où Platon est nommé, et accusé d'imaginer, sans fondement historique, tout ce qu'il dit de Socrate, tandis que l'auteur oppose à ces fictions poétiques la sincérité et la fidélité de ses propres mémoires. Ἡμεῖς μέντοι φαμὲν, ὅτι τοιαῦτα οὐκ ἀκηκόαμεν, ἀλλ' ὅτι τοιαῦτα οὐ δυνάμεθα ἀπομνημονεύειν· οὐδὲ γὰρ ἐσμὲν ποιηταί, ὥσπερ καὶ αὐτός. Ces deux lettres ont été complétement inconnues d'Athénée, de Diogène et d'Aulu-Gelle, qui n'auraient pas manqué de s'en servir à l'appui de leurs assertions sur l'inimitié prétendue de Platon et de Xénophon, et leur silence s'ajoute à toutes les preuves critiques qui en démontrent l'inauthenticité.

(1) Diog. L., III, 38. Ὀνόματος δεῖ τυχεῖν.
(2) Diog. L., III, 40. Cela rappelle le proverbe anglais : Aie un enfant, plante un arbre ou fais un livre.
(3) Athén., XI, 507.
(4) Diog. L., VI, 54.
(5) Diog. L., VI, 26. Τὴν Πλάτωνος κενοσπουδίαν, ou τὸν τῦφον.

mais il s'attirait cette verte repartie : « Quel orgueil tu montres par cette affectation à paraître sans orgueil(1)! » qu'on rapporte encore autrement : « Que ta simplicité serait belle, ô Diogène, si elle était simple (2) ! » Aristote raconte un mot qui confirmerait nos soupçons. Aristippe entendant Platon s'exprimer d'un ton trop tranchant, à ce qu'il croyait : « Ce n'est pas ainsi, lui dit-il, qu'aurait parlé notre bon maître (3). » Après la mort de Socrate, tous les disciples étant réunis dans un repas, il prit en main la coupe et leur dit de ne pas perdre courage : car il se sentait en état de remplacer celui qu'ils avaient perdu. Apollodore, à qui il venait de boire et à qui il voulait passer la coupe, la refusa en s'écriant avec son exaltation habituelle : « J'aurais plus de plaisir à recevoir des mains de Socrate la coupe de poison, que des tiennes cette coupe de vin (4). » Eschine disait que son orgueil était si grand, que non-seulement il faisait peu de cas des plus grands hommes, tels que Miltiade, Thémistocle, Cimon, Périclès, mais que son mépris s'attaquait même aux dieux (5). Enfin on sent déjà, dans ses rapports avec son maître, percer quelque chose de ce senti-

---

(1) Diog. L., VI, 26; El., *H. V.*, l. XIV, 33.
(2) Théon, Progymn., 205.
(3) Arist., *Rhet.*, 11, 23. Ἐπαγγελτικώτερόν τι.
(4) Athén., XI, 507.
(5) Aristid., *Orat.* II, *Platonic.*, t. III, p. 474, sqq.; Canter. Μὴ ὅτι Περικλέους ῥᾳδίως ἂν ὑπερφρονήσαντα, ἀλλὰ τοιοῦτον, ὥσθ' ὅ γε Αἰσχίνης φησὶ περὶ αὐτοῦ, ὅτι κἂν τοῖς δώδεκα θεοῖς ἥδιστα ἐπιτίμησε, τοσοῦτον αὐτῷ φρονήματος περιῆν καὶ τοῦ μηδένα μηδενὸς ἄξιον εἶναι νομίζειν.

ment de supériorité. L'ayant entendu un jour, dans un repas nombreux, réprimander sévèrement un de ses disciples, Platon ne craignit pas de lui faire une observation : « Ne valait-il pas mieux, lui dit-il, lui faire ces reproches en particulier? — Et toi, lui répondit Socrate, n'aurais-tu pas pu attendre, pour me donner cette leçon, que nous fussions seuls (1)? »

Il semble aussi qu'à cette fierté un peu hautaine il se soit mêlé quelque vanité aristocratique. On connaît l'intimité de ses relations avec les deux Denys et Dion, qui furent à la tête du gouvernement de la Sicile. Speusippe nous confirme qu'il était fort lié avec Archélaüs (2), quoiqu'il l'ait accusé d'avoir tué son maître; et nous apprenons d'ailleurs qu'il avait fourni à Philippe les moyens de s'emparer de la royauté (3). Il paraît certain du moins qu'il fut lié avec ces princes (4), et, en acceptant ces relations, il dut en accepter les conséquences; c'est-à-dire que, comme Sénèque, il fut peut-être obligé de

(1) Plut., *de Adul. et Amic.*, c. 32. Quels qu'aient pu être le sentiment de sa valeur et la conscience de son génie, il n'est pas permis de croire ou de dire avec Denys d'Halicarnasse, qu'il voulut croiser le fer avec Homère lui-même, et avec Aristoxène, qui se montra aussi acharné contre lui que contre Socrate, qu'il avait eu l'intention d'acheter tous les livres de Démocrite pour les brûler (Diog. L., IX, 40). Au cas même où cette anecdote serait moins suspecte, on pourrait l'attribuer à une passion moins basse que la jalousie. La haine de ces petites églises qu'on appelle des sectes philosophiques suffirait à l'expliquer.

(2) Athén., XI, 506.

(3) *Id., id.*

(4) Él., *H. V.*, IV, parlant de Philippe : Πλάτωνα δὲ ἐτίμησεν.

subir leurs bienfaits. Je dis peut-être : en effet, Diogène nous dit bien qu'il reçut de Denys plus de 80 talents (1); mais il semble ailleurs se contredire en prêtant à Aristippe, accusé de recevoir de l'argent de Denys tandis que Platon n'acceptait que des livres, la réponse suivante : « C'est, dit-il, que j'ai besoin d'argent et que Platon a besoin de livres (2). » Plutarque nie positivement le fait : Denys lui offrit beaucoup, Platon refusa tout (3).

Socrate, malgré ses opinions, par la simplicité de ses habitudes et de ses goûts, par son mépris des élégances raffinées de la civilisation, était un homme populaire et démocratique : Platon évidemment ne fait pas cette figure. Il est puéril de prétendre qu'il n'a fait tant de voyages en Sicile que pour vérifier par lui-même si les cuisiniers de ce pays méritaient leur grande renommée (4); mais il pourrait bien se faire qu'il eût aimé une bonne table et un certain

---

(1) On lui a beaucoup reproché ses rapports avec Denys. Un certain Molon, qui le détestait, disait avec esprit et méchanceté : Ce qu'il y a d'étonnant, ce n'est pas de voir Denys à Corinthe, c'est d'avoir vu Platon en Sicile.

(2) Diog. L., II, 81.

(3) Plut., *Dio*, c. 19. Μηδὲν λαμβάνοντι.

(4) Diog. L., III, 9; Thém., *Or.*, XXIII, 285. Il était allé en Sicile, ἐπὶ χρήμασι καὶ τραπέζῃ. Éphippe, le Comique, dans *le Naufragé*, raillait Platon et quelques-uns de ses disciples, ὡς ἐπ' ἀργυρίῳ συκοφαντοῦντας. Mais quel fond faire sur les libertés de la comédie grecque, qui allaient jusqu'à désigner Socrate comme un coupeur de bourse ? Une lettre, évidemment supposée, de Xénophon (Stob., *Floril.*, Meinek., t. III, p. 106), lui reproche d'avoir aimé la tyrannie, et, au lieu d'une vie frugale et simple, σικελιῶτις γαστρὸς ἀμέτρου τραπέζα.

luxe élégant et de bon goût dans toute sa manière de vivre (1). Cela ressort de plusieurs traits conformes de sa vie (2).

Ce n'est plus son caractère, c'est la tendance de son école et la direction de ses principes politiques qu'on attaque, lorsqu'on prétend, pour lui comme pour son maître, que leurs disciples se sont montrés impies et tyranniques, et ont cherché, par corruption ou par violence, à détruire la liberté de leur pays et à y établir la tyrannie. C'est, dit-on, dans les belles leçons de la *République* et de ces *Lois* illégitimes, τῶν παρανόμων Νόμων, que s'instruisirent au crime ce Callippe d'Athènes, qui, pour s'emparer de la royauté de Sicile, égorgea Dion, son ami; cet Évagore de Lampsaque, ce Timée de Cyzique, ce Chéron de Pellène, qui, après une vie scélérate et ignoble (3), ont cherché et réussi à opprimer, à trahir, à vendre leur patrie (4). N'est-ce pas une injustice flagrante que de mettre à la charge d'un philosophe non-seulement les doctrines, mais la conduite et le caractère de ses disciples; et ne pourrait-on, par cette seule fin de non-recevoir, repousser les griefs dont on veut le charger? Mais il faudrait au moins être complet, et, à côté de ces indignes disciples, citer ceux qui ont honoré leur maître, et ceux dont les actes et les fureurs coupables prou-

(1) Athén., XI, 609. Πολυτελῶς ἠσκοῦντο καὶ τῆς εὐμορφίας... πρόνοιαν ἐποιοῦντο.
(2) Diog. L., VI, 26.
(3) Athén., XI, 509. ἀνοσίως καὶ ἀδόξως βιοῦντες.
(4) Athén., XI, 508.

vent que le sentiment démocratique, l'amour de la patrie et de la liberté n'étaient point étouffés par les leçons de l'Académie; il fallait rappeler Timothée, Phocion, qu'il eut le courage de soutenir dans son procès, Chabrias, grands citoyens et grands patriotes (1); Héraclide et Python d'OEnos, qui essayèrent d'affranchir la Thrace, leur patrie, par le meurtre du tyran Cotys (2); Chion (3) et Léonidès, meurtriers du célèbre tyran d'Héraclée Cléarque (4); Aristonyme, qui donna des lois aux Arcadiens; Phormion, qui en fit pour les habitants d'Élis, et Ménédème (Athén., II, 59, c.), le législateur des habitants de Pyrrha; Délius d'Éphèse, qui fit avec Alexandre l'expédition de la Perse (Philostrat., *Soph.*, 3, 485); Euphræus, le favori de Perdiccas (*Ep. Plat.*, V, Athén., XI, 506, c. 508, d.); Démosthène (Cic., *de Orat.*, I, 20), qui l'aurait abandonné pour suivre les leçons de l'orateur Callistrate (Aul. Gell., III, 13); Hypéride (Diogène L., III, 46); Lycurgue (Vit. X Orat., VII, 2); Isocrate même (Diog. L., III, 8; *Phædr.*, 278, e.), quoiqu'il ait pu s'éloigner de lui plus tard (Isocr., *Panath.*, 118, *Philipp.*, 12). Surtout il ne fallait pas oublier que, suivant une tradition qui les honore tous deux, de même que

(1) Diog. L., III, 23.

(Diog. L., III, 46.

(3 Sous le nom duquel on a quelques lettres évidemment apocryphes.

(4) Justin., XVI, 5; Suid., v. Κλ. Ce Cléarque était lui-même un disciple de Platon.

Périclès avait été le disciple d'Anaxagore, le plus grand orateur de la Grèce, Démosthène, avait été le disciple de Platon (1).

Athénée nous rapporte que dans sa *Diatribe contre Platon* Théopompe disait : « La plupart de ses dialogues sont sans valeur et pleins de mensonges. Le plus grand nombre ne lui appartiennent pas, et sont tirés des travaux d'Aristippe ; quelques-uns, de ceux d'Antisthène, beaucoup de ceux de Bryson d'Héraclée (2). » Apulée, interprétant trop librement une épigramme où le satirique sillographe Timon avait donné carrière à sa médisance, l'accuse d'avoir emprunté son *Timée* aux livres du pythagoricien Philolaüs (3), tandis qu'Aristoxène et Favorin soutiennent qu'il a copié dans les *Antilogies* de Protagoras toute sa *République* (4). Si ce reproche pouvait se justifier par quelques analogies, ce que nous sommes hors d'état de constater, il serait facile d'expliquer par le caractère large de sa philosophie les ressemblances de ses doctrines avec celles de ses adversaires; mais il semble presque puéril de faire un pillard impudent, vivant de compilations cachées et de rapines audacieuses, l'un des écrivains les plus originaux de la Grèce, et l'un de ses plus grands

---

(1) Plut., *Dem.*, 2 ; Cic., *de Orat.*, I, 20 ; Diog. L., III, 46.

(2) Athén., XI, 508.

(3) Diog. L., VIII, 85 ; A. Gell., III, 17. Timon se borne a dire, sans nommer *le Timée*, que c'est dans les livres de ce philosophe qu'il a appris à écrire : Ὅθεν ἀπαρχόμενος γράφειν ἐδιδάχθης.

(4) Diog. L. III, 37 et 57.

penseurs. De telles imputations sans preuves ne sauraient porter atteinte ni à sa gloire ni à son caractère. Ce qu'il y a de plus cruel dans les attaques dont il a été l'objet, c'est le reproche d'avoir méconnu même envers Socrate les droits de la reconnaissance, du respect et de l'amitié. Pourquoi révéler ces cyniques détails des rapports d'Alcibiade et de son maître, qui avaient échappé aux regards clairvoyants et jaloux des poëtes comiques? Pourquoi faire dire à Socrate lui-même qu'il avait eu pour mère une rude sage-femme, βλοσυρᾶς μαίας, et pour épouse une femme d'une humeur intolérable et d'une violence inouïe (1)? Je ne pardonne nullement à Platon la liberté de ses peintures du *Banquet;* mais il faut pourtant reconnaître qu'elles ont pour effet précisément et peut-être qu'elles avaient pour but de rehausser la vertu de Socrate, et de montrer dans un jour lumineux la pureté de ses mœurs, sa force d'âme, et la chasteté parfaite de ses sentiments et de ses rapports avec la jeunesse. On en peut dire autant du portrait de Xantippe que Xénophon n'a pas ménagée davantage, et il y a longtemps que Casaubon a relevé le contre-sens peut-être volontaire d'Athénée, qui veut prendre en mauvaise part le terme de βλοσυρᾶς μαίας, dont le sens naturel est simplement : une maîtresse femme.

Non, le ciel en soit loué! nous n'avons pas ici le douloureux spectacle d'une de ces profondes mésintelligences entre l'esprit et le cœur, entre la

---

(1) Athén., V, 219.

beauté du caractère et la beauté du génie, que donne, hélas! quelquefois l'histoire de la poésie, des lettres, des sciences, et aussi, soyons sincères, de la philosophie. Que Platon ait prêté à Socrate beaucoup de choses qu'il n'a pas dites et qu'il n'a pas faites (1), je croirai difficilement qu'il s'en soit plaint, et on peut affirmer qu'il n'a pas eu à s'en plaindre. Sa tendresse respectueuse et passionnée (2) se manifeste par tous les moyens : il est un de ceux qui s'offrent pour caution de l'amende à laquelle Socrate consent à se condamner; malgré sa jeunesse, il tente un dernier effort pour éclairer des juges irrités, et lorsqu'on étouffe sa voix et qu'on lui ferme la bouche (3), il ne peut pas rester devant ce tribunal odieux, et s'éloigne accablé de douleur, n'ayant pas la force d'entendre leur arrêt sanguinaire (4). S'il n'assiste pas, comme il le dit lui-même, aux derniers moments de son maître chéri, c'est qu'il était malade (5), et peut-être de douleur et de désespoir (6). Enfin tous ses ouvrages, à l'exception de trois, semblent consacrés à faire de Socrate le type idéal de la sagesse, de la science, de la vertu, et sont un monument éternel de sa piété, de son admiration et de son amour (7).

(1) Diog. L., III, 35; Anonym.; Athén., XI, 507.
(2) Anon., p. 6. Εὐνούστατος τῷ Σωκράτει
(3) Diog. L., II, 41. Sur l'autorité de Justus de Tibériade.
(4) Anonym., p. 6.
(5) *Phædon*, p. 59, b.
(6) Plut. *de Virtut. Mor.*, c. 10.
(7) Les faits fabuleux qui accompagnent la première ren-

Ajoutons que dans ces témoignages de son respect il faisait preuve de quelque courage; et ce courage du dévouement et de l'amitié, il le montra encore dans l'affaire de Chabrias, accusé par le sycophante Crobyle, et que seul il osa défendre (1).

S'il fut dévoué envers son maître et envers ses amis, les rares documents que nous possédons nous autorisent à dire qu'il ne fut pas moins bienveillant envers ses disciples, et se plaisait à témoigner de leurs talents et de leurs vertus. Il est vrai que, tout en reconnaissant les vertus de Xénocrate, il trouvait une austérité trop sévère dans ses habitudes et lui conseillait en souriant de sacrifier aux Grâces (2); mais il proclamait bien haut que la vie seule de Speusippe était une leçon de tempérance et de sagesse (3).

Sans prétendre que Platon réalisa le modèle de perfection dont il nous a tracé la magnifique et idéale image, en admettant même qu'à un certain sentiment fier de sa supériorité et de son génie se soit ajouté un goût pour des habitudes élégantes et aristocratiques qui contrastent avec la tradition de Socrate, on doit reconnaître sans fondement les

---

contre de Platon et de Socrate semblent attester au moins un goût prononcé de ce dernier pour son jeune élève, et nous savons par Xénophon, *Mem.*, III, 6, qu'il l'avait en grande considération.

(1) Diog. L., III, 23 et 24.
(2) Plut., *Conjug. Præcept.*, p. 314, trad. fr.
(3) Plut., *de Adul. et Amic.*, c. 32.

allégations qui portent atteinte à son caractère. L'homme moral en lui, s'il n'égale pas l'écrivain et le philosophe, du moins ne le dément pas ; et ce n'est pas sans une joie sincère, qu'après une discussion complète des faits on arrive à cette conviction que Platon, que recommandent assurément déjà sa gloire de penseur et son génie d'artiste, a droit au plus grand titre de respect qu'il y ait en ce monde, celui d'avoir été un honnête homme.

J'aurai terminé tout ce qui a rapport à la biogragraphie de Platon, quand j'aurai ajouté quelques considérations générales sur le temps où il a vécu. L'homme est soumis à d'autres influences que celles de la famille et des relations personnelles. Les événements contribuent à l'élever, et les faits de la vie générale ont leur contre-coup inaperçu et peut-être imperceptible dans les individualités les plus énergiques. Sans attribuer une part trop grande à cette action invisible du milieu général où l'individu nécessairement se développe, il ne faut cependant pas la nier, et il est bon de l'apprécier dans une juste mesure. Il n'est pas indifférent, même pour le plus libre et le plus philosophique esprit, de naître dans un temps de révolutions politiques, morales ou religieuses, ou dans une période relativement calme, où des principes incontestés gouvernent et dominent l'intelligence et la vie ; de voir le spectacle et de respirer l'air de la liberté ou de l'anarchie, d'une monarchie réglée ou d'un despotisme sans contrôle et sans limites, d'assister aux défaites ou aux triomphes de la patrie.

Sous ce rapport, Platon a été moins heureux que Socrate. Il est né vers le commencement de la guerre du Péloponnèse, terminée par l'humiliation et l'abaissement d'Athènes, qui ne s'en releva jamais complétement. A la suprématie de sa ville natale il voit succéder la grandeur passagère de Thèbes et les débuts de la domination des rois de Macédoine. L'oligarchie des Quatre-Cents, la tyrannie des Trente, attristent les premières impressions de sa jeunesse, et la victoire de Thrasybule ne suffira pas pour effacer de sa mémoire l'horrible souvenir de ces déchirements et de ce régime de terreur. Du moins, à défaut de l'empire qu'elle a perdu, Athènes a retrouvé la liberté intérieure, et le temps n'est pas encore venu où ira sombrer, d'abord dans la monarchie macédonienne, puis dans la grande république romaine, cette dernière consolation de son ancienne puissance. Platon a donc vécu dans un pays encore libre où le gouvernement appartenait à la puissance de la parole, c'est-à-dire, en fin de compte, à la raison. La liberté, outre ses autres bienfaits, a encore le mérite de faire du gouvernement une école, une école de politique et de morale. La grande politique d'Athènes, ces beaux débats publics qui exaltaient et passionnaient les esprits et les âmes, mais ce qu'il y avait de plus noble en eux, ont exercé une salutaire influence sur Platon, et, sans le garder de toutes les erreurs, l'ont préservé de quelques-unes. C'est au précepteur d'Alexandre qu'il est réservé de tenter l'explication philosophique, sinon la justification de l'esclavage. Platon serait-il l'auteur des *Lois* et de *la République* sans Périclès (1)?

Sous un point de vue plus spécial, cette liberté, cette licence, cette anarchie, comme il l'appelait, lui a été plus salutaire encore. Tout aussi bien que l'art, et peut-être plus que lui, la philosophie a besoin non-seulement du droit, mais du droit pratiqué journellement, de l'habitude de tout examiner, de tout critiquer, de tout juger, de tout penser, de tout dire : car qu'est-ce que la philosophie, si ce n'est précisément la liberté de la pensée, et par conséquent la libre expression de la pensée, nécessaire à sa pleine conception ? C'est un misérable sophisme de prétendre que la pensée reste libre quand on peut — et comment imaginer qu'on ne le puisse pas ? — la formuler dans le secret de son cœur ou l'exprimer dans le silence et l'isolement de son cabinet d'étude. La pensée cesse alors d'être vivante, et, quand l'homme a cessé d'espérer que sa pensée vivra, agira, agitera, il cesse de penser. La pensée n'est complète, pleine, entière, que lorsqu'elle a dans l'âme d'un auditeur ou réel ou imaginaire, mais possible, un écho qui non-seulement la renvoie, la répercute, mais la modifie et l'achève. Toute pensée est un dialogue, comme le dit Platon ; le monologue n'est qu'une pensée altérée et faussée. L'esprit individuel n'est pas un tout parfait et com-

---

(1) L'établissement des tyrannies dans la Macédoine et la Sicile a dû exercer quelque influence sur ses conceptions politiques.

plet : l'homme vivant et même l'homme pensant est un système, et il fait partie d'un système; il faut qu'il reste en communication perpétuelle avec les autres êtres pensants, pour rester un être pensant. C'est une chaîne électrique et magnétique : si un anneau est isolé, il perd sa vie et sa vertu. Il faut sans cesse que l'homme plonge dans le grand réservoir de la pensée et de la vie universelle, qu'il donne et qu'il reçoive le coup et l'étincelle; vouloir l'isoler, soit de la vie, soit de la pensée générale, suspendre ces rapports essentiels et substantiels, le séparer de ce système, de ce non-moi où il se prolonge, se continue, se limite, où il se détermine et à la fois se complète, c'est tout simplement le tuer. Les individualités, détachées du tout qui les faisait vivre et qu'elles faisaient vivre, ne sont plus que des membres morts d'un organisme expirant, et l'organisme vivant du monde moral est ramené à une immense mécanique où il n'y a plus de mouvement et de vie que dans le moteur. Il n'est pas plus possible de penser que de parler dans le vide. Platon a joui et profité de cette liberté féconde et salutaire même aux philosophes, et l'on peut affirmer que si le sort l'eût fait naître à Sparte, sous ce régime dont il nous a trop vanté la tyrannie bienfaisante, c'en était fait de son génie et de sa philosophie. Mais il n'en fut pas ainsi du libre citoyen d'Athènes, qui, outre les souvenirs des grandeurs passées, outre le spectacle de la liberté en action, se trouvait comme au centre de toute la vie intellectuelle de la Grèce. Les poëtes tragiques et comiques, les historiens, les orateurs, les sophistes même, développent à son insu ce jeune et beau génie et contribuent à donner à sa pensée et à l'ensemble de ses idées la mesure, la grâce, l'harmonie. L'art plastique, dont les inimitables chefs-d'œuvre ravissaient ses regards, ne fut pas non plus étranger au développement complet et harmonieux de cette rare intelligence, et la recherche des influences du génie de Phidias sur le génie de Platon (1) a pu, non-seulement fournir un sujet de thèse spirituel, ingénieux et piquant, mais encore mettre en relief une de ces causes réelles et obscures qui agissent sur le développement moral et intellectuel des individus, avec une puissance qu'on a exagérée, mais qu'on ne doit pas méconnaître. Le spectacle des œuvres du grand statuaire ne pouvait manquer de développer et d'épurer le sens et le goût du vrai beau dans l'imagination d'un artiste, et quel artiste que Platon ! La profondeur de l'impression qu'il en ressentit n'a pas été étrangère, on peut le croire, au rôle considérable qu'il accorde à la beauté dans la philosophie comme dans la vie, et à la notion si pure et si sublime, et en même temps si originale et si vraie, qu'il en a donnée le premier.

(1) Thèse de M. Ch. Lévêque : *Quid Plato Phidiæ debuerit.*

§ 3. L'École.

Un trait caractéristique de l'esprit de Platon, et qu'on n'a pas suffisamment mis en relief, c'est sa vocation pédagogique : il n'a pas seulement la passion de savoir et la passion d'écrire, il a la passion d'enseigner. On peut considérer ses deux plus grands ouvrages comme des traités sur l'éducation, et il a sur ce sujet évidemment des principes, une méthode, un système, qu'il a dû appliquer dans ses propres leçons. Sa vie tout entière, du moins près de quarante ans de sa vie ont été consacrés à l'enseignement philosophique, et on devine, on voit qu'il a dû prendre entre ses mains une forme méthodique et systématique, j'allais dire scolastique.

Remarquons d'abord qu'il est le premier en Grèce, ou du moins à Athènes, qui ait fondé une véritable *école*; école libre et publique sans doute, mais enfin une école, c'est-à-dire un enseignement discipliné et jusqu'à un certain point exclusif et spécial. D'abord il s'écarte de la foule que recherchait Socrate (1). Ce n'est pas un apôtre enflammé de la sainte passion de réformer les âmes et les esprits, la science et la vie, qui va chercher partout des auditeurs, les arrête quoi qu'ils en aient, et les contraint presque de l'entendre; il ne se donne pas tout à tous comme Socrate ; on ne le voit pas sur la place

---

(1) Diog. L., III, 40. Ἐξετόπιζεν καὶ αὐτός.

publique, dans les rues, dans les marchés, aux tables des banquiers, aux éventaires des marchandes de légumes, aux boutiques des charcutiers et des cordonniers, recruter des disciples et convertir des âmes égarées (1); il ne va pas à la chasse des jeunes gens; il n'a ni l'ardeur, ni le dévouement du missionnaire (2). S'il n'admet pas les réunions mystérieuses et secrètes, les portes fermées des Pythagoriciens, il choisit cependant pour local de son enseignement, un lieu clos, quoique public, et là même il s'y fait un cercle d'auditeurs choisis et de disciples particuliers (3). Les détails nous manquent pour connaître l'organisation primitive de cette école; mais le peu que nous en savons nous laisse voir déjà une discipline et une règle, qui rappelle l'Institut pythagorique, et fait pressentir le couvent. Platon exclut de ce sanctuaire de la science le rire qui semble un oubli du respect et dissipe la force d'attention nécessaire au travail (4). L'*Aca-*

---

(1) On n'aperçoit chez les auditeurs habituels de Socrate, auxquels on donne, comme à ceux de Platon, les noms d'ἑταῖροι, συνουσιασταί, rien qui rappelle une règle, une discipline, une école. Rien n'est fixe, déterminé, pas même le lieu des réunions.

(2) Olympiod.: Ἀπήλλακτο τοῦ ἐν ἀγορᾷ καὶ ἐπὶ τῶν ἐργαστηρίων διατρίβειν καὶ τοὺς νέους θηρῶντα ποιεῖσθαι τοὺς λόγους. Diog. L., III, 40 : ἐξετόπιζε δὲ καὶ αὐτὸς τὰ πλεῖστα.

(3) Il semble qu'il y ait eu comme des conditions d'admissibilité exigées pour faire partie de ces cercles : Μηδεὶς ἀγεωμέτρητος εἰσίτω.

(4) El., *Hist. V.*, III, 35. Πρότερον ἐν Ἀκαδημίᾳ μηδὲ γελάσαι ἐξουσίαν εἶναι· ὕβρει γὰρ καὶ ῥαθυμίᾳ ἐπειρῶντο τὸ χωρίον ἄβατον φυλάττειν.

démie devient presque une académie : les professeurs y forment une corporation libre, qui a ses propriétés et ses revenus, chargée d'enseigner gratuitement, mais recevant des honoraires prélevés d'abord sur le fonds commun, et bientôt après payés par l'État. Dans cette organisation de l'enseignement, nous voyons figurer les banquets, qui se rattachent à la fois à la tradition de Socrate et à celle des Pythagoriciens, et qui faisaient de l'enseignement philosophique une communauté de vie morale, intellectuelle, réelle. Puisqu'à l'imitation des Germains, leurs ancêtres, les Anglais aiment à parler des affaires politiques après un bon dîner, on ne peut pas s'étonner que les Grecs aient aimé à réunir leurs amis à la même table pour y parler de science, d'éloquence, de poésie, des arts, de l'âme et de Dieu (1). C'est là ce qu'Athénée appelle le cénacle de Platon (2), le cénacle de l'Académie, dont il atteste d'ailleurs les habitudes modestes, frugales et dignes. Nous avons vu que, d'après ce grammairien, Platon avait étendu à vingt-huit le nombre de ceux qu'il appelait à l'honneur de manger à sa table, et peut-être d'écouter ses leçons plus particulières (3).

---

(1) Athén., XII, 509. Ἐποιήσαντο τὰς συνόδους, ... ἵνα φαίνωνται καὶ τὸ θεῖον τιμῶντες καὶ τὸ πλεῖστον ἕνεκεν ἀνέσεως καὶ φιλολογίας. C'est cette coutume, adoptée plus tard par les Romains, qui fait le cadre des ouvrages de Plutarque et d'Athénée.

(2) Athén., X, 419. Τὸ ἐν Ἀκαδημίᾳ συμπόσιον. *Id.*, I, 4. Τὸ Πλάτωνος συσσίτιον.

(3) Athén., I, 4. Platon oubliait ou ne connaissait pas la

Car il semble que même au sein de l'école, qui était nombreuse (1), il y avait encore un cercle plus intime d'initiés, et, outre les leçons publiques, des leçons non pas secrètes, mais particulières et très-particulières (2), *privatim* et *privatissime*, comme disent les Allemands, qui ont aussi cet usage.

Nous ne connaissons pas tous ceux qui formaient ce cercle intime, mais nous en connaissons du moins un certain nombre. C'étaient d'abord ses amis les plus chers, Speusippe, Xénocrate, Amyclas d'Héraclée, qu'Élien appelle un des plus distingués de ses disciples (3), puis Aristote, pour lequel il avait peu de goût (4), Philippe d'Opunte, qui semble lui avoir servi de secrétaire, Hestiée, Démétrius d'Amphipolis, Héraclide du Pont, Théophraste, Mnason de Phocée; des femmes même, qui s'habillaient en hommes pour suivre ses cours, et dont deux nous sont connues de nom : Lasthénie de Mantinée et Axiothée de Phliunte (5). L'Anonyme ajoute à ces personnages le célèbre misanthrope Timon; Suidas et Simplicius, le mathématicien

---

règle, rapportée par A. Gell., XIII, 4, à Varron, qui limite le nombre des convives à celui des Grâces ou à celui des Muses.

(1) Olympiod., Πολλοὺς δὲ πάνυ πρὸς μάθησιν ἀφείλκετο.
(2) El., *H. V.*, III, 19.
(3) El., *H. V.*, III, 19. Ἔνδον ἐβάδιζε σὺν τοῖς ἑταίροις ἀναχωρήσας ἐν τῷ κήπῳ τῷ ἑαυτοῦ ... ἀποστὰς τοῦ ἔξω περιπάτου.
(4) *Id.*, l. l.
(5) Diog. L., III, 46; Vit. Anon.; Olympiod.; El., *H. V.*, III, 19; Clém. Alex., *Strom.*, IV, p. 523; Thémist., *Or.* XXIII; p. 295; Athén., VII, 279, e.; XII, 546, d.

Hermodore que Cicéron nous fait connaître comme le premier éditeur des œuvres de Platon (1); Lucien, un philosophe du nom d'Ion et surnommé le Canon, ὁ Κανών (2). Comme appartenant à l'École on nomme Érastus et Coriscus de Skepsis (3), Euœon, ou Euagon de Lampsaque (4), Hélicon, l'astronome de Cyzique (5), Hermias, le tyran d'Atarnée et l'ami d'Aristote (6), Hippothalès d'Athènes (7), Léon de Byzance (8), le devin Miltas de Thessalie (9), Eudème de Chypre, dont Aristote a immortalisé le nom en lui adressant un de ses ouvrages de morale, Timonide de Leucade (10), Pamphilus, probablement de Samos où il entendit Épicure (11), Théétète d'Héraclée du Pont (12), le rhéteur et à la fois poëte tragique Théodecte de Phasélis, dans le Pont (13),

---

(1) Diog. L., *Proœm.* 2 ; Suid., v. λόγοισιν ; Zénob., *Prov. Cent.*, V, 6 ; Simplic. in Physic., f. 54 ; Br. 344, a., l. 35 où il est qualifié d'ἑταῖρος ; Cicer., *ad Attic.*, XIII, 21.

(2) Luc., *Conv.*, c. 7.

(3) Strab., XIII, 1, 54, p. 608, les appelle des Socratiques.

(4) Diog. L., III, 46 ; Athén., XI, 508, f.

(5) Plut., *Dio*, 19 ; *de Gen. Socr.*, c. 7 ; Ep. Plat., XIII, 360, c.; Philostrat., *Apoll.*, c. 35.

(6) Diog. L., V, 3 ; Strab., XIII, 1, 57 ; Diod. Sic., XVI, 52 ; Suid.; v.

(7) Diog. L., III, 46.

(8) Philostr., *Soph.*, 2.

(9) Plut., *Dio*, c. 22.

(10) *Id.*

(11) Cic., *de Nat. D.*, I, 26.

(12) Suid., V.

(13) Suid., v. On lui attribue quelquefois une tragédie de Philoctète qui appartient à Théodecte, d'Athènes. V. Fabric., *Bibl. Græc.*, II, 19, p. 692, 1ʳᵉ édit.

Timolaüs de Cyzique (1), probablement le même qu'Athénée appelle Timée et accuse d'avoir aspiré à la tyrannie (2), Chéron de Pellène, qui fut, aussi suivant le même érudit, un cruel tyran (3), le Locrien Aristide (4). On y fait même quelquefois entrer les Pythagoriciens Archytas de Tarente, et Eudoxus de Cnide qu'Ératosthène (5) appelle τοὺς παρὰ τῷ Πλάτωνι ἐν Ἀκαδημίᾳ γεωμέτρας et qui y auraient résolu le fameux problème Délique. D'un autre côté, le discours sur l'Amour, Ἐρωτικός, attribué à Démosthène, raconte d'Archytas que, malgré les services qu'il avait rendus à Tarente, sa patrie, il resta méprisé de ses concitoyens jusqu'à ce que ses rapports avec Platon leur eussent montré sa valeur et l'eussent relevé dans leur estime. Mais le propos d'Ératosthène semble une pure légende, et l'assertion du Pseudo-Démosthène supposerait qu'Archytas et Eudoxus se seraient trouvés ensemble à Athènes avec Platon, fait qu'aucun autre document n'autorise, que rien n'interdit cependant d'admettre, et qui est historiquement prouvé d'Eudoxus. Strabon (6) affirme que Platon et Eudoxus s'étaient rencontrés en Égypte et s'y étaient liés; d'après Sotion (7), la gloire de Platon l'aurait attiré

(1) Diog. L., III, 46.
(2) Athén., XI, 59, a.
(3) *Id.*
(4) Plut., *Timol.*, 6 ; Conf. Fabric., *Bibl. gr.*, III, 159 et sqq.
(5) Eutoc., in Archim. de Sphær. et cyl., 11, 2, p. 144. Oxf., cité par Gruppe, *über d. Fragm. d. Archyt.*
(6) XVII, 1, p. 806.
(7) Diog. L., VIII, 86.

à Athènes où il ne serait resté que deux mois; Cicéron (1) l'appelle *Platonis auditor,* Strabon (2) et Proclus (3) son ἑταῖρος; Plutarque (4), d'après Aristote, son συνήθης; Philostrate (5) dit qu'il avait profondément médité les théories de l'Académie, τοὺς ἐν Ἀκαδημίᾳ λόγους ἱκανῶς ἐκφροντίσαι; Alexandre d'Aphrodisiade (6), que c'était un des familiers de Platon, τῶν Πλάτωνος γνωρίμων; Asclépiade, sur le même passage, que c'était un platonicien, un disciple de Platon, ἀκροάτης. Le récit de Plutarque, *de Gen. Socr.*, c. 7, sur la solution du problème de la duplication de l'autel de Délos, trouvée par Eudoxus, la recommandation faite par Platon à Denys le tyran, d'Hélicon, comme d'un disciple d'Eudoxus, *Ep.* XIII, 360 c.; la critique faite par Platon de la solution de ce problème qu'Eudoxus, Archytas et Ménechme avaient cherché à résoudre par des opérations et des instruments mécaniques, au lieu d'employer des démonstrations et des raisons purement mathématiques (7), tous ces détails supposent, malgré le peu de fondement historique que les faits possèdent, entre Archytas, Eudoxus et Platon, c'est-à-dire entre l'école pythagoricienne et l'école platonicienne, des relations assez intimes qu'il est

---

(1) *De Div.*, II, 42.
(2) XIV, 2, 14, p. 656.
(3) *In Euclid.*, I, p. 19.
(4) *Adv. Col.*, 32, 9.
(5) *Vit. Soph.*, I, 484.
(6) *In Met.*, I, 9, p. 991, a 14.
(7) Plut., *Qu. Symp.*, VIII, 2, 1; *Vit. Marc.*, 14.

intéressant de signaler. Eudoxus est d'ailleurs compté comme appartenant aux Pythagoriciens par Diogène de Laërte (1), et par Jamblique (2).

Cette école avait attiré, comme on le voit, autour de Platon et à Athènes, non-seulement des Grecs, mais des étrangers qui participaient au mouvement de la civilisation grecque ; et si, après la perte de sa grandeur politique et de sa gloire militaire, Athènes eut le privilége de rester le centre et le foyer de toutes les études philosophiques et de toute l'activité scientifique, on doit l'attribuer en partie à la grande école qu'y avait fondée Platon, et qui engendra bientôt auprès d'elle toutes les autres écoles de la philosophie grecque.

Le lieu habituel des séances de ce cercle (3) nombreux avait d'abord été le Gymnase même ; puis on le transporta dans un jardin attenant à l'Académie, qui lui donna son nom (4). Aristote adopta plus tard l'usage de son maître, de faire ses leçons en se promenant (5), ce qui valut à son école le titre qu'elle porte dans l'histoire et qui avait appartenu d'abord à celle de Platon.

Le Gymnase de l'Académie était situé hors d'Athènes et à la distance de six stades, à partir de Dipyle,

(1) VII, 91.
(2) *Nicom. Arithm.*, p. 11.
(3) Cic., *de Fin.*, V, 1. 2 ; Diog. L., IV, 19 et 63.
(4) Il porte aussi celui de ὁ περίπατος; Aristox. ap. Euseb., *Præp. Ev.*, XV, 2.
(5) Él., *H. V.*, III, 19, en parlant de Platon dit : Ἐβάδιζεν σὺν ἑταίροις, et de Speusippe qui, absent, ne pouvait aider son oncle dans l'enseignement : Ἀδύνατος ἦν συμβαδίζειν τῷ Πλάτωνι.

nom de la porte du Céramique (1). Le dème de Colon, que Meursius plaçait entre Dipyle et l'Académie, se trouve à peu près à la même distance et dans le voisinage, mais plus au nord et sur la droite de l'Académie d'où Cicéron pouvait apercevoir la statue de Neptune (2). Le parc du Gymnase avait été planté de platanes et d'oliviers par Cimon (3). C'est là que se trouvaient l'autel des Muses (l'autel de l'Amour était peut-être dans le jardin) avec des statues consacrées par Speusippe, telles que la statue d'Hercule et celle de Prométhée, un Hiéron à Minerve, et d'autres monuments qui le firent respecter autant que le souvenir de Platon, même par Sylla. C'est là que le satirique Timon nous le dépeint avec des traits où, sous une nuance d'ironie, on sent encore percer le respect et la vénération :

Τῶν πάντων δ' ἡγεῖτο πλατύστατος, ἀλλ' ἀγορητής
Ἡδυεπής, τέττιξιν ἰσόγραφος, οἵ θ' Ἑκαδήμου
Δένδρει ἐφεζόμενοι ὄπα λειριόεσσαν ἱᾶσιν (4).

« C'est là que se rendait leur maître à tous, Platon au large front, dont la parole éloquente ravissait, et dont les écrits ont une grâce et une douceur semblables au chant des cigales qui, cachées

(1) Cic.; *de Fin.*, V, 1 : « Sex illa a Dipylo stadia confecimus. »
(2) *Id.* « Me ipsum, huc modo venientem, convertebat ad sese Colonus. »
(3) Pausan., I, 29; Plut., *Cim.*, 13; Horat., Ep. 2, 2, 45.
(4) Imitation des vers d'Homère, Il., III, 150.

Ἀλλ' ἀγορηταί
Ἐσθλοὶ τεττίγεσσιν ἐοικότες, οἵτε καθ' ὕλην
Δενδρέῳ ἐφεζόμενοι ὄπα λειριόεσσαν ἱεῖσι.

dans les arbres d'Hécadémus, font entendre leur voix harmonieuse. »

Le jardin, qui est probablement le domaine désigné dans le Testament comme situé dans le dème des Εἰρεσίδαι, fut sans doute légué à l'école; car nous le retrouvons en la possession de Xénocrate, de Polémon, d'Arcésilas et de tous leurs successeurs jusqu'au sixième siècle après J.-Ch. On l'appelait quelquefois du nom même du Gymnase avec lequel il faut se garder de le confondre. C'était, dit Plutarque (1), une petite propriété ne valant pas plus de 3000 drachmes et qu'habitèrent, après Platon, Xénocrate et Polémon; c'est là qu'ils donnaient leurs leçons, là qu'ils passaient leur vie. On dit même que Xénocrate n'en sortait qu'un jour par an, aux Dionysies, pour assister aux nouvelles tragédies. C'est encore ce jardin qu'il faut entendre par les mots de Diogène (2) : διῆγε τ' ἐν Ἀκαδημίᾳ τὰ πλεῖστα. Le gymnase de l'Académie était un établissement public, où il n'y avait pas place pour un particulier. C'est dans son propre domaine que Platon établit un musée, et que fut placé le groupe des Grâces, par Speusippe, qui n'y demeurait pas, puisqu'il s'y faisait porter en litière. Cette propriété ne suffit pas aux frais de

---

(1) *De Exil.*, c. 10.
(2) III, 7; IV, 6; conf. IV; 3 et 16; IV, 39. Diogène, qui semble les confondre quelquefois, sait aussi les distinguer, car il nous apprend (III, 5) que Platon enseigna d'abord à l'Académie, ensuite dans le jardin situé près du dème de Colone : τὴν ἀρχὴν ἐν Ἀκαδημίᾳ, εἶτα ἐν τῷ κήπῳ τῷ παρὰ τὸν Κόλωνον; et il s'appuie sur Alexandre Polyhistor et sur Héraclite.

l'entretien de l'école, car elle ne rapportait que trois statères d'or; mais plus tard le domaine foncier s'accrut par des legs semblables faits par des philosophes ou des amis généreux, et les revenus encore insuffisants s'élevèrent à la somme de 1000 statères et plus (1).

Les chefs successifs de l'Académie étaient désignés habituellement par celui qui occupait cette fonction et qui la déléguait en mourant à celui de ses disciples qu'il en trouvait le plus digne. Nous voyons ainsi Speusippe, sentant approcher sa fin, faire appeler Xénocrate, pour l'inviter à prendre à son tour, et à recevoir de ses mains la direction de l'Académie : παρακαλῶν αὐτὸν ἐλθεῖν καὶ τὴν σχολὴν διαδέξασθαι (2). Lacydès de Cyrène fut le premier et le seul qui désigna de son vivant ses successeurs (3); à la mort de Cratès Socratidas, qu'il avait désigné sans doute, céda ce poste honorable à Arcésilas. Néanmoins cet usage ne supprimait pas soit le choix de la corporation tout entière, soit au moins son agrément; le bon sens seul nous obligerait à l'admettre, quand nous n'y serions pas amenés par les habitudes de l'école rivale des Péripatéticiens où, à côté de la succession par voie de disposition testamentaire, nous voyons le principe de l'élection se produire, et être recommandé même par testament (4). La régularité de cette transmission fit donner aux

---

(1) Suid., v. Πλάτων. — (2) Diog. L., IV, 3. — (3) Diog. L., IV, 60. — (4) Diog. L., V, 70: Προστησάσθωσαν δ' αὐτοὶ ὃν ὑπολαμβάνωσιν διαμένειν ἐπὶ τοῦ πράγματος καὶ συναύξειν μάλιστα δυνήσεσθαι.

chefs qui se succédèrent dans l'école de l'Académie le nom de διάδοχοι ou de διαδοχικοί (1).

Pour consolider les liens d'affection entre les divers membres de la corporation, ils se réunissaient, comme l'avait déjà établi Platon, à des repas communs, pour lesquels Speusippe, Xénocrate et Aristote avaient fait par écrit des règlements, par exemple et entre autres, celui-ci, que tous les dix jours un président serait choisi par la corporation (2).

Les leçons se donnaient plus fréquemment dans le jardin public du gymnase de l'Académie, que dans le petit enclos appartenant à Platon, et qui a souvent été confondu avec le premier. C'est ce que nous apprend clairement Cicéron; il suppose, au V° livre du *de Finibus*, ch. 1, un rendez-vous pris avec son frère Quintus, M. Pison, T. Pomponius et L. Cicéron, pour faire une promenade à l'Académie, à l'heure, dit-il, où cet établissement est vide de monde : *maxime quod is locus ab omni turba id temporis vacuus esset.* Il est donc évident qu'il s'agit ici d'un endroit public et d'un lieu ordinairement rempli par la foule; c'est là, ajoute-t-il, que Platon donnait habituellement ses leçons, et il fut le premier à instituer cet usage : *quem accepimus primum hic disputare solitum;* il distingue expressément les vastes parcs de l'Académie du petit jardin situé dans le voisinage, qui lui

---

(1) Suid., v. Πλάτων. — (2) Athén., I, 3, et V, 186, b.; Diog. L., V, 4. Ὥστε κατὰ δέκα ἡμέρας ἄρχοντα ποιεῖν. Conf. Zumpt. : *Ueber den Bestand der philosoph. Schulen in Athen.* Mém. de l'Acad. de Berlin. Philol. Histor. Class.; 1842, p. 32.

rappelle aussi la mémoire de son glorieux possesseur : *cujus etiam hortuli propinqui non memoriam solum mihi afferunt, sed ipsum videntur in conspectu meo ponere.* L'usage de Platon fut continué par ses successeurs, puisque Cicéron ajoute : *hic Speusippus, hic Xenocrates, hic ejus auditor Polemon, cujus illa ipsa sessio fuit quam videmus;* « c'est là même, à cette place, que Polémon avait pris l'habitude de s'asseoir. »

Il n'est pas nécessaire de prouver par les faits que ces leçons étaient orales : la répugnance sans doute un peu exagérée de Platon pour l'écriture, sa préférence justifiée pour l'enseignement oral, bien autrement fécond, parce qu'il est vivant, nous le démontrent suffisamment. Cependant la parole écrite, tout en n'étant que l'image et le fantôme sans vie, εἴδωλον, de la communication vivante des idées, a, même pour Platon, cet avantage, qu'elle fixe et conserve un trésor de souvenirs qui serait perdu pour l'homme, quand la vieillesse amène l'oubli. Il était donc tout naturel, et nous le savons historiquement comme un fait certain, que ses disciples gardassent par écrit note de ses doctrines et de ses leçons : c'est ce qu'Aristote (1) appelle les ἄγραφα δόγματα, Aristoxène (2) et Alexandre d'Aphrodise (3), les ἀκροάσεις, Simplicius (4) les λόγοι de Platon sur lesquels nous aurons occasion de revenir.

Nous donnons ici le tableau des chefs des diverses

---

(1) *Phys.*, IV, 2. — (2) *De Music.*, II, p. 30. — (3) Alex. dans Simplic., *ad Phys.*, f° 32, b. — (4) Simplic., *ad Phys.*, 104, b.

écoles qui ont porté le nom d'Académies, et qui se rattachaient à Platon :

SOCRATE.

ANTISTHÈNE, fond. des Cyniques.	ARISTIPPE, fond. des Cyrénaïques.	PHÆDON, école d'Élis.	EUCLIDE, école de Mégare.	PLATON, fondateur de l'Académie.
			ARISTOTE, fondat. de l'école Péripatéticienne.	SPEUSIPPE, 1er successeur de Platon, Ol. 108.
				XÉNOCRATE, 2e succ. Ol. 110.
			ZÉNON, fondat. de l'école des Stoïciens.	POLÉMON, 3e succ., Ol. 116, —Ol. 127, 3, suivant Eusèbe.
				CRATÈS et CRANTOR, 4es succ., succèdent à Polémon de son vivant.
				ARCÉSILAS, 5e succ., fondat. de l'Académie moyenne. Ol. 124
				LACYDÈS, fondateur de l'Académie nouvelle, Ol. 134, 4, 6e successeur.
				ÉVANDRE, 7e successeur.
				HÉGÉSINUS ou HÉGÉSILAUS, 8e successeur.
				CARNÉADE, restaurateur de la 3e Acad., Ol. 150, 9e successeur.
				CLITOMAQUE, Ol. 163, 10e succ.
				PHILON, 11e succ., Ol. 173, fondateur de la 4e Académie.
				ANTIOCHUS, 12e succ., Ol. 175, fondateur de la 5e Académie.

La division et la discorde s'introduisirent un jour dans cette Académie si grave et si disciplinée. Les faits sont diversement racontés, et il n'est pas indifférent de les connaître, car ils peuvent expliquer la position ouvertement hostile que prit Aristote envers les doctrines de son maître.

Le rhéteur Aristide (1) se borne à nous dire que pendant le troisième voyage de Platon en Sicile quelques disciples, appartenant à ce cercle plus intime dont Platon aimait à s'entourer, τῶν μάλιστα ὡμιληκότων, introduisirent des innovations dans la doctrine, firent une sorte de schisme et élevèrent chaire contre chaire (2). En appelant ces disciples indociles des étrangers, τινὰς ξένους ὄντας (3), Aristoxène fait évidemment allusion à Aristote, que nomment d'ailleurs Élien et Diogène de Laërte. S'il faut en croire le premier de ces historiens, le rôle d'Aristote dans cette scission prématurée, qui annonçait et préparait déjà la grande secte du Lycée, fut plus actif qu'honorable. Pendant une absence de Xénocrate, Aristote groupa autour de lui et amena à ses opinions un certain nombre des auditeurs et des élèves de l'Académie, auxquels il fit des cours dans le jardin même de

---

(1) T. II, p. 324.

(2) Arist.; l. l. Τὰς διατριβάς τε ἀντικατασκευάζειν ἠξιοῦν. Aristox., ap. Eus., *Præp. Ev.*, XV, 2. Ἐπανίστασθαι καὶ ἀντοικοδομεῖν αὐτῷ. Il faut dire qu'Aristoclès, qui cite le propos d'Aristoxène, pense qu'il n'est pas possible de croire qu'Aristoxène fasse allusion à Aristote dont il a toujours, dit-il, parlé en termes honorables.

(3) Aristox., l. l. *Fragm. Hist. græc.* K. Müller, t. II, p. 282.

l'école (1). Speusippe, alors malade, ne pouvait suppléer ni Xénocrate éloigné, ni le maître lui-même, qui, âgé de quatre-vingts ans, avait presque perdu la mémoire. Incapable de lutter contre un rival jeune, intelligent et ambitieux, Platon se retira du jardin public, τοῦ ἔξω περιπάτου (2), et donna ses leçons dans le jardin particulier et fermé, ἔνδον ἐβάδιζε, où il se retira avec les disciples restés fidèles. Le retour de Xénocrate mit fin à cet état de choses pénible : il fit rougir Aristote et ses partisans de l'indélicatesse de leur procédé, et ramena Platon sur le théâtre de sa gloire (3). Il est naturel que Platon ait gardé de cette conduite quelque ressentiment, et il la comparait, dit-on, à celle du jeune poulain, qui, pour essayer ses forces, lance des ruades même à sa mère (4). Suivant Aristide, les choses ne se seraient point passées aussi pacifiquement : pour rétablir l'ordre dans cette réunion agitée de jeunes gens ardents, la police dut intervenir, ou du moins l'autorité de Chabrias et d'Iphicrate, sans quoi, dans ces rixes, qui annoncent déjà les luttes des écoliers du moyen âge, la chose

---

(1) Él., *Hist. V.*, III, 19 ; IV, 9. Ἀντῳκοδόμησεν αὐτῷ διατριβὴν καὶ ἀντιπαραξήγαγεν ἐν τῷ περιπάτῳ ἑταίρους ἔχων καὶ ὁμιλητάς. Diog. L., V, 2. Ἀπέστη δὲ (Aristote) Πλάτωνος ἔτι ζῶντος.

(2) Je croirais volontiers que c'est dans cet intervalle où Aritote resta maître du terrain, τοῦ περιπάτου, qu'on prit l'habitude de désigner ses adhérents par le nom de ὁ Περίπατος, qu'on appliquait antérieurement à l'école platonicienne.

(3) Él., *H. V.*, l. l.

(4) Diog. L., V, 2.

eût tourné à la tragédie, et il y aurait eu du sang versé (1).

Quelle était la forme de l'enseignement platonicien? Après avoir tant critiqué et tant raillé les longs discours, la forme oratoire et académique des leçons des sophistes (2), Platon ne pouvait guère imiter leur manière. Pratiquait-il donc la méthode de Socrate, l'interrogation constante et l'analyse? mais si cette analyse, qui procède par demandes et par réponses, convenait merveilleusement au but de Socrate, elle se prête très-peu et très-difficilement à l'exposition d'un système et aux nécessités d'un véritable enseignement. Sans doute l'interrogation peut avoir sa place dans l'enseignement dogmatique, mais cette place est restreinte par la nature même des choses, et, si on applique le dialogue à l'exposition des doctrines, ce ne peut plus être qu'un artifice de composition, auquel le papier se prête, mais que la réalité ne tolère pas. Quelques expressions employées par des écrivains postérieurs me feraient volontiers croire que, sur ce point particulier de la forme à donner à l'enseignement, Platon servit encore de modèle à son rival et à son élève, et qu'il fut le premier à faire une leçon, πρᾶξις, un cours, ἀκρόασις (3).

---

(1) Aristid., t. II, p. 325. Πάντα ἂν ἐκεῖνα μεστὰ τραγῳδίας.
(2) *La Macrologie*, comme il l'appelle, *Prot.* 328, e.; 334, c.; *Gorg.*, 449, b.; *Hipp.*, 1, 373, a.
(3) C'est le terme dont se servait Alexandre, au dire de Simplicius, *in Phys.*, f. 32, b., qui l'emploie peut-être dans le sens de cours, ἐν τῇ περὶ τἀγαθοῦ ἀκροάσει. Il est difficile que le dévelop-

Ce qui me porte à le croire, c'est que les cours de Platon étaient rédigés par *tous* ses élèves, nous en avons la certitude, et il paraît bien difficile de rédiger une vraie conversation et un dialogue qui, à chaque instant, rompt ou brouille le fil du raisonnement et le cours logique des idées. On ajoute même que cette rédaction était presque une sténographie, puisqu'elle reproduisait littéralement et jusque dans leur obscurité énigmatique les leçons du professeur (1). C'est ce qui donna naissance à ces fameux ἄγραφα δόγματα, dont nous aurons un peu plus loin à nous occuper. Il paraît même qu'en certaines circonstances solennelles Platon faisait une lecture publique de quelqu'un de ses dialogues écrits (2). Un jour qu'une lecture de ce genre était annoncée au Pirée, — c'était, d'après Diogène, *le Phédon*, — une foule immense accourut de la ville et de la campagne ; mais, lorsqu'on le vit aborder

---

pement des idées de Platon sur le Bien n'ait demandé qu'une leçon. Il faut dire cependant qu'ailleurs, Simplicius, *id.*, f., 104, b., 117, a., appelle ce même cours sur le Bien, οἱ περὶ τἀγαθοῦ λόγοι, terme qui, d'ailleurs, ne détruit pas mon interprétation. Les expressions de συνουσία, σύνοδος, dont se servent Proclus, *in Tim.*, p. 205, J. Philopon., *in lib. de Anim.*, 1, 2, Suidas, v. ἀγαθ. δαιμ., et même Simplicius, l. l., ne disent rien sur la question. Aristoxène, *Harmon.*, II, p. 30, se sert aussi de l'expression ἀκρόασις τοῦ ἀγαθοῦ.

(1) Simpl., in Phys., f. 32, b. Οἳ παρεγένοντο ... πάντες συνέγραψαν καὶ διεσώσαντο τὴν δόξαν αὐτοῦ ... *Id.*, f. 104, b., parlant d'Aristote, d'Héraclide, d'Hestiée et des autres : Ἀνεγράψαντο τὰ ῥηθέντα αἰνιγματωδῶς ὡς ἐρρήθη.

(2) Cette lecture continue d'un traité, quoique écrit sous la forme dialoguée, constitue une vraie leçon.

les points délicats de la question, et entrer dans des raisonnements difficiles et austères, tout le monde s'éclipsa peu à peu, et il n'y eut bientôt plus autour du maître que le petit groupe de disciples intimes et habituels (1). Diogène va plus loin, et raconte qu'il ne resta plus, pour écouter l'orateur, que le patient et courageux Aristote (2). Je m'étonne que ce seul trait n'ait pas suffi à lui gagner à jamais le cœur de son maître.

Nous avons admis plus haut qu'outre ses leçons publiques, Platon avait un cercle d'auditeurs intimes auxquels il donnait un enseignement plus particulier : cela est dans la nature des choses, et le fait se reproduit sous des formes diverses, jusque dans les temps modernes, dans la France comme dans l'Allemagne, où ces cours privés font partie de l'organisation même de l'enseignement public. Mais est-ce à dire que Platon avait une doctrine ésotérique, communiquée mystérieusement dans un enseignement secret à un petit nombre de disciples initiés? On l'a prétendu, et on le soutient encore, surtout, je suppose, pour justifier les imputations d'Aristote qui, en se référant à ces fameuses doctrines non écrites, ἄγραφα δόγματα, attribue à son maître des théories dont il ne reste pas la trace la plus légère dans le texte des dialogues.

(1) Thémist., *Or.*, XXI, p. 245, et Aristox., *Harm.*, II, p. 30, croient que c'était une leçon sur le bien, περὶ τ' ἀγαθοῦ. C'est là, dit ce dernier, qu'Aristote reconnut la nécessité d'amener par des introductions préparatoires aux difficultés de la science.

(2) Diog. L., III, 37.

Non-seulement une doctrine secrète et mystérieuse est contraire à l'idée même que se faisaient Socrate et Platon de la philosophie, au caractère et à la forme si éminemment publics et populaires que Platon donne à l'enseignement de son maître auquel il veut rester fidèle, mais des faits clairs et incontestés semblent démontrer jusqu'à l'évidence que la philosophie n'a jamais été pour lui une science ésotérique et mystérieuse (1), révélée sous le sceau du secret à un petit nombre d'élus, mais qu'elle doit être, sinon prêchée sur les toits, comme l'aurait fait volontiers Socrate, du moins enseignée dans le plein jour de la place publique.

La division qu'on signale dans Aristote entre les sujets d'un intérêt général, traités dans la forme du dialogue, parce qu'ils étaient destinés à des lecteurs nombreux, et les questions plus difficiles et plus hautes, réservées aux disciples d'élite et expo-

---

(1) Hégel va plus loin, et soutient, avec raison, que, par sa nature même, une vraie philosophie ne saurait être l'objet d'un double enseignement, l'un public et simulant un certain caractère, l'autre secret, sincère, et révélant une tout autre conception des choses. Le philosophe, dit Hégel, Hist. de la Philos., Œuvr., t. XIV, p. 180, ne dispose pas à son gré de ses pensées, ainsi qu'on dispose de ses richesses; il ne les possède pas, il en est possédé; il ne peut parler que comme il pense, et il ne dépend pas de lui de retenir ses idées. Hégel conclut donc comme nous, quoique par des raisons plus subtiles, mais non sans force, que la philosophie de Platon se trouve bien réellement, bien sincèrement et complétement exposée dans les Dialogues, et qu'il est faux de dire et impossible de comprendre qu'il enseignait à ses disciples plus intimes une autre doctrine que celle qu'il livrait au public.

sées sous la forme austère de la leçon, cette division, qui provient d'une certaine manière de concevoir la philosophie, n'existe pas dans Platon. Tous ses ouvrages sont écrits en dialogues, forme éminemment vivante, aimable, populaire, et qui prouve qu'il voulait que sa philosophie parvînt à toutes les oreilles. Le choix qu'il avait fait, pour y donner ses leçons, d'un lieu public, d'un jardin qui appartenait à l'État et où tout le monde pouvait se présenter, l'histoire même de l'Académie, devenue si vite une école officielle, une institution de l'État, c'est-à-dire, assurément, une forme de l'enseignement public, montre combien il était éloigné d'imiter les Pythagoriciens, dont les réunions, à la fois politiques et religieuses, étaient vraiment secrètes, ou les sophistes, dont les leçons étaient privées et payées, méthode à la fois mercenaire et jalouse, qu'il n'a pas manqué de critiquer vivement et à plusieurs reprises. Il se raille agréablement de ce savant universel, Protagoras, qui, devant le commun des auditeurs, débitait d'obscures énigmes dont il se réservait de dire secrètement à ses disciples le fin mot (1).

Qu'on y pense d'ailleurs : à quoi bon un enseignement secret ? En voyant quels sujets Platon n'a pas craint d'aborder dans ses dialogues, on se demande quelles auraient pu être les doctrines réservées, et pourquoi il eût voulu en tenir quelques-

---

(1) *Théét.*, 152, c. Ὁ πάνσοφος τοῦτο μὲν ἡμῖν ᾐνίξατο τῷ πολλῷ συρφετῷ, τοῖς δὲ μαθηταῖς ἐν ἀποῤῥήτῳ τὴν ἀλήθειαν ἔλεγεν. Conf. *Théét.*, 156, a.

unes cachées dans l'ombre de l'école, après en avoir exposé de non moins graves dans la lumière des gymnases publics. Et comment ce secret eût-il pu être gardé? Tous les disciples étaient tenus de rédiger les leçons du maître (1) : étaient-ils donc obligés de ne montrer à personne leurs cahiers d'école? Et c'est dans Athènes, dans cette ville libre, où l'opinion publique clairvoyante, curieuse et jalouse, surveillait tout, qu'on imagine ces procédés mystérieux d'éducation. Non-seulement cela ne peut soutenir un instant l'examen, mais les faits renversent cette bizarre hypothèse. Aristote s'en réfère à ces rédactions, à ces cahiers d'école, tout aussi bien et absolument dans les mêmes termes qu'aux dialogues : ce qui prouve qu'ils étaient entre les mains de tout le monde, ou du moins qu'ils n'étaient pas secrets.

Je n'ignore pas que l'hypothèse d'un enseignement secret a été soutenue dans l'antiquité, chez les modernes, et, bien qu'abandonnée presque généralement depuis Schleiermacher, elle a été reprise tout récemment avec ardeur par M. Weisse (2), par M. Stallbaum (3), et défendue avec plus de discrétion, même par le savant M. K. Fr. Hermann (4). Brucker, suivant lequel Platon n'est qu'un esprit sans mesure, sans originalité et sans génie philosophique, qui attribue l'ironie de la méthode

(1) V. plus haut, p. 57, note 1.
(2) Dans la traduction de *la Physique* d'Aristote, et du *de Anima*.
(3) *Prolegg. Phædr.*, p. cix.
(4) *Gesamm. Abhandl.*, p. 281.

dialectique à l'intention de dissimuler ses véritables sentiments, ne manque pas de soutenir qu'après avoir pris le fond même de ses doctrines aux Égyptiens et aux Pythagoriciens, il leur emprunta également la discipline du secret (1). On comprend l'importance de cette question, puisqu'il s'agit de savoir si nous devons considérer les dialogues comme la source où nous irons puiser la connaissance exacte, franche et complète de la philosophie de Platon, ou s'il faut admettre, à côté et au-dessus des documents écrits, les traditions conservées par Aristote d'un enseignement secret, exposé dans l'ombre et le mystère, que le maître du moins ne fixa jamais par écrit, et qui éclaire, complète, corrige, et révèle dans leurs dernières profondeurs et dans leurs premiers principes, les théories dont les dialogues ne nous montrent que les côtés brillants, la surface ou les applications. On s'appuie d'abord sur Platon lui-même, et l'on cite ce passage du *Phèdre* (2), où il est dit que la pensée écrite n'a pas de valeur propre ni vraie, que toute son utilité se borne à réveiller les souvenirs d'une exposition orale et d'un enseignement vivant. Mais comment a-t-on pu tirer de là une preuve de l'existence d'un enseignement secret ? D'un enseignement oral, oui, assurément, et il n'était peut-être pas nécessaire de le démontrer ; mais que cet enseignement fût secret, ou que, sans être

---

(1) Cf. s. Aug., *de Civ. D.*, VIII, c. 4.
(2) *Phædr.*, 274, b.

secret, il exposât des doctrines différentes de celles des textes, c'est ce qui est loin d'être indiqué par la théorie du *Phèdre :* car n'en devrait-on pas plutôt et très-légitimement conclure que les dialogues sont les textes écrits des leçons faites dans l'Académie, et sont destinés à remplir la fonction utile de l'écriture, c'est-à-dire non pas à remplacer la leçon orale, mais à la compléter, en en fixant d'une manière durable les souvenirs trop faciles à s'oublier?

Brucker se réfère ensuite, comme semble le faire également Alcinoüs (1), à la phrase célèbre du *Timée,* où Platon reconnaît « qu'il est difficile de découvrir le véritable auteur, le père de cet univers, et, quand on l'a découvert, qu'il est impossible de le faire connaître à tout le monde (2). » Quel est donc le sens de cette phrase si naturelle et tant citée (3)? Les recherches sur la nature des choses et sur la nature des dieux ne sont pas de celles qu'on peut espérer de faire comprendre à tous les esprits; la théologie est une science profonde, obscure, difficile : cela veut-il dire qu'elle doit être l'objet d'un enseignement secret? Et que fait donc Platon dans *le Timée* même, dans *la République,* dans *les Lois,* dans *le Parménide,* s'il fallait

---

(1) Alcin., Εἰσαγωγή, c. XXVII. Πάνυ γοῦν ὀλίγοις τῶν γνωρίμων καὶ τοῖςγε προκριθεῖσι τῆς περὶ τοῦ ἀγαθοῦ ἀκροάσεως μετέδωκε.

(2) *Tim.,* 28 c. Εἰς πάντας ἀδύνατον λέγειν. Brucker a le tort d'ajouter, dans sa traduction, à *impossibile,* les mots *nefasque,* qui accusent un sens étranger au texte.

(3) Joseph., c. *Apion,* II, 31 ; Orig., c. *Cels.,* VII, p. 360 ; Cyrill., *in Julian.,* I, p. 30 ; Max. Tyr., I, p. 15 ; Clem. Alex., *Strom.* V, p. 585, B ; Lactant., I, 8.

y voir avec Proclus toute la théologie platonicienne ? N'essaye-t-il pas, dans la mesure où peuvent les atteindre la pensée et la parole, de nous donner l'idée la plus vraie et la plus complète du bien et de Dieu ? Sans doute, il est difficile au plus beau génie de pénétrer les profondeurs, de sonder les mystères augustes de l'essence divine ; il est impossible d'espérer en traduire même ce que la pensée peut en saisir dans une langue assez claire pour que tout le monde le puisse comprendre : mais où voit-on là la trace d'une doctrine secrète? Si l'aveu de la faiblesse de l'esprit humain, surtout dans les masses populaires, en face de la grande idée de Dieu, implique la discipline du secret, le Christianisme lui aussi est donc une doctrine secrète?

Cicéron ne voit là qu'une contradiction d'un homme qui s'étend sur un sujet qu'il avait déclaré interdit à la raison humaine (1). La contradiction que signale Cicéron n'existe pas : existât-elle, comment y verrait-on la preuve d'une doctrine secrète?

A défaut du vrai Platon, on a recours au faux. L'auteur de la VIIe lettre du recueil qui nous est parvenu sous son nom adresse aux parents et aux amis de Dion cette observation, à propos des écrits philosophiques qui lui étaient attribués : « Je n'ai jamais rien écrit et n'écrirai jamais rien sur ces ma-

---

(1) Cic., *de Nat. D.*, I, 12. « Jam de Platonis inconstantia longum est dicere ; qui in Timæo patrem hujus mundi nominari neget posse : in Legum autem libris, quid sit omnino Deus anquiri oportere non censeat ..... Idem et in Timæo dicit et in Legibus et mundum Deum esse, et cœlum, et astra, etc. »

tières. C'est une science qui ne s'enseigne pas, comme les autres, avec des mots... Je crois que de tels enseignements ne conviennent qu'au petit nombre d'hommes qui, sur de premières indications, savent eux-mêmes découvrir la vérité. » Quelque valeur qu'on veuille accorder aux lettres III, VII et VIII, on ne saurait les prendre pour des documents authentiques et pour un témoignage de Platon lui-même ; et M. K.-Fr. Hermann, qui en exagère suivant moi l'autorité, ne réfléchit pas qu'à ce compte il faudrait supprimer, comme dépouillée de toute authenticité, toute la collection des dialogues.

Les néo-platoniciens, qui ne se bornaient pas à vouloir concilier Aristote et Platon, et à montrer les analogies de leur philosophie, mais prétendaient en démontrer la parfaite identité, ont été les premiers à parler d'une doctrine ésotérique, non écrite, parce que l'absence d'un texte précis autorisait les licences de leur intempérante interprétation. Numénius avait écrit un traité sur les doctrines secrètes de Platon (1). Clément d'Alexandrie, en attribuant cette manie du secret, non-seulement à Platon, mais aux stoïciens et aux épicuriens eux-mêmes, détruit par cette exagération l'autorité de son témoignage (2). J'espère qu'on n'en accordera pas une plus grande à l'auteur inconnu du livre intitulé : *De la Théologie,* qu'on donne quelquefois à Aristote. « Les doc-

---

(1) Euseb., *Præp. Ev.*, XIII, 5. Περὶ τῶν παρὰ Πλάτωνι ἀπορρήτων; et XIV, 5, 7. il attribue cette pratique à une mesure de précaution et de prudence.

(2) *Strom.*, V, 9, p. 680 et 686.

trines contenues dans cet ouvrage sont, » au dire de l'auteur anonyme, « conformes à l'enseignement secret recueilli de la bouche de Platon, et à celui des sages de Babylone et de la Perse. » Mais de ce livre platonicien attribué à Aristote, le texte grec est perdu, et les traductions latines, souvent abrégées, qui nous en restent, ont été faites d'après une version arabe qui présente elle-même, par rapport au texte latin, d'importantes lacunes (1).

C'est cette tradition néo-platonicienne qu'ont adoptée quelques-uns des historiens et des commentateurs modernes. Patrizzi compare l'enseignement de Platon aux entretiens secrets des Pythagoriciens (2). Ast conclut de là et affirme, sans la moindre hésitation (3), que ce n'est pas dans les dialogues qu'il faut chercher les doctrines vraies, propres et originales de sa philosophie, et Socher imagine que les ἄγραφα δόγματα étaient un ouvrage de Platon destiné à servir de fil conducteur aux disciples initiés (4). M. K. Hermann croit aussi que ce n'est pas dans les écrits de Platon qu'il faut chercher l'expression vive et claire de sa vraie pensée, et qu'il réservait l'exposition de ses principes derniers à ses leçons orales, tandis que les applications pratiques à l'art,

(1) M. Ravaisson, *Essai sur la Mét. d'Aristote*, t. II, p. 543.
(2) *Discuss. Peripat.*, III, p. 337 : « Hæc vero talia fuisse putandum est quales fuerunt Pythagoreorum sermones, quos mathemata vocabant, iique secreto discipulis quibusdam selectis communicabantur. »
(3) *De Platon. Phædro*, p. 146 : « Sine ulla dubitatione confirmaverim. »
(4) *Ueber Platon's Schrift.*, p. 393.

à la politique, à la morale, étaient les objets des dialogues publiés et publics (1). C'est une conjecture bien bizarre cependant, comme le fait observer M. Ed. Zeller (2), que d'imaginer qu'un philosophe montre au grand jour les applications de ses doctrines et en dérobe avec un soin jaloux les principes ; car, d'abord, comment comprendre et adopter des théories appliquées dont on ignore les principes, et ensuite, pourquoi cacher les principes si on découvre les applications ? Ce ne sont pas les idées métaphysiques en elles-mêmes qui sont dangereuses, et, si l'on ne craint pas d'exposer leurs conséquences pratiques, on ne voit pas quel motif on a de dérober dans l'ombre du mystère les principes, qui seuls peuvent les expliquer, les éclairer, les justifier. D'ailleurs l'anecdote qui nous montre Platon faisant devant un public nombreux, attiré par la réputation de son éloquence et de son génie, une leçon sur le Bien, assurément le plus élevé de ses principes, et voyant s'enfuir peu à peu toute cette foule, à mesure qu'il touchait des points difficiles et abordait les développements « concernant les nombres, les mathématiques, la géométrie, l'astronomie, la limite identique au bien, » renverse complétement l'hypothèse du docte critique.

Au fond, la vraie raison qui engage MM. K. Hermann et Stallbaum à croire à un enseignement secret de Platon, c'est qu'Aristote lui attribue des

---

(1) *Gesamm. Abhandl.*, p. 281.
(2) *Philos. der Griech.*, t. II, p. 324.

théories qu'on ne retrouve pas dans les dialogues : si elles ne sont pas exposées dans les dialogues, qui ne contiennent pas alors toute sa pensée, il a bien fallu qu'il les exposât quelque part : où, si ce n'est dans ses leçons ? Mais s'il avait des motifs pour dissimuler certaines doctrines ou les passer sous silence dans ses écrits, ces mêmes motifs devaient agir dans son enseignement : donc il avait un enseignement secret. On verra plus loin que je n'admets pas la majeure de cet argument, en ce sens que je ne crois pas qu'Aristote *ait raison* d'attribuer à Platon les doctrines dont on signale l'absence dans les dialogues. Par là tombera le seul appui de cette supposition, que tout d'ailleurs repousse et que rien ne confirme. Olympiodore proclame que « Platon n'admit jamais l'orgueilleuse fierté des Pythagoriciens, qui fermaient aux profanes les portes de leur école (1), et dont la maxime était : αὐτὸς ἔφα, le maître l'a dit; au contraire, il se montra populaire et se donna tout à tous, πολιτικώτερον ἑαυτὸν παρέχων πρὸς ἅπαντας (2). » Proclus ne se borne pas à constater le fait, il en montre la raison et en explique la cause : « C'est du commerce de Socrate, dit-il, qu'il avait retiré cet amour des hommes et cette facilité aimable à se lais-

---

(1) Stob., *Floril.*, XLI, 9, attribue à Pythagore ce vers orphique :

Ἀείσω συνετοῖσι· θύρας δ' ἐπίθεσθε βέβηλοι.

Sur les ἀπόρρητα des Pythagoriciens, voir Wyttenbach *ad Phædon.*, p. 134.

(2) Olymp., *Vit. Plat.*,

ser approcher (1). » En effet Socrate disait qu'il lui aurait été plus facile de garder sur sa langue un charbon en feu que d'y retenir une vérité (2). Je reconnais là le génie athénien : on n'a pas assez remarqué que les doctrines secrètes ont pour auteurs des philosophes étrangers à la Grèce propre et du moins à Athènes, la patrie de la liberté de la parole et de la pensée. Platon, malgré l'universalité de son génie, est un Grec, et un Grec d'Athènes (3). S'il incline dans ses théories vers les principes de la politique dorienne et vers les doctrines métaphysiques de Pythagore, il reste, quoi qu'il fasse, un des plus parfaits représentants du génie de cette cité heureuse, enfant gâtée de toutes les gloires; et, même après en avoir perdu le respect, il conserve et pratique les habitudes de la liberté, qui a horreur du secret comme du silence et de la nuit; il parle comme il a l'habitude de penser : tout haut. C'est Platon qui met dans la bouche de Socrate cette magnifique maxime: « Il n'est jamais permis de consentir à l'erreur, ni de tenir la vérité cachée (4); » et qui croira qu'il l'ait professée sans la pratiquer lui-même?

(1) Procl., *in Tim.*
(2) Stob., *Floril.*, XLI, 5.
(3) Ed. Zeller, *Phil. der Griech*, t. II, p. 315. « *Plato war ein Grieche und er wollte einer sein.* »
(4) *Théét.*, p. 151, d. Ἀλλά μοι ψεῦδός τε ξυγχωρῆσαι καὶ ἀληθὲς ἀφανίσαι οὐδαμῶς θέμις.

DEUXIÈME PARTIE.

LES ÉCRITS DE PLATON.

§ 1. DE L'AUTHENTICITÉ DES ÉCRITS DE PLATON.

La longue vie de Platon ne fut pas exclusivement consacrée à l'étude et à l'enseignement (1). Par un contraste frappant avec la pratique de son maître et avec ses propres théories, par un rapprochement bizarre et inattendu avec les sophistes, Platon est comme eux un écrivain de profession ; toute sa vie, depuis l'âge de vingt-cinq à trente ans jusqu'à sa mort, se passa à enseigner et à écrire (2), et par une

---

(1) Il s'occupait encore de législation politique, et rédigeait des constitutions plus ou moins empreintes de ses principes philosophiques. Les Arcadiens et les Thébains, lors de la fondation de Mégalopolis, si l'on en croit Élien, *H. V.*, II, 42, et Diogène de Laërte, III, 23, les Cyrénéens, d'après Plutarque, *ad Princip. inerud.*, init., p. 779, d., lui demandèrent un code de lois ; mais ses prétentions de fonder leur constitution sur une égalité absolue firent échouer ces projets.

(2) On sait, par des anecdotes auxquelles, il est vrai, il ne faut pas attacher trop d'importance, que quelques-uns de ses ouvrages étaient antérieurs à la mort de Socrate (Diog. L., III, 35 ; *Vit*

faveur du sort, méritée sans doute, mais exceptionnelle, nous avons à peu près la certitude de posséder toutes les productions de cette plume féconde, dont quelques-unes sont les chefs-d'œuvre de la littérature philosophique. Nous retrouvons en effet, dans les nombreux manuscrits de Platon, tous les ouvrages dont Diogène de Laërte nous a laissé le catalogue, et aucun des auteurs anciens, sauf quelques exceptions apparentes, ne nous cite le titre d'un écrit de notre auteur dont le texte ne fasse pas partie de notre collection (1).

Anon.), et la tradition relative à *la République*, qu'il retouchait dans sa vieillesse, aux *Lois* qu'il n'avait pas eu le temps de transcrire lui-même, le fait du *Critias*, qu'il laissa inachevé, prouvent que cette activité d'écrivain fut l'occupation de toute sa vie, comme l'affirment d'ailleurs les anciens, Diog. L., III, 37; Dion. Halic., *de Comp. verb.*, p. 208 ; Quintilien, VIII, 6.

(1) Diog. L., III, 62, cite cependant cinq dialogues que nous n'avons plus : Μίδων ἢ Ἱππότροφος, Φαίακες, Χελίδων, Ἑβδόμη, Ἐπιμενίδης. Mais comme ils étaient, dans l'antiquité, et par Diogène même, reconnus pour supposés, je ne vois pas sur quoi s'appuie M. Stallbaum pour dire, dans la dissertation qui précède le Ier volume de son édition de Platon, p. XII : « Tum multi etiam intercidisse videntur. » Il est vrai qu'on lit dans le rhéteur Ménandre deux citations de Platon qu'on ne retrouve pas dans ses dialogues. La première appartient, comme la seconde, au traité Περὶ ἐπιδεικτικῶν. « Platon, dit-il dans l'une, appelle dans *le Critias le Timée* ὕμνον τοῦ Παντός, l'hymne de l'Univers. » Mais, comme Plutarque nous atteste (Solon, c. 32) que Platon avait laissé à sa mort *le Critias* incomplet, ἐν πολλοῖς καλοῖς μόνον ἔργον ἀτελὲς ἔσχηκεν, il ne faut pas s'étonner que les expressions citées n'appartiennent pas à la partie de l'ouvrage qui avait été écrite. L'autre citation est plus probante ; au ch. 6, on lit : Καὶ παρὰ Πλάτων· φήμη τίς καὶ λόγος διαρρεῖ, ὡς ἄρα ὁ θεὸς οὗτος ὑπὸ μητρυιᾶς οὔσης τῆς Ἥρας

Cette collection est donc complète, ou du moins nous n'avons aucun motif de supposer, de soupçonner qu'elle ne l'est pas. Est-elle tout entière authentique ? Si elle ne l'est pas dans toutes ses parties, quels sont les ouvrages auxquels il faut refuser ce

ἐκινήθη. Le mythe indiqué semble faire allusion à Hercule, et la phrase serait empruntée à un dialogue perdu dont on ne connaît pas le titre. Mais ne pourrait-on pas croire à une erreur ou à une inadvertance de Ménandre plutôt que d'admettre, sur sa seule citation, un ouvrage de Platon inconnu à tous les anciens, et qui n'est contenu dans aucun des catalogues de ses écrits ? Il resterait donc le dialogue de *Thémistocle*, cité par Doxopater (*Schol. ad Aphthon.*, *Rhet. Græc.*, Walz., t. II, p. 130) : Ὥσπερ ὁ περὶ Θεμιστοκλέους λόγος Θεμιστοκλῆς ἐπιγέγραπται Πλάτωνι, et le dialogue de *Cimon*, cité par Athénée (XI, 506). M. K. Fr. Hermann (*Geschicht. u. Syst.*, p. 556) ne croit pas à l'existence de ces deux dialogues, parce qu'ils seraient les seuls exemples d'écrits platoniciens dont les titres seraient empruntés de personnages antérieurs à Socrate. Il suppose que Doxopater a voulu parler du *Théétète*; d'autres croient qu'Athénée a fait allusion au *Gorgias*. Le Catalogue arabe, publié par Casiri (*Bibl. Arab. Escurial.*, I, 302), mentionne encore quelques ouvrages apocryphes, probablement d'après Théon. Nous aurons occasion de voir que les διαιρέσεις et αἱ γεγραμμέναι διαιρέσεις sont moins un ouvrage que certaines classifications et divisions scolastiques utiles à l'enseignement, et conservées par écrit par les élèves. Les ἄγραφα δόγματα ne peuvent pas davantage passer pour un écrit de Platon que nous aurions perdu. Les livres περὶ φιλοσοφίας sont plutôt d'Aristote que de Platon, et ne contenaient tout au plus que les rédactions de ses leçons orales. C'est sans doute également du souvenir de ces leçons qu'Aristote tire les expressions d'ὀφρυόσκιος au lieu d'ὀφθαλμός, de σηψιδακὲς au lieu de φαλάγγιον, d'ὀστεογενὲς au lieu de μυελός, qu'il cite comme de Platon (*Top.*, VI, 2), et qui n'appartiennent à aucun de ses ouvrages conservés. Nous avons donc quelque droit de conclure que nous n'avons perdu aucun des ouvrages authentiques de Platon.

caractère? C'est une question différente et plus grave, et dont la solution est encore aujourd'hui très-contestée.

Il est trop évident qu'avant d'interpréter et de juger un système philosophique, il faut en posséder une exposition complète et sincère, et il n'est pas moins clair que, pour fonder une exposition complète et sincère, il faut avoir vérifié la valeur des textes qui la contiennent, et l'authenticité des sources qui nous en ont transmis la connaissance. Sans avoir la prétention d'approfondir ce sujet moins obscur qu'obscurci, il était indispensable de poser au moins la question, et de la résoudre aussi brièvement que possible. Cette discussion devenait d'autant plus nécessaire, que la critique moderne en Allemagne est allée jusqu'à supprimer la moitié de l'œuvre authentique de Platon, et que M. Socher s'accuse de timidité et d'un respect superstitieux en se bornant à retrancher du catalogue authentique des ouvrages tels que *le Politique, le Parménide* et *le Sophiste*.

Et d'abord on a mis en doute que Platon ait jamais rien écrit : c'est Léo Allatius qui a inventé et doctement soutenu ce beau paradoxe (1). Il se fonde sur deux phrases à peu près identiques, tirées, l'une de la seconde, l'autre de la septième des Lettres at-

---

(1) *Ep. Socrat.*, p. 342. C'est la conséquence de la thèse non moins paradoxale que Socrate a laissé des ouvrages écrits, et ce sont précisément ceux qu'on attribue à Platon, lequel déclare lui-même n'avoir jamais rien écrit, et ne vouloir jamais rien écrire.

tribuées à Platon, que nous avons déjà citée plus haut. Dans l'une et l'autre de ces épîtres, après avoir expliqué que la philosophie ne peut se transmettre que par un commerce personnel, par une communication orale et vivante, et que les livres sont impuissants à produire les convictions profondes et la disposition généreuse de l'âme que cette science demande, l'auteur ajoute : « Voilà pourquoi il n'y a pas et il n'y aura jamais un seul ouvrage écrit de la main de Platon (1). » Personne, sauf M. Grote, ne soutient l'authenticité absolue de ces lettres, et tout ce qu'on peut faire en leur faveur, c'est d'attribuer celles qui paraissent témoigner d'une connaissance intime de la personne et de la vie de Platon, à son neveu Speusippe (2). On est donc bien loin d'avoir ici un aveu direct et personnel ; mais d'ailleurs ne se presse-t-on pas de conclure sans examiner le vrai sens des textes cités? Aristide le rhéteur les explique tout autrement. Dans son deuxième Discours platonique, où il défend la gloire des quatre grands hommes d'État et de guerre injustement accusés par Platon, il dit (3) : « Platon use de son génie comme les rois de leur puissance : non-seulement il prend des libertés avec la langue, mais il traite fort librement ses sujets. C'est ainsi qu'il met dans la bouche de Socrate un éloge

---

(1) *Ep.* II, p. 314, c. Διὰ ταῦτα οὐδὲν πώποτ' ἐγὼ περὶ τούτων γέγραφα, οὐδ' ἔστι σύγγραμμα Πλάτωνος οὐδὲν, οὐδ' ἔσται. Conf. *Ep.* VII, p. 341, c.

(2) K. Fr. Hermann, *Gesch. u. Syst.*

(3) Aristid., t. III, p. 474, sqq. Canter.

funèbre des citoyens morts à Corinthe et au Léchée, où il est question de la paix d'Antalcidas. Or Socrate n'avait pas assisté à ces événements, qui eurent lieu bien après sa mort. Un anachronisme tout aussi grave est signalé dans le Banquet. Quoique Platon soit le plus beau génie des Grecs, il ne faut donc pas croire littéralement et rigoureusement vrai tout ce qu'il dit. Bien des fictions (1) se mêlent à la vérité dans ses ouvrages : c'est une liberté et une habitude du genre du dialogue. Il vise à une certaine indépendance d'allure, à une certaine grandeur, et ne veut pas s'assujettir à une exactitude servile; il donne carrière à sa riche imagination (2). N'acceptons donc pas les yeux fermés tout ce qu'il nous dit, et tâchons de le bien comprendre. Ainsi, quand il vient nous affirmer qu'aucun des écrits de Platon n'est de Platon, et qu'il n'y en aura jamais de lui; que ses ouvrages sont ceux de Socrate quand il était jeune et beau; qu'ainsi l'auteur n'en est pas l'auteur (3), reconnaissons là les jeux où son génie s'amuse, et n'allons pas les prendre au sérieux (4). »

Il suffirait, en effet, de prendre au sérieux et dans la rigueur des termes les expressions des lettres II et VII, pour en faire rejeter absolument l'authenticité; car personne n'a encore osé soutenir que la

---

(1) Πλάσματα.
(2) Οὐ παντάπασιν ἀκριβολογεῖται .... συγχώρει τῇ φύσει.
(3) Εἶθ' ὁ μὲν γράψας, οὐ γέγραφεν. T. III, p. 477.
(4) Εἰσόμεθα αὐτοῦ τὰς παιδιάς. On ne voit pas bien si Julien, qui cite aussi cette phrase, *Orat.* VII, Πρὸς ἀπαιδ. κυνάς, t. I, p. 189, Spanh., l'a prise au sérieux ou non.

collection tout entière qui nous est parvenue sous le nom de Platon ne contenait que des ouvrages supposés ; et je ne pense pas que ce soit là ce qu'ait voulu dire l'auteur, quel qu'il soit, des Lettres (1). Il a voulu continuer l'artifice de composition par lequel Platon a mis l'exposition de sa doctrine sous le nom de plus en plus respecté et vénéré de Socrate son maître. N'allez pas prendre, nous semble-t-il insinuer, ces dialogues pour les productions artificielles d'un écrivain de profession : ils sont la pensée et l'œuvre même de Socrate, dans la jeunesse, la fraîcheur et la beauté de son génie (2).

Il n'y a donc pas à s'arrêter un instant au doute qu'on pourrait faire porter *à priori* sur l'ensemble de la collection. La question d'authenticité est une question de fait et de détail : elle ne peut être résolue, dans un sens comme dans l'autre, que par rapport à tel ou tel dialogue en particulier, et nous ne sommes pas dans la nécessité de les accepter ou de les rejeter tous également. La présence dans un seul et même manuscrit ne donne aux dialogues qu'il contient aucun caractère d'authenticité, ni aucun caractère contraire. Il est certain que l'antiquité elle-même, peu soupçonneuse à cet égard, reconnaissait dans les éditions publiées sous le nom de Platon, beaucoup d'ouvrages supposés : νοθεύονται (3). Ainsi Diogène de Laërte non-seulement

---

(1) Il suffirait d'attribuer ce sens à la lettre VII pour en démontrer le peu d'authenticité.
(2) Ἀλλὰ ταῦτ' ἐστὶ Σωκράτους νέου καὶ καλοῦ γεγονότος.
(3) Diog. L., III, 62.

déclare qu'on rejetait d'un accord unanime (1) comme apocryphes les dix dialogues, *Midon* ou *l'Éleveur de chevaux*, les *Phæaciens*, *l'Hirondelle*, la *Septième*, *Épiménide*, que nous avons perdus, et *Éryxias*, intitulé aussi *Érasistrate*, *Alcyon* (2), *Sisyphe* (3), intitulé également Ἀκέφαλος, *Axiochus*, *Démodocus*, que nous avons encore; mais de plus il constate que Thrasylle doutait de l'authenticité des *Rivaux* (4);

(1) *Id.* . . . ὁμολογουμένως. Diogène ne mentionne pas tous les ouvrages simplement suspects, et l'on ne voit figurer, ni dans le Catalogue d'Aristophane, ni dans celui de Thrasylle, deux dialogues insignifiants que nous avons conservés sous le titre de περὶ Δικαίου et περὶ Ἀρετῆς.

(2) C'est le seul que M. Cousin n'ait pas compris dans sa traduction : j'ignore pourquoi.

(3) Le texte de Diogène donne, suivant les mss., tantôt Ἀκέφαλοι ἢ Σίσυφος, tantôt Ἀκέφαλος ἢ Σίσυφος. Comme le mot ἀκέφαλοι désigne, d'après Lucien (*de Conscrib. histor.*, c. 23), un ouvrage qui n'a pas d'entrée en matière, ἀπροοιμίαστα, qui jette le lecteur brusquement dans les faits, et que ce n'est pas le cas du dialogue intitulé *Sisyphe*, M. K. Hermann propose de lire ἀκέφαλοι η'..., c'est-à-dire huit dialogues sans introduction; le chiffre serait une erreur appliquée aux dialogues non authentiques de Platon; car il n'y en a que quatre qu'on pourrait ainsi qualifier, et ces quatre sont le *de Justo*, le *de Virtute*, le *Minos*, et l'*Hipparque*.

Diogène de Laërte, II, 60, mentionne sept dialogues ἀκέφαλοι parmi les ouvrages d'Eschine le Socratique, et dit qu'ils sont très-faiblement écrits et pensés, et n'ont rien de la vigueur socratique. Mais Pisistrate d'Éphèse soutenait qu'ils n'étaient pas de lui, et la plus grande partie d'entre eux, d'après Persée, étaient l'ouvrage de Pasiphon d'Érétrie. Suidas, v. Αἰσχίνης, mentionne aussi, au nombre des écrits d'Eschine, οἱ καλούμενοι Ἀκέφαλοι.

(4) Diog., L. IX, 37 : εἴπερ οἱ Ἀντερασταὶ Πλάτωνός εἰσι, φησὶ Θρασύλος.

comme Élien doute de celle d'*Hipparque* (1), et Athénée rapporte l'opinion de quelques critiques qui attribuaient l'*Alcibiade II* à Xénophon (2). Il ne faut pas s'étonner de ce fait : l'époque qui s'écoule entre Platon et Cicéron voit naître, ou du moins se développer, l'industrie des faussaires, encouragée par la formation des grandes bibliothèques d'Alexandrie, de Pergame, et bientôt du Palatin à Rome, et par le prix généreux donné par les Ptolémées et les Attales à tous ceux qui venaient leur offrir des ouvrages d'auteurs anciens (3). La forme même du dialogue favorisait la fraude, qui s'étendait à toutes sortes d'ouvrages, et paraît avoir travaillé de préférence dans le genre du dialogue socratique.

(1) Él., *H. V.*, VIII, 2.
(2) Athén., XI, 506.
(3) Galen. ad Hippocr., *de Nat. hom.*, I, 42, t. XV, p. 105. Πρὶν γὰρ τοὺς ἐν Ἀλεξανδρείᾳ τε καὶ Περγάμῳ γενέσθαι βασιλεῖς ἐπὶ κτήσει βιβλίων φιλοτιμηθέντας, οὐδέπω ψευδῶς ἐπεγέγραπτο σύγγραμμα, λαμβάνειν δ' ἀρξαμένων μισθὸν τῶν κομιζόντων αὐτοῖς σύγγραμμα παλαιοῦ τινος ἀνδρός, οὕτως ἤδη πολλὰ ψευδῶς ἐπιγράφοντες ἐκόμιζον. Il répète à peu près la même chose, *Præf. Comm.*, II, p. 128. « Ce fut au temps où les rois des familles des Attales et des Ptolémées se prirent d'émulation pour la possession des livres, que la fraude commença à s'appliquer aux titres et aux récensions des ouvrages. » David, *Comment. ad Aristt. Categor.*, p. 28, a. « La falsification des ouvrages eut cinq causes : la première, la disposition des disciples à attribuer, par reconnaissance, leurs propres livres à leurs maîtres : tels sont les ouvrages attribués à Pythagore et à Socrate, qui ne sont pas d'eux, mais des Socratiques et des Pythagoriciens ; la seconde, fut l'ambition et la rivalité des rois...; la troisième, la quatrième et la cinquième, l'homonymie, soit des auteurs, soit des ouvrages, soit des mémoires. »

Il s'agit de déterminer quels sont les ouvrages qui doivent être rayés du catalogue des dialogues de Platon, et ne doivent plus servir à une exposition sincère et justifiée de sa doctrine, et l'embarras est grand non-seulement pour poser les principes critiques qui serviront à séparer le bon grain de l'ivraie, mais aussi pour en faire une judicieuse application.

Les Allemands, dont on peut admirer l'érudition, et ne pas imiter les hardiesses et les conjectures, se décident surtout par des raisons internes (1). Ils se font une idée de Platon comme écrivain, comme homme, comme philosophe : puis tout dialogue leur paraît suspect, tout passage même leur semble altéré, qui, par le style, par les sentiments, par les idées, ne s'accorde pas avec ce type, pris pour règle et pour mesure. Qui ne voit combien est personnelle, arbitraire, variable, et pour parler leur lan-

---

(1) Ces arguments internes se ramènent aux points suivants :
1. Examiner si le sujet traité, si le but que s'y propose l'auteur, sont tels qu'on puisse attribuer l'ouvrage à Platon.
2. Rechercher s'il n'y a pas des contradictions avec ses doctrines connues, ou des absurdités qui attestent la falsification.
3. Ou, au contraire, s'il n'y a pas des traces d'une imitation, d'une reproduction du style et des idées qui révèlent, par leur littéralité servile, un faussaire maladroit.
4. Vérifier si l'élocution est conforme à la langue habituelle de Platon, et à la langue de son temps.
5. Enfin, rechercher les anachronismes qui, à eux seuls, suffisent à renverser l'hypothèse de l'authenticité.

Au lieu d'une discussion générale, qui ne peut manquer d'être vague, j'ai préféré examiner chacune de ces questions dans l'analyse des dialogues contestés, et c'est là qu'on les trouvera.

gue, combien est subjective cette méthode, qui devait produire, et a produit en effet les résultats les plus différents, les plus contradictoires, les plus bizarres? Parmi les critiques, il en est un qui n'a conservé de l'œuvre de Platon que onze ouvrages sur quarante-quatre, et aucun d'eux ne s'accorde ni sur le nombre ni sur la nature de ceux qu'il faut exclure. Non-seulement cette méthode est tout ce qu'on peut trouver au monde de plus arbitraire et de plus capricieux, mais qui ne voit qu'elle n'est qu'un pur cercle vicieux? D'où peut-on se former une idée du style et du système philosophique de Platon, si ce n'est de la lecture de ses ouvrages ; mais n'est-il pas clair comme le jour que si vous supprimez *à priori* quelques-uns des traits qui composent le caractère de son style et la physionomie de son système, vous ne les retrouverez pas dans la représentation que vous vous en faites, et qui dépend absolument du choix que vous aurez déterminé d'abord? Loin donc d'être le résultat de vos lectures, c'est cette idée qui a présidé et préexisté à elles, et le portrait, comme on devait s'y attendre, ne vous renvoie que ce que vous y avez mis : c'est un vrai portrait de fantaisie, une *fabrique*, comme dirait un peintre. Il est clair que si vous ne voulez pas faire entrer le style et les idées du *Parménide* dans l'image que vous vous faites de Platon, les idées et le style du *Parménide* ne seront pas conformes à cette représentation, et par conséquent vous rejetterez *le Parménide* qui ne vous renvoie pas cette image. Mais vraiment prend-on cela pour un résultat sérieux, et ces procédés pour une méthode de critique vraiment solide et scientifique ? Je n'oserais pas le dire moi-même; mais j'emprunterai les termes sévères d'un Allemand pour caractériser ces jeux puérils où s'amuse le génie de l'investigation, mais où il s'égare, et je dirai comme Nitzsch aux partisans déjà moins nombreux des théories de Wolf : *Verum ne lusisse quidem pœnitebit... sed præstat omnino jam finem imponere hariolationibus* (1). Finissons-en donc, et cherchons à poser les principes d'une vraie critique historique.

Que tel écrivain ait produit tel ouvrage, c'est là un fait dont la preuve ne peut être fournie que par la tradition et par des témoignages ; nous aurons donc à nous en référer pour chacun des dialogues de Platon, d'abord à la tradition commune, constante, et pour ainsi dire universelle de l'antiquité : elle est le seul garant de l'authenticité de la plupart de nos textes grecs et latins, et on n'a pas plus de droit de la suspecter pour Platon que pour les autres auteurs classiques. Or cette tradition nous a non-seulement transmis et les catalogues de Platon et les ouvrages conformes à ces catalogues, mais elle nous montre Platon en publiant lui-même quelques-uns dans sa jeunesse, et autorise la conjecture que la plupart ont été publiés par lui ou de son vivant, puisqu'il fit une lecture publique du

(1) *De Aristotele c. Wolfianos*, 1831, p. 39, 43 et 46. M. Welcker a de la peine à digérer ces deux mots « lusisse et hariolari ». *Episch. Cycl.*, t. I, *Vorrede*, p. VIII.

Phédon, que certains critiques comptent parmi les derniers qui soient sortis de sa plume. Il n'était pas mort lorsque Hermodore, son disciple, entreprit, comme une affaire industrielle, une édition, destinée à la vente, qui semble avoir été générale, et qui, faite avec l'approbation de l'auteur (1), sans doute sous ses yeux, avait été probablement revue par lui : car on connaît le soin d'artiste qu'il apportait à ses écrits. A sa mort, le seul ouvrage qui n'avait pas vu le jour, *les Lois*, fut recopié par Philippe d'Opunte, qui, dit-on, le compléta par *l'Epinomis* (2). Nous avons donc ici la trace de la publication originaire, faite ou par Platon, ou par Hermodore, ou par Philippe. Ajoutons, avec M. Grote, que l'École de Platon, établissement régulier, presque institution de l'État, ayant son siége fixe, ses règles de succession, sa fortune mobilière et immo-

---

(1) Cic., *Ep. ad Attic.*, XIII, 21. « Placetne tibi edere injussu meo? Hoc ne Hermodorus quidem faciebat, qui Platonis libros solitus est divulgare : ex quo λόγοισιν Ἑρμόδωρος ἐμπορεύεται· Zenob., *Prov. Cent.*, V, 6. ὁ Ἑρμόδωρος ἀκροατὴς γέγονε Πλάτωνος καὶ τοὺς ὑπ' αὐτοῦ συντεθειμένους λογισμοὺς κομίζων εἰς Σικελίαν ἐπώλει. C'est un véritable libraire travaillant pour l'exportation. Simplicius nous apprend, d'après Porphyre, que Dercyllidas, qui donna, lui aussi, une édition de Platon, altéra, en le copiant, un mot d'Hermodore tiré de son livre sur le philosophe : τὸν Δερκυλλίδην ἐν τῷ ἐνδεκάτῳ τῆς Πλάτωνος φιλοσοφίας... Ἑρμοδώρου τοῦ Πλάτωνος ἑταίρου λέξιν παραγράφειν ἐκ τῆς περὶ Πλάτωνος αὐτοῦ συγγραφῆς (Simplic., *ad Arist. phys.*, f. 54, ed. Br., p. 344, a l. 35). Je ne vois pas comment M. K. Hermann a pu tirer de ce passage la conclusion qu'Hermodore ne s'était occupé que de la publication des ἄγραφα δόγματα.

(2) Diog. L., III, 37.

bilière, administrée et conduite d'abord par un neveu, puis par un des plus chers disciples de Platon, n'a pas pu laisser périr l'œuvre du maître. Si l'on compare cette histoire avec celle des ouvrages d'Aristote, par exemple, dont on connaît la tragique et errante destinée, on sera déjà rassuré sur l'authenticité des textes platoniciens.

Quant aux témoins directs, immédiats, nous n'en n'avons qu'un, mais il est considérable à tous égards, puisqu'il a été le contemporain, le disciple, le rival de Platon, et qu'on ne contestera pas ni sa compétence, ni sa véracité, ni sa sagacité. Et cependant Ast prétend qu'Aristote lui-même a pu être trompé (1) : il faut supposer alors que les falsifications se sont produites du vivant même de Platon, et que la contrefaçon du style et des idées a échappé aux yeux d'un disciple si compétent, et qui devait les bien connaître. D'ailleurs, ajoute l'érudit Allemand, on ne peut jamais être sûr qu'une citation d'un dialogue de Platon vient vraiment d'Aristote et n'est pas l'œuvre d'un interpolateur : en effet comment prouver cela ? Mais comment aussi prouver le contraire ? A ce critique, qui doute de tout, ne pourrait-on demander de justifier ce qu'il avance, et de démontrer non pas la possibilité en général d'une falsification, mais de prendre un fait particulier et de le prouver réellement ? Pour moi, j'avoue que des ouvrages que l'antiquité tout entière rapporte à Platon,

---

(1) *Platons Leben u. Schrift.*, p. 464. *Sich aus ihm weder für noch gegen die Ælhtheil eines Platonischen Gesprächs ein Beweis hernehmen lässt.*

et que cite Aristote sont d'une authenticité inattaquable : le Platon qu'il connaît est pour nous le vrai Platon.

Plût au ciel qu'il eût cité nettement et clairement tous les dialogues, et fût venu donner partout à la tradition la grave autorité de son témoignage! Il n'en est pas malheureusement ainsi : dix-neuf seulement sont nommés ou indiqués par Aristote, qui désigne rarement le titre, plus rarement encore le nom de l'auteur. Ainsi *le Phédon, le Phèdre, le Banquet, le Ménon, le Ménéxène, le Gorgias, l'Hippias*, sont cités avec leur titre, mais sans le nom de l'auteur, clairement indiqué dans les trois premiers, plus vaguement dans les autres. Au contraire *le Théétète, le Philèbe*, ne sont pas désignés par leur titre, mais Platon est nommé. Les autres ne sont reconnus que par des allusions plus ou moins claires. Quant à *la République*, au *Timée*, aux *Lois*, leur authenticité est hors de toute atteinte, puisque leur titre est accompagné du nom de l'auteur : ce qui n'a pas empêché de contester à Platon et *la République*, et *le Timée*, et *les Lois* (1).

(1) Fr. Thiersch, *Ann. de Vienne*, vol. III, p. 69, cite d'un ms. de la Bibl. de Munich, coté CXIII, f. xiix, ces mots d'un auteur anonyme d'une *Vie de Proclus* : Τὸ Ἐπινόμιον νοθεύει ὁ θεῖος Πρόκλος διὰ τὰς εἰρημένας αἰτίας· ἐκβάλλει δὲ καὶ τὰς Πολιτείας, διὰ τὸ πολλοὺς εἶναι λόγους, καὶ μὴ διαλογικῶς γεγράφθαι· καὶ τοὺς Νόμους δὲ διὰ τὸ αὐτό. Si le mot ἐκβάλλειν a la signification de νοθεύειν, ce que M. Stallbaum conteste, il n'y aurait pas à s'arrêter à l'affirmation de l'anonyme qui prête à Proclus, sur l'authenticité de *la République* et des *Lois*, une opinion contredite par ses commentaires. Cette phrase du ms. de Vienne se

Mais, parce qu'un dialogue même considérable n'est pas cité par Aristote, est-il par cela même suspect? Socher l'affirme, et, comme *le Parménide* est dans ce cas, il ne veut pas croire à l'authenticité du *Parménide*. Le procédé critique d'Aristote ne ressemble guère à celui de l'érudition allemande : Aristote cite et critique Platon en bloc, dans l'ensemble de ses idées, et ne procède pas par citations scrupuleuses et exactes ; il va jusqu'à lui faire un procès de tendance, et à l'accuser de théories, qui sont peut-être une conséquence de ses principes, mais qu'on ne trouve nulle part dans ses écrits. Étonnez-vous, après cela, qu'il ne produise pas le titre de l'ouvrage, le chapitre, la page, l'édition ! On peut dire que les grands ouvrages se défendent d'eux-mêmes: on y reconnaît la griffe du lion; tandis qu'Aristote cite des dialogues qui nous paraissent peu considérables: ce qui prouve que le peu de valeur d'un dialogue ne doit pas le rendre suspect. Mais, encore une fois, quelle singulière question ! Pourquoi Aristote ne cite-t-il pas *le Parménide?* Pourquoi Cicéron n'a-t-il pas nommé *le Sophiste*, ni *le Cratyle*, ni *le Théétète*, ni *le Politique*, ni *le Parménide*, ni *le Philèbe?* Qu'en sais-je? Qui peut le savoir? et qu'est-ce que cela prouve?

Mais, si Aristote est le seul contemporain qui puisse déposer directement sur l'authenticité des ouvrages de Platon, il est d'autres témoins très-

retrouve mot à mot au 26ᵉ chap. des *Prolegg. à la Phil. de Platon*.

nombreux, compétents et contemporains, dont nous ne pouvons pas dédaigner les témoignages, parce qu'ils nous sont transmis par des intermédiaires, et que leurs propres travaux sont perdus. Ainsi Diogène de Laërte, Athénée et d'autres encore se réfèrent dans leurs citations à Aristoxène, Dicéarque, Héraclide du Pont, Polémon, Théopompe, Duris, qui avaient connu personnellement Platon, et la production de ces sources nous permet de croire que, là même où ils ne les produisent pas expressément, ils s'appuient sur elles, ou sur des témoignages de même valeur (1).

Enfin il nous reste encore deux autres autorités, de moindre valeur sans doute, mais qui n'en doivent pas moins être respectées, tant qu'on n'a pas démontré qu'elles se sont trompées.

Ce sont les catalogues des écrits de Platon, donnés par Aristophane de Byzance et par Thrasylle. La première de ces listes, tout incomplète qu'elle est, ajoute six dialogues aux dix-neuf certifiés par Aristote, et la dernière, dix autres, ce qui porte

---

(1) La littérature de Platon était déjà, dans l'antiquité, considérable. Voici les autorités produites par Diogène L. et Athénée : Speusippe, Cléarque, Anaxilaïde, Apollodore, Hermippe, Néanthès, Athénodore, Dicéarque, Timothée, Hermodore, Aristoxène, Satyros, Onétor, Alcime, Antigone de Cariste, Favorinus, Pamphylas, Héraclide, Aristippe, Idoménée, Hégésandre de Delphes, Théopompe (Athén., XI, 507), Persée de Citium (Athén., IV, 17; Diog. L., II, 6, et VII, 36; Æl., *H. V.*, III, 17); Nicias de Nicée (Athén., XI, 506, c.); Dercyllidas, dont l'ouvrage sur Platon, assez peu loyal, avait au moins XI livres (Simplic., *ad Arist.*, *Phys.*, f. 54, Br., p. 344, a, l. 35).

à trente-cinq le nombre des ouvrages de Platon (1).

Pour ne pas être des contemporains, les deux personnages que nous venons de nommer n'en ont pas moins, dans la question qui nous occupe, une compétence reconnue et une autorité considérable : ce qui n'exclut pas du tout la possibilité ni le fait d'ailleurs démontré de quelques erreurs.

Aristophane de Byzance était l'élève et fut le successeur de Zénodote d'Éphèse, qui avait été le premier bibliothécaire officiel d'Alexandrie (2). Il avait ouvert dans cette ville, sous Philopator, et continué sous Épiphane, la première école de grammaire et de critique. Son érudition immense s'était portée plus spécialement sur la poésie (3), et particulièrement sur la poésie scénique. Mais il n'avait négligé aucune des branches de l'art, aucun des genres de l'ancienne littérature grecque, et nous sommes en droit d'affirmer que nul n'était plus en mesure d'appliquer aux textes de Platon les principes d'une sage et pénétrante critique. Les résultats de ses recherches sur Platon ne peuvent donc être renversés que par des preuves expresses et manifestes. Il est d'ailleurs bien présumable, comme

---

(1) C'est le nombre adopté par l'auteur des *Prolégomènes*, c. 25, qui admet aussi les tétralogies de Thrasylle.

(2) Klippel, *das Alexandr. Museum. Götting.*, 1838. Ritschl, *die Alexandr. Biblioth.*, Bresl., 1838.

(3) Ses travaux sur Homère lui avaient valu le surnom de Φιλόμηρος. Cf. Wolf, *Prolegg*. On lui doit, dans la reproduction des textes, les signes de l'accentuation et de la ponctuation. Cic., *de Fin.*, 5, 19; *ad Attic.*, XVI, 11; *de Orat.*, III, 33.

l'a fait justement observer M. Grote, que la bibliothèque d'Alexandrie, qu'il était appelé à diriger et à compléter, possédait des manuscrits authentiques et complets de notre philosophe, car elle avait été fondée par Démétrius de Phalère, contemporain et ami de Xénocrate, de Crantor et de Polémon, disciples et successeurs immédiats de Platon à l'Académie, qui ont pu lui fournir des copies exactes, correctes et complètes. Ce n'est là évidemment qu'une conjecture, toute vraisemblable qu'elle paraisse (1); et elle ne détruirait pas, même si elle était plus certaine, la possibilité de quelques erreurs. La fraude qu'un critique comme Aristophane lui-même n'aurait peut-être pas toujours découverte, pouvait n'en pas être la seule origine. Les plus honnêtes et les plus pieux disciples de Platon ont pu, sans le savoir et sans le vouloir, y contribuer. Dans l'état où se trouvait alors l'art de publier les livres, qu'y aurait-il d'étonnant que des ouvrages écrits par eux, dans l'esprit, dans la doctrine, dans la forme de ceux du maître, aient été plus tard confondus avec les siens ?

Quelle était la nature du travail d'Aristophane (2)

(1) Elle l'est devenue bien plus encore par la découverte du prof. J. Osann, qui a trouvé, dans un manuscrit de Plaute, à Rome, un extrait du commentaire de Cæcius (Cæcilius?), dont il traduit ainsi un passage : « Callimaque, en qualité de bibliothécaire du roi, avait écrit lui-même les titres sur chacun des volumes de la bibliothèque d'Alexandrie. » Ce soin suppose des recherches critiques sur l'authenticité des ouvrages et des auteurs.

(2) Panætius, né vers 196 av. J.-C., s'était aussi occupé de Pla-

sur Platon ? Était-ce une édition revue, corrigée, complétée, expurgée, une édition critique enfin, διόρθωσις (1) ? Rien ne nous l'indique, et, d'après les termes de Diogène, nous ne pouvons penser qu'à une classification méthodique des dialogues d'après

ton, qu'il appelait l'Homère de la philosophie (Cic., *Tusc.*, I, 32), dans l'intention d'adoucir la sévérité de la morale stoïcienne par les principes de l'Académie, et de réconcilier le nouveau stoïcisme avec la vie (Cic., *de Fin.*, IV, 28). Ses études sur Platon durent le conduire à des recherches sur l'authenticité des dialogues, recherches que Diog. L. (II, 64, III, 38) atteste et cite, et auxquelles il a dû, comme disciple de Cratès et d'Aristarque (Strab., XIV, 993, c), mêler des études grammaticales. Son disciple Posidonius fut lui-même un commentateur de Platon (Sext. Emp.; *adv. Math.*, VII, 93; Plut., *de Anim. gener.*, c. XXII; Proclus, *in Parmenid.*, t. VI, 25, où il est désigné sous le nom de ὁ ἐκ Ῥοδοῦ φιλόσοφος; Hermias, *in Phædr.*, p. 114, Ast).

(1) M. Grote avance comme un fait certain qu'il y eut des éditions de Platon données par les Alexandrins même avant celle d'Aristophane, et il cite celle d'Antigone de Caryste, qui était toute récente, νεωστὶ ἐκδοθέντα. Je crois que le savant historien s'avance ici un peu légèrement. Longtemps après avoir fait l'énumération des ouvrages de Platon, Diogène de Laërte (III, 66) décrit les signes graphiques dont les manuscrits étaient accompagnés et qui en facilitaient la lecture : et, après cette description, il conclut, τὰ μὲν σημεῖα ταῦτα καὶ τὰ βιβλία τοσαῦτα· ἅπερ…νεωστὶ ἐκδοθέντα εἴ τις ἤθελε διαγνῶναι, μισθὸν ἐτέλει τοῖς κεκτημένοις. Il s'agit de savoir à quoi se rapporte ἅπερ. Si, comme le croit Ménage, et comme le semble indiquer la suite des idées, il ne se rapporte qu'à σημεῖα, ce sont alors ces caractères typographiques, pour ainsi dire, qui venaient d'être inventés, et dont on faisait payer la communication (M. Grote traduit : ce qui donnait du prix à ces éditions). Au cas même où ἅπερ se rapporterait aux deux mots βιβλία et σημεῖα, ce serait encore ces marques critiques, dont les livres étaient accompagnés, qui seraient toutes nouvelles. En somme, le fait d'éditions alexandrines de Platon antérieures à celle d'Aristophane est loin d'être certain.

un certain ordre, classification qui n'en comprenait qu'un petit nombre et ne nous fournit, par conséquent, qu'un catalogue incomplet. Son canon sans doute les comprenait tous; mais ceux qu'il n'avait pas fait entrer dans les cadres de sa distribution savante ne nous ont point été mentionnés par Diogène.

Le travail de Thrasylle, plus complet, et même tout à fait complet, n'avait pas sans doute d'autre objet que celui d'Aristophane.

Ce personnage assez obscur, astrologue favori de Tibère, versé dans toutes sortes de sciences, s'était enfin plus spécialement adonné aux mathématiques et à la philosophie platonicienne (1). Il ne semble pas avoir eu l'intention de donner une édition meilleure, une récension critique du texte de Platon; il a plutôt pour objet l'exégèse, comme le dit expressément Porphyre (2), qui, sous ce rapport, lui préfère infiniment les travaux de Plotin. Aussi nous le voyons faire pour Platon ce qu'il avait déjà fait pour Démocrite : ranger par ordre les dialogues, leur donner deux titres, tirés l'un du personnage principal, l'autre du sujet traité (3), les distribuer mé-

---

(1) Schol. Juv., VI, 576; Tacit., *Ann.*, 20; Suéton.; *Tiber.*, 14; Dio Cass., LV, 11; Conf. K. Fr. Herm., *de Thrasyllo*.

(2) *Vit. Plat.*, XX. 10, πρὸς σαφέστερον ἐξήγησιν.

(3) La *République*, le *Banquet*, le *Sophiste* et le *Politique*, sont les seuls qui sont désignés uniquement par leur contenu. Dans les autres le premier titre est le seul authentique et original, le second est une addition des grammairiens postérieurs. V. Wolf, *ad Sympp.*, XXXV; Morgenstein, *ad Polit.*, p. 29; Ast., *Anmerk. z. Polit.*, p. 313.

thodiquement dans une certaine classification, et peut-être les accompagner également d'une espèce de préface, d'introduction générale destinée à en éclaircir les difficultés (1). Mais il est clair que le choix d'un pareil critique, admettant dans son canon et dans sa classification un dialogue de Platon, lui donne, jusqu'à preuve contraire, la marque de l'authenticité.

Voilà à l'aide de quelles autorités nous allons établir la liste des ouvrages de Platon, en y joignant une brève analyse, et en séparant ceux qui sont authentiques de ceux qui ne le sont pas.

§ 2. Arguments analytiques des Dialogues.

I. Écrits non authentiques.

Je commence par ceux que, d'un commun accord, ὁμολογουμένως (2), la tradition des anciens considérait comme apocryphes, que ne cite pas Aristote, et qui

---

(1) Diog. L., 57; IX, 41, 45, 49, seg. 41. Θράσυλλος ἐν τῷ ἐπιγραφομένῳ τὰ πρὸ τῆς ἀναγνώσεως τῶν Δημοκρίτου βιβλίων.

(2) Diog. L., III, 62. *Prolegg. ad Plat. phil.*, c. 26. « Quels sont les dialogues supposés? Tout le monde reconnait d'un commun accord l'inauthenticité du *Sisyphe*, du *Démodocus*, de *l'Alcyon*, de *l'Éryxias* et des *Définitions*, qu'on attribue à Speusippe.

Proclus considère comme ouvrages supposés :

1° *L'Épinomis*;

2° *La République*, τὰς πολιτείας, parce qu'il y avait beaucoup de discours et pas de dialogues;

3° *Les Lois*, par la même raison.

4° Il rejette quatre lettres dont il trouve le style trop simple. »

ne se trouvent compris ni dans le canon d'Aristophane, ni dans celui de Thrasylle.

1. *L'Alcyon* (1), *ou de la Métamorphose.*

Nicias de Nicée (2) et Favorin (3) attribuaient à Léon l'Académicien ce dialogue, qu'on trouve quelquefois réuni aux œuvres de Lucien (4); c'est un entretien de Chéréphon et de Socrate, où il est fait allusion à la fabuleuse bigamie de ce dernier et qui roule sur la puissance merveilleuse de la nature et des dieux, à qui rien n'est impossible (5). Il ne faut donc pas douter de la vérité de ces métamorphoses si nombreuses et si étranges, et par exemple de la métamorphose de femmes en Alcyons, dont les mythes nous racontent l'histoire; car, faibles mortels que nous sommes, comment assigner des bornes à la

(1) Presque tous les dialogues, et tous les dialogues authentiques, avaient reçu de Thrasylle et d'autres grammairiens des sous-titres, que nous reproduisons; mais il ne faut pas oublier qu'ils ne sont qu'une invention récente et arbitraire des critiques, comme nous le dit Proclus, *ad Remp.*, p. 350, προςθέσεις τῶν νεωτέρων τῆς ἐξουσίας ἀπολαυόντων. Conf. Diog. L., III, 57. Fr. Aug. Wolf, *ad Symp.*, p. xxviii; Schleiermacher, *Préface aux œuvres de Platon*; Buttmann, *Athen. Mythol.*, ont traité cette question.
(2) Athén., XI, 506, c.
(3) Diog. L., III, 62, qui le place au nombre des ouvrages apocryphes.
(4) Muret, t. I, p. 241; Hemsterh., *ad. Luc.*, t. Γ, p. 442; Ranke, *Pollux et Lucian.*; Quedlinb., 1831, p. 15.
(5) C'est le seul ouvrage que M. Cousin n'ait pas compris dans sa traduction.

puissance des immortels? C'est là une théorie étrangère à Platon, qui se plaît plutôt à relever la sagesse et la bonté de Dieu.

2. *L'Axiochus, ou sur la Mort.*

Dialogue entre Socrate, Clinias et Axiochus, qui renferme un morceau d'une admirable éloquence, et qu'on peut comparer, sous plus d'un rapport, au sermon de Bossuet.

Considéré comme apocryphe par Diogène (1), cet ouvrage est en effet presque un sermon sur la mort et l'immortalité, que fait Socrate au lit d'Axiochus mourant, auprès duquel il a été appelé par le fils du malade, Clinias, pour lui rendre un peu de courage. Dans un langage d'une beauté éloquente, il lui démontre que la vie n'est qu'un voyage, et qu'il faut la quitter avec des chants de joie. L'homme n'est qu'une âme qui a soif, désir et regret de l'éther dont elle partage la nature immortelle, et il doit aspirer à mourir pour revivre dans les chœurs célestes. La vie corporelle n'est qu'une succession de maux et de misères, d'autant plus pénible qu'elle se prolonge plus longtemps. Tardez-vous à payer votre dette à la nature, comme une prêteuse à la petite semaine, elle vous redemande ce qu'elle vous a prêté d'organes et de sens. Ce n'est pas à la mort que nous mène la mort : c'est à l'immortalité. Celui qui a dépouillé ces craintes chimériques et puériles devient un homme nouveau qui plane déjà dans les cieux.

(1) III, 62.

Je trouve M. K. Hermann (1) bien sévère pour ce morceau qui n'a pas sans doute la grâce simple de Platon, mais qui a des qualités de style incontestables. Il le trouve si faible qu'il ne veut pas le confondre avec l'*Axiochus*, que Diogène (2) et Suidas comptent au nombre des dialogues d'Eschine, et où il devait être question d'Alcibiade qui, au rapport d'Athénée (3), y était flétri comme un ivrogne et un libertin. Encore moins veut-il l'attribuer à Xénocrate de Chalcédoine, qui avait écrit un livre sur la mort (4). Il se range donc à l'opinion de Matthiæ (5) qui pense que l'ouvrage appartient à une époque postérieure, et que l'auteur a puisé ses idées dans le célèbre livre de Crantor sur le Deuil, et dans des écrivains de cette école et de ce temps. A quelque époque ou école qu'il ait appartenu, c'était, à mon sens, un éloquent écrivain, quoiqu'on puisse reconnaître dans son talent quelque chose d'oratoire, une grâce qui s'éloigne un peu de la simplicité de Platon. L'édition bipontine de Platon dit à ce sujet quelques mots auxquels je souscris sous cette réserve : « Dignus sane Socratis discipulo Axiochus vel ipso Socrate, nativa quadam gratia commendabilis, ex

---

(1) Ouvrage cité, p. 416.
(2) II, 61.
(3) V, p. 220, c.
(4) Diog. L., IV, 12. Van de Wynpersse, dans sa dissertation *de Xenocrate Chalcedonio*, Leyde, 1822, 8, a réfuté cette opinion de Marsile Ficin, adoptée par Muret et Vossius, *de Philos. Sect.*, c. 13.
(5) *Vermischt. Schrift.*, p. 51.

ipsa ingenii animique humani indole ac fine repetitus, et ad mortem minus metuendam accommodatus. » M. Boeckh le nomme le plus remarquable des dialogues supposés, et reconnaît également qu'il contient « plura prorsus divina et Platone haudquaquam indigna ». Quelques critiques anciens l'attribuaient à Eschine le Socratique, d'autres à Xénocrate (1).

3. *L'Éryxias ou l'Érasistrate* (2), *ou de la Richesse.*

Les personnages de ce dialogue, outre Socrate, sont Éryxias, Érasistrate et Critias, et traitent entre eux la question de la richesse. Socrate veut prouver que les plus sages sont vraiment les plus riches; mais sur l'observation d'Éryxias, que ce paradoxe ne peut être l'objet d'un entretien utile, parce que personne ne veut s'en laisser convaincre, on passe aux deux questions suivantes : d'abord, dans quel cas la richesse est honorable, dans quel cas elle est honteuse; et en second lieu, est-ce un bien ou un mal pour l'homme d'être riche, discussion qui ramène indirectement la première. On a voulu voir dans ce paradoxe : Le sage est le seul riche, une preuve que l'ouvrage était d'un stoïcien (3); mais il est tout aussi socratique que celui qu'on trouve

---

(1) Suid. v. Ἀξ.
(2) Ce second titre, qui ne se trouve pas dans les manuscrits de Platon, est tiré du catalogue de Diogène, III, 62.
(3) C. R. Hagen., *Obss. in Æschinis dialog. qui Eryxias inscribitur*, Königsb., 1822, IIe part., p. 3.

dans *le Banquet* de Xénophon : Le sage est le seul qui soit vraiment beau. La démonstration est encore tout à fait de la même école ; car elle se résume en ces propositions : Le sage est le seul à qui la richesse puisse être utile, puisqu'il est le seul qui sache s'en servir ; c'est ainsi le seul pour lequel elle puisse être un bien, et, puisqu'elle est un bien pour lui seul, il est le seul qui possède le bien de la richesse ou la richesse même. Meiners (1) a donc eu raison, avec M. K. Fr. Hermann (2), de considérer le fond comme socratique et platonicien. Il n'en est pas de même de l'exécution qui est obscure, pénible, embarrassée. Suidas (3) compte cet ouvrage au nombre des dialogues d'Eschine ; mais il ne figure pas, à ce titre, dans le catalogue de Diogène.

4. *Du Juste.*

C'est un des deux dialogues qui ne portent pas pour titre le nom d'un personnage ; l'interlocuteur de Socrate, qui d'ailleurs joue un rôle insignifiant et niais, n'est pas en effet nommé. On y démontre, avec peu de talent et de goût, la thèse platonicienne que la Justice est une science, qu'en tant que science elle ne dépend pas de la volonté, que par conséquent on n'est pas injuste, c'est-à-dire méchant, volontaire-

---

(1) *Mém. de l'Acad. de Götting.*, 1782, tom. V, p. 49.
(2) *Gesch. u. Syst.*, p. 416 et 582.
(3) V. Αἰσχίνης. Suidas commet ici une erreur en considérant *l'Éryxias* et *l'Érasistrate* comme deux dialogues distincts.

ment. La maxime οὐδεὶς ἑκὼν πονηρὸς, οὐδ' ἄκων μάκαρ, formulée dans un vers ïambique, est attribuée à un poëte qui n'est pas désigné ici, et que je ne connais pas.

5. *Le Démodocus, ou de la Délibération.*

Cet ouvrage n'a rien de platonique ni dans le fond ni dans la forme : il se compose de quatre amplifications sophistiques, qui ne sont nullement liées l'une à l'autre, où l'on aperçoit à peine dans les mouvements de l'argumentation quelques traces du dialogue, et où l'on discute, d'après la méthode dialectique, la valeur de certaines expressions empruntées à la vie ordinaire. La première est supposée adressée à Démodocus, personnage considérable à Athènes, et qui figure dans *le Théagès*; il a fourni, sans aucune raison, le titre de ce recueil sophistique. La première pièce de cette espèce de tétralogie a pour objet de montrer la contradiction, cachée mais essentielle, qu'il y a dans l'idée de délibérer et de tenir conseil. Dans la seconde on se demande si, pour connaître la vérité dans un sujet débattu, il est nécessaire d'entendre les deux parties qui contestent, et s'il ne suffit pas d'entendre celle qui a raison. La troisième développe cette pensée, que les hommes n'ont pas le droit d'accuser ceux qu'ils n'ont pu persuader de n'être pas persuadés : c'est à eux-mêmes qu'ils doivent s'en prendre de n'avoir pas su persuader. Enfin, dans la quatrième, on se demande à qui il faut se fier : est-ce à nos concitoyens et à nos connaissances? ou à des gens que nous ne connaissons pas? Mais si les uns sont dignes de foi et instruits des choses, et les autres, non, que faire?

Il est très-probable que nous n'avons ici que des travaux d'école, des exercices dialectiques où l'on se proposait d'imiter la manière de Platon dans l'argumentation et la discussion subtile des formules ordinaires de la vie pratique.

6. Le *Sisyphe*, ou de la Délibération.

Ce morceau, qui n'est pas plus platonicien que le précédent, est du moins un dialogue entre Socrate et un personnage entièrement inconnu, du nom de Sisyphe. On y reprend la première des questions débattues dans *le Démodocus* : Qu'est-ce que délibérer? et elle est développée avec plus d'étendue. Si on délibère sur ce qu'on sait, à quoi bon délibérer? Mais comment délibérer sur ce qu'on ne sait pas, et alors comment le trouver et savoir qu'on l'a trouvé? En outre, l'objet de la délibération étant une chose à venir, c'est-à-dire une chose qui n'est pas et n'a pas par conséquent de nature propre, celui qui délibère est comme un archer, qui non-seulement tire où il veut, mais qui n'a pas de but où viser et où décocher sa flèche. Comment atteindre ce qu'on ne voit pas, ce qu'on ne vise pas, ce qui n'est pas? et comment peut-on dire et croire qu'il y a des personnes qui, dans la délibération, donnent un conseil meilleur que d'autres?

7. De la Vertu.

Ce morceau a plus de valeur : on pourrait le considérer, avec Socher (1), soit comme une esquisse soit comme un résumé du *Ménon*, dont il reproduit la discussion avec tous ses arguments, ses mêmes exemples et presque littéralement dans les mêmes termes. Dans l'un comme dans l'autre de ces dialogues, la solution est que la vertu n'est ni un fruit de l'éducation, ni un don de la nature, et que par conséquent elle ne peut être qu'un présent des dieux, une grâce divine, θεία μοίρα.

8. Les Divisions, αἱ Διαιρέσεις.

Les Divisions, que mentionne Aristote (2), en y ajoutant quelquefois le déterminatif γεγραμμέναι (3), paraissent moins un ouvrage que certaines classifications utiles à l'enseignement, et conservées par écrit par les élèves, parce qu'elles présentaient le plan, les divisions, l'ordre des matières, et formaient comme un programme abrégé de leurs

---

(1) *Plat. Schrift.*, p. 188.
(2) *De Gen. et Corn.*, II, 3.
(3) *De Part. Anim.*, I, 2; *Met.*, IV, 11. Cette collection était donc ancienne si elle remonte au temps d'Aristote. Diog. L., (V. 23), le catalogue arabe (*Biblioth. Casiri*, I, p. 307); Simplicius (*ad Categ.*, V, 7; *Schol.*, *in Aristot.*, p. 47, b. 40), attribuent à Aristote lui-même un ouvrage de ce titre qu'Alexandre et Philopon (*in Arist. de gen. et corrupt.*, p. 50, b) supposent n'être que la reproduction faite par Aristote des leçons orales de Platon.

cours. Nous les avons admises ici, bien que le texte en soit perdu, parce que la XIII° lettre (1) de Platon, aussi bien qu'Aristote, les nomment et que Diogène cite dans les œuvres de Speusippe (2) et de Xénocrate un livre de *Divisions* semblables, ce qui prouve au moins que cet ouvrage existait dans l'ancienne Académie.

Dans les livres *de la Génération et de la Corruption*, Aristote dit que Parménide a posé deux principes des choses et Platon trois, et cela ἐν ταῖς διαιρέσεσι, où il fait du principe intermédiaire, un mixte : τὸ γὰρ μέσον μῖγμα ποιεῖ. Sur ce passage, Philopon (3) se demande ce qu'il faut entendre par là : « Le commentateur Alexandre, ajoute-t-il, dit que l'ouvrage qui circule sous ce nom de Διαιρέσεις comme de Platon, n'est pas authentique, νοθεύεται, et il pense qu'Aristote fait allusion aux διαιρέσεις, aux divisions du *Sophiste*. Il faut savoir d'abord qu'il n'y a pas d'ouvrage écrit de Platon qui porte ce nom : διαιρέσεις Πλάτωνος ὅλως ἐπιγεγραμμέναι οὐ φέρονται; et ce qui est dit par Platon dans *le Sophiste* n'a aucun rapport avec ce qu'Aristote expose dans notre passage. L'objet qu'il se propose, c'est-à-dire de faire l'histoire des opinions différentes des philosophes sur la nature, n'a aucun rapport avec les divisions dialectiques du *Sophiste*. Il vaut donc mieux admettre la conjecture que fait en dernier lieu Alexan-

---

(1) P. 360, b.
(2) Diog. L., IV, 5 et 13.
(3) *Schol. in Arist.*, f. 50, b.

dre : c'est qu'Aristote veut parler ici des Ἄγραφα δόγματα de Platon qu'Aristote lui-même avait mis par écrit, et qu'il appelle Διαιρέσεις. Car c'est là que Platon posait les trois principes : le grand, le petit et le principe intermédiaire. » Brandis (1), en acceptant l'opinion de Philopon et d'Alexandre, y ajoute cette autre interprétation, c'est que ces Διαιρέσεις, identiques aux Ἄγραφα δόγματα, ne sont autre chose que les livres d'Aristote *sur le Bien*, qui portaient encore le titre : *De la Philosophie* ; et ces derniers seraient la rédaction des cours oraux de Platon faite par Aristote. Malgré toutes ces conjectures, je ne puis m'empêcher de reconnaître, avec Trendelenburg, qu'en renvoyant les Διαιρέσεις aux Ἄγραφα δόγματα, on explique l'obscur par l'obscur. Le passage d'Aristote (2) où il est question de γεγραμμέναι διαιρέσεις ne peut guère s'appliquer à Platon qui n'est pas nommé, puisqu'il s'agit de la division des oiseaux en aquatiques et non aquatiques. C'est au plan de division et de classification du *Sophiste* que se rapporterait encore le mieux ce passage.

9. Les Définitions, Ὅροι.

Ménage s'étonne de ne pas voir dans les catalogues de Diogène (3) ce petit écrit que Casaubon

---

(1) *De perdit. lib. Arist.*, p. 17.
(2) *De Part. animal.*, I, 2.
(3) Ad Diog. L. III, 62.

considérait comme authentique (1), « non enim iis assentiri debemus, qui temere et contra auctoritatem vetustissimorum scriptorum illum librum à Platone abjudicant. » Quoique cité par Ammonius (2), nous le rejetons, comme M. F. Hermann, mais par des raisons différentes; les nôtres, on le sait, sont tout historiques ; les catalogues des anciens ne mentionnent pas l'ouvrage, et, s'il se trouve dans les manuscrits de Platon, c'est peut-être par un de ces concours de circonstances qu'on ne peut deviner. M. K. Fr. Hermann suppose que c'est pour remplir les dernières pages d'un manuscrit qu'on n'aura pas voulu laisser vides : *in fugam vacui*, circonstance à laquelle nous devons de voir plusieurs fois des ouvrages de caractère, de temps et d'auteur très-différents, réunis dans un même volume. M. Hermann en rejette l'authenticité, parce qu'il y trouve des doctrines étrangères au platonisme, par exemple les définitions des vertus ramenées à des habitudes, ἕξις, point de vue péripatéticien. M. Socher y voit, sans beaucoup d'apparence, une espèce d'index aux écrits de Platon, mais ne croit pas davantage à leur authenticité. On trouve une collection semblable indiquée parmi le catalogue des œuvres de Speusippe (3) et une autre imprimée à la suite des œuvres de Galien.

(1) *Ad Theophr. Caract.*, c. 2.
(2) Ammon., *de diff. vocab.*, p. 110.
(3) Diog. L., IV, 5, et l'auteur des *Prolégomènes*, en niant que *les Définitions* appartiennent à Platon, les rapportent expressément à Speusippe. *Prolegg. ad Plat. Phil.*, c. 26.

10. *Les* Ἄγραφα δόγματα, *les Théories non écrites.*

J'arrive maintenant aux écrits qui, tout en étant admis par Aristophane ou par Thrasylle, n'en ont pas moins été, ou par eux-mêmes ou par quelque autre des critiques anciens, l'objet de doutes plus ou moins justifiés.

Qu'étaient-ce que ces *doctrines non écrites* sur lesquelles on a construit tant d'interprétations aventureuses et hasardées de la philosophie platonicienne ? Aristote ne les cite expressément qu'une fois : c'est dans le 4ᵉ chap. du IVᵉ livre de *la Physique* (1). Après avoir soutenu que dans *le Timée* Platon identifie la matière et le lieu des choses, Aristote ajoute qu'il emploie le mot participant, μεταληπτικὸν, dans ce traité, en un tout autre sens qu'il ne le fait dans ce qu'on appelle ses *Doctrines non écrites*. On suppose en outre qu'il est fait allusion dans le traité *de l'Ame* par les mots : ἐν τοῖς περὶ φιλοσοφίας λεγομένοις (2), à ce même ouvrage.

De cette citation il résulte évidemment que du temps d'Aristote ces *Doctrines non écrites* avaient été fixées par écrit, et qu'Aristote en considère Platon comme l'auteur, ou au moins comme l'éditeur responsable.

Thémiste, interprétant le passage de *la Physique* cité plus haut (3), ne fait que répéter les termes de

---

(1) *Phys.*, IV, 4; 4, trad. B. Saint-Hilaire, et éd. Tauchn., IV, 2, 2.
(2) *De Anim.*, I, c. 2.
(3) *In Phys.*, f. 37, b.

son auteur, sans s'expliquer sur la source où ce dernier les emprunte.

Alexandre d'Aphrodisie (1) mentionne deux fois des livres d'Aristote où les théories de la dyade et des Idées considérées comme nombres étaient exposées et critiquées comme appartenant à Platon, et il donne à ces livres les titres : *du Bien* ou *de la Philosophie*. Il est remarquable que ces livres, περὶ φιλοσοφίας, ou περὶ τἀγαθοῦ, sont ici attribués à Aristote (2), tandis qu'Aristote les attribue à Platon.

Simplicius s'en réfère au témoignage d'Alexandre et ne fait guère que le citer : λέγει καὶ ὁ Ἀλέξανδρος; il ne dit pas (3) et ne fait nulle part supposer que ces livres fussent entre ses mains. Dans un autre passage de son commentaire, il donne cependant quelques renseignements importants (4) : « Platon, dit-il, posait la dyade indéfinie et l'infini même,

---

(1) *In Metaph.*, I, 6.
(2) L. l. Ὡς ἐν τοῖς περὶ τἀγαθοῦ λέγει Ἀριστοτέλης..., et plus loin, *in Met.*, I, 7, ὃ καὶ ἐν τοῖς περὶ φιλοσοφίας εἴρηκε.
(3) *Simpl. ad Phys.*, f. 32, b.; Schol. Br., 334. Alexandre dit que, « suivant Platon, l'un est le principe de tout, et celui des Idées elles-mêmes, avec la dyade indéfinie, qu'il appelait le grand et le petit. C'est ce que mentionne aussi Aristote dans ses livres sur le Bien. On pourrait trouver cette même doctrine dans Speusippe, Xénocrate et tous les autres qui assistaient à la leçon de Platon sur *le Bien*, οἳ παρεγένοντο ἐν τῇ περὶ τἀγαθοῦ τοῦ Πλάτωνος ἀκροάσει, car tous avaient gardé et fixé par écrit son système, τὴν δόξαν αὐτοῦ συνέγραψαν. » Diogène de L. IV, 4, attribue en effet à Speusippe un traité περὶ φιλοσοφίας, et à Xénocrate plusieurs qui portent les titres de περὶ σοφίας, περὶ φιλοσοφίας, περὶ τἀγαθοῦ.
(4) Simpl., *in Phys.*, f. 104 b.

τὸ ἄπειρον, jusque dans les êtres intelligibles, et il entendait par les infinis, ἄπειρα, le grand et le petit. C'est là ce qu'il exposait dans ses entretiens *sur le Bien*, ἐν τοῖς περὶ τἀγαθοῦ λόγοις, auxquels assistaient Aristote, Héraclide, Hestiée et d'autres amis de Platon, qui écrivirent les leçons du maître, et même ses paroles textuelles, ὡς ἐρρήθη, quoiqu'elles fussent obscures et même énigmatiques, αἰνιγματωδῶς τὰ ῥηθέντα. Jamblique s'est vanté d'éclaircir cette doctrine qu'il a exposée dans son commentaire sur *le Philèbe*. » Nous voyons ici l'affirmation formelle que les leçons *sur le Bien* ont été réellement faites par Platon, et rédigées avec une exactitude presque textuelle par ses disciples.

Jean Philopon ne fait pas d'usage de ces documents, et ne les cite même pas dans son commentaire sur *la Physique*. Dans les scholies sur le Traité *de l'Ame*, dont il n'est pas certain qu'il soit l'auteur, sur ces mots d'Aristote : ὁμοίως δὲ καὶ ἐν τοῖς περὶ φιλοσοφίας λεγομένοις διωρίσθη (1), Philopon dit que les livres *sur le Bien*, qui ne sont qu'une autre dénomination de ceux *sur la Philosophie*, sont un ouvrage d'Aristote où il fait connaître les opinions non écrites de Platon : τὰς ἀγράφους τοῦ Πλάτωνος δόξας (2).

---

(1) Arist., *de Anim.*, 1, 2, où Platon est accusé d'avoir soutenu, comme dans le *Timée*, que l'âme est formée d'éléments, que le Vivant est formé de l'Idée de l'Un et de la première longueur, largeur et profondeur.

(2) J. Philop., *in l. de Anim.*, p. 2, ... τὰ περὶ τἀγαθοῦ λεγόμενα περὶ φιλοσοφίας λέγει. Voir Brand., *De perdit. Arist. libris*, p. 49, où il cite encore des extraits inédits de quelques ἀπορίαι,

Proclus mentionne également les ἀγράφους συνουσίας de Platon (1), qu'il ne semble pas non plus avoir eues entre les mains. Galien est dans le même cas, et son témoignage est assez curieux pour être cité ici : « Quoique Platon ait écrit tant d'ouvrages, cependant ses disciples prétendent qu'il y a en outre de lui des Ἄγραφα δόγματα, et, puisque sur ce point nous voulons bien les en croire, pourquoi n'admettrions-nous pas qu'Hippocrate a laissé des enseignements non écrits? »

Mais, si toutes les citations que nous venons de réunir prouvent que des leçons de Platon avaient été rédigées par Aristote, Speusippe, Xénocrate, et d'autres encore, malgré l'affirmation gratuite de Simplicius, qui prétend que c'étaient la reproduction textuelle des enseignements du maître, nous pouvons contester leur exactitude, et cela avec le témoignage de ce même Simplicius (2). « Comme Aristote, dit-il, affirme en maints endroits que Platon avait posé le grand et le petit comme la matière, il est bon de savoir que Porphyre raconte que Dercyllidas, dans son XIᵉ livre *sur la Philosophie de Platon*, à l'endroit où il parle de la matière, avait copié, en la falsifiant, l'exposition d'Hermodore, disciple de Platon; cette exposition était contenue dans

---

tirés du commentaire de Philopon. Ὅτι περὶ τἀγαθοῦ βιβλίον συντάξας Ἀριστοτέλης τὰς ἀγράφους τοῦ Πλάτωνος δόξας κατατάττει καὶ μέμνηται τοῦ συντάγματος Ἀρ. ἐν τῷ α' περὶ ψυχῆς, ἐπονομάζων αὐτὸ καὶ περὶ φιλοσοφίας.

(1) *In Tim.*, p. 205.
(2) *In Phys.*, f. 54; Schol. Brand., p. 344.

son *Histoire de Platon*, et Hermodore y soutenait que Platon, en affirmant l'indétermination infinie de la matière, prouvait par là qu'elle appartient aux choses susceptibles de plus et de moins, dont font partie le grand et le petit. » Or la rédaction ou du moins la publication des Ἄγραφα δόγματα est attribuée parfois à Hermodore, qui faisait métier de vendre les écrits de Platon. C'est peut-être là qu'Aristote a pris la doctrine qu'il attribue à Platon ; mais quelle garantie avons-nous que cette exposition d'Hermodore lui-même fût sincère, exacte, authentique ?

Philopon, dans son commentaire sur le Traité *de Generatione et corruptione* (1), parlant des Διαιρέσεις de Platon, qu'Alexandre considère comme un ouvrage supposé, ajoute que, d'après ce même commentateur, lorsqu'Aristote parle des Ἄγραφα δόγματα de Platon, qui étaient des rédactions faites par Aristote lui-même, il les appelle Διαιρέσεις (2).

Ainsi, d'après Philopon, les Διαιρέσεις n'existent pas, et les Ἄγραφα δόγματα sont une rédaction faite par Aristote des leçons orales de Platon, que Brandis identifie avec les livres *du Bien* (3) comme Muret, Philopon et Simplicius, et que Petit et Buhle en distin-

---

(1) Aristot., l. II, c. 3 ; Philop. *in Arist.*, l., l., f. 50, b ; Brand. *De perdit. libris Arist.*, p. 12 et 13.

(2) Ὁ Ἀλέξανδρος φάσκων περὶ τῶν ἀγράφων δογμάτων τοῦ Πλάτωνος λέγειν τὸν Ἀριστοτέλην ἅπερ αὐτὸς Ἀριστοτέλης ἀπεγράφετο καὶ ταῦτα καλεῖν διαιρέσεις.

(3) Aristox., *Harm.*, II, 30. « Aristote se plaisait à raconter le désappointement de ceux qui avaient entendu la leçon de Platon *sur le Bien*, τὴν περὶ τἀγαθοῦ ἀκρόασιν. Plutarq., *adv. Colot.*, p. 1118, ed. Francf., fait allusion à ces résumés des leçons de

guent. Trendelenburg (1) y voit une *terra ignota* qui sert de refuge à tous les commentateurs téméraires ou embarrassés. Nous ne savons pas clairement de qui était la rédaction ; ceux qui parlent de ces livres ne les ont pas vus, nous n'en avons pas conservé une ligne, nous n'en connaissons exactement ni les rédacteurs, ni les titres, ni le contenu, ni la forme. Il est difficile de les considérer comme des documents authentiques sur lesquels on puisse fonder une exposition sincère de la doctrine de Platon.

Il est vrai qu'Aristote les cite, mais une seule fois, et qu'il attribue à Platon une doctrine qu'on ne retrouve pas dans les dialogues. On est parti de là pour supposer que les Ἄγραφα δόγματα contenaient également l'exposition de ce pythagorisme, de cette philosophie mystique des nombres qu'on reproche si sévèrement à Platon.

Je ferai remarquer, de quelque manière qu'on les entende, que les Ἄγραφα δόγματα ne sont pas un livre écrit de la main de Platon : ce sont, ou des rédactions faites par Aristote ou par quelque autre des disciples de Platon, Hermodore, Speusippe, Xénocrate.

S'ils sont d'Aristote, quand celui-ci renvoie à ces documents, il ne nous renvoie donc qu'à sa propre interprétation ; or, quelle que soit l'autorité légitime de ce grand esprit, je demande s'il n'est pas et ne

---

Platon écrits par Aristote, ὡς Ἀριστοτέλης ἐν τοῖς Πλατωνικοῖς εἴρηκε.

(1) *Platon, de Ideis*, p. 19.

doit pas être suspect. *Unus testis, testis nullus* : il est le seul témoin, et de plus ce témoin est un rival, et on peut dire un adversaire.

Quel est le philosophe qui, donnant en public un enseignement dont la forme au moins est improvisée, consentirait à être jugé sur les rédactions de ses élèves, s'il ne les a ni revues ni approuvées? Qui voudrait juger la doctrine de Luther sur la foi du témoignage unique de Bossuet? Il ne suffit pas pour être exact d'être compétent et sincère. Il y a des situations qui ont des entraînements irrésistibles, plus puissants que l'intelligence et le caractère, et qui les font fléchir également. Il est démontré qu'Aristote s'est trompé gravement sur le sens de certaines doctrines de Platon; ce ne sont pas seulement les modernes (1) qui l'ont reconnu, les commentateurs grecs Alexandre et Syrianus (2) s'en étonnent et s'en indignent. Quel fonds peut-on donc faire sur ces Ἄγραφα δόγματα qui sont perdus, et sur lesquels nous n'avons le moyen d'exercer aucun contrôle ni aucune vérification? S'ils sont de Speusippe et de Xénocrate, ils ont peut-être, s'il se peut, encore moins d'autorité; car il faut se rappeler que Platon n'est pas responsable des doctrines de ses disciples. Il paraît, en effet, certain qu'après la mort du maître, et peut-être même de son vivant, certains disciples de Platon tombèrent dans les excès de la doc-

---

(1) Brandis, *De perdit. lib.*, p. 2; 28-48; *Patrizzi Discuss. Perip.*, p. 342.

(2) *Schol. Arist.*, p. 158; *Sepulved.*, p. 22.

trine des nombres. Je ne conteste pas leur bonne foi, s'ils ont fait remonter à leur maître les définitions de l'âme et de l'idée qui les réduisent à des nombres. Rédigeant sous l'influence d'opinions personnelles des conversations ou des leçons improvisées, dont tout professeur connaît les entraînements, les intempérances de langage et d'idées, ils ont pu voir dans les paroles du maître une pensée qui obsédait leur propre esprit. La tendance mathématique, réglée, dominée dans le grand esprit de Platon, par le sens métaphysique dont il est si évidemment pénétré, l'a emporté chez des intelligences d'un ordre inférieur et d'une trempe moins forte. Or ce sont précisément Speusippe et Xénocrate qui ont pris la direction de l'école à la mort de Platon, et ont continué son enseignement. Aristote a donc pu confondre dans sa critique le maître et les disciples qui abusaient de son nom.

Il faut remarquer, en effet, qu'Aristote ne distingue jamais très-clairement les théories propres à Platon de celles des platoniciens qui lui succèdent à l'Académie. Particulièrement dans les derniers livres de *la Métaphysique*, et en général partout où il est question du Bien, des Idées, des nombres, Aristote ne nomme personne : la plupart du temps, ce sont des désignations générales, des allusions vagues et quelquefois très-obscures, que les commentateurs d'Aristote, pour la plupart néo-platoniciens, appliquaient au fondateur de l'Académie, et qui peuvent tout aussi bien et mieux être appliquées aux premiers successeurs, Speusippe, et Xénocrate surtout (1). Ainsi, on trouve à chaque instant les formules οἱ μέν φασιν, ὁ πρῶτος θέμενος, οἱ δὲ πρῶτοι ποιήσαντες, ὁ μὲν Σωκράτης...... οἱ δὲ. Alexandre explique cet οἱ δὲ (2) par οἱ περὶ Πλάτωνα; mais, quoiqu'il soit exact

---

(1) Platon n'est pas nommé :
1. *Ethic.*, 1, 4, et *Magn. Mor.*, I, 1, où il s'agit du rapport des Idées au bien.
2. *De Anim.*, I, 2, d'où l'on veut tirer la preuve que Platon a fait de l'Un l'intelligence, et des nombres les Idées. Je m'étonne que le savant traducteur d'Aristote ait ajouté deux fois, dans sa version, le nom de Platon, qui ne se trouve pas dans le texte.

Dans la *Métaphysique*, on applique exclusivement et proprement à Platon les passages suivants où il n'est pas davantage nommé :

III, 3, où il est question des Idées.
III, 6, où l'on montre que c'est en partant des nombres qu'on a dû arriver aux Idées.
VII, 14, ⎫
IX, 8,   ⎭ Objections contre la théorie des Idées.
XI, 1.   Rapports des Idées aux nombres.
XI, 2.   Contre les Idées séparables.
XII, 3. Contre les Idées en tant que genres.
XII, 6. Contre les Idées en tant que privées de mouvement.— Les Idées ni les nombres ne peuvent produire ni la quantité ni le continu.
XIII. 9. Contre le nombre idéal distinct du nombre mathématique.
XIV, 1. Contre ceux qui ont posé la dyade, οἱ τὴν δυάδα ἀόριστον ποιοῦντες,

où Trendelenburg, à qui j'emprunte ce catalogue, observe, avec raison : « Aristoteles fortasse minus proprie respexit quid et quomodo Plato tradiderit, quam quod ejus discipuli statuerint. »

(2) *Met.*, XIII, 6; XIII, 9; XIII, 4; XIV, 3. On trouve dans Ératosthène (dans *Eutoc. Archimed. de Sphær et Cyl.*, II, 2, cité par Gruppe, *Ueber Archytas*, p. 120) l'expression οἱ παρὰ τῷ

que dans l'usage de la langue grecque la formule équivaut au nom substantif propre, elle n'a pourtant pas la signification restrictive, exclusive, individuelle du nom singulier. Ce qu'Aristote fait n'est pas précisément une histoire; son but n'est pas de découvrir à qui appartiennent telles ou telles doctrines; son intention est polémique, et sa polémique s'attaque à la tendance générale d'une école tout entière (1) dont Platon est pour lui l'éditeur responsable; et, tantôt sous ce nom, tantôt sous des termes collectifs et vagues, il désigne, sans les distinguer, les auteurs des théories qu'il repousse et qu'il n'expose que pour mieux établir la sienne.

Nous ne pouvons donc considérer les Ἄγραφα δόγματα comme un des documents originaux sur lesquels on peut appuyer une interprétation sincère de la doctrine propre à Platon.

11. *L'Hipparque, ou de l'Amour du gain.*

Ce dialogue, admis par Thrasylle, est rejeté unanimement par la critique allemande et par M. Cousin; déjà Élien avait exprimé un doute sur l'authenti-

Πλάτωνι ἐν Ἀκαδημίᾳ γεωμέτραι..., et il nomme Archytas et Eudoxus.

(1) Nous retrouvons encore ailleurs ces désignations générales qui enveloppent une École entière, sans tenir compte des divergences souvent très-graves qui s'y sont produites. Ainsi, quand il s'agit des Pythagoriciens, il dira οἱ καλούμενοι Πυθαγορεῖοι, et, par ce nom, il faut entendre ce que Dicéarque (*Porphyr., V. P.*, 56) appelle ἡ σύστασις ἅπασα ἡ συνακολουθήσασα αὐτῷ.

cité de l'ouvrage (1). Les motifs sont toujours les mêmes : réminiscences des dialogues de Platon, absence de portée scientifique, de plan, d'enchaînement logique, infériorité d'exécution, surtout dans la peinture des caractères; de plus ici l'interlocuteur de Socrate n'est même pas nommé, et le nom d'Hipparque donné au dialogue vient de quelques détails intéressants et curieux sur la personne de ce prince. Stallbaum veut bien reconnaître cependant que la langue du moins est saine et de la bonne époque. Pour moi, je réponds aussi toujours avec le même argument. Le sujet est très-socratique et platonicien : tout gain enferme l'idée vraie ou fausse de l'utile et du bien, et est par conséquent naturel, légitime, universellement désiré et désirable. Tant qu'on ne m'aura pas prouvé que Platon n'a pu produire que des œuvres d'une égale profondeur, d'une égale portée scientifique, d'une même force dialectique, d'une même perfection esthétique, toutes ces preuves internes seront pour moi sans valeur. Quand il s'agit d'histoire, il faut des preuves historiques, c'est-à-dire des faits. Si ces preuves manquaient aux productions de nos écrivains contemporains, la critique allemande leur aurait bien vite enlevé, avec ses arguments internes, plus de la moitié de leurs ouvrages. M. Boeckh a donné une édition spéciale de ce petit dialogue, qui semble une œuvre de jeunesse et comme un de

---

(1) *H. V.*, l. VIII, 2. Εἰ δὴ ὁ Ἵππαρχος Πλάτωνός ἐστι τῷ ὄντι.

ces premiers essais où tâtonne le génie qui s'ignore encore et cherche sa voie, et il l'attribue, ainsi que *le Minos*, au cordonnier Simon, tandis que M. K. Fr. Hermann les donne à l'Érétrien Pasiphon (1).

12. *L'Alcibiade II, ou de la Prière.*

Quoique cité par Élien (2), Athénée (3) et Diogène de Laërte (4), il est rejeté unanimement par Schleiermacher, Ast, Socher, Buttmann, V. Cousin, K. Fr. Hermann, C. Steinhart et Stallbaum.

Le but du dialogue admis par Thrasylle, qui en fait la seconde pièce de la quatrième tétralogie, est cependant très-socratique : il s'agit de montrer par l'exemple d'Alcibiade qu'avant de prier les dieux et de leur faire des vœux, il faut acquérir la sagesse et la vertu, d'abord pour nous les rendre propices, ensuite pour savoir les choses qui nous peuvent être réellement utiles : or il n'y a de vraiment utile que ce qui est universellement et vraiment bon; demandons uniquement donc ces vrais biens, et laissons à leur providence le soin de disposer des autres (5).

(1) *Gesch. u. Syst. d. Plat. Phil.*, p. 419.
(2) *H. V.*, VIII, 7.
(3) XI, p. 506, c.
(4) Diog. L., III, 59.
(5) C'est la doctrine de Platon, cf. *Charm.*, 174, c.; *Gorg.*, 468, d.; *Legg.*, III, 687, c., et c'est aussi celle de Socrate, Xén., *Mém.*, 1, 2, 3. « Les dieux savent seuls quelles choses sont vraiment bonnes; il faut donc, en priant, leur demander simplement de nous donner des choses bonnes. »

L'exécution révèle, dit-on, bien des faiblesses, des taches, des pensées contradictoires à celles de Platon ; la discussion est languissante, diffuse, remplie de répétitions inutiles, d'obscurités, de longs discours de Socrate, contrairement à la méthode habituelle de Platon; le style est dépourvu de grâce, d'esprit, d'ironie, de mouvement même. Tout cela ne me persuade pas complétement. D'abord, quant aux contradictions, voici en quoi elles consistent. Socrate, pour prouver sa thèse, avance que les dieux pourraient bien, pour punir l'imprudent qui les sollicite, lui envoyer des maux au lieu de biens, comme ils ont fait à OEdipe : ce qui est opposé à la doctrine de la République (1), où il est dit que les dieux ne sont cause d'aucun des maux qui arrivent à l'homme ; il ajoute qu'en certain cas l'ignorance serait moins nuisible à l'homme que la science, comme le prouve l'exemple d'Oreste, à qui il n'a certes pas été utile de savoir qui était sa mère : ce qui est contraire à la doctrine la mieux établie de Platon. Je trouve que c'est attacher à une œuvre bien légère une trop grosse importance : eh quoi ! pour prouver qu'il faut être réservé dans les prières à faire aux dieux, Platon ne pouvait pas, dans une conversation si courte, faire usage des arguments que lui fournissait la croyance de son pays, de son temps, et que partage son interlocuteur? Ne peut-il pas se placer un instant au point de vue de celui qu'il interroge, et y a-t-il dans ces arguments de po-

---

(1) II, p. 379, C.

lémique rien qui ressemble à une contradiction des grands principes philosophiques de Platon? Quoique la mention de la mort d'Archélaüs semble mettre la composition ou la révision de ce petit morceau après la mort de Socrate, cela ne change rien au fond à ce que je viens de dire; et, quant à la proposition que la science est quelquefois plus nuisible que l'ignorance, ne vient-elle pas se lier à cette proposition éminemment socratique, que la science, sans la science du bien, est rarement utile? Les rapprochements que signale M. K. Fr. Hermann, entre *l'Alcibiade I* et *l'Alcibiade II*, et qui lui paraissent des emprunts et des répétitions, ne m'ont pas paru avoir ce caractère, et ne me surprennent pas d'ailleurs dans un ouvrage du même auteur. Ne pourrait-on pas dire qu'un faussaire aurait eu bien certainement assez d'esprit pour les éviter? Enfin, quant au style et à la langue, où M. Stallbaum relève comme des incorrections ou au moins des tours sans grâce et sans élégance les phrases suivantes : καὶ τἆλλα ἀνὰ λόγον τούτοις et ὅτι ἐν νῷ ἔχεις πρὸς ταῦτα (1), quand on accorderait le bien fondé de la critique, elles n'ont pas empêché Thrasylle et le grand grammairien Aristophane de Byzance d'attribuer l'ouvrage à Platon. Pourquoi serions-nous plus difficiles, et qui oserait, en fait de langue, se croire plus compétent?

(1) *Alcib*. II, 150, b., et encore 151, b. Ἡδέως ἂν ἰδοιμι δεξάμενον ἐμαυτὸν, locution, il est vrai, un peu étrange; mais elle n'étonne pas un Français, qui a dans sa langue le tour analogue.

Biester, en 1789, a donné une édition spéciale de *l'Alcibiade I* et de *l'Alcibiade II*, réunis au *Ménon* et au *Criton*; cette édition a été réimprimée, revue et augmentée de notes précieuses par Buttmann, 1811 à 1822.

13. *Les Amants* (1), ou *de la Philosophie*.

Dialogue du genre narratif, où Socrate raconte à ses auditeurs non nommés un entretien qu'il a eu dans l'école de Denys le Grammairien, maître de grammaire de Platon, suivant Olympiodore, avec deux jeunes gens dont l'un est tout entier à la gymnastique et l'autre tout à la philosophie.

Il est divisé en deux parties. Dans la première Socrate prouve que la philosophie ne consiste pas à tout apprendre : car une trop grande quantité de connaissances et d'études, sans précision et sans profondeur, est peu utile, et la philosophie est sans doute chose utile. Dans la seconde, il s'attache à prouver que la philosophie doit être cherchée dans la justice unie avec la tempérance ou la sagesse, σωφροσύνη, qui nous permet de châtier et de rendre meilleurs les autres hommes; mais pour cela il faut les connaître, et, pour connaître les hommes, il faut se connaître soi-même, puisque chacun de nous est homme. Alors seulement le philosophe réalisera l'idée entière du beau nom qu'il porte, et sera le bon roi, le général habile, l'honorable père de

---

(1) Le titre est Ἐρασταί dans Olympiodore, et Ἀντερασταί chez tous les autres auteurs.

famille. En un mot la vraie philosophie est dans la morale, et sa portée et ses limites sont celles de la morale elle-même (1). On n'élève aucune critique contre la langue et le style de ce petit morceau, où brillent la pureté, la correction, la grâce de Platon ou de Xénophon. C'est dans l'imperfection de la discussion même qu'on va chercher les arguments contre l'authenticité. Les personnages n'ont pas ici de physionomie caractérisée, et de figure expressive et accentuée ; on n'aperçoit pas le sel de l'ironie platonicienne ; la vertu de la justice est confondue avec l'institution politique judiciaire ; on attribue à la σωφροσύνη la vertu par laquelle l'homme se connaît lui-même ; enfin toute la philosophie est ramenée à la notion d'utilité, ce qui est contraire à l'opinion des grands dialogues de Platon. Voilà pourquoi Schleiermacher, Ast, Socher, Stallbaum et M. Cousin rejettent ce dialogue dans la classe des œuvres supposées. Les raisons données me paraissent faibles, et la meilleure, au point de vue historique, c'est que Thrasylle doutait déjà de l'authenticité (2), ce qui ne l'a pas empêché de l'admettre dans son catalogue, où il forme la deuxième pièce de la quatrième tétralogie.

(1) M. V. Cousin, *Arg.*
(2) Diog. L., IX, 37. Εἴπερ οἱ ἀντερασταὶ Πλάτωνός εἰσι, φησὶ Θράσυλλος.

II. Les Dialogues authentiques.

Les ouvrages que nous allons citer maintenant sont unanimement reconnus comme authentiques par les anciens, ou du moins aucun soupçon ne s'est élevé dans l'antiquité contre eux. La critique moderne ne les attaque qu'avec des arguments internes, dont j'ai déjà plusieurs fois décliné la compétence et contesté la valeur; sauf pour les Lettres, ils me semblent insuffisants à détruire les preuves de fait tirées de l'accord de la tradition, et des témoignages d'Aristote, d'Aristophane, de Thrasylle et des autres écrivains de l'antiquité.

14. *L'Hippias, ou du Mensonge.*

Les interlocuteurs du dialogue sont Socrate, Hippias, le sophiste d'Élis, dont le savoir encyclopédique est signalé avec quelque ironie, et un troisième personnage, Eudicus (1), aussi inconnu qu'Apémantus son père, et qui a donné l'hospitalité à Hippias. La scène a lieu dans la maison d'Eudicus; après une leçon d'Hippias sur les poëtes et particuculièrement sur Homère, qui avait attiré beaucoup de monde, le dialogue se continue devant un petit nombre d'auditeurs restés après la grande représentation. Le dialogue, classé parmi les réfutatifs, est le deuxième de la septième Tétralogie de Thrasylle.

---

(1) Nous le voyons dans *l'Hipp. I*, p. 286, comme un admirateur d'Hippias.

l est consacré à la discussion des deux propositions : 1° Que celui qui est capable de mentir sur un sujet quelconque doit le comprendre, et, par conséquent, est capable de dire la vérité ; 2° Que celui qui ment sciemment et volontairement est moralement supérieur à celui qui ment sans le savoir et le vouloir. On a voulu voir là (1) un grossier paradoxe et un sophisme immoral et impie. La faiblesse des raisonnements et le principe maigre et sophistique sur lequel ils s'appuient ont porté M. Cousin, dans son bel argument, à douter de l'authenticité de ce dialogue. Quant au principe, je crois qu'il se ramène à cette proposition très-peu paradoxale, que la moralité repose essentiellement sur la liberté et l'intelligence de l'agent; principe qui aboutit à cette doctrine de Platon : le méchant est un insensé. L'homme étranger aux lumières de la conscience, à ses joies et à ses troubles, à ses scrupules et à ses remords, n'est plus un homme. Avoir la conscience de la loi qu'on viole et le sentiment du bien qu'on outrage, c'est assurément un degré de moralité supérieur à l'état d'un être pour qui il n'y a ni loi ni bien, et qui n'a ni intention, ni conscience, ni intelligence de ce qu'il fait (2). Quant à la forme,

---

(1) Arist., *Met.*, V, c. 29.
(2) On a d'autant moins le droit de contester cette doctrine, vraiment socratique et platonicienne, qu'elle se rattache à la grande théorie que la vertu est une science, et qu'on la trouve dans les *Mémorables* de Xénophon, où elle est exposée dans un entretien d'Euthydème avec Socrate, IV, 2-14; c'est vraiment pousser le doute à ses limites extrêmes que de retourner ce fait

il faudrait, pour le rejeter, admettre pour critérium que Platon n'a pu écrire que des chefs-d'œuvre, et que tout ouvrage d'une composition inférieure ne saurait lui être attribué. Or qui oserait proposer ce principe, quand Aristote (1), Cicéron (2), Alexandre d'Aphrodisie (3), citent comme authentique le dialogue suspecté ? D'ailleurs je trouve M. Cousin et M. Zeller bien sévères dans leurs jugements sur l'exécution de l'ouvrage, qui ne me paraît ni aussi mesquin, ni aussi pauvre de raison, de sel et d'ironie qu'ils l'ont fait. Un bon juge y voyait un fond vraiment socratique, et dans la forme un tableau rempli des traits les plus fins de l'ironie platonicienne (4). Cela n'a pas empêché Ast (5), Schleiermacher (6) et Zeller (7) de contester l'authenticité soutenue par Stallbaum (8), Hermann (9), So-

contre l'authenticité du dialogue, et de prétendre que si Platon avait cru devoir emprunter cette proposition à son maître, il l'aurait développée, complétée, rectifiée, et ne se serait pas borné à la reproduire avec son faux air de sophisme.

(1) *Met.*, V, 120. Platon n'est pas nommé dans le texte, mais il l'est dans le commentaire d'Alexandre.
(2) *Orat.*, III, 32.
(3) *Ad Met.*, V. 120.
(4) M. K. F. Hermann, *Gesch. u. Syst.*, l'appelle *dieses kleine aber aecht socratische und mit den feinsten Zügen platonischer Ironie ausgeführte Gemälde*. Ast, au contraire, *Platon's Leben*, p. 462, le trouve tout à fait *unsokratisch*, et le qualifie de réfutation sophistique du sophiste Hippias.
(5) P. 463.
(6) T. II, p. 291.
(7) *Plat. Stud.*, p. 150.
(8) *Proleg. ad Hipp.*, II.
(9) *L. l. supra*.

cher (1), Steinhart (2) et Susemihl (3). Je ne connais pas d'édition spéciale de ce petit ouvrage, que M. Stallbaum est le premier et, je crois, le seul à avoir commenté.

15. Les Lettres.

Le recueil des Lettres comprend, dans les éditions ordinaires, treize pièces; mais M. K.-Fr. Hermann en ajoute dans son édition cinq autres sans suscription, dont trois avaient été déjà publiées, mais séparément, par Orelli (4), et les deux autres par Boissonade (5). Elles sont admises comme authentiques par toute l'antiquité. Thrasylle en fait la quatrième pièce de sa neuvième tétralogie, et Aristophane la troisième de sa cinquième trilogie; Cicéron (6), Plutarque (7), Athénée (8), Élien et beaucoup d'autres les citent sans exprimer le moindre doute. Cependant, tout en les considérant comme authentiques, les anciens ont bien vu que ce ne sont pas là de vraies correspondances, mais des compositions en tête desquelles on s'est borné

---

(1) P. 144.
(2) Trad. all. de Müller, t. I, p. 101.
(3) *Genet.*, *Entwick. d. Plat. Phil.*, I, p. 11.
(4) *Socr. et Socratic.*, *Epistol.*, Leips., 1815, 8.
(5) *Anecd. Græc.*, vol. II, p. 84 et 211.
(6) *Ep. ad Fam.*, I, 9, où il cite la Ve lettre; *de Fin.*, II, 28, où il cite la VIIe; *de Off.*, I, 7; *de Fin.*, II, 14, où il rappelle la IXe; ce qui prouve que le recueil était déjà formé et complet.
(7) *De Disc. Adulat.*, p. 69. et *Vit. Dion.*
(8) Athén., XII, 527, c.

à mettre le χαίρειν (1), et qui n'ont ni l'éloquence d'un grand écrivain, ni le caractère du style épistolaire (2). Ce n'est qu'une forme artificielle donnée à des renseignements historiques sur la vie, la personne et les doctrines de Platon ; et c'est là la principale raison qui me les rend très-suspectes (3). Il ne m'est pas possible d'admettre que Platon, qui a été si sobre, si avare, dans ses ouvrages, d'informations sur lui-même, ait composé exprès ces espèces de mémoires sous une forme qui devait être peu de son goût.

La lettre, constituée et traitée comme une forme littéraire destinée à l'exposition d'idées morales, scientifiques ou philosophiques (4), est une invention des sophistes, et il paraît peu naturel d'admettre que Platon ait si volontiers admis et mis à profit cette innovation récente et un peu artificielle. Ce n'est que beaucoup plus tard que la lettre est devenue un vrai genre littéraire ; aussi tous les recueils de cette nature qui remontent à l'époque de Platon sont-ils sujets à des doutes fondés et univer-

---

(1) Démétr., *de Eloc.*, c. 228. Συγγράμματα τὸ χαίρειν ἔχοντα προγεγραμμένον, καθάπερ τὰ Πλάτωνος πολλά.

(2) Phot., *Ep.* 207. Ἴσον τε τῆς ἐκείνου λογιότητος καὶ τοῦ ἐπιστολιμαίου τύπου ἀπολείπονται.

(3) Conf., sur ce sujet : Ast, *Plat. Leb.*, p. 504 ; Herm., *Ouv. cité*, p. 422 et 590 ; Weigand, *Epistol. quæ Plat. nomine vulgo feruntur* ; Giessen, 1818, 8 ; Salomon, *de Plat. quæ feruntur epistolis*, 1835, 4. Berlin.

(4) Oléar., *in Orelli Socrat., Epist.*, p. 402. « Videntur mihi omnino epistolæ illæ ex earum genere esse quæ aliquid cum μελέταις sophistarum habentes cognationis... »

sels (1). En outre, on ne comprend guère comment Platon, en admettant qu'il ait fait le recueil de ses lettres, y ait conservé celle qui l'ouvre, qui n'est ni écrite par lui, ni adressée à lui, mais qui est de Dion à Denys. Le contenu de ces lettres en trahit l'origine au premier regard. Ne parlons pas de la première, qui n'est pas attribuée ni adressée à Platon. La seconde, adressée à Denys, renferme des idées bien peu platoniques, par exemple, cette idée bizarre que la sagesse et la tyrannie sont faites pour s'aimer et s'unir, et que le tyran comme le philosophe trouvent dans ce commerce intime chacun leur profit et leur gloire (p. 311, e.). Qui supposera jamais que Platon ait écrit cette phrase d'une vanité outrecuidante et ridicule : « Je suis venu en Sicile avec la réputation du plus illustre philosophe de mon temps? » L'opinion que la philosophie est chose mystérieuse et doit être enseignée dans le secret et sous le voile d'un impénétrable symbole (2) à un

---

(1) Bentley, *Epist. Phalarid.*

(2) C'est là que se trouve la phrase célèbre, p. 312, d : « Tout est autour du roi de tout; il est la fin de tout; il est la cause de toute beauté : ce qui est du second ordre est autour du second principe; et ce qui est du troisième ordre, autour du troisième principe. » Les Alexandrins et les PP. de l'Église ont souvent cité ce passage conjointement avec celui de la lettre VI, p. 323, d, pour montrer, dans l'antiquité même, des traces du dogme de la Trinité. S. Just., *Mart. Apol.*, I, 60, p. 81, c.; Athénag., *Leg. pro Christ.*, p. 301; Clém. d'Alex., *Cohort. ad Gent.*, 45, c, p. 60 (Sylb.), et *Strom.*, V, 10, p. 598, Quelques-uns voyaient, dans le premier principe, le Bien; dans le second, le Démiurge; dans le troisième, l'Ame du monde. Conf. Cyrill.,

petit nombre d'élus et d'initiés, est contraire à la vraie pensée de Platon ; et l'origine suspecte du document est manifeste lorsqu'on fait dire à ce fécond écrivain de tant de chefs-d'œuvre : « Aie soin de ne rien écrire sur ces matières, car le papier peut laisser échapper nos secrets. Aussi n'ai-je jamais rien écrit ; il n'y a et il n'y aura jamais aucun ouvrage écrit de la main de Platon, et les ouvrages qu'on m'attribue sont de Socrate, quand il était jeune et déjà remarquable par sa sagesse. » Cette double assertion, qui contient une double erreur manifeste, suffit à compromettre, ou plutôt ruine l'autorité de tout le recueil des lettres.

La troisième lettre, à Denys, est une apologie de Platon, qui explique les motifs de son double voyage à Syracuse et où il nie formellement avoir donné à Denys le conseil de ne pas rétablir la liberté dans les villes grecques de la Sicile. Le style, moins pénible et moins diffus que celui de la deuxième, semble indiquer une autre main, et elle paraît avoir pour but de défendre la conduite et les idées politiques de Platon contre de malveillantes imputations. Comme la septième et la huitième, elle donne sur la personne du maître des renseignements tellement circonstanciés, et avec un tel accent de sincérité, qu'on pourrait, avec M. Hermann, les supposer de la main de Speusippe, ou de quelque autre disciple non moins versé dans son intimité.

---

adv. Jul., I, 34, b.; VIII, 271, a.; Euseb., *Præp. Ev.*, VII, 13, p. 323, et d'autres encore cités par Ast, p. 510.

La quatrième, à Dion, lui témoigne l'intérêt qu'il prend à son entreprise, l'encourage à imiter les grands politiques pour s'acquérir un nom glorieux, et le prie de lui donner sur ses affaires des renseignements précis et certains : lettre banale et vide, et où l'on trouve des sentiments peu dignes de Platon et des idées peu conformes à sa philosophie.

La cinquième, à Perdiccas, probablement Perdiccas III, roi de Macédoine, lui donne le conseil d'utiliser les services d'un personnage nommé Euphrée, et explique comment Platon, qui donne volontiers des conseils politiques aux princes, n'a pas cru pouvoir se mêler des affaires de son pays. Ficin, observant qu'il est ici parlé de Platon à la troisième personne, supposait que la lettre était écrite par Dion.

La sixième, à Herméas, Érastos et Coriscos, leur conseille de lier entre eux une indissoluble amitié. Elle a une allure mystique, pythagorique, et Platon y joue le rôle d'un supérieur de couvent. C'est là que se trouve, p. 323, d., le fameux passage où Dieu est appelé le Guide, ἡγέμονα, de tout ce qui est et qui sera, et où l'on invoque le Maître, père de ce Guide et de cette Cause, τοῦτε ἡγέμονος καὶ αἰτίου πάτερα κύριον. Langage et idées, tout est étranger à Platon. Les citations nombreuses de cette phrase, comme de celle de la deuxième lettre, pourraient faire supposer un auteur chrétien ou juif; les uns et les autres cherchaient, en effet, dans l'antiquité grecque, des autorités et des précédents à leur conception de la Divinité, et ne craignaient pas d'en fabriquer (1).

La septième, adressée aux amis de Dion, a un caractère apologétique évident, et veut rendre raison des voyages de Platon à Syracuse, et de ses rapports avec le tyran. Ce mémoire justificatif très-étendu contient d'intéressants détails sur les événements de la Sicile, et le rôle qu'y joua Platon. L'auteur y raconte l'exil de Dion, l'affranchissement des Syracusains, la mort de leur libérateur assassiné par des traîtres, et témoigne de la part qu'il prend aux espérances conçues par le parti démocratique, de chasser le jeune Denys, et de rendre la liberté à Syracuse.

La partie philosophique de la lettre n'est pas très-platonicienne : on y distingue en toute chose cinq conditions ou degrés de connaissance : 1° le nom; 2° la définition; 3° l'image, τὸ ζωγραφούμενον; 4° la science; 5° la vérité (2). On ne trouve rien dans Platon qui rappelle cette division, et particulièrement l'image, la représentation sensible d'une notion, n'y tient pas le rang qui lui est ici donné. La proposition que, pour comprendre les choses, il faut qu'il y ait entre elles et l'intelligence une affinité naturelle (3), quoique pythagoricienne, se rap-

---

(1) Comme Aristobule (Valckenaër, *de Aristobulo Judæo.* Leyd., 1806), et Philon qui donne aussi un père à l'ἡγέμων πασῶν τῶν δυνάμεων (Grossmann, *Quæstiones Philon.* Leips., 1829, p. 51).

(2) 342, a. b. c.

(3) 344, a. Τὸν μὴ ξυγγενῆ τοῦ πράγματος οὔτ' ἂν εὐμαθείᾳ ποιήσειέ ποτε, οὔτε μνήμῃ.

proche davantage des idées de Platon. On retrouve ici l'opinion faussement attribuée à Platon que la philosophie doit être l'objet d'un enseignement mystérieux, secret, esotérique, et ne doit pas être profanée par la publicité du livre (1). Rien ne milite en faveur de l'authenticité de cette pièce, dont Cicéron (2) cite cependant et traduit le passage p. 326 b., en le faisant précéder de ces mots: « Est præclara epistola Platonis ad Dionis propinquos, in qua scriptum est his fere verbis. »

La huitième est adressée aux mêmes personnes et roule à peu près sur le même sujet : elle expose un plan de conduite pour le parti libéral que Dion avait formé autrefois et qui survivait à son chef; Platon les invite à adopter un projet de constitution destiné à réunir et à réconcilier les partisans de la tyrannie tombée et ceux de la liberté victorieuse, qui s'abandonnaient déjà à des discordes intestines. Un anachronisme grave renverse l'authenticité du document : la lettre émet l'opinion de mettre à la tête du gouvernement trois rois à élire, et parmi eux l'auteur propose le fils de Dion : or on sait, par Cornélius Nepos (3) et par Plutarque (4), que les fils de Dion étaient morts avant leur père.

Les lettres IX à Archytas (5), X à Aristo-

---

(1) P. 341, c., d., e., 342, a., 344, a.
(2) *Tuscul. Qu.*, V, 35.
(3) *Dion*, § 4.
(4) *Dion*, p. 982. *Consol. ad Apollon.*, p. 119.
(5) On remarque la belle maxime que l'homme n'est pas né pour lui seul, reproduite par Cicéron (*De Off.* I, 7, 22; *De Fin.* II, 14).

9.

dore (1), XI à Laodamas, XII à Archytas, sont de tout le recueil celles dont le contenu insignifiant révèle le mieux l'origine falsifiée.

La lettre XIII, à Denys (2), lui recommande un jeune pythagoricien nommé Hélicon, et lui rend compte de commissions, d'achats et d'affaires d'argent dont Platon est censé chargé pour lui. On y voit une affectation de secret et de mystère jusque dans la correspondance, qui est un indice suspect. Platon rappelle que le signe qui distingue ses lettres sérieuses de celles qui ne le sont pas est qu'il commence les unes par : Dieu, les autres par : les dieux. Ce qui achève de démontrer l'inauthenticité, c'est que les ouvrages de Platon y sont désignés sous le titre de Σωκρατεῖοι λόγοι, et le *Phédon* sous celui de ὁ περὶ ψυχῆς λόγος, c'est-à-dire comme des ouvrages dont celui qui écrit la lettre ne se reconnaît pas l'auteur. Malgré l'opinion de Bentley, de Wesselling et de Wyttenbach, nous la rejetons donc comme les autres, et nous souscrivons absolument au jugement de M. Hase sur l'ensemble du recueil : « Les lettres qui existent sous le nom de Platon ont été probablement composées peu de temps après sa mort par quelque philosophe de son école. » Ajoutons cependant que l'inégalité du style et des idées

---

(1) Cet Aristodore est complétement inconnu.
(2) C'est à cette lettre qu'Ast, *Platons Leben*, p. 527, rapporte les mots ἀντιλέγεται ὡς οὐ Πλάτωνος qui sont mis en marge à côté de la XIIᵉ dans le ms. de Vienne, LVI, et le mss. XXXVI de Madrid. (Kollar, Supplem. ad Lambec., p. 413, et Iriarte, Reg. Bibl. Matrit. Codd. gr. tom. I, p. 139.)

ne permet pas de les attribuer toutes à un seul et même auteur.

16. *Le Clitophon, ou l'Exhortation.*

Dialogue moral, qui formait dans la huitième tétralogie la première pièce.

C'est à peine ici un dialogue. Sur une interpellation de Socrate, Clitophon exprime à ce dernier dans un long discours, avec quelques éloges sur la beauté et la pureté de sa morale, les objections assez fortes et assez vives des orateurs et des hommes politiques contre l'utilité et l'application pratique dont elle est susceptible. Le style ne manque ni de bonheur ni de vie, quoiqu'il ne ressemble guère au genre du dialogue, et tombe dans le ton oratoire. Quelques anciens voulaient qu'on commençât par lui la lecture de Platon (1) : c'est assez dire qu'ils le considéraient comme authentique, et n'avaient pas à cet égard le moindre doute (2). Nous n'en aurions pas davantage s'il était vrai qu'Aristote y fît plusieurs fois allusion, comme le croient Giphan et Zell (3) : mais les passages cités paraissent à M. K. Fried. Hermann se rapporter plutôt au *Lysis* (4) et à la *République* (5). On ne peut s'empêcher d'avoir

---

(1) Diog. L., III, 62.
(2) On le trouve cité par Synésius, Dion, p. 37.
(3) *Ad Aristot., Ethic. Nic.*, VIII, 4, 4; *Eudem.*, VII, 2; *Polit.*, II, 1, 16.
(4) P. 214, d.
(5) *Rep.*, I, 351, et V, 462.

quelque soupçon sur cet ouvrage, que rejetait déjà de Serres parmi les νοθευομένους, en y voyant une attaque si vive contre Socrate, et surtout une critique qui porte, quoique souvent à faux, sur des points particuliers des dialogues de Platon. Pour expliquer cette contradiction, Tennemann (1) propose de le considérer comme le fragment d'un dialogue incomplet, où manque la réfutation des critiques, et Ritter (2), comme l'ébauche ensuite abandonnée du commencement de la *République*, où figure en effet en personnage presque muet Clitophon. Mais la *macrologie*, si opposée à la manière habituelle de Platon, ainsi que l'observent Schleiermacher (3) et F. Hermann (4), l'inexactitude dans la reproduction des doctrines, que l'auteur dénature et ne paraît pas comprendre, expliquent, si elles ne justifient pas l'opinion de M. Hermann, qui, malgré l'air d'authenticité que lui donnent la couleur du style et la méthode, voit dans ce morceau un de ces travaux d'école, où les disciples de l'Académie s'exerçaient à traiter avec la dialectique platonicienne et à la manière socratique un thème paradoxal.

(1) *Syst. de Plat. Phil.*, vol. I, p. 112.
(2) *Gesch. d. Philos.*, vol. II, p. 176.
(3) Trad. allem., vol. II, p. 460.
(4) *Gesch. u. Syst.*, p. 426.

17. *Le Minos, ou de la Loi.*

Dialogue politique, qui forme dans la neuvième tétralogie la première pièce, et la seconde de la troisième trilogie d'Aristophane.

Socrate s'entretient avec un interlocuteur anonyme, qui n'est pas Minos, comme on l'a cru longtemps par une erreur bien étrange, ni même un Minos d'Athènes, n'ayant avec le roi de Crète rien de commun que le nom, comme le supposait R. Bentley (1). Le titre vient uniquement de l'éloge qu'y reçoit le Minos des Crétois, à l'occasion de sa législation. Le sujet, abordé brusquement et sans préparation, est la loi, et il est prouvé, d'une part, que la loi étant l'expression de la vérité, d'un rapport nécessaire et réel, τοῦ ὄντος εὕρεσιν, et la vérité étant chose universelle et immuable, la vraie loi ne doit et ne peut changer ni suivant les temps ni suivant les lieux; d'autre part, que la loi étant essentiellement bonne, tout ce qui est mauvais peut paraître une loi, mais n'en est qu'une apparence menteuse : le mal est toujours illégitime (2). La fin du dialogue n'est pas mieux amenée que le commencement, et se lie mal aux ques-

---

(1) *Respons. ad Boyl.*, p. 155, ed. Lennep. Schleiermacher et Boeckh ont prouvé que ce nom n'avait jamais été porté par un Athénien.

(2) C'est, suivant notre formule moderne, le principe qu'il n'y a pas de droit contre le droit.

tions débattues; mais je trouve de l'exagération dans les critiques qu'on en a faites, et qui multiplient contre le choix du sujet, contre les idées, contre le style, contre la langue, les épithètes les plus dures et à mon sens les plus injustes. Inepte et stupide, voilà ce que répète à chaque page de ses prolégomènes et de son commentaire, le docte Stallbaum, qui trouve cette composition si misérable et si méprisable qu'il ne veut pas même l'attribuer comme Boeckh au cordonnier Simon (1). Ce critique, plus réservé et plus judicieux, tout en signalant du désordre dans la conduite des idées, des transitions brusques, une affectation à multiplier les exemples, de longues tirades qui succèdent à un dialogue trop bref, a cependant l'impartialité de reconnaître que le style en est sain, la couleur antique, et qu'on n'y trouve rien d'indigne de la période du pur et vieil atticisme; et il cite à l'appui de son jugement le témoignage des critiques grecs qui, dans une question de goût et de langue, ne peuvent pas être si complétement mis de côté. Or Plutarque (2), qui copie plusieurs passages, Maxime de Tyr, Clément d'Alexandrie, Servius, Proclus, Stobée, Alexandre d'Aphrodisie, le tiennent pour être un ouvrage de Platon, comme Diogène, Thrasylle et Aristophane (3), et, quoique ce ne soit pas l'opinion de M. Boeckh, il reconnaît que

---

(1) Boeckh., *Comment. in Platon. Min.*, p. 83.
(2) *Moral.*, 776, e.; *Thes.*, 7, a.
(3) Diog. L., III, 61.

le témoignage de ces bons juges oblige au moins de l'attribuer à un auteur attique et à une période où la langue était encore pure et saine.

Cet auteur est, suivant lui, Simon, d'Athènes, ce cordonnier dans la boutique duquel Socrate aimait à causer et à discourir, et qui, gardant par écrit note de ces entretiens, en avait composé trente-trois dialogues, les premiers ouvrages qui firent connaître au public les doctrines socratiques (1).

Remarquant dans le catalogue conservé de ces ouvrages les quatre titres suivants : du Juste, de la Vertu, de la Loi, de l'Amour du gain, que l'on retrouve dans le catalogue des ouvrages de Platon, M. Boeckh en a conclu que, puisqu'ils n'appartenaient pas à ce dernier, ils devaient appartenir à l'autre : car il y a dans les catalogues une remarquable coïncidence, et les sujets traités semblent en outre indiquer qu'ils partent tous de la même main. Mais M. Stallbaum a objecté que ce sont là et des titres et des sujets que l'on retrouve chez tous les Socratiques, par exemple Antisthène, Speusippe, Xénocrate, et qu'on n'en pouvait rien conclure. On n'est donc pas autorisé à croire que le *Minos* soit de Simon le Socratique, et comme, en matière de pureté et de correction, l'autorité d'Aristophane de Byzance, de Thrasylle, de Diogène me paraît valoir celle de M. Stallbaum, et que les idées développées dans cet ouvrage ne me semblent

---

(1) Diog. L., II, 122. Οὗτος, φασὶ, πρῶτος διελέχθη τοὺς λόγους τοὺς Σωκρατικούς.

ni indignes de Platon, ni contraires à sa doctrine, je crois qu'il est encore plus sage de s'en rapporter à la tradition.

18. *Le Théagès, ou de la Vraie Instruction.*

Dialogue maieutique, qui faisait dans la cinquième tétralogie la première pièce.

Démodocus, riche citoyen d'Athènes, qui après avoir rempli de grandes charges s'était retiré dans sa vieillesse à la campagne, présente à Socrate Théagès son fils (1), que la renommée des sophistes a séduit et qui voudrait compléter son éducation à leur école. L'entretien qui a lieu dans le portique de Jupiter Libérateur s'établit entre le jeune homme et son père d'une part, et Socrate de l'autre; il se divise en deux parties : dans la première, le jeune ambitieux se voit arracher l'aveu que la science dont il est amoureux, et qu'il désire avec passion posséder, c'est la science de gouverner et de maîtriser les hommes, sinon par la force, qui est le propre de la tyrannie, du moins par la persuasion. Dans la seconde, Socrate, à qui le père voudrait confier l'éducation de Théagès, qui le souhaite aussi ardemment,

---

(1) Il est question encore de Théagès dans la *Rép.*, VI, 496, b., où il est dit qu'ambitieux de prendre part aux affaires politiques, il aurait de bonne heure renoncé à la philosophie, sa première passion, s'il n'eût été retenu par sa mauvaise santé. L'*Apologie*, p. 33, b., nous apprend, en effet, qu'il mourut jeune et avant Socrate. Conf. Æl., *H. Var.*, IV, 15.

répond que cela ne dépend pas de lui : on ne profite de ses entretiens que si Dieu le permet. Il ne sait d'ailleurs qu'une chose, c'est l'amour.

Il n'est pas difficile de voir ce que Platon ici veut dire. Comme l'a très-bien marqué M. V. Cousin, il tient à montrer en quoi l'enseignement de Socrate diffère de celui des sophistes, de l'appareil factice, de la méthode technique et abstraite d'une science d'école. Socrate n'a pas de système tout fait à transmettre. Ce qu'il peut déposer dans les âmes, c'est ce qui est dans la sienne, l'amour, l'amour pour la vertu et pour la vérité ; il peut communiquer à l'intelligence et au cœur le mouvement généreux qui enfante les grandes pensées : il met le feu à la machine ; mais, pour cela même, il faut qu'il y ait, entre le maître et le disciple, un lien et presque une fusion intime, secrète, mystérieuse, divine. Il faut qu'il y ait sympathie, amitié, amour, affinité réciproque, pour rendre fécond cet échange de sentiments et d'idées. Or, ce rapport des âmes étant à la fois nécessaire et inexplicable, Socrate le rapporte, comme toutes les choses incertaines et obscures, à son Démon, sur lequel il a l'occasion de s'étendre, pour prouver que, quand le charme de la sympathie ou ne s'établit pas, ou est rompu entre le maître et le disciple, l'enseignement ne peut plus être profitable ; car ses entretiens sont moins un enseignement qu'une influence vivante, animée et personnelle. Les paroles tombent alors dans l'âme fermée et froide du disciple comme le grain tombe sur le rocher. Le germe reste stérile et meurt.

Le dialogue, comme l'avoue Ast (1), est simple et beau ; un ton religieux et une gravité pieuse y dominent, et, bien que quelques-uns des détails donnés sur le Démon ne soient pas amenés nécessairement par le sujet, je ne vois ni dans le sujet traité, ni dans quelques réminiscences (2), ni dans la langue, pure et saine malgré quelques néologismes qui ne doivent pas étonner dans Platon, aucun motif de rejeter un écrit cité par Élien (3), Plutarque (4), Denys d'Halicarnasse (5), et admis par Thrasylle (6). Si Schleiermacher, Ast, Fr. Hermann, Stallbaum (7) en contestent l'authenticité, Socher et

(1) P. 496.
(2) Ces réminiscences me paraissent bien permises à un homme qui a beaucoup écrit, et qui se répète quelquefois sans le savoir et sans le vouloir, et prouvent plutôt contre la thèse des adversaires de l'authenticité. A la p. 128, a., M. Stallbaum s'arrête et dit : « Hactenus colloquium non omnino ineptum aut prorsus inelegans. » Mais, arrivé au passage où Socrate conseille au jeune homme d'aller demander des leçons à ces maîtres habiles et savants, Prodicus, Gorgias, Polus, lequel se trouve dans l'*Apologie*, p. 19, e., le critique s'écrie : « Quæ quis sibi persuadeat ab ipso Platone ita iterata esse ? » Mais outre que la reproduction n'est pas aussi parfaitement identique qu'il le dit, je lui demanderai à mon tour : Qui se persuaderait qu'un faussaire n'eût pas évité avec soin ces répétitions ? Le seul écrivain qui puisse ne pas y prendre garde, c'est le véritable auteur.
(3) *Hist. V.*, VIII, 1.
(4) *De Fato*, VIII, 367. Reisk.
(5) *Ars. Rhetor.*, p. 405.
(6) Diog., L. III, 57.
(7) La conjecture de ce savant éditeur, qu'il est dû à un péripatéticien, et a dû être composé à l'aide de documents laissés sur le Dæmonium par Antipater de Tarse, ne repose sur aucun fondement historique.

Knebell la maintiennent, et en excusent les imperfections en les attribuant à la jeunesse de l'auteur. Il y a une bonne édition du *Théagès* due à ce dernier critique, enrichie de prolégomènes et de notes estimables, Coblentz, 1833.

19. Le Lachès, ou du Courage.

Dialogue maieutique, qui forme dans la cinquième tétralogie la troisième pièce.

Les personnages de cette scène pleine de mouvement, de vie et de grâce, sont nombreux : outre Socrate, ce sont Lysimaque, fils d'Aristide le Grand, et Mélésias, fils de ce Thucydide qui fut pendant quelque temps un adversaire redoutable de Périclès (1) ; Nicias et Lachès sont les deux grands et malheureux généraux dont l'un périt dans la funeste expédition de Sicile, et dont l'autre fut vaincu à la fatale journée de Délium où Socrate montra une intrépidité héroïque (2). Les enfants de Lysimaque

---

(1) Athén., XI, 506, fait à Platon un reproche d'avoir dit que ce Lysimaque et ce Mélésias étaient restés au-dessous de la gloire de leur père, et voit là une preuve de ce sentiment de jalousie dont il est partout animé. Rien n'est pourtant plus exact et mieux confirmé par l'histoire. Le scholiaste de Démosthène, *ad Lept.*, § 95, dit de Lysimaque : Οὐδὲν εὖ ποιήσαντα τὴν πόλιν, ὡς κατὰ τὴν ἱστορίαν ἔχομεν, πλὴν ὅτι Ἀριστείδου ἦν υἱός, et de Mélésias nous ne savons rien, si ce n'est qu'il a fait partie du gouvernement oligarchique des quatre cents.

(2) Le combat de Délium est de 424; Lachès mourut à Mantinée en 418 : c'est entre ces deux dates qu'est censé avoir eu lieu le dialogue, d'où il n'y a rien à conclure pour l'époque vraie de sa composition.

et de Mélésias assistent à l'entretien, mais ne disent qu'un mot. Il s'agit d'abord de chercher quel est l'objet d'une bonne éducation de la jeunesse; il est évident que c'est de lui inspirer et de lui communiquer la vertu : pour cela, il faut savoir ce que c'est que la vertu, et au moins, si la chose paraît trop difficile, ce que c'est qu'une des vertus particulières dont l'ensemble forme la vertu même. Une lutte d'hommes armés, à laquelle les interlocuteurs viennent d'assister dans la palestre de Tauréas, fait choisir parmi ces vertus le courage, dont on cherche la définition, comme on cherche celle de la sagesse dans le *Charmide,* qui est le pendant et comme le frère jumeau du *Lachès.*

Le courage ne consiste pas à tenir ferme à son poste et à ne pas fuir ; ce n'est là qu'une définition de la bravoure militaire, et encore elle est incomplète. Ce n'est pas non plus l'audace et la persévérance; car, si l'on n'y joint la raison, ce n'est qu'une folie sans valeur morale et sans utilité.

Le courage ne serait-il pas la science des choses qui sont à craindre et de celles qui ne le sont pas ? Toute vertu et le courage sont fondés sur la raison, sur une vue claire, une conscience réfléchie et raisonnée. Mais, s'il en est ainsi, si le courage est une science, il ne peut pas avoir pour objet uniquement les choses à craindre, c'est-à-dire le mal à venir, ou les choses qui ne sont pas à craindre, c'est-à-dire le bien à venir. L'objet d'une science n'est pas soumis aux catégories du temps et de l'espace : il ne change pas. Le courage sera donc la science, non pas seulement des biens et des maux à venir, mais encore des biens et des maux présents et passés, ou plutôt du bien même et du mal en soi. Il se confondrait donc avec la vertu, et son caractère distinctif et spécifique disparaîtrait.

Le dialogue, du genre réfutatif, ne contient pas la réponse à cette difficulté, qui n'empêchera pas Platon de maintenir et de reproduire ailleurs (1) cette célèbre définition, si parfaitement d'accord avec sa doctrine et avec celle de son maître. L'objection non résolue qui termine négativement en apparence l'entretien, soulève néanmoins dans la pensée du lecteur l'opinion qu'il doit y avoir, qu'il y a un point de vue supérieur où se montrent le lien de toutes les vertus entre elles et leur unité dans la science, une idée suprême à laquelle elles ne peuvent participer qu'en perdant, dans une certaine mesure, leur isolement et leur élément de différence. Il est tout à fait conforme et à la méthode et à l'esprit de la philosophie de Platon d'ouvrir de ces longues perspectives et de laisser à l'auditeur le soin d'y marcher lui-même. Ast a contesté l'authenticité de ce dialogue, qui peut-être se trouve désigné, mais en termes généraux, dans la *Métaphysique* d'Aristote (2). Presque tous les autres critiques, Socher, Steinhart, Schleiermacher, Stallbaum, K. Hermann, y reconnaissent hautement le caractère de la doctrine pla-

---

(1) *De Legg.*, I, 630, c.
(2) *Met.*, V, 2. C'est l'opinion de Stahr, *Aristotelia*, vol. II, p. 40. Kopp prétend toutefois qu'il s'agit du *Sophiste*.

tonicienne et en louent le fond en même temps que le charme et la grâce (1).

20. *L'Ion, ou de l'Iliade.*

Dialogue peirastique, qui forme dans la septième tétralogie la troisième pièce.

L'entretien du rhapsode Ion et de Socrate a pour objet de montrer que le rhapsode qui est l'interprète du poëte, comme le poëte est l'interprète de la muse, ne doivent leurs succès ni à l'art ni à la science, mais à une inspiration divine (2), au souffle d'un délire poétique envoyé par les dieux, et dont ils sont possédés plutôt qu'ils ne le possèdent. La poésie est donc chose inférieure à la science et à la philosophie. « L'Ion tout entier, dit M. Cousin dans son très-bel argument, est dans la

---

(1) Ce n'est pourtant pas l'opinion d'Ast, p. 454, qui ne voit dans cet ouvrage qu'une imitation froide et maladroite du *Protagoras : Das Ganze hat kein dramatisches Leben, und so ist die Charakterschilderung elend.* Il est cependant difficile de ne pas admirer le magnifique portrait de Socrate, p. 188, c., d. : « Lorsque j'entends parler de la vertu et de la science à un homme vraiment homme, et qui sait mettre sa vie au niveau de ses discours, c'est pour moi un charme inexprimable. Cet homme, dit Lachès, m'offre l'image d'un concert sublime, qu'il ne tire ni de la lyre, ni d'aucun autre instrument, mais de sa vie tout entière montée sur le ton le plus pur; et dans l'harmonieux accord de ses actions et de ses discours, je ne reconnais ni le ton ionien, ni le phrygien, ni celui de Lydie, mais le ton dorien, le seul qui soit vraiment grec. »

(2) Θείᾳ μοίρᾳ, θείᾳ δυνάμει.

célèbre comparaison que Platon y fait du poëte, du rhapsode et des auditeurs avec une chaîne aimantée dont la muse est le premier anneau, le poëte et les rhapsodes les anneaux intermédiaires, le public le dernier. » Ce n'est donc point à l'art, mais à l'enthousiasme et à une sorte de délire, que les bons poëtes épiques et les bons poëtes lyriques doivent leurs beaux poëmes. Semblables aux corybantes qui ne dansent que lorsqu'ils sont hors d'eux-mêmes, ce n'est pas de sang-froid que les poëtes composent : il faut que l'harmonie et la mesure entrent dans leur âme, la transportent et la mettent hors d'elle-même... « Les poëtes nous disent que c'est auprès des fontaines de miel, dans les jardins et les vergers des Muses, que, semblables aux abeilles et volant çà et là comme elles, ils cueillent les vers qu'ils nous apportent, et ils disent vrai. En effet, le poëte est un être léger, ailé et sacré : il est incapable de chanter avant que le délire de l'enthousiasme arrive. »

Le but de l'ouvrage, de diminuer l'influence et le prestige des poëtes (1), la beauté de cette comparaison fameuse qu'un autre que Platon aurait difficilement trouvée et exprimée avec une pareille éloquence, la conformité des principes avec ceux du *Phèdre* et des *Lois* (2), ne permettent guère de

---

(1) Qu'on se rappelle la place immense que tenaient, dans l'éducation et dans la vie grecques, les poëtes, surtout Homère.
(2) *Phædr.*, 245, a.; *de Legg.*, IV, 719, c.; *Apol. S.*, p. 22, c. Conf. Cicér., *de Orat.*, II, 46, et *de Divin.*, I, 37; Horat., *Ep. ad Pis.*, v. 297. On les retrouve dans Xénophon, *Mem.*, IV, 2,

douter de l'authenticité, malgré quelques longueurs dans la discussion, quelque langueur dans les raisonnements, quelque monotonie dans l'exécution. C'est une scène de la lutte entreprise par Platon contre tout savoir qui n'a que l'apparence, contre toute influence et toute autorité qui n'est pas fondée sur la raison. M. Nitzsch a donné une très-bonne édition de ce dialogue, Leips., 1822, sur lequel on consultera avec fruit deux dissertations d'Arnauld, *Mém. Acad. inscript.*, t. XXVII, p. 1 *sqq.* et t. XXXIX, p. 249. Ast, Schleiermacher, Susemihl, condamnent le dialogue, dont l'authenticité est soutenue par Stallbaum; Nitzsch, Socher et K.-Fr. Hermann.

21. *L'Alcibiade I, ou de la Nature humaine.*

Dialogue maieutique, qui forme dans la quatrième tétralogie la première pièce.

Cet ouvrage autrefois si illustre était considéré comme tellement authentique, que les Néo-platoniciens, Démocrite, contemporain de Longin, Jamblique, Damascius, Harpocration, Proclus (1) et Olym-

---

10. Τοὺς γάρ τοι ῥαψῳδοὺς οἶδα τὰ μὲν ἔπη ἀκριβοῦντας, αὐτοὺς δὲ πάνυ ἠλιθίους ὄντας. C'est la maxime vraiment socratique : la science est la seule chose qui donne quelque prix et quelque dignité à ce que l'homme fait et crée. Il ne s'agit pas de savoir si l'inconscience n'est pas au contraire un élément, une condition de la création esthétique. La seule question est de savoir si Socrate a professé sur ce point la théorie de Goethe, *Kunst. u. Alterth.*, 1824, p. 85, et le contraire ne fait doute pour personne.

(1) *Proclus in Alcib.*, p. 17, ed. Cous. Ἄλλων πολλῶν καὶ κλει-

piodore l'avaient commenté dans des livres aujourd'hui perdus, sauf ceux des deux derniers auteurs que nous venons de nommer. » Celui qui veut s'appliquer à la philosophie, disent Albinus et Olympiodore (1), devra commencer par l'*Alcibiade* la lecture de Platon, » et Proclus nous apprend « que le divin Jamblique, qui prétendait que toute la philosophie de Platon est contenue dans dix dialogues, » donnait à l'Alcibiade le premier rang dans cette série, parce qu'il y trouvait en germe tous les développements postérieurs de la doctrine (2). C'est un ouvrage de cette importance et de cette notoriété que Schleiermacher (3) et Ast (4) déclarent inauthentique, et dont Socher (5), Stallbaum (6), K. Hermann (7), Steinhart (8) et d'autres se sont crus obligés de prendre la défense.

νῶν ἐξηγητῶν. Il ne les nomme pas, c'est par le commentaire d'Olympiodore que nous les connaissons. Olymp., p. 95, 48 et 49, 205 et 206.

(1) Alb. *Isag.*, c. 8; Olymp. *in Alcib.*, ed. Creuzer, p. 10. C'est sans doute à ces commentaires que fait allusion Diog. L, III, 62, qui rappelle cet ordre d'études.

(2) *Procl. in Alcib.*, p. 11. «Ὥσπερ ἐν σπέρματι τούτῳ τῆς συμπάσης ἐκείνων διεξόδου προειλημμένης. On peut comparer ce dialogue aux Propylées: comme elles conduisent au sanctuaire, de même l'*Alcibiade* introduit dans le sanctuaire de la philosophie platonicienne, et ce sanctuaire est le *Parménide*. »

(3) Trad. allem., t. II, p. 295.
(4) *Platons Leben*, p. 435.
(5) *Ueber Plat. Schrift.*, p. 112.
(6) *Proleg. ad Alcib.*
(7) *Gesch. u. Syst. d. Plat. Phil.*, p. 439.
(8) Trad. allem., vol. I, p. 135.

Le dialogue se compose de deux parties : dans la première Socrate prouve à Alcibiade, avec lequel il a un entretien, après une longue interruption de relations ordonnée par le démon qui préside à sa conduite, que lui, Socrate, est nécessaire à la réalisation des grands plans politiques que son ami a formés. De là, il l'amène à reconnaître d'une part qu'il ne sait pas ce que c'est que le juste, le beau, l'utile, qui sont les objets identiques et nécessaires de toutes les délibérations politiques, et, d'autre part, qu'il croit le savoir, ce qui est la pire espèce d'ignorance : car on ne cherche pas ce qu'on croit savoir, et alors on ne le peut plus trouver. Dans la seconde, il lui montre que cette ignorance ne peut être dissipée qu'à la condition préalable qu'il applique toutes les forces de son esprit à s'étudier et à se connaître lui-même. Mais l'homme même, sa vraie essence, sa vraie nature ne se trouve pas dans les choses extérieures qui lui appartiennent et dont il se sert. Le citharède n'est pas la cithare. Le corps n'est que l'instrument dont l'homme se sert. L'essence de l'homme, le moi, n'est donc pas le corps, mais ce qui se sert du corps, c'est-à-dire l'âme, distincte du corps dont elle se sert, auquel elle commande et qui lui obéit; par conséquent se connaître soi-même c'est connaître son âme, et comme c'est l'âme qui connaît, pour se connaître et se voir l'âme ne peut se regarder que dans l'âme, et dans cette partie de l'âme où réside sa vraie nature, son essence, sa vertu, dans sa partie divine, dans l'élément divin qu'elle contient. C'est-à-dire, en premier lieu, que la science est la seule cause réelle et efficace du bonheur public comme du bonheur privé, et ensuite que la vraie science est la science de soi-même, et que la science de soi-même est la science de son âme qui a pour compagne la sagesse.

Toutes ces théories sont parfaitement conformes à l'esprit de la philosophie platonicienne; sans doute le mouvement est un peu languissant, le style moins vif, moins dramatique, le coloris moins brillant, l'art moins parfait que dans d'autres ouvrages (1); mais comment admettre la perfection et l'égalité de perfection comme critérium de l'authenticité?

Ast a donné une édition de cet ouvrage qu'il a réuni au *Banquet*, en 1809, et Buttmann a publié, en 1812, une quatrième réimpression de l'édition de Biester, Berlin, 1789, qu'il a améliorée par ses notes et celles de Schneider et de Gottleber.

M. Cousin, dans son édition de Proclus, a publié le commentaire sur l'*Alcibiade*, qui n'est pas complet et s'arrête à la p. 116, a, du texte d'H. Estienne. Dans ses *Initia Philosophiæ ac Theologiæ* (2) M. Fr.

―――――

(1) Et cependant remarquons combien les opinions des meilleurs juges sont, à cet égard, diverses et contradictoires, et combien il est difficile d'arriver à des conclusions historiques fondées sur des jugements des goûts. Jean de Müller, dans une lettre à Bonstetten, dit de ce dialogue : « Rien de plus charmant que le premier dialogue d'Alcibiade; je l'appellerais presque le plus beau morceau de la langue; il a de plus une subtilité d'esprit, une finesse qui exige la plus grande attention. »

(2) Francf., 1820-25.

Creuzer a joint au commentaire de Proclus celui d'Olympiodore, et tous les deux ont été analysés et appréciés dans les savants fragments de philosophie ancienne de M. Cousin. L'argument que l'illustre maître a placé en tête de ce dialogue est un des plus beaux et des plus profonds qui soient sortis de sa plume. Cependant, je trouve nécessaire de remarquer une interprétation du texte, reproduite dans l'analyse de la page 129 b, contraire à l'interprétation d'Olympiodore. « Pour bien connaître l'homme individuel, dit M. Cousin, τὸ αὐτὸ ἕκαστον, il faut le rapporter à son principe, l'essence universelle dont il émane, αὐτὸ τὸ αὐτό : le moi a ses racines et plonge dans l'absolu, en Dieu qui est sa substance. » Je ne crois pas que cette pensée, malgré sa grandeur, soit celle de Platon. Il commence, p. 129 b, à essayer de chercher ce qu'est la chose en soi, mais la chose dont il s'agit, c'est-à-dire l'homme en général, l'idée de l'homme; puis la discussion s'engage et il avoue, p. 130 b, qu'au lieu de ce résultat, il n'est arrivé qu'à reconnaître la nature de l'homme individuel, ce que chacun de nous est, mais ce résultat sera néanmoins suffisant : αὐτὸ ἕκαστον ἐσκέμμεθα ὅ τι ἐστί, καὶ ἴσως ἐξαρκέσει.

22. *Le Charmide, ou de la Sagesse.*

Dialogue peirastique, qui forme dans la cinquième tétralogie la deuxième pièce.

L'ouvrage est du genre narratif, διηγηματικός, car

Socrate est censé raconter à des personnages présents, mais muets et non nommés, un entretien qu'à son retour de l'expédition de Potidée, il a eu dans la Palestre de Tauréas, située vis-à-vis du Portique de l'Archonte roi, avec Charmide en présence de Chéréphon et de Critias.

Chéréphon, ami d'enfance de Socrate, qui appartenait au parti démocratique dont il avait partagé les périls, était un homme généreux, ardent dans ses amitiés comme dans ses antipathies et passionné pour la philosophie. C'est lui qui demanda à la Pythie s'il y avait un homme plus sage que Socrate.

Charmide, fils d'un Glaucon qu'il faut distinguer du frère de Platon, était de l'illustre et opulente famille des Critias; il se recommandait non-seulement par sa beauté et sa jeunesse, mais encore par son goût pour la philosophie et la poésie, par sa modestie (1) et son esprit. Nous le voyons figurer parmi les auditeurs de Protagoras dans le dialogue de ce nom : c'était l'oncle de Platon.

Critias est au contraire l'oncle et le tuteur de Charmide, fils de Callæschros, et s'est rendu tristement célèbre par sa participation au gouvernement des XXX (2). Il soutient une partie de la discussion

(1) Xénoph., *Mém.*, III, 7 et 9; IV, 29. Il est là représenté comme pauvre; il aurait donc perdu sa fortune dans les folles dépenses nécessitées par les Jeux Néméens, où il avait voulu concourir, malgré les conseils de Socrate. *Theag.* 128, e.

(2) Le schol. de Platon dit de lui que c'était une nature noble et ardente; qu'il se plaisait aux conversations philosophiques, et qu'on avait pris l'habitude de l'appeler un ἰδιώτης parmi les philosophes, et un philosophe parmi les ἰδιῶται.

engagée d'abord avec Charmide. Chéréphon ne fait que saluer Socrate à son entrée dans la Palestre, et assiste en silence à tout le reste de l'entretien.

Socrate dans ce dialogue réfute quatre définitions de la sagesse, ou plutôt de la σωφροσύνη, mot très-vague qui s'entendait parfois de la tempérance, parfois de la science, φρόνησις, parfois de la vertu tout entière.

La sagesse n'est pas la mesure, μετριότης; car la mesure s'entend du calme, de la réserve, et il est des occasions où la lenteur est inférieure à la rapidité.

La sagesse n'est pas la modestie ni la pudeur, ἡ αἰδημοσύνη, par la même raison.

La sagesse ne consiste pas à faire ce qui nous appartient, τὰ ἑαυτοῦ πράττειν, car, prise dans son sens littéral, cette définition est manifestement fausse et absurde; et ses autres significations sont trop nombreuses pour ne pas induire en erreur ceux qui ne pénètrent pas la véritable.

La sagesse consiste-t-elle donc à se connaître soi-même comme le dit l'inscription de Delphes? elle est alors une science et la science de soi-même (1), n'ayant pas un objet déterminé, autre qu'elle-même; mais une science qui ne sait rien que la science, et qui ne connaît pas les objets des autres sciences, en supposant qu'elle soit possible, et elle l'est pas (2), nous serait parfaitement

---

(1) Le passage de ἐπιστήμη ἑαυτοῦ à ἐπιστήμη ἑαυτῆς est vraiment sophistique.

(2) Elle ne l'est pas : car ce serait supposer une vue de la vue, mais qui ne verrait rien de ce que voit la vue; elle serait ainsi

inutile. Or la sagesse est sans doute une belle et bonne chose.

On ne peut nier que les arguments de la réfutation ne soient souvent un peu sophistiques, et que les définitions contestées ne se retrouvent dans les ouvrages de Platon, mais autrement entendues : par exemple, la définition de la sagesse par la connaissance de soi-même, définition qui est moins réfutée qu'esquivée. C'est ce caractère qui a fait douter à Ast (1) et à Socher (2) de l'authenticité de ce

---

à la fois plus petite et plus grande qu'elle-même; car, étant la science des sciences, elle contiendrait à la fois et ne contiendrait pas les objets de ces sciences.

(1) *Platon's Leb.*, p. 419. Doutes d'Ast fondés sur les points suivants :

1. La parenté de Critias et Charmide, par conséquent de Platon par Dropide, avec Solon, mentionnée p. 157, e., est contraire au *Timée*, p. 20, où il est dit de Solon qu'il était οἰκεῖος καὶ σφόδρα φίλος Δρωπίδου. Mais ce terme d'οἰκεῖος s'appliquait, dit Hésychius, v. οἰκεῖοι, aux parents par alliance et aux parents propres.

2. La mention de cette illustre origine est peu convenable chez un philosophe. Stallbaum et Schleiermacher répondent que cette bouffée de vanité démontre que le dialogue a été composé dans la jeunesse de l'auteur. Pour moi, elle ne prouve rien; si ce n'est que les philosophes ne sont pas insensibles à la vanité de la noblesse : cela s'est vu.

3. La manière dont Socrate exprime l'impression que lui fait la beauté de Charmide laisse suspecter des sentiments qu'il est impossible d'imaginer que Platon ait voulu lui prêter. C'est une accusation qu'avait déjà portée Athénée, V, 187, e., mais que la lecture du dialogue, étant données les habitudes du langage autorisé par les mœurs grecques, ne justifie en aucune façon.

(2) *Ueber Plat. Schrift.*, p. 130.

dialogue que défendent K. Fr. Hermann (1), Steinhart dans la préface de la traduction du *Charmide*, Schleiermacher, et Stallbaum dans ses prolégomènes. Le caractère socratique de la discussion, l'absence de solution positive qui s'y rattache, le tour délié, subtil et parfois sophistique des raisonnements, ne nous étonnent pas chez un disciple de Socrate et chez un Grec. Suivant M. Stallbaum Platon a voulu faire entendre que la σωφροσύνη réunit et enveloppe toutes les définitions isolées qu'on lui applique, et suivant M. Cousin il a voulu montrer par un exemple que la définition de cette vertu était chose plus difficile qu'on ne le pense : ce serait donc une leçon de modestie et une excitation à une recherche plus profonde qui en serait le but.

On pourrait dire aussi que Platon se propose ici moins de détruire des erreurs, que de montrer comment on emploie fréquemment sur les points les plus graves des mots d'un sens vague et équivoque, qu'on est dans l'impossibilité de déterminer avec précision ; comment des opinions justes et des sentiments vrais, quand ils ne sont pas fondés sur des principes scientifiques et soutenus par une dialectique rationnelle, quand on ne connaît pas les paroles enchantées, le charme magique, ἐπῳδή, c'est-à-dire la philosophie qui dissipe les nuages et fait fuir l'erreur et l'ignorance, peuvent être facilement renversés au moindre souffle d'une discus-

---

(1) *Gesch. u. S. d. Plat. Phil.*, p. 442.

sion subtile et adroite. Non-seulement on n'a vraiment la notion d'une vertu, mais on ne possède même vraiment cette vertu, que quand on en peut rendre compte philosophiquement à soi et aux autres. Toute définition, si on la considère en soi, isolée, abstraite, est fausse : il faut la ramener à un principe supérieur et universel qui l'explique et la contient, ce que Charmide est hors d'état de faire. Il n'y a donc aucun indice sérieux contre l'authenticité de cet ouvrage.

Heindorff(1) a donné une édition spéciale avec un commentaire plus grammatical que philosophique.

23. *Le Lysis, ou de l'Amitié.*

Dialogue maieutique, qui forme dans la cinquième tétralogie la quatrième pièce.

La scène de cet entretien plein de mouvement dramatique, de charme et de grâce, est placée dans la palestre de Miccos qualifié, p. 204 a, d'ami et de grand partisan de Socrate, honnête homme d'ailleurs, et assez bon sophiste, ἱκανὸς σοφιστής. Ce gymnase particulier était situé à côté du Lycée, dans le voisinage du mur d'enceinte d'Athènes, près de la petite porte où se trouvait la source du Panope. La conversation a lieu entre Socrate, Hippothalès, fils de Hiéronyme, Ctésippe, cousin de Ménéxène, qui figure dans l'*Euthydème* (2) et assiste avec Ménéxène

---

(1) Berlin, 1827.
(2) P. 273, a.

aux derniers moments de Socrate, Ménéxène lui-même (1) et Lysis, fils de Démocharès et petit-fils de Lysis (2), personnages tous inconnus d'ailleurs. Le sujet est l'amitié, ou plutôt ce sentiment complexe, quelquefois chaste, souvent impure confusion de l'amitié et de l'amour, que les Grecs nommaient φιλία, et on cherche à en déterminer la vraie essence. La suite des idées, comme elles se déroulent à travers les digressions de l'action et l'abandon de la conversation, est à peu près la suivante : Il n'y a que le savoir et l'utilité qui nous attirent l'amitié des hommes. Qu'est-ce donc que l'amitié? Elle ne consiste pas à aimer, car, si l'on n'était pas aimé, on ne serait pas un ami ; elle ne consiste pas davantage à être aimé ; l'affection réciproque même ne la constitue pas toute seule, car les pères aiment leurs enfants avant qu'ils puissent répondre à leur tendresse, et l'homme aime des choses, le vin, les chevaux, qui ne sont pas susceptibles d'aimer. L'amitié n'est pas fondée uniquement sur la ressemblance des natures; car, si le bon est ami du bon, le méchant est haï du méchant, le potier hait le potier ; d'ailleurs, quand bien même on soutiendrait que les bons seuls peuvent être semblables entre eux, tandis que les méchants ne sont même pas semblables à eux-

---

(1) On retrouve ce nom dans les inscriptions, *Corp. Inscr.*, Bœckh, t. I, p. 126, et dans Isocrate, *Trapezit.*, 39. Il ne se serait donc pas abstenu de participer à la vie politique.

(2) C'est à tort que Bœckh., *Philol.*, p. 12, accuse Olympiodore d'avoir, dans son *Commentaire sur le Phédon* (p. 131, Wyttenb.), confondu ce Lysis avec le pythagoricien de ce nom.

mêmes, on ne peut tirer aucune utilité des relations de cette sorte, puisque le semblable ne nous peut rien donner que nous n'ayons par nous-mêmes. Elle n'est pas fondée non plus sur la différence et l'opposition, quoique le contraire ait besoin de son contraire; car le juste n'aime pas l'injuste; le vrai est l'ennemi du faux, le bien du mal, l'amour de la haine. Autrement on arriverait à dire que l'amitié est amie de l'inimitié, proposition qui renverse toutes les notions du sens commun et de la raison.

Peut-être est-ce la beauté qui fait naître l'amour? Le beau est bon : or ni le bon ne peut aimer le bon; ni le méchant, le méchant; car ce sont des semblables : il reste que nous aimions le bon parce que nous ne sommes ni bons ni méchants. La présence en nous du mal ne nous rend pas mauvais et nous fait désirer le bon. L'homme aime donc le bien, et n'aime que le bien; mais le mal n'est pas la cause de cet amour; car en supprimant le mal on ne supprimerait pas le goût, le désir et l'appétit de l'âme pour le bien. Ce goût a sa source dans un rapport naturel de l'âme avec le bien qui est quelque chose de conforme à son essence, τὸ οἰκεῖον : mais alors comment pouvons-nous l'aimer? s'il nous est semblable, il ne nous peut plus servir à rien; et s'il est contraire à notre nature, nous ne pouvons pas l'aimer davantage. Nous sommes des êtres bien ridicules : nous prétendons être des amis, et ne savons pas ce que c'est que l'amitié.

Il n'est pas contestable qu'il y a quelque

sophisme dans les procédés de cette dialectique. Le mot φίλος est entendu dans des sens différents, tantôt appliqué aux hommes, tantôt aux choses, ici pris activement, là passivement; mais cette objection, qui s'applique particulièrement à la première partie du dialogue, ne suffit pas pour le faire rejeter des œuvres authentiques de Platon. Il y a en effet des propositions parfaitement conformes à la doctrine socratique et platonicienne, quoiqu'elles soient combattues sous leur forme absolue; par exemple, que l'amitié ne peut exister qu'entre les honnêtes gens (1). L'amour, qui est un soupir vers le bien, est à la fois le sentiment d'une lacune, de l'absence du bien que nous désirons, et en même temps le sentiment de sa présence puisque nous l'aimons déjà, doctrine que nous retrouvons développée dans le *Banquet* (2) et les *Lois* (3). L'Amour a pour fin suprême et dernière le Bien.

Schleiermacher, ordinairement plus sévère, accepte le *Lysis* comme un appendice du *Phèdre*; Ast et Socher (4) le rejettent. Une anecdote rapportée par Diogène en placerait la composition dans la jeunesse de Platon, et avant la mort de Socrate (5);

---

(1) Xénoph., *Mem.*, II, c. 6, § 5-8; Plat., *de Legg.*, VIII, 837, a. b. c.; *Gorg.*, 510, b., et telle était la maxime des Stoïciens : Τὴν φιλίαν ἐν μόνοις τοῖς σπουδαίοις εἶναι διὰ τὴν ὁμοιότητα.

(2) p. 204, a. Conf. *Phædr.*, I, 241, e., 257 a.

(3) p. 837, a.

(4) p. 141.

(5) Diog. L., III, 35; *Vit. Anon. Plat.*

Stallbaum (1), Hermann (2), Steinhart (3), Susemihl (4) en reconnaissent l'authenticité, qui serait difficile à nier, en face des allusions évidentes et fréquentes d'Aristote (5). Heindorf a publié ce dialogue avec un bon commentaire.

24. *Le Protagoras, ou les Sophistes* (6).

Dialogue démonstratif, ἐνδεικτικός, qui forme dans la sixième tétralogie la deuxième pièce.

Cet ouvrage, un des plus parfaits, sous le rapport de l'art, qui soient sortis de la main de Platon, est rapporté par tous les critiques à sa jeunesse. M. K. Hermann, qui place dans la première période de son activité d'écrivain tous les petits dialogues, admet une période de transition avant d'arriver à la seconde, et cette période de transition commence par le *Protagoras*. C'est une opinion qu'il est aussi impossible de réfuter que de démontrer. Les nombreux anachronismes qu'on y trouve avaient été déjà signalés par Athénée (7).

(1) *Prolegg. ad Lys.*
(2) P. 383, 431, 448, 612.
(3) Vol. I, p. 223.
(4) T. I, p. 23.
(5) *Eth. Nic.*, VIII, c. 1. 2. 10; p. 59, a. d.; p. 63, b.; *Magn. Mor.*, II, c. 11; p. 111, e; 112, c.; *Eud.*, VII, 2, 5; p. 162, b., c.; 165, b.
(6) Proclus, *in Remp.*, p. 350, nous apprend que ce sous-titre était très-ancien, et ne paraissait pas avoir été fabriqué comme les autres par les éditeurs récents.
(7) Athén., V, p. 228, et XI, 506. Le dialogue est censé avoir

Socrate fait à l'un de ses amis le récit d'un entretien qui avait eu lieu chez Callias, fils d'Hipponicus, entre Protagoras et lui, en présence d'Hippocrate, d'Alcibiade, de Callias, de Critias, de Prodicus et d'Hippias, qui avaient pris quelque part à la conversation, et de personnages qui étaient restés muets tels qu'Éryximaque, Phèdre, Charmide, Andron, Pausanias de Céramis, le poëte Agathon, les deux fils de Périclès, Paralos et Xanthippe, et d'autres encore.

L'objet du dialogue est complexe. C'est d'abord une comédie vive, spirituelle, un persiflage d'ironie mordante où la personne, la morale pratique et la méthode logique des sophistes sont mises en parallèle avec celles de Socrate, et sont immolées par la

---

lieu, Ol. 90, 1 = 420, l'année qui suivit la représentation des *Campagnards* de Phérécrate, *Protag.*, 327, d.; mais cette date ne concorde plus avec les détails donnés p. 309, d., sur l'arrivée toute récente de Protagoras à Athènes, où Eupolis nous le montre déjà Ol. 89, 3 = 422. Un autre anachronisme peut-être encore : le père de Callias, Hipponicus, est supposé mort récemment, si l'on interprète littéralement le passage, p. 315, d.; or il est mort à Délium en 424; mais les fils de Périclès sont présents à l'entretien, et ils sont morts avant leur père, mort lui-même en 429. Tout ceci prouve que Platon se permettait, dans la composition de ses dialogues, toutes les libertés d'un auteur dramatique, ce qui n'exclut pas la possibilité que certains anachronismes aient été le résultat d'une révision postérieure. Il est donc impossible de tirer des détails biographiques donnés ici quelque induction légitime sur la date où l'ouvrage a été composé. L'opinion que se faisait Platon de la valeur d'un livre écrit lui rendait indifférentes ces fictions et ces erreurs historiques. Aussi Timon disait-il, Diog. L., III, 26 :

Ὡς ἀνέπλαττε Πλάτων, πεπλασμένα θαύματα εἰδώς.

dialectique et par le ridicule. C'est en outre une discussion théorique de ce point grave, à savoir, si la vertu est susceptible d'être enseignée, point qui ne reçoit cependant pas de solution positive : ce qui a fait supposer à Stallbaum que la question théorique n'était amenée ici que comme un exemple qui permît de montrer en face de la méthode naturelle, vivante, féconde de Socrate, la stérilité de la routine et la fausseté des idées de la sophistique, dont Protagoras est comme le type personnifié.

C'est une erreur de restreindre à une question de méthode la portée de ce dialogue, et une erreur qui se révèle bien vite à celui qui se rappelle les graves et profondes pensées qui y sont exposées.

La connaissance est la nourriture de l'âme; mais les sophistes ne savent point distinguer la science vraie de l'apparence du savoir, et ne veulent pas voir par exemple que toute vertu est une science, et que toutes les vertus, que distingue le langage, sont liées entre elles par une indissoluble unité. Aussi toute action mauvaise, tout péché, a pour source dernière et réelle, quoique cachée, l'ignorance. Personne ne fait le mal qui est une douleur, personne ne fuit le bien qui est un plaisir (1), volontai-

---

(1) Il n'y a, dans cette proposition, rien de contraire aux doctrines platoniciennes. La nature du plaisir, étant toute relative, peut aussi bien être confondue avec le Bien qu'en être distinguée, et on doit, au point de vue de Platon comme de Socrate, les confondre, aussitôt qu'on entend par plaisir ce qui sert au bonheur de l'homme; car le bonheur, la béatitude, est le

rement ou sciemment. Le bonheur consiste dans la moralité, et la moralité consiste essentiellement dans la notion claire de la chose à accomplir. L'être qui ne sait ni ce qu'il fait ni ce qu'il veut n'est plus un être moral : doctrine juste au fond, et qu'on retrouve partout dans Platon et particulièrement dans *le Sophiste*, p. 257; c., et dans les *Lois*, XII, p. 963.

Le beau mythe où Protagoras expose l'origine de la politique et de la morale, et la ramène à la conscience, au sentiment de la justice, a été commenté dans des dissertations spéciales d'A. Ekker (1) et de Welcker (2). La chanson de Simonide, dont l'interprétation est l'objet de la controverse entre Prodicus et Socrate, a été remise en vers par G. Hermann, dans l'édition de Heindorf, p. 598, et par Schneidewinn dans son *Delectus poesis græc. eleg. iambic. mel.*, p. 379.

Les personnages sont les plus célèbres sophistes et les plus illustres citoyens d'Athènes : Protagoras, le plus grand des sophistes, est comme un roi entouré de sa cour dont il reçoit gravement les hommages. Le vaniteux Hippias, assis sur un siége élevé et comme sur un trône, fait de l'astronomie avec le médecin et physicien Éryxi-

---

vrai but de toute l'activité de l'homme. Si, dans le *Gorgias*, le plaisir est distingué du Bien, c'est le plaisir tel que l'entendait la sophistique, c'est-à-dire une sensation fugitive et instantanée.

(1) *Spec. In., in Protag., apud Platonem fabulam de Prometheo.* Utrecht, 1822, 8.

(2) *Rhein. Mus.*, t. III, p. 391.

maque, et Prodicus donne un spécimen de ses études sur la grammaire et le dictionnaire ; il raffine sur les nuances de sens des mots : κοινός et ἴσος, ἀμφισβητεῖν et ἐρίζειν, εὐδοκιμεῖν et ἐπαίνεσθαι, εὐφραίνεσθαι et ἥδεσθαι.

Le mouvement dramatique et le jeu habile de la scène, la peinture si caractéristique et si vivante des personnages, nous prouvent que la tradition n'a pas tort de nous dire que Platon était un admirateur passionné et un imitateur de génie des comédies d'Aristophane et des mimes de Sophron. Le théâtre de l'action et les personnages secondaires ne sont pas moins heureusement choisis et peints. Il s'agissait de montrer la folle passion et l'entraînement irréfléchi du beau monde et de la riche jeunesse pour la sophistique. L'entretien a donc lieu dans la maison du noble et opulent Callias, beau-fils de Périclès, Eupatride, et revêtu du sacerdoce héréditaire dans sa famille depuis Érechthée (Xénoph., *Symp.*, VIII, 40) ; son engouement pour les sophistes était tel que sa maison était devenue comme leur hôtel commun, et que sa fortune fut compromise par ses imprudentes largesses. Aussi Athénée, XI, p. 506, n'a-t-il pas tort de dire que Platon met en scène et expose à la risée du public comme en plein théâtre la vie de Callias, plus vivement que ne l'avait fait Eupolis dans ses *Flatteurs*.

Les éditions spéciales les plus autorisées sont celles de Fr. Heindorf, Berlin, 1810, qui conseille de commencer par le *Protagoras* la lecture et l'étude des ouvrages de Platon. Ast, dans son édition générale, lui a consacré des commentaires étendus et riches. On consultera avec fruit les dissertations de W. Nattmann : *de Platonis Protagora*, Emmerich, 1854, et de R. Schöne, *Ueber Platon's Protagoras*, Leips., 1862.

25. *L'Euthydème, ou l'Éristique.*

Dialogue réfutatif, qui forme dans la sixième tétralogie la première pièce.

Euthydème et Dionysodore, deux frères, originaires de Chios, exilés de leur pays, établis ensuite à Thurium, lors de la nouvelle colonisation athénienne sur les ruines de Sybaris, étaient venus sur le continent, dans leur vieillesse, promener leur science récemment acquise, et, après avoir fait des cours de stratégie militaire, donner des représentations de sophistique éristique. C'étaient des disciples et des partisans de Protagoras, et leur principe, à l'aide duquel ils détruisaient toute différence et toute diversité dans les choses et les idées, était que : πᾶσι πάντα ὁμοίως εἶναι ἅμα καὶ ἀεί, *Cratyl.* 386, d., maxime qui diffère plus en apparence qu'en réalité de celle de leur maître. Les autres personnages sont Criton, Clinias et Ctésippe.

Clinias, fils d'Axiochus, est le cousin germain d'Alcibiade ; Ctésippe est le cousin de Ménéxène, avec lequel nous le rencontrons dans la prison de Socrate.

Socrate raconte à Criton l'entretien que Clinias, Ctésippe et lui-même ont eu, soit entre eux, soit avec les deux sophistes, dans le Lycée, où la foule n'avait pas permis à Criton d'approcher ; et le dialogue se termine par une conversation entre les deux amis dans laquelle Criton exprime l'incertitude et l'inquiétude de son esprit au sujet de l'éducation à donner à ses enfants. En présence de la puérilité et de la niaiserie où était tombée la dialectique, dégénérée dans les mains des sophistes, en présence de cet abaissement qui compromettait la philosophie même, il se demande s'il doit diriger ses fils vers l'étude d'une science si vide et si vaine, et les détourner pour cela de la vie des affaires, de l'intérêt, de l'ambition et du plaisir ; à quoi Socrate répond qu'il ne faut pas juger de la philosophie ni par l'usage qu'en font des mercenaires avides, ni surtout par l'opinion qu'en ont les logographes, ses ennemis acharnés, arrogants et vaniteux, qui, tout en profitant des enseignements des sophistes, auraient rougi d'être considérés comme tels, et se donnent le nom de politiques ; ils prétendent ainsi tenir le milieu entre les hommes d'étude et les hommes d'État, et se plaisent à confondre dans le même mépris les sophistes et les philosophes, mais ils sont inférieurs en réalité à tous, et aux hommes d'État, et aux sophistes, et aux philosophes, étant tout à moitié : moitié savants, moitié politiques. Il faut juger la philosophie par elle-même, et, si elle est en soi chose salutaire et précieuse, la cultiver et la faire cultiver par ses enfants et tous les autres hommes.

Si Protagoras n'est pas le père du sophisme, maladie naturelle et peut-être incurable de l'esprit humain, il est du moins le père de la sophistique, c'est-à-dire du raisonnement fallacieux ramené à des formules générales, à un art et presque à une science (1). C'est lui qui a mis cet instrument de domination et de puissance entre les mains des gens pour qui l'art de la parole est ou un métier lucratif ou une nécessité politique (2). La sophistique, pur artifice de langage qui consiste à dissimuler ou la faiblesse ou la force d'un raisonnement, non-seulement est utile à ceux qui font montre de leur talent ou à ceux qui en font usage, elle plaît parce qu'elle est ingénieuse et qu'elle révèle des rapports inattendus, quoique purement apparents, entre les choses et les idées, ou plutôt les termes qui les expriment.

La sophistique et ses artifices à la fois subtils et grossiers qui répondent si mal à son insolente prétention d'enseigner aux hommes la vertu, ne fût-ce que la vertu politique, sont ici mis en scène et presque réfutés par la précision des termes, avec une force comique, et au milieu d'un mouvement si vif et d'une action si dramatique, qu'on ne peut comparer cet ouvrage qu'à quelques passages des *Nuées*, où la verve bouffonne d'Aristophane s'est donné pleine carrière. Les *Nuées* offrent des analogies frappantes avec l'*Euthydème*, ou mieux encore avec quelques-unes des premières lettres des *Provinciales*; mais il ne faut pas croire que le but du dialogue ne soit

---

(1) Diog. L., IX, 52.
(2) Σοφίσματα τοῖς πραγματολογοῦσι προσήγαγε. Conf. Suid., v.

qu'un but d'art et de poésie. Platon a voulu faire rire, mais rire d'une chose qui compromettait la science qui lui était la plus chère et qui faisait la force et le fond de sa doctrine, la dialectique même. Il a cherché à discréditer le sophisme, qui, sous des formes sans doute plus spirituelles et plus ingénieuses, séduit tous les hommes, et séduisait surtout les Grecs, dont le génie, par sa finesse même, y a toujours un peu penché. On peut juger de l'importance que la dialectique sophistique avait prise et de l'influence qu'elle avait gardée sur les esprits par les attaques réitérées non-seulement de Platon, mais même d'Isocrate. Les fils déliés de l'argumentation sophistique et de la réfutation par laquelle Platon la détruit échappent à une rapide analyse. M. Stallbaum en a donné une excellente, mais un peu longue. Ceux qui se donneront le plaisir de relire cette spirituelle comédie seront étonnés de voir déjà sous les formes, dans les termes et avec les exemples consacrés, se dérouler ces syllogismes captieux qui traînent dans toutes les logiques, et auxquels Aristote n'a pas cru inutile d'opposer une nouvelle réfutation dans un traité spécial qui n'est guère que l'*Euthydème* sous des formules didactiques et scholastiques (1). Mais si la réfutation est le fond du dialogue, on y retrouve les thèses, qui sont les principes de cette réfutation, au moins indiquées, c'est-à-dire on y oppose la morale et la dialectique socratiques

---

(1). M. Cousin a relevé avec soin tous les passages d'Aristote qui rappellent ou reproduisent les réfutations de l'*Euthydème*.

et les doctrines positives qui rappellent les idées de Socrate et celles de Platon : par exemple, la question de savoir si la vertu peut être enseignée, posée dans le *Protagoras* et discutée dans le *Ménon*. La vraie science est la science utile au bonheur, et le bonheur consiste dans la possession et l'usage des vrais biens. Le vrai bien consiste dans la sagesse, car seule elle nous enseigne à faire un bon usage de tous les biens, même de la science. La philosophie ne doit pas être confondue avec la vaine critique, et domine par sa valeur morale, comme par sa dignité, la vie littéraire et la vie politique.

Ast (1) est le seul critique considérable qui ait contesté l'authenticité de l'*Euthydème*, dont des éditions ont été données par :

1. L'Anglais Mart. Routh, Oxf., 1784.

2. Heindorf, qui l'a réuni avec le *Cratyle* et le *Parménide*. Berl., 1806.

3. Winckelmann, qui s'est livré à un travail de critique sur le texte et d'exégèse philosophique très-important, et a enrichi son édition du traité d'Aristote *de Elench. Sophist.*, Leips., 1833.

4. Stallbaum, dans son édition générale, a fait

---

(1) P. 408. Une phrase où Protagoras est nommé, et dont le tour semble indiquer qu'il était mort, a porté Winckelmann à placer la composition de ce dialogue après 410. On pourrait en être certain sans cela, car en 410 Platon avait dix-huit ans.

Le caractère socratique des principes de la réfutation et des doctrines positives et utilitaires sur la science et le bonheur fait croire à M. Stallbaum qu'il est de la jeunesse de l'auteur, et doit être placé parmi les écrits où Platon n'exprime pas encore une doctrine qui lui soit propre.

précéder ses notes savantes de prolégomènes étendus. Gotha et Erfurt, 1836.

26. *L'Apologie de Socrate.*

Dialogue moral, qui forme la deuxième pièce de la première tétralogie de Thrasylle et la troisième de la quatrième trilogie d'Aristophane.

C'est le premier ouvrage de la période de transition que M. K.-F. Hermann admet dans les phases de la vie d'écrivain de Platon, et qui se compose, outre l'*Apologie*, du *Criton*, du *Gorgias*, de l'*Euthyphron*, du *Ménon* et de l'*Hippias I*. Denys d'Halicarnasse, cherchant à placer l'*Apologie* dans ses catégories de rhétorique, avait raison de n'y voir ni un dialogue ni un discours judiciaire (1). C'est un éloge de Socrate (2) sous la forme d'un plaidoyer; c'est l'exposition de tous les motifs et de tous les points de vue qui avaient suscité son entreprise, et en même temps sa justification et sa glorification; et, comme sa personnalité se mêle intimement à sa doctrine, l'exposition des principes de sa conduite devait se mêler à celle de ses principes philosophiques, confondus peut-être avec ceux de Platon.

Ce discours est divisé en trois parties. Dans la première, Socrate repousse l'accusation qui lui reprochait sans fondement de se livrer à des études astronomiques qui l'amenaient à des négations religieuses,

---

(1) *De adm. vi Dem.*, c. 23.
(2) Dion. Hal., *Ars Rhet.*, c. 8 et 10. Ἔπαινος, ἐγκώμιον.

de s'occuper de rhétorique sophistique qui réussissait à troubler l'esprit de la jeunesse sur les notions les plus certaines, les plus simples et les plus importantes de la morale, enfin d'introduire le culte de divinités non reconnues par l'État et de violer ainsi le respect commandé par la loi et la religion officielle. Mais surtout Socrate, ou plutôt Platon, cherche à expliquer les raisons secrètes qui ont soulevé contre lui et les accusateurs qui se nomment, et les accusateurs anonymes, plus dangereux et plus perfides, qu'il ne saurait démasquer. Les vraies raisons pour lesquelles il est suspect, c'est qu'il croit avoir reçu des dieux une mission dont la vérité lui a été certifiée, alors qu'il en doutait encore, par la voix même du dieu de Delphes. Il est appelé par les dieux à rendre les hommes et meilleurs et plus heureux. Pour réaliser ce but difficile, il a été obligé de démontrer à ses concitoyens quel était le véritable état de leur esprit et de leur âme : l'un plein d'erreurs, l'autre pleine de vices, et de leur arracher, par une confession publique, nécessaire et cruelle, l'aveu de leur faiblesse et de leur ignorance. Apprendre aux hommes à s'étudier et à se connaître, dissiper l'illusion d'une fausse science pour y substituer peu à peu, au prix de longs efforts, une connaissance véritable de l'homme, de sa nature, de sa destinée, de sa vie : voilà ce qu'il a fait et voulu faire. C'est dans cette science qu'il place pour lui-même et pour les autres le bonheur, le devoir et la dignité de la vie. L'orgueil humilié de quelques faux sages démasqués, de quelques ambitieux raillés, a soulevé contre lui des inimitiés puissantes, les inimitiés des préjugés qu'il voulait détruire et des intérêts qu'il menaçait. C'est par amour pour les hommes, par obéissance envers les dieux, qu'il s'est consacré à cette tâche qui se confond avec sa vie même, qu'il ne peut pas abandonner et à laquelle la crainte de la mort même ne saurait le faire renoncer.

C'est une chose bien extraordinaire que ce morceau, où je trouve des parties d'un pathétique achevé, quoique contenu, et un accent de grandeur simple et héroïque, ait été jugé par quelques anciens indigne et du génie du défenseur et du caractère de l'accusé (1). Ast insiste encore sur la pauvreté du fond, sur le défaut d'art de la forme, et en conclut, avec sa témérité habituelle, malgré deux allusions évidentes d'Aristote (2), que l'œuvre n'est pas de Platon. Ce qui me confond, c'est que M. Cousin, qui n'a nulle part exprimé ce doute, me disait qu'il n'était pas éloigné de partager son sentiment.

---

(1) Cassius Sévérus dans M. Senec., *Controvers. exc.*, III, præf. « Eloquentissimi viri Platonis oratio, quæ pro Socrate scripta est, nec patrono nec reo digna. »

(2) *Rhet.*, II, 23 et III, 18. Ast, aussi savant et aussi consciencieux que hardi, ne le cache pas ; il se borne à dire : « Aristote paraît avoir eu notre *Apologie* sous les yeux, mais il n'y a rien à conclure de là pour l'authenticité de l'ouvrage, *woraus jedoch für die Aechtheit derselben nichts gefolgert werden kann.* » A plus forte raison ne tient-il aucun compte des citations de Denys d'Halicarnasse, de Thémiste, de Proclus, de Diogène de Laërte, d'Origène, d'Aristide, ni des vieux grammairiens, qu'on trouvera produites dans l'éd. de Fr. Fischer, éd. 3, p. 66.

Les raisons d'Ast sont singulières : l'horreur et le mépris que Platon et Socrate témoignent pour l'éloquence judiciaire ne permettent pas de croire que Socrate ait prononcé, ni que Platon lui ait prêté un véritable discours sous forme oratoire. La manière dont Socrate parle de lui (1) n'est pas cette noble fierté qui part de la conscience du droit et de l'innocence, mais témoigne une arrogance et un orgueil insupportables, ou une naïveté ridicule. Au point de vue d'une défense réelle, le discours, en partie, est d'un caractère sophistique, en partie très-incomplet et insuffisant. Il ne répond ni au premier grief, que Socrate corrompt la jeunesse, ni au second, qu'il ne croit pas aux dieux de l'État. Il y a contradiction entre l'idée que nous donne Xénophon du Dæmonium, et celle que nous en donne l'*Apologie* (2). Enfin le scepticisme de Socrate à l'endroit de l'immortalité de l'âme est contraire à la doctrine la plus authentique et la plus claire de Platon.

Je ne veux pas réfuter ces objections qui tombent toutes aussitôt qu'on veut bien se placer au point de

---

(1) Allusion aux passages où il raconte sa mission divine, se présente comme le bienfaiteur de la patrie, et le seul sage parmi les hommes, puisqu'il est le seul à savoir qu'il ne sait rien.

(2) Ast eût dû ajouter : et le *Phèdre*, p. 242, b.; mais il se tire d'embarras en appelant le passage du *Phèdre* ἀεὶ δέ με ἐπίσχε, une glose. Une autre raison des doutes d'Ast, c'est la ressemblance des locutions de l'*Apologie* avec celles des dialogues de Platon. Mais comment peut-on voir là la preuve que l'*Apologie* n'est pas du même auteur?

vue vrai de l'ouvrage. Je me borne à remarquer que ce morceau, dont on accuse l'art imparfait, a été loué, admiré et traduit par Cicéron, bon juge en fait de goût et d'éloquence, et dont l'appréciation ne peut pas être mise de côté par une simple épithète : *der unkritische Cicero*.

Parmi les nombreuses éditions spéciales de cet ouvrage, on signale surtout celles de Fr. Fischer, Leips., 1783, qui l'a joint à l'*Euthyphron*, au *Criton* et au *Phédon*, d'Heindorf, Berlin, 1805, et enfin de P. Buttmann, Berlin, 1822.

27. *Le Criton, ou du Devoir.*

Dialogue moral, qui forme la troisième pièce de la première tétralogie de Thrasylle et la première de la cinquième trilogie d'Aristophane.

Criton, le vieil ami de Socrate, du même dème et du même âge que lui, vient le réveiller de bonne heure dans sa prison, et le presse de s'enfuir (1). Socrate s'y refuse, et dans la belle prosopopée des Lois, lui prouve que cette conduite ne serait pas conforme aux maximes qu'il a toute sa vie professées et pratiquées.

L'important n'est pas de vivre, mais de bien vivre, c'est-à-dire de vivre selon la justice. Il vaut mieux

---

(1) Le fait est reproduit par Xénoph., *Apol.*, § 23, et Plut., vol. II, p. 1126, 13. Platon y fait encore allusion, *Phædon*, 99, a. Cependant l'honneur de la démarche attribuée ici à Criton est donné à Eschine par Diog. L., III, 36, conf. II, 35, et II, 60.

souffrir et mourir plutôt que d'en violer les commandements. L'injustice est toujours un mal, et elle reste telle, même envers celui qui a été injuste envers nous. La justice défend de rendre le mal pour le mal.

Cette thèse, qui pose la valeur absolue de la loi morale, sans exception ni réserve, n'a pas préservé notre dialogue des soupçons ou plutôt de la condamnation d'Ast, qui le trouve, plus encore que l'*Apologie*, pauvre et vide d'idées, et dépourvu de la clarté et de l'aisance habituelles du style de Platon.

28. *Le Gorgias, ou de la Rhétorique.*

Dialogue réfutatif, qui forme la deuxième pièce de la sixième tétralogie de Thrasylle et manque à la classification d'Aristophane.

Les interlocuteurs Socrate, Chéréphon, Gorgias et Polus sont réunis dans la maison de Calliclès, et l'entretien a lieu devant un grand nombre d'auditeurs (1), qui viennent d'assister avec transport à une leçon de Gorgias.

---

(1) *Gorg.* p. 458, e, 447, c. : τῶν ἔνδον ὄντων; 490, b., πολλοὶ ἄνθρωποι.

Chéréphon est un Athénien, ami d'enfance de Socrate, nature ardente et passionnée comme Apollodore, et qui avait été faire à la Pythie la question s'il y avait un homme plus sage que Socrate. Il appartenait au parti démocratique, en avait partagé les périls, les persécutions, et n'était rentré à Athènes qu'avec Thrasybule. Calliclès est également un Athénien dont nous ne connaissons le caractère, la personne et les doctrines que par Pla-

Le but du dialogue est de détruire l'idée fausse et funeste qu'on se fait de la rhétorique et d'y substituer une notion plus vraie et plus pure, en montrant qu'elle se confond avec l'art d'enseigner aux hommes la vérité et la justice. Il se divise en trois parties dont M. V. Cousin, dans son éloquent et profond argument, a montré le rapport nécessaire et le lien intime.

Dans la première, Socrate interroge Gorgias sur l'idée qu'il se fait de la rhétorique; le sophiste la définit : l'art de persuader les juges dans les tribunaux, le peuple dans les assemblées publiques, et accorde qu'elle a pour objet le juste et l'injuste. Si l'on s'en tient rigoureusement aux termes de cette définition, on arrive bien vite à reconnaître que la persuasion dont la rhétorique est l'ouvrière n'est pas fondée sur une connaissance scientifique, une vue claire et certaine, mais sur une croyance incertaine et irréfléchie, et comme l'objet de cette croyance est le juste, il en résulte que la rhétorique renferme l'art de persuader l'erreur et l'injuste tout autant que le juste et le vrai; qu'elle ne produit qu'une pure opinion qui ne s'appuie sur aucune science réelle, et n'a aucun rapport avec la justice et avec la vérité. Car, si l'orateur

---

ton. Gorgias est le fameux rhéteur de Sicile, né vers l'Ol. 70, de 501 à 497, et qui était venu à Athènes comme ambassadeur de Léontini, sa patrie, demander du secours contre Syracuse, vers Ol. 88, 2, 427. Polus, d'Agrigente, est son élève. Philostrate, *Vita Soph.*, l. I, p. 500, dit qu'il était fort riche, et Suidas lui attribue quelques écrits.

connaissait vraiment et pouvait enseigner la justice, il serait juste et ne pourrait se servir de son art pour une cause injuste; mais l'expérience nous montre qu'il n'en est pas ainsi : il faut donc avouer que la rhétorique n'est ni belle ni vraie. Mais, si elle n'a aucun rapport avec la vérité, ce n'est pas un art, du moins un art véritable, qui est fondé sur des principes certains et rationnels; ce n'est plus qu'un savoir-faire pratique et une vraie routine : le moyen de faire illusion et de mettre partout l'apparence à la place de la réalité, de plaire, de flatter, de corrompre au lieu d'être utile, de corriger, d'élever. La rhétorique n'est qu'une apparence de la science qui a pour objet la pratique de la justice, et toute sa force consiste à en simuler à des yeux et des esprits inexpérimentés les vertus, la beauté et la dignité (1).

Polus qui a pris la parole, lorsque Gorgias ne savait plus que dire, hésite à répondre, et, pour dissimuler son embarras, se met à vanter la puissance que donne l'art de la parole à ceux qui en sont armés. A l'aide de cet instrument magnifique de la parole éloquente, l'orateur fait tout ce qu'il veut, le juste et l'injuste, le bien et le mal, le fait impuné-

---

(1) C'est ici que se présente la fameuse division des arts : la médecine et la gymnastique en ce qui concerne le corps, la puissance législative et la puissance judiciaire qui concernent l'âme, sont comparées aux pratiques pernicieuses qui ne sont que le simulacre de ces arts, telles que la cuisine et la toilette, d'une part, la sophistique et la rhétorique, de l'autre.

ment et arrive au plus haut degré de cette puissance dont l'homme est si avide et si heureux.

Socrate conteste chacune de ces propositions.

On n'est pas puissant parce qu'on fait ce qu'on veut, si l'on ne veut pas ce qui est juste et bien; et cela même n'est pas possible. Il faut distinguer le but et le moyen de l'action humaine. L'objet de la volonté est toujours le but, et le but est toujours le bien : nul être pensant ne veut son mal. Le moyen est choisi et voulu en vue du but, et pour arriver au bien. Ce n'est pas la médecine que veut le malade qui se résigne à la prendre, c'est la santé, c'est-à-dire le bien. Or, si l'homme fait le mal, on peut affirmer d'une part qu'il ne l'a pas voulu ; d'autre part que c'est par ignorance du rapport du moyen à la fin. Le pouvoir vrai consiste donc bien à faire ce qu'on veut, c'est-à-dire à vouloir le bien, et à connaître et à pratiquer les vrais moyens qui peuvent conduire à cette fin. L'ordre est le caractère, la mesure et l'essence de la puissance véritable qui est un bien.

En second lieu, on n'est pas heureux parce que l'on fait tout ce qui vous plaît, même le mal, et on est d'autant moins heureux qu'on le fait impunément. Quiconque est honnête et vertueux est heureux : mais quiconque est injuste et méchant est malheureux. C'est un mal plus grand de commettre une injustice que de la souffrir ; et c'est un mal plus grand encore de ne pas réparer, par la peine et le châtiment, dans la mesure où elle est réparable, l'injustice une fois commise. Car le sentiment universel le reconnaît lui-même : il est plus beau de souffrir l'injustice que de la faire ; il est plus honteux de faire l'injustice que de la souffrir. Pourquoi ?

La beauté en toutes choses se ramène à l'union de l'utilité et du plaisir ; de même la laideur ne peut se comprendre que par la douleur et le mal réunis : or il n'est pas plus agréable de souffrir l'injustice, si cela est plus beau ; c'est donc que c'est plus utile, ou que c'est un plus grand bien. Il n'est pas plus douloureux de commettre l'injustice : c'est donc que cela est plus mal. Et si cela est un mal, l'expiation qui l'allége est un bien relatif : donc l'impunité augmente encore le mal. Ainsi le méchant est malheureux ; le plus méchant est le plus malheureux et il est d'autant plus malheureux qu'il reste impuni. Si vous avez commis quelque faute, hâtez-vous de la confesser publiquement et présentez-vous de bon cœur à la justice, comme au médecin, pour souffrir les incisions et les brûlures sans regarder à la douleur. Il ne faut penser qu'à ce qu'on a mérité. Sont-ce des fers ? il faut leur tendre les mains ; une amende ? la payer ; l'exil ? s'y condamner ; la mort ? la souffrir ; car l'homme coupable qu'on met à la torture, qu'on déchire, à qui l'on brûle les yeux, qui après avoir souffert en sa personne des tourments sans mesure, sans nombre et de toute espèce, et en avoir vu souffrir autant à sa femme et à ses enfants, est enfin mis en croix, ou enduit de poix et brûlé vif, est moins malheureux que s'il échappait à l'expiation et passait sa vie entière dans les plaisirs, la puissance, la liberté, et jouissant de son injustice impunie.

Contre cette théorie magnanime et profonde qui établit si puissamment la relation de la vertu et du bonheur, de l'ordre moral et des instincts de la nature sensible, il ne reste qu'une objection, c'est de contester cette distinction même, et c'est ce qu'entreprend Calliclès dans la dernière partie du dialogue. Il n'y a qu'un ordre vrai, c'est celui du bonheur sensible ; il n'y a qu'une vraie justice, une vraie beauté morale, un vrai droit, c'est d'obéir au penchant de la nature qui nous invite au plaisir, et nous y invite avec d'autant plus de force que nous sommes nous-mêmes plus puissants et plus forts. La vérité et la nature des choses le proclament également : le seul droit est celui du plus fort, et le but de la vie est de se mettre en possession de ce droit et de jouir de son usage, en satisfaisant librement ses instincts, ses désirs et ses passions. C'est en vain que les conventions arbitraires de la loi positive et artificielle, inventées par les timides et les faibles, cherchent à déshonorer cette conduite, à discréditer cette doctrine et à renverser la loi naturelle et l'ordre des choses. C'est en vain que les législations et l'éducation faussée cherchent à faire prévaloir l'égalité des droits et des devoirs, comme le principe et la règle des relations sociales. C'est la maxime contraire qui est vraie : l'inégalité est la justice naturelle, et au fond tout le monde la pratique, dans la mesure où il le peut, et on ne s'en abstient que par impuissance ou par lâcheté.

Socrate ramène la réfutation de cette doctrine sceptique et audacieuse aux deux points suffisants :

1° Il est faux que le bien se réduise au phénomène du plaisir.

2° La loi morale, et l'ordre légal ne sont point opposés à la loi naturelle :

Car, pour prendre ces arguments dans l'ordre inverse, ou les plus forts sont les plus nombreux et alors l'ordre légal qui reconnaît la beauté de la justice, étant leur œuvre, est l'œuvre du plus fort, c'est-à-dire la loi de la nature ; si l'on entend, au contraire, par les plus forts, les plus honnêtes, les plus justes, l'opposition disparaît à l'instant même : le plus juste est digne de commander sans doute, mais parce que et en tant qu'il est et reste le plus juste ; or la justice qui lui donne le droit de commander lui impose le devoir de se commander à lui-même, et de respecter, aimer, servir les autres.

Maintenant on ne saurait confondre et identifier le plaisir avec le bien.

Car 1° le plaisir est un phénomène tout relatif en soi, et renferme un élément de douleur, puisqu'il est la satisfaction d'un besoin, c'est-à-dire d'une privation qui est nécessairement une souffrance. Le bien est absolu et ne comporte aucun mélange de mal ; il en est la contradiction absolue.

2° Non-seulement le plaisir est relatif en soi, mais il est relatif par la diversité des sujets qui l'éprouvent. Il n'est pas le partage exclusif des forts, des braves, des hommes libres et sages : l'enfant, la femme, l'esclave, l'ignorant, l'homme faible, làche et vil, ne le goûtent pas avec moins de vivacité.

3° Si le plaisir des sens était le bien, l'intensité ou la durée du plaisir serait la mesure du bien : le lâche deviendrait un homme de bien en se sauvant du champ de bataille, parce qu'il jouirait d'avoir sauvé sa vie ; le brave deviendrait un méchant parce qu'il souffrirait en donnant la sienne à son pays et à son devoir.

4° Si l'on distingue entre les plaisirs, et qu'on n'admette comme devant être le but de la vie que ceux qui sont conformes au bien, c'est le bien qui devient la mesure et par conséquent qui détermine le but de la vie. Donc les moyens qui conduisent le plus sûrement au plaisir ne constituent pas un art, et ce n'est pas par là que doit se recommander la rhétorique. Tout art, et aussi l'art de la vraie éloquence, a un rapport nécessaire avec la vérité et la vertu. Car l'art véritable, d'un côté, étudie la nature du sujet sur lequel il travaille, recherche les causes de ce qu'il fait, et peut rendre raison de chacun de ses procédés et de ses effets ; de l'autre, ménage à l'âme à laquelle il s'adresse, non pas la jouissance du plaisir, mais les avantages salutaires et réels du bien, en un mot cherche à la rendre meilleure et par là plus heureuse. La poésie et la rhétorique doivent donc se proposer d'éclairer et de perfectionner les hommes, et par conséquent doivent les étudier et les connaître ; elles doivent contribuer à cette loi générale et éternelle de l'harmonie, de la beauté, de l'ordre qui préside à toutes les parties et à l'ensemble de l'univers, et lui a fait donner son nom, Κόσμος; c'est en cela que consiste essentiellement la notion d'art, τάξις καὶ κόσμος καὶ τέχνη (1). Il ne s'agit pas de vivre, mais de bien vivre, c'est-à-dire de vivre conformément à la loi absolue du bien, de la justice et de l'ordre.

Et cette loi générale, universelle, éternelle, les plus antiques et les plus respectables traditions du genre humain nous l'exposent et nous la conservent dans un mythe célèbre qui sous le voile d'une fable cache une profonde vérité. L'âme, après la mort, sera soumise à un jugement sévère et récompensée de ses vertus, ou punie de ses vices et de ses crimes. Préparons-nous donc dès cette vie à affronter ce tribunal auguste, à éviter la condamnation dont il nous menace, et à mériter la récompense et la couronne qu'il nous laisse espérer. C'est avec ces pensées saintes et vraies qu'il faut pratiquer tous les arts, et l'art de l'éloquence en particulier, qui a pour but, comme eux tous, de rendre les hommes plus sages, plus instruits, plus heureux; car si l'on peut dire qu'il a pour fin de plaire, on doit entendre que c'est aux dieux qu'il veut plaire (2).

Voilà le résumé de cette longue et mémorable discussion. Personne n'en a contesté la force, la beauté, la grandeur; mais on s'est demandé quelle était l'idée essentielle, le but principal qu'a poursuivi Platon, et qui doit faire l'unité de son ouvrage.

---

(1) *Gorg.*, p. 507, d; 508, a.
(2) *Phædr.*, 273, e.

La première partie démontre que tout orateur qui se respecte doit faire entrer dans la pratique et la théorie de son art l'idée de la Justice.

Dans la deuxième, on prouve qu'en s'écartant de cette règle, l'éloquence n'assure à celui qui la possède ni la vraie puissance, ni le vrai bonheur : car la puissance et le bonheur ont un rapport nécessaire avec la vérité et la vertu.

La troisième renverse la thèse sceptique de la contradiction de la loi positive et de la loi naturelle, et montre que l'ordre moral est ce qu'il y a de plus conforme à la vraie nature de l'homme. Il est évident que si la rhétorique est le lien qui unit ces trois parties entre elles (1), comme le soutenait déjà

---

(1) Steinhart divise le dialogue en cinq parties :
La Ire, où on cherche la définition et l'utilité de la rhétorique.
La IIe, où l'on oppose l'art vrai à l'apparence fausse de l'art.
La IIIe, où l'on oppose la loi morale divine au caprice de la passion humaine.
La IVe, où la loi divine est montrée comme la seule loi humaine, et où l'on arrive à l'Idée de l'ordre universel, de l'harmonie générale du monde ;
La Ve, où l'on montre le rapport de la loi morale à la loi universelle et divine.
C'est dans cette partie que se place le mythe où Steinhart, avec un peu de subtilité, veut voir l'épilogue du drame philosophique, comme il retrouve, dans le résumé du dialogue, les traces de ces anapestes qui terminent l'exode des tragédies. Cette division se justifie mal, et s'accorde peu avec le mouvement de la discussion. Elle semble inspirée par le désir de trouver une analogie parfaite du dialogue ou mime philosophique avec le drame, et il y a une erreur dans cette exagération, outre que le drame grec n'a jamais connu la règle des cinq actes.

Olympiodore, ce n'est pas la rhétorique comme art, et telle qu'elle sera examinée dans le *Phèdre*, mais considérée comme l'organe de l'activité politique, qui était, dans l'opinion des anciens, l'activité morale par excellence. Or cet art, quand on le ramène à ses principes vrais et rationnels, se confond avec l'idée de la philosophie pratique, à la fois politique et morale, et c'est sous cette réserve qu'on peut dire que la rhétorique est le point central de toute la discussion.

Parmi les anciens, dont Olympiodore nous a conservé les opinions assez divergentes (1), les uns en petit nombre adoptaient ce point de vue; les autres croyaient que l'idée principale était la justice; ceux-ci la doctrine d'un Dieu-Providence; ceux-là, parmi lesquels Olympiodore lui-même, la discussion des principes qui nous conduisent au bonheur politique (2).

---

(1) Damascius, *Phot. Cod.*, 292, p. 551, raconte, à propos de cette diversité d'interprétation du *Gorgias*, un fait curieux : Hiéroclès, Platonicien du cinquième siècle, et chef de l'École d'Alexandrie, avait expliqué *le Gorgias*, et un des disciples avait mis par écrit son commentaire. Quelque temps après, Hiéroclès revint une seconde fois à cet ouvrage, comme il était naturel, οἷα εἰκός, et le même élève écrivit encore son exégèse; mais, quand il vint à comparer les deux interprétations, il ne trouva, pour ainsi dire, pas un mot semblable, et cependant, ce qui paraîtra incroyable, toutes les deux pénétraient dans le fond de la pensée de Platon. Ce fait peut donner une idée de ce génie immense et profond comme la mer : Ἡλίκον ἦν ἄρα τὸ τῶν φρενῶν πέλαγος.

(2) Olymp., *Comment. in Gorg.*, init.

Schleiermacher (1), qui a cru découvrir que les ouvrages de Platon forment trois grands groupes liés entre eux, et dont chacun comprend des dialogues d'un sujet identique, soutient que le *Gorgias* est à la tête du groupe destiné à servir de prélude et de préparation aux sciences réelles telles que la morale et la physique, et qu'il doit montrer, par un exemple tiré de la rhétorique et de la politique, la distinction de la science fausse et de l'art simulé avec la science et l'art véritables.

Ast (2) a contesté ce point de vue trop général et pense que l'objet principal est simplement la politique; Socher et Bonitz croient que la question est de savoir si le vrai bonheur (3) doit être cherché dans la philosophie ou dans la vie politique armée de l'éloquence. K. F. Hermann se rapproche de l'opinion d'Olympiodore (4). Le noyau du dialogue, dit-il, est de prouver que le bien est la chose vraiment utile; Reinhart, avec lequel s'accorde Susemihl, est d'avis qu'il a pour objet de montrer dans la philosophie le véritable art de la vie morale et politique, qui, conciliant les oppositions de la science et de la puissance, de la théorie et de la pratique, est le fondement du vrai bonheur, et la source de tous les biens (5).

---

(1) Trad. all. des Œuvres de Plat., vol. II, pr. part., *Préf.*, p. 3.
(2) *Platon's Leben*, p. 133.
(3) Socher, *Platon's Leben*, p. 241; Bonitz, *Platon. Stud.*, p. 1-40.
(4) *Gesch. u. S.*, t. I, p. 477.
(5) Trad. all. de Plat., par Müller, vol. II, p. 329, sqq.

Nous avons conservé d'Olympiodore un long commentaire composé d'une introduction et de cinquante leçons, πράξεις; Routh a publié le texte de l'introduction dans son édition de l'*Euthydème* et du *Gorgias*.(1), et M. V. Cousin a analysé le commentaire entier et en a donné des citations étendues dans ses Fragments de philosophie ancienne.

Outre l'édition de Routh, on distingue celle d'Heindorf enrichie des remarques de Ph. Buttmann, Berlin, 1805 et 1829. Ast a consacré à ce dialogue un commentaire des plus étendus.

29. *L'Euthyphron, ou de la Sainteté.*

Il forme la seconde pièce de la quatrième trilogie d'Aristophane, la première de la première tétralogie de Thrasylle, et est qualifié par ce dernier de dialogue peirastique, d'épreuve, d'essai.

Le devin Euthyphron, sans doute le même personnage que le *Cratyle*(2) nous fait connaître comme

---

(1) Oxford, 1784.
(2) 396, d. Nous ne connaissons le personnage que par Platon, et c'est de lui que Numénius (Eusèb., *Præp. Ev.*, XIII. p. 651, a) et Diogène, II, 29, tiennent les renseignements qu'ils nous en donnent. Vaniteux et orgueilleux, il était, d'après la peinture qu'il nous en laisse, un sot et presque un insensé. Il s'était occupé d'Homère, et ses interprétations allégoriques et étymologiques du poëme, particulièrement des noms mythiques des divinités homériques, étaient ineptes et ridicules. On voit qu'il se donne des airs de théologien profond et savant. *Euthyphr.*, c. 16: ἐπειδήπερ τά γε θεῖα κάλλιστα φῂς εἰδέναι ἀνθρώπων. Diogène de L., II, 29, raconte qu'après cet entretien, il renonça à son projet de

appartenant au dème de Prospalta (1), rencontre, sous le portique du Roi, Socrate qui y avait été appelé pour répondre à l'assignation de Mélétus, et lui apprend qu'il intente contre son père une accusation d'homicide, en soutenant qu'il agit en cela conformément aux devoirs et à l'idée même de la sainteté. La conversation s'engage sur ce mot et les deux interlocuteurs cherchent en quoi consiste précisément ce qui est saint, analysent l'idée, l'essence même de la sainteté (2). La théologie positive, que représente Euthyphron, nous enseigne qu'il faut croire à l'existence des dieux, et ce qu'il en faut croire. Or, suivant Euthyphron, la sainteté est ce qui est agréable aux dieux. Si les récits mythologiques nous montrent les dieux divisés d'opinions sur certaines actions, c'est qu'elles ne sont ni saintes ni impies, et on peut compléter la définition, en disant que le saint est ce qui plaît à tous les dieux sans exception. Maintenant le saint plaît-il aux dieux parce qu'il est saint, ou n'est-il saint que parce qu'il plaît aux

---

poursuivre en justice son père, ce qui serait donner une réalité historique à cet entretien de Socrate avec Euthyphron, qui n'en a sans doute pas plus que les autres.

(1) M. V. Cousin a pris, par erreur, ce mot pour le nom de son père. Eupolis avait donné à l'une de ses comédies le nom de οἱ Προσπάλτιοι. C'est par une simple conjecture, et qui ne se fonde sur rien, que Bergk (*de Com. Attic. reliq.*, p. 357) a soutenu qu'Euthyphron y jouait un rôle.

(2) P. 6, e. Ἐκεῖνο αὐτὸ τὸ εἶδος, ᾧ ταῦτα τὰ ὅσια ὅσια ἐστιν; ἔφησθα γάρ που μιᾷ ἰδέᾳ τά τε ἀνόσια ἀνόσια εἶναι, καὶ τὰ ὅσια, ὅσια .... ταύτην τὴν ἰδέαν .... On voit ici paraître la langue et la théorie des Idées.... L'Idée est appelée même παράδειγμα.

dieux? En un mot la vérité de l'idée morale et du sentiment moral dépend-elle de la volonté des dieux, ou se légitime-t-elle par elle-même? C'est là une grande question.

Plaire aux dieux, dit Platon, n'est pas l'essence et la nature même de la sainteté, ce n'en est qu'une propriété ; sans doute le saint plaît aux dieux, mais il a un titre à leur amour : c'est précisément qu'il est saint. Qu'est-ce donc que cette essence de sainteté? C'est la justice, non pas la justice tout entière, mais celle qui regarde les rapports de l'homme aux dieux. En quoi consistent ces rapports? dans des sacrifices et des prières, c'est-à-dire qu'ils aboutissent à donner aux dieux quelque chose afin de recevoir d'eux davantage. Ce serait donc une espèce de trafic. Dans ce trafic, l'on voit bien l'avantage des hommes ; mais quel est celui des dieux? Si l'on dit que le saint a la faveur des dieux, c'est-à-dire qu'il leur plaît, on retombe dans la définition précédente qui a été détruite, et on ne sait plus comment sortir de la difficulté. Le dialogue se termine en effet sans solution positive apparente, comme tant de dialogues de Platon. Mais il n'en pose pas moins tous les principes. L'idée du bien, du juste, est par elle-même sainte et sacrée, et nous lui reconnaissons ce caractère imprescriptible, non pas dans les traditions religieuses et les dogmes positifs, qui souvent la défigurent, la déshonorent ou l'abaissent, mais dans la conscience et la raison. A cette critique des superstitions païennes qui corrompaient le sens moral et la notion de la vraie piété, se mêle indirectement une apologie de Socrate, accusé d'irréligion et d'impiété par ces mêmes hommes qui se faisaient une idée si fausse et si grossière de la religion et de la sainteté. Cette intention visible de l'auteur a suffi à Ast (1) pour rejeter l'ouvrage, qu'il trouve d'ailleurs d'une pauvre exécution : car, dit-il, il est contre les principes du *Gorgias* que l'honnête homme accusé doive se défendre. Mais c'est là une interprétation erronée du *Gorgias*, qui prouve seulement que l'honnête homme accusé *justement* doit avouer sa faute et courir au-devant de la réparation qui l'efface. Schleiermacher (2) a eu la singulière idée de lier ce dialogue au *Protagoras* qu'il complète, suivant lui, et au *Parménide* qu'il prépare et annonce. Il faut avoir de bons yeux pour découvrir ces rapports. Stallbaum en trouve de plus naturels avec le *Lachès*, où il est traité du courage, et avec le *Charmide*, où il est traité de la tempérance, et même avec le *Ménon*, où il est traité de la sagesse : ces quatre dialogues semblent épuiser en effet la discussion sur les quatre idées morales, les quatre vertus de la tempérance, du courage, de la piété, de la sagesse. On pourrait y joindre le *Criton*, si la vertu de la justice n'y était pas envisagée d'une façon trop populaire et trop peu philosophique.

Éditions spéciales : Forster, Oxf., 1745 et 1752, et Fr. Fischer, Leips., 1783.

(1) *Platon's Leben*, p. 469.
(2) Tom. II, part. II, p. 53.

30. *Le Ménon, ou de la Vertu.*

Dialogue d'épreuve, suivant Thrasylle, qui en fait la quatrième pièce de sa sixième tétralogie; il n'est pas compris dans la classification d'Aristophane.

Comme le *Cratyle* et le *Philèbe*, le *Ménon* manque de cette introduction où Platon d'ordinaire décrit les personnages, les circonstances, le lieu de l'entretien, et dont il fait en quelque sorte l'exposition de l'action qui se déroule dans l'ouvrage. Ménon, l'interlocuteur de Socrate, est un noble Thessalien, de Pharsale, élève de Gorgias, qui avait servi dans l'armée grecque de Cyrus (1), et dont Xénophon nous fait connaître le caractère, la vie aventureuse et la mort (2). Anytus, qui intervient dans le cours de la conversation, est le célèbre accusateur de Socrate.

La question agitée dans ce dialogue, la vertu peut-elle se transmettre par l'éducation, occupait alors tous les esprits. Platon y est revenu plusieurs fois dans le *Protagoras*, l'*Euthydème*, le *Lachès*, sous des formes différentes, et nous savons qu'Eschine, Criton, Simon, Antisthène et d'autres socratiques avaient écrit sur ce grave sujet (3), qui

---

(1) Diog. L., II, 150. Il appartenait à la puissante et riche famille des Aleuades, qui étaient les hôtes du grand roi; ils devaient sans doute ce titre aux services qu'ils avaient rendus à Xerxès dans la guerre médique. Pausan., VIII.

(2) *Anab.*, I, 11.

(3) Diog. L., II, 121.

avait pour les Grecs du cinquième siècle un intérêt d'autant plus actuel, que c'était le moment où se présentaient les sophistes comme des maîtres de morale, de politique et d'éloquence.

On ne peut pas discuter la question de savoir si la vertu peut s'enseigner avant de connaître ce qu'est en soi la vertu ; et par là on demande, non pas la définition des différentes espèces de vertu, relatives au sexe, à l'âge, à la constitution, mais au contraire ce par quoi toutes ces vertus différentes sont cependant des vertus : en un mot, quelle est l'essence et l'idée universelle de la vertu (1)? Ce n'est pas la faculté de commander aux hommes, car on peut exercer cette puissance d'une manière très-contraire à la vertu ; ce n'est pas non plus la faculté de commander avec justice, car la justice est une vertu et non pas la vertu même. Il faut bien se rendre compte des conditions d'une bonne définition, qui porte toujours sur le général, sur un caractère commun à tous les objets qu'embrasse le mot à définir. La vertu est-elle l'art de se plaire aux belles choses et de se les procurer? mais si le beau est bon, qui est-ce qui ne désire pas le bien? et, de plus, comment l'art de se procurer les belles choses serait-il la vertu, si on ne les acquérait pas par des moyens vertueux ? On définirait donc la vertu par la vertu : c'est-à-dire on répondrait à la question par la question même.

---

(1) 72, c. Ἕν γέ τι εἶδος ταὐτὸν ἅπασαι ἔχουσι, δι' ὃ εἰσὶν ἀρεταί.

Ici Ménon, ne sachant plus rien trouver, élève une difficulté sophistique, et demande à Socrate comment on peut arriver à se poser et à résoudre une question quelconque ; car, dit-il, tu cherches ce que tu ne sais pas, et comment alors peux-tu même le chercher, puisque tu ne sais pas ce que tu cherches (1)? et en admettant même que tu le trouves, comment sauras-tu que c'est précisément ce que tu cherches, à moins que tu ne le saches auparavant? Mais si tu le savais, à quoi bon le chercher? Socrate répond en exposant très-rapidement la doctrine de la Réminiscence, fondée sur la théorie d'une vie antérieure de l'âme qui ne meurt jamais, mais tour à tour s'éclipse et reparaît. Dans cette existence antérieure, elle a appris, vu, su toutes choses, et, comme toutes les choses de la nature sont liées entre elles par un lien intime (2), il suffit à l'âme de se rappeler une seule chose pour retrouver toutes les autres. Chercher et apprendre n'est absolument que se ressouvenir (3). Enseigner n'est alors que l'art de ré-

(1) C'est une application à l'esprit de la proposition *ex nihilo nihil* : « On ne peut concevoir un devenir produit par le néant. » Leibnitz : « Les hommes cherchent ce qu'ils savent et ne savent pas ce qu'ils cherchent. »

(2) 81, c. Ἅτε γὰρ τῆς φύσεως ἁπάσης συγγενοῦς οὔσης, καὶ μεμαθηκυίας τῆς ψυχῆς ἅπαντα. Ast propose de supprimer la virgule après οὔσης, et de traduire : « l'Ame ayant une affinité de nature avec l'universalité des choses. » Mais l'argument tombe avec cette interprétation. Car c'est par le lien qu'ont entre elles les choses que s'explique la chaîne de nos idées, et que le souvenir de l'une d'elles peut réveiller toutes les autres.

(3) La théorie des Idées n'est pas indiquée dans ce passage, mais elle y est évidemment sous-entendue et comme annoncée.

veiller dans l'âme de l'ignorant les idées qui y sommeillent à son insu, c'est-à-dire qu'enseigner c'est bien interroger : et l'esclave de Ménon, interrogé par Socrate et répondant aux questions de géométrie qu'il lui fait, fournit la preuve vivante de la vérité de cette définition. Voilà donc comment on s'explique la possibilité, l'origine et la condition de la connaissance humaine.

Le lien des idées est encore une fois rompu : sur les instances de Ménon, et malgré les observations de Socrate, qui persiste à dire qu'on ne peut pas chercher si la vertu peut être enseignée si l'on n'a pas trouvé la définition vraie de la vertu, on reprend la première question de Ménon, et, à l'exemple des géomètres, on la pose sous cette forme hypothétique : Si la vertu est une science, elle peut être enseignée. Or tout ce qui est utile et bon n'est bon et utile que par un usage intelligent et éclairé, c'est-à-dire par une science : donc la vertu, qui est assurément utile, est une science, et, partant, elle est susceptible d'être enseignée.

Mais si elle est enseignée, on peut en nommer les maîtres. Seraient-ce les sophistes? Anytus, qui intervient ici, se récrie avec indignation, et prononce contre ces mercenaires corrupteurs et vaniteux un jugement plein de colère et de mépris. Seraient-ce les hommes d'État, les politiques ? mais comment le croire, dit Socrate, quand nous voyons que les plus célèbres d'entre eux et les plus vertueux, Thémistocle, Aristide, Périclès, Thucydide, n'ont rien pu communiquer eux-mêmes de leur vertu à leurs fils, ni trouver quelqu'un qui la leur communiquât. Sur quoi Anytus répond d'un ton menaçant et prend déjà le rôle d'un futur accusateur. Mais, continue Socrate, s'il n'y a pas de maîtres de vertu, c'est alors que nous avons eu tort de dire que c'est une science.

En effet, si la vertu consiste dans la rectitude de l'esprit, l'opinion vraie, le sentiment non raisonné, mais exact, le dirigent tout aussi bien que la science, qui en diffère parce qu'elle est fixe, certaine et infaillible, au lieu que l'opinion est changeante et très-sujette au doute et à l'erreur. Les opinions vraies peuvent devenir des connaissances fermes et stables et constituer une science, lorsque l'esprit les fixe (1) en établissant entre elles le lien de la cause à l'effet. C'est précisément ce qu'on appelle la Réminiscence. Jusque là l'opinion vraie est autre chose que la science; or, puisqu'elle n'est pas un présent de la nature (2), comme elle n'est pas d'ailleurs une science, il reste qu'elle soit une inspiration d'en haut, une faveur, une grâce divine, θεῖα μοίρα (3). L'homme politique vertueux est donc, comme le devin et le prophète, un homme inspiré, animé par la divinité, un homme divin.

Il y a bien des choses dans ce dialogue qui ont paru à Ast des motifs d'en rejeter l'authenticité : d'abord un

---

(1) 98, a. Ἕως ἄν τις αὐτὰς δέσῃ αἰτίας λογισμῷ.

(2) Le raisonnement n'est pas complet : Platon veut dire sans doute que, si la vertu était naturelle, était par nature, φύσει, dans l'homme, tous les hommes seraient vertueux.

(3) 100, a.

art de composition moins accompli dans l'exécution des détails et dans l'ensemble ; le peu de liaison dans la discussion, rompue et reprise plusieurs fois sans transition véritable ; la théorie de la Réminiscence mal amenée et incomplétement développée, sans rapport avec la théorie des Idées ; mais surtout la proposition que la vertu n'est pas une science, et repose sur un sentiment irréfléchi, inspiré par les dieux et dû à une grâce divine. Il est certain que cela paraît bien peu conforme aux principes de Platon et à ceux de Socrate, qui ramenaient également toute vertu à la science. Tandis que Platon sépare ici, dans la définition de la vertu, les choses qui nous viennent de la nature, φύσει παραγιγνόμενον, les choses susceptibles d'être apprises, διδακτόν, et celles qui sont l'effet de la pratique, ἀσκητόν, il dit ailleurs que précisément ces trois choses, φύσις, ἐπιστήμη et μελέτη, doivent toujours être unies (1). Morgenstein (2) et Stallbaum expliquent ces contradictions par une intention ironique qu'il est bien difficile de découvrir ; Ast, par la maladresse du faussaire. Quant à nous, qui ne posons pas comme un principe *à priori* qu'un grand philosophe, dans le cours de sa longue vie de penseur, et le développement successif de ses idées, ne peut laisser passer aucune contradiction, ni qu'un grand écrivain doit être toujours

---

(1) *Phædr.*, 269, d. Comme Aristote, *Polit.*, VII, 13, c. 12, § 6, lie φύσις, λόγος et ἔθος, et d'autres moralistes (Diog. L., V, 18), rapprochent φύσις, μάθησις et ἄσκησις.

(2) *Progr.*, « Quid Plato spectaverit in dialogo qui Meno inscribitur. » Halle, 1774.

égal à lui-même, c'est-à-dire parfait, nous ne trouvons dans le *Ménon*, ni dans le fond, ni dans la forme, rien qui nous autorise à douter de l'authenticité d'un ouvrage que cite Aristote (1). Si on se rappelait plus souvent le caractère de la philosophie platonicienne, très-marqué dans le *Ménon*, si on se la représentait comme un système de recherches (2), plutôt que d'y voir un système d'affirmations dogmatiques, on serait moins disposé à ces soupçons. D'ailleurs on exagère les contradictions que semble contenir ce dialogue. Platon ne reconnaît nullement que la vertu n'est pas une science; mais d'une part il soutient que ce ne sont pas les résultats de l'enseignement théorique des sophistes ou les leçons pratiques des hommes politiques qui peuvent prouver qu'elle en est une; d'autre part, il admet, comme pour réfuter d'avance les objections qu'on pourrait faire à la thèse socratique de l'identité de la science et de la vertu, qu'il y a eu parmi les hommes d'État des individualités illustres et des citoyens pleins de talents, d'honneur, de vertu, et il conclut que le principe de leur conduite ne se trouvant pas dans une connaissance réfléchie, raisonnée, systématique du bien et du beau, elle ne pouvait être attribuée qu'à une faveur, à une grâce particulière

---

(1) Aristot., *Analyt. Post.*, I, 1, § 7.
(2) 80, c. Οὐ γὰρ εὐπορῶν αὐτὸς τοὺς ἄλλους ποιῶ ἀπορεῖν, ἀλλὰ παντὸς μᾶλλον αὐτὸς ἀπορῶν. Conf. *Cratyl.*, 384, c. « Je ne sais pas ce qu'il en est; mais me voici prêt à le chercher en commun avec toi : Οὔκουν οἶδα πῇ ποτὲ τὸ ἀληθὲς ἔχει ... συζητεῖν μέντοι ἕτοιμός εἰμι καὶ σοὶ καὶ Κρατύλῳ κοινῇ. »

des dieux. Cette réserve pleine de sens n'est-elle pas aussi pleine de profondeur? La vertu est une science pour Platon ; elle est un acte libre de la volonté pour nous : mais peut-on nier qu'il s'y mêle un élément étranger et à la raison, et à la volonté? L'homme est le maître de sa volonté, mais en est-il le maître absolu? et jusqu'où s'étend sa puissance? Si sa puissance et sa raison ont une limite, c'est à cette limite que commence le domaine de la grâce, c'est-à-dire la part certaine et inconnue que Dieu se réserve dans la conduite du monde et de l'homme. Il ne faut pas dire : L'homme s'agite et Dieu le mène (1); mais si l'homme agit, Dieu aussi agit, et comment cette action ne limiterait-elle pas celle de l'homme? Reconnaître un élément divin dans la vertu et dans la raison, c'est tout simplement reconnaître que l'homme n'est pas un être absolu et parfait, mais un être imparfait, limité et relatif. Ce n'est pas parce que j'y trouve professée dans une mesure exquise cette grande vérité, que le *Ménon* me sera suspect.

L'édition particulière la plus recommandée de cet ouvrage est la 4ᵉ de Ph. Buttmann, Berlin, 1822. Outre le programme de Morgenstein cité plus haut, on peut consulter les deux dissertations de M. F.-H. Lachmann : *De virtute docenda et discenda sec. Menonem*, Zittau, 1816; et *Qua mente Plato negaverit virtutem esse docendam*. Zittau, 1830.

---

(1) Homère, *Odyss.*, XI. Οἷος πέπνυται, ταὶ δὲ σκίαι ἀΐσσουσι.

31. *L'Hippias I, ou du Beau.*

Dialogue réfutatif, qui forme dans la septième tétralogie la première pièce.

Socrate rencontre le sophiste Hippias (1), tout glorieux de ses récents succès à Lacédémone, où il a enlevé les applaudissements universels, mais d'où il a rapporté peu d'argent. Le discours qu'il y a lu, et qu'il doit répéter le surlendemain à Athènes, avait pour sujet les belles occupations de l'homme, et amène la question de Socrate qui fait porter toute la discussion sur la définition du beau.

Le sophiste, plus habitué à développer qu'à analyser, à discourir qu'à définir, répond successivement que le beau est toute chose qui est belle, et par exemple une belle jeune fille; puis toute chose qui donne de la beauté à ce à quoi elle s'ajoute, comme l'or; c'est pour l'homme d'être riche, bien portant, honorable. Enfin, conduit par Socrate, il essaie des définitions générales et abstraites, et en propose trois que Platon caractérise avec précision et combat avec une grande force et un peu de subtilité. La beauté est définie d'abord : la convenance, c'est-à-dire la disposition ou l'arrangement des par-

---

(1) Ce personnage, de la ville d'Élée, en Élide, souvent député par ses concitoyens à Athènes, se vantait de savoir la rhétorique, la politique, l'arithmétique, la géométrie, l'astronomie, la grammaire, la musique, et de posséder même les arts manuels. C'était une Encyclopédie vivante, ou, comme le dit Thémiste, *Orat.* XXIX, Σωρὸν καὶ ἑσμὸν σοφίας.

ties ; en second lieu, l'utilité ; enfin le plaisir obtenu par le sens de la vue et de l'ouïe. Mais ce n'est pas le plaisir, parce que la beauté des choses morales ne peut pas être un plaisir de la vue ou de l'ouïe ; en outre le plaisir de la vue n'est pas beau parce qu'il vient de la vue, car alors il exclurait de la beauté le plaisir de l'ouïe, et la réciproque n'est pas moins vraie. Il faut donc que ce qui fait du plaisir de la vue et de celui de l'ouïe le principe de la beauté soit un caractère commun aux deux et propre à chacun ; or ce caractère ne peut être que le plaisir même, qui ne saurait être, on vient de le voir, confondu avec l'essence absolue de la beauté : le plaisir est un phénomène changeant, passager, variable. La beauté n'est pas l'utilité, parce que l'utile n'est qu'un rapport, et que le beau ne pourrait être que ce qui est utile à une bonne fin, c'est-à-dire le bien ; on pourrait croire qu'il se confondrait alors avec le bien ; mais non, car le beau serait la cause, le père du bien, et non-seulement cela renverserait la hiérarchie vraie des idées, mais, si la cause diffère de l'effet, le père du fils, il faut que la nature du beau diffère de la nature du bien. Enfin, le beau n'est pas la convenance ; car, si les parties sont déjà belles avant d'être disposées dans un certain ordre, ce n'est pas cet ordre qui constitue leur beauté ; si elles sont laides, comment l'ordre les transformera-t-il réellement, et non pas seulement en apparence ? comment en changera-t-il la nature ?

Il y a dans ce dialogue un persiflage évident du

bel Hippias (1), qui parle en si beaux termes de si belles choses, et ne peut même pas dire ce que c'est que la beauté; mais il y a aussi une réfutation courte, mais forte et profonde, des diverses solutions de ce difficile problème : de la nature et de l'essence du beau. L'issue négative de la discussion est commune à beaucoup de dialogues, et ne peut être produite comme un argument contre son authenticité. Ast (2), qui le rejette comme Schleiermacher (3), ne se fonde que sur des raisons de goût ; il en trouve l'exécution inférieure, tandis que M. Cousin y voit une composition grande dans sa brièveté, forte et rapide, malgré quelque subtilité, une méthode parfaite et un vif intérêt. Stallbaum, dans les Prolégomènes, et Müller (4), Socher (5), K.-F. Hermann (6), tout en ne partageant pas l'admiration de

(1) L'ironie est vive, et la satire mordante ; mais ce que nous rapporte Xénophon (*Mém.*, IV, 4 et 6) du personnage, ἀμέλει πειρῶμαι καινόν τι λέγειν ἀεί, les paroles que lui met dans la bouche S. Clément d'Alexandrie, *Stromat.*, VI, p. 264, a, où il se vante d'emprunter à Orphée, Musée, Hésiode, Homère, aux poètes, aux prosateurs, aux Grecs et aux barbares, les éléments de ses discours, et d'en faire quelque chose de délicieux et de nouveau, καινὸν καὶ πολυειδῆ τὸν λόγον ποιήσομαι, prouvent que Platon n'a fait que le peindre avec vérité, en le montrant plein à la fois de suffisance et d'insuffisance. Si sa dialectique se montre puérile, il faut se rappeler que c'est le caractère de la logique avant Socrate, qui, le premier, a montré que la définition devait porter sur le genre.

(2) *Ueber Plat. Schrift.*, p. 211.
(3) *Préf. à l'Hipp.* I, t. II, p. 399.
(4) *Gesch. d. Theor. des Kunst*, t. I, p. 59.
(5) *Ueber Plat. Schrift.*, p. 215.
(6) *Gesch. d. Plat. Phil.*, p. 487 et 618.

M. Cousin, admettent sans hésiter l'authenticité. Si l'issue du dialogue est négative, la discussion est loin de présenter ce caractère. On y trouve les propositions que le beau est identique au bien, à l'utile, qu'il enferme comme un de ses éléments le plaisir innocent, ἀβλαβής, qui seront ou complétées ou modifiées dans les autres dialogues. La terminologie et la théorie même des Idées et les formules de la dialectique platonicienne se montrent déjà parfaitement précises; car on cherche αὐτὸ τὸ καλὸν ὅ τι ἐστί, ce qu'est le beau en soi (1); on affirme que toutes les choses belles doivent ce caractère à la présence de la beauté (2), qui est ce par quoi ᾧ καὶ τἆλλα πάντα κοσμεῖται καὶ καλὰ φαίνεται (3). Il n'y a donc aucune raison, même spécieuse, de douter de l'authenticité, et il y en a de très-solides, même de démonstratives, de la reconnaître. Cicéron (4), en effet, Quintilien (5), Philostrate (6), Dion Chrysostome (7), Thémiste (8), Suidas (9), paraissent bien évidemment avoir emprunté de cet ouvrage tout ce qu'ils nous rapportent d'Hippias.

Heindorf a publié un bon commentaire avec le texte, Berlin, 1802, réédité en 1827.

(1) *Hipp.*, p. 286.
(2) *Id.*, 287, b.
(3) *Id.*, 289, d.
(4) *De Orat.*, III, 32.
(5) *Inst. Orat.*, XII, 11, 21.
(6) *Vit. Soph.*, I, 11.
(7) *Orat.*, LXXI, p. 625.
(8) *Orat.*, XXIX, p. 417.
(9) V. Ἱππίας.

32. *Le Cratyle, ou de la Propriété des mots* (1).

Dialogue dialectique suivant Proclus (2), logique suivant Thrasylle, qui en fait le premier membre de la seconde tétralogie, tandis qu'Aristophane en avait fait le troisième dans la seconde trilogie.

Les interlocuteurs sont Hermogène, Cratyle et Socrate. Hermogène est un noble citoyen de l'illustre famille des Hipponicus et des Callias, fils de Protarque et frère de Callias, qui, malgré sa grande fortune, le laissait dans la misère. Il avait renoncé aux principes de Protagoras qu'il avait d'abord adoptés. Diogène, qui en fait un des maîtres de Platon (3), prétend qu'il professait les doctrines éléatiques et particulièrement celles de Parménide, qu'il aurait fait connaître à Platon (4). Il était, comme Socrate lui-même (5), fort lié avec Cratyle (6) : celui-ci, appartenant à l'école d'Héraclite, avait certainement connu Platon et l'avait initié dès sa jeunesse aux principes de sa secte (7).

(1) Denys d'Halic., *de Comp. verb.*, p. 95, lui donne un autre titre : *De l'Étymologie.*
(2) V. Cousin, *Not. sur le Cratyl.*, t. XI, p. 501.
(3) III, 6.
(4) Ast, Groën van Prinsterer et Stallbaum repoussent cette assertion comme tout à fait imaginaire.
(5) *Cratyl.*, p. 430. Ἐγώ τε καὶ σὺ, φίλοι ὄντες.
(6) *Cratyl.*, *sub fin.*
(7) Aristot., *Met.*, I, 6; Apul., *de Dogm. Plat.*, p. 2; Olympiodore et l'Anonyme. Ast et Socher nient que ce soit le même per-

Cratyle ayant soutenu que l'origine des mots est naturelle, tandis qu'Hermogène prétend que les choses et les idées n'ont reçu leur expression dans le langage que de l'usage et par suite d'une convention, Socrate cherche à démontrer théoriquement d'abord, et ensuite par une série d'exemples et de faits grammaticaux et étymologiques, la thèse de Cratyle.

Il y a des jugements faux et des jugements vrais, c'est-à-dire qui répondent ou ne répondent pas à la nature et à la réalité des choses. Or les jugements ou propositions sont composés de mots : donc ces mots, parties des jugements, peuvent et doivent répondre à la nature des choses, s'ils sont exacts. D'ailleurs, si l'usage et l'habitude produisaient seuls les mots d'une langue, un individu aurait le droit de donner à une seule et même chose une multitude infinie de noms : et quelle confusion, s'il en était ainsi !

On ne pourrait légitimement adopter ce principe qu'en admettant aussi celui de Protagoras. Si les choses n'ont pas une essence propre et objective, si elles ne sont que ce qu'elles paraissent être, en sorte que la sensation individuelle, mobile, infinie du sujet soit leur seule mesure, alors en effet chaque homme a le droit de donner aux choses plusieurs noms, et de les changer au gré de ses sensations changeantes.

---

sonnage, se fondant sur le rôle trop peu honorable, d'après eux, que lui donne ici Platon, et qu'il n'aurait pas donné à son ancien maître. Je ne vois rien qui justifie cette opinion.

Mais la thèse de Protagoras supprime toute distinction entre la science et l'ignorance, la sagesse et la folie, comme celle d'Euthydème, qui prétend que toutes les choses sont identiques pour tous les hommes, et cela partout et toujours, supprime toute distinction entre le bien et le mal : il faut donc reconnaître que les choses ont une nature propre, une essence qui leur appartient et qui est indépendante des sensations et des conventions arbitraires des hommes. S'il en est ainsi des choses elles-mêmes, il en sera de même des actions qui ont rapport à elles et qui ont aussi une essence propre et ne peuvent pas dépendre de nos caprices. Les actions sur les choses doivent donc se faire conformément à la nature des choses et à leur propre nature. On ne peut couper que comme le veut la nature de la chose à couper, et comme le veut aussi la nature de la chose qu'on appelle couper. Or, parmi les actions qui ont rapport aux choses, il faut compter le langage : il n'y a véritablement un langage que lorsque les mots sont conformes à la nature des choses qu'ils doivent exprimer, et conformes à l'essence même, à l'Idée et à la fonction propre du langage.

Le mot est un instrument qui doit être confectionné d'après l'Idée même de la chose à laquelle il doit servir, et il doit servir à la communication des idées. Il se compose de sons et de syllabes : ces sons et ces syllabes doivent donc répondre à la nature des choses qu'ils exprimeront. Les mots sont comme des images des choses exprimées par la voix, images qui doivent être naturelles si elles sont exactes. Et si l'on veut examiner avec soin la constitution des mots de la langue grecque, on verra que, bien analysés, ils expriment tous avec plus ou moins de clarté la chose qu'ils sont chargés de signifier et de représenter.

Socrate entre alors dans une série de recherches étymologiques où nous ne pouvons pas le suivre, dont la plupart sont fausses, quelques-unes étranges, et qui peut-être ne sont pas toutes sérieuses (1) : ce qu'il justifie d'ailleurs en observant que beaucoup de mots grecs ont été empruntés à des langues étrangères, ou altérés par un long usage, ou modifiés par les besoins de l'harmonie.

Mais il ne faut pas se borner à étudier la signification des mots en eux-mêmes : on peut pousser plus loin l'analyse, arriver à la matière élémentaire, au son primitif et simple, à l'atome vocal, pour ainsi dire, des mots. Ces éléments des mots ont aussi leur signification propre, leur vertu naturelle d'expression ; et les mots ne seront bien faits que s'ils sont formés de sons qui imitent, non des propriétés ex-

---

(1) Platon peut se jouer ici comme partout, mais il n'est pas possible de ne voir dans ces recherches qu'un jeu ironique, consistant à imiter, reproduire ou exagérer les essais étymologiques de ses adversaires ; car ces mêmes étymologies sont répétées par Platon dans des dialogues où tout est sérieux et où on ne peut soupçonner la moindre intention d'ironie. Ajoutons enfin que quelques-unes d'entre elles sont si fondées, qu'elles sont entrées comme certaines dans la science moderne. Par exemple : Pluton dérive de πλοῦτος.

térieures, accidentelles, mais la nature essentielle des choses qu'ils sont chargés de signifier.

Et Socrate, saisi d'une espèce d'enthousiasme sacré et de délire divin (1), essaie de montrer par quelques exemples la signification naturelle, essentielle de quelques lettres : du ρ qui imite et exprime le mouvement, de l'ι qui imite et exprime la ténuité et la pénétrabilité.

Ici Cratyle intervient dans le dialogue et continue la conversation commencée avec Hermogène : il approuve la thèse de Socrate, mais il en tire cette conclusion sophistique.

Les mots, de leur nature, expriment et imitent la nature des choses : or, le discours se composant de mots qui tous expriment la nature vraie des choses, il n'y a plus de place pour l'erreur. Car, s'il y a des compositions de lettres et de sons qui ne répondent pas à la nature des choses, ce ne sont plus des mots : ils n'expriment et ne signifient rien ; ce ne sont plus que des bruits.

La dernière partie du *Cratyle* est consacrée à la réfutation de ces thèses sophistiques.

Le mot est une image de la chose ; mais l'image se distingue toujours de la chose qu'elle imite et n'en est pas l'équivalent absolu, sans quoi le nom de Cratyle serait la personne même de Cratyle. Ce sont deux choses différentes, et par conséquent il est possible que par ignorance ou mauvaise foi on

---

(1) 428, a, c. Il est fait ici mention d'Euthyphron comme ayant la manie passionnée des étymologies.

rapporte le mot image à un objet autre que celui auquel il se rapporte naturellement : d'où la possibilité de l'erreur. C'est encore par cette distinction nécessaire que s'expliquent dans la composition des mots la convention et l'arbitraire, car il y a place pour un art dans la composition de cette image : elle est plus ou moins parfaite, complète, exacte. Il y a donc un élément subjectif et arbitraire dans l'imposition des mots aux choses; il peut y avoir et il y a des noms mal faits et plus ou moins mal faits. Ainsi on reconnaît, dans certains mots qui expriment la dureté, des lettres qui représentent et imitent la douceur, et réciproquement. Dire que quand un mot est mal fait, que quand une image n'est pas complète, l'image n'est plus image, le mot n'est plus mot, c'est une exagération erronée : car cette imperfection est de la nature même de l'image, qui ne peut pas contenir tout ce qui est dans l'essence de l'objet.

Les mots ne sont donc pas produits seulement par la nature des choses, mais en partie aussi par la convention et l'usage, qui n'est autre chose que la convention. C'est pour cela que la connaissance philosophique ne doit pas se borner à étudier les mots, car il peut se faire qu'ils ne représentent pas exactement ni complétement les choses; il faut étudier les choses mêmes, comme l'ont fait nécessairement ceux qui ont institué le langage et qui ne pouvaient étudier les choses dans une image qui n'était pas encore faite, qu'ils ont faite suivant leur manière de concevoir les choses, et qu'ils ont quelquefois mal faite. Il semble, en effet, par l'analyse des mots examinés plus haut, qu'ils aient cru que l'essence des choses était mobile, changeante, variable. Or le beau et le bien en soi existent, et chacun est un être toujours identique à lui-même. Une chose quelconque même ne pourrait pas être ce qu'elle est, ni même être, si elle était emportée par un mouvement et un changement incessants. De même la connaissance implique la nécessité d'un repos, d'abord parce qu'il ne saurait y avoir de connaissance d'un objet qui n'aurait pas une essence fixe, stable, une manière d'être déterminée, ensuite parce que la connaissance doit demeurer connaissance, ne pas cesser d'être connaissance. Donc l'hypothèse d'Héraclite d'un flux éternel et universel supprime et l'être et le connaître des choses, et on se laisserait aller à cette erreur, si on ne les étudiait que dans les langues mal faites, qui n'en expriment pas la vraie essence.

La théorie des Idées apparaît ici comme déjà formée dans l'esprit du philosophe, mais présentée sans préparation ni développement, comme une espèce de vision, de rêve métaphysique (1).

---

(1) L'Idée du battant; 389, b (βλέπων) πρὸς ἐκεῖνο τὸ εἶδος... αὐτὸ ὅ ἐστι κερκίς... Sur la locution αὐτὸ ὅ ἐστι, voir *Phædon*, 75, b.; *Rep.*, X, 547.

L'Idée du nom : *Crat.*, 389, d, βλέποντα πρὸς αὐτὸ ἐκεῖνο ὅ ἐστιν ὄνομα... πάντα τὰ ὀνόματα ποιεῖν καὶ τίθεσθαι. 390, a, τὴν αὐτὴν ἰδέαν ἀποδιδῷ... τὸ τοῦ ὀνόματος εἶδος ἀποδιδῷ.

396, b. Dieu appelé ζεύς, ζῆνα, parce qu'il est la cause de la vie des êtres, δι' ὃν ζῆν ἀεὶ πᾶσι τοῖς ζῶσιν ὑπάρχει.

439, d. Le beau et le bon existent par eux-mêmes et sont chacun un être, ἓν ἕκαστον τῶν ὄντων, et toujours identique à lui-même.

L'édition la plus recommandée est celle de Heindorf, qui a joint le *Cratyle* à l'*Euthydème*. M. Cousin a traduit dans ses notes quelques passages curieux du Commentaire de Proclus sur le *Cratyle*, qui n'est qu'un extrait de ses Scholies, et qui a été édité par M. Boissonade (1).

Stallbaum, dans ses Prolégomènes, et Ast, dans la *Vie de Platon* (2), ne voient qu'une critique ironique dirigée contre l'école de Protagoras dans les recherches étymologiques du *Cratyle*. C'est une opinion que ne justifie guère la lecture de l'ouvrage. L'origine et la nature du langage est une question grave et très-philosophique qui a préoccupé et divisé les anciens comme les modernes (3). La solution de Platon est aussi sensée que forte : il y a un élément nécessaire et objectif et un élément contingent, arbitraire, libre, capricieux, subjectif dans le langage. Ses étymologies ne sont pas heureuses ni scientifiques, mais ce n'est pas une raison pour ne pas les croire sérieuses. Depuis quand donc la

---

(1) Leipsig, 1820, 8. *Excerpta ex Procli scholiis in Cratylum*.

(2) P. 265. *Eine durchgangige Persiflage der sophistischen Sprachforscher*. L'ironie se montre assurément dans quelques traits contre Prodicus avec ses leçons de 50 drachmes et d'une drachme, p. 384, b; contre Euthyphron, 396, 399; mais cela ne prouve pas que les étymologies du *Cratyle* ne soient qu'une plaisanterie.

(3) Φύσει τὰ ὀνόματα ἢ θέσει. Sext. Emp., *Adv. Math.*, I, 37; Aul. Gell., *N. Att.*, X, 4. « Rem sane in philosophiæ dissertationibus celebrem. » Aristote prend parti pour la seconde thèse, *de Herm.*, I, 2, 1. Les Stoïciens s'étaient prononcés pour la première.

science du langage et une doctrine rationnelle des étymologies sont-elles fondées (1)?

Les principes du moins sont profonds et vrais. La création du langage tient de l'art et de la science. Comme œuvre d'art, il doit avoir un modèle, un type, une Idée ; pour faire un mot, il faut savoir ce que c'est que le mot en soi. La science du langage nous apprend à le ramener à ses éléments, à le diviser, et à déterminer la signification de chacune de ses parties (2).

Ast a voulu fixer approximativement la date du dialogue. Il est question, p. 426 c., du mot ἴεσις que l'on écrivait autrefois, dit Platon, par un ε, et qu'on écrit maintenant par un η. Or on sait que les deux lettres η et ω, qui complètent l'alphabet ionien de vingt-quatre lettres, n'ont été introduites à Athènes

---

(1) Les travaux de Bopp, de Pott et de Curtius n'en ont pas enlevé tout arbitraire et toute fantaisie, et il y a bien des étymologies nouvelles qu'Ast trouverait ironiques si elles étaient de Platon. Du reste, il reconnaît lui-même que le sérieux se mêle au persiflage si intimement qu'on ne peut pas les séparer, ni toujours déterminer ce qui est ironique de ce qui ne l'est pas.

(2) Boethius, ad Aristot., de Interp., p. 314. « Plato vero in eo libro qui inscribitur Cratylus aliter esse constituit, orationemque dicit supellectilem quamdam atque instrumentum esse significandi res eas, quæ naturaliter intellectibus concipiuntur, eumque intellectum vocabulis discernendi ; quod si omne instrumentum secundum naturam est, ut videndi oculus, nomina quoque secundum naturam esse arbitratur. » Mais ce n'est là qu'un côté de la thèse de Platon, et Alcinoüs, c. 6, a raison d'ajouter : ἀρέσκει δὲ αὐτῷ θέσει ὑπάρχειν τῶν ὀνομάτων τὴν ὀρθότητα.

que sous l'archontat d'Euclide, Ol. 94, 2 = 403 (1). Donc le dialogue serait postérieur à cette date. Mais il est certain, par un fragment d'Euripide (2), que ces Ἀττικὰ γράμματα étaient déjà en usage du temps de ce tragique, mort en 405, non, il est vrai, dans les actes publics, mais dans l'usage particulier. Cela suffit pour ôter à la remarque d'Ast et à son argumentation toute force démonstrative.

On s'est quelquefois demandé quelle était la portée philosophique de ce dialogue, et pourquoi Platon avait institué une discussion si approfondie sur la question du langage, qui n'entrait pas naturellement dans le cercle de ses méditations. La pensée qui paraît avoir inspiré cet ouvrage se révèle vers la fin. Il s'agit de savoir si l'étude des mots peut suffire pour connaître les choses, question qui ne peut être résolue que par une analyse du langage, qui permet de saisir la nature de ses rapports avec les idées et les choses. Or c'était là une question philosophique au premier chef et d'un intérêt tout à fait actuel, puisque certaines écoles, abusant de la méthode de définition instituée par Socrate, les Cyrénaïques, par exemple, et les Mégariques, réduisaient les Idées à de purs mots, et la logique à une éristique purement verbale et par conséquent stérile et vide, tandis que les sophistes, s'emparant à leur tour de la confusion de l'idée et du mot, et les

---

(1) Wesseling, *ad S. Petit. Legg. attic.*, p. 194; Corsini, *Fast. attic.*, t. III, p. 276; Matthiæ, *Gr. Grecq.*, l. I, p. 23; Wolf, *Proleg. in Hom.*, p. 62.

(2) Athén., X, p. 454.

identifiant, niaient la possibilité de l'erreur et ruinaient le fondement de la science et de la philosophie. Déterminer les rapports vrais du mot à l'idée, du langage à la connaissance, est un problème éminemment philosophique, et on ne peut guère s'étonner qu'il ait occupé l'esprit de Platon.

33. *Le Théétète, ou de la Science.*

Dialogue d'essai, qui forme la première pièce de la quatrième trilogie d'Aristophane, et la deuxième de la deuxième tétralogie de Thrasylle, et par lequel quelques Académiciens conseillaient de commencer la lecture de Platon.

Euclide de Mégare (1), le célèbre fondateur de l'école qui porte ce nom, et quelquefois le nom d'école éristique, rencontre à Mégare, sur la place publique, Terpsion, ami comme lui et comme lui disciple de Socrate (2), à qui il raconte qu'il vient de reconduire sur la route d'Athènes le jeune Théétète, blessé, qu'on y ramenait de Corinthe. Le nom de Théétète rappelle à Euclide un long et in-

---

(1) Sur les rapports de Socrate avec cet Euclide, qu'il ne faut pas confondre avec le célèbre mathématicien d'Alexandrie de ce nom, voir Diog. L., II, 47, 106, 160, et III, 6; Aul. Gell., *N. att.*, VI, 10. A la mort de Socrate, c'est auprès de lui que se réfugièrent les disciples effrayés et que se reforma l'école dispersée.

(2) Il ne nous est connu que par Platon, qui le fait assister, comme Euclide, au dernier entretien de leur maître commun. *Phædon*, 59, b.

téressant entretien que ce jeune homme intelligent, laborieux, instruit autant que brave, avait eu avec Socrate en présence de Théodore, l'illustre mathématicien (1). C'est cet entretien, qu'Euclide avait eu soin de conserver par écrit, et de compléter avec les remarques et observations de Socrate même, qui est lu aux deux amis par un esclave. Qu'est-ce que la science? tel est le sujet de la discussion (2).

Si on la ramène à la sensation, cela revient à dire avec Protagoras que l'homme est la mesure des choses, en ce sens que les choses ne sont que ce qu'elles paraissent être dans la sensation mobile, personnelle, changeante. Le fondement de cette maxime, c'est le principe d'Héraclite : que tout est

(1) Théodore de Cyrène, mathématicien, astronome, musicien, que Platon avait entendu à Cyrène, et peut-être à Athènes, figure honorablement dans trois dialogues : *le Théétète, le Sophiste* et *le Politique.* Conf. Diog. L., II, 8, 103 ; Apul., *de Dogm. Plat.*, p. 2. Théétète est un Athénien qui est mentionné également dans les deux derniers. *Politic.*, p. 257 ; *Sophist.*, 218, b. C'est peut-être le mathématicien célèbre mentionné par Proclus (*ad Euclid.*, II, p. 19) et auquel Suidas et Eudocia attribuent le premier traité sur les cinq corps réguliers. V. K.-F. Hermann, *Gesch. u. Syst.*, p. 658, et Boeckh., *Philol.*, p. 163.

(2) Avant d'entamer la discussion, Socrate s'explique sur sa propre méthode et sur son art particulier d'accoucher les esprits, sur la maieutique. Impuissant à produire, Socrate excelle à tirer de l'esprit des autres les pensées dont il est plein et, pour ainsi dire, gros, p. 148, e, ὠδίνεις γὰρ, διὰ τὸ μὴ κένος, ἀλλ' ἐγκύμων εἶναι. L'âme de l'homme n'est jamais vide : elle est pleine d'idée ; il s'agit de mettre au jour ces idées qu'elle possède, et cet art, c'est la dialectique.

en mouvement; rien n'est en soi et n'a en soi une qualité, propriété, essence déterminée et fixe : mais, au contraire, chaque chose n'est que dans et par son rapport à une autre, n'est que ce rapport même par lequel elle est ce qu'elle est, ou plutôt par lequel elle devient ce qu'elle paraît être. Rien n'est; toute chose n'est qu'un éternel devenir, et il faut dire cela non-seulement de l'objet que la sensation fait percevoir, mais du sujet qui le perçoit par la sensation. Il en résulte que toute sensation n'étant qu'un rapport individuel, mobile, mais réel du sujet et de l'objet, toute sensation est nécessairement vraie, car il n'est pas possible de nier qu'on sente ce qu'on sent. La sensation étant nécessairement vraie, et n'étant pas susceptible d'erreur, constitue la science même. Mais de cette proposition, il résulte :

I. Que l'animal tout comme l'homme, en tant que capable de sensation, est la mesure des choses.

II. Que la sensation de tout homme valant pour lui celle d'un autre, personne n'a le droit de prétendre, pas même Protagoras, qu'il en sait plus qu'un autre.

III. Que la mémoire, excluant par sa nature la sensation actuelle, ne peut être considérée comme une connaissance.

IV. Si la sensation est la science, en regardant un objet avec un œil ouvert et l'autre fermé, on sait à la fois et on ne sait pas.

A ces objections, Socrate lui-même répond, au nom de Protagoras :

A la première, que ce n'est pas une argumentation ni une preuve logique ;

A la deuxième, que la supériorité ne consiste pas dans le plus ou moins de vérité des opinions, qui sont toutes égales sous ce rapport, mais dans la situation plus ou moins avantageuse, utile, qu'elles font à chaque homme. Les opinions ne sont pas plus vraies, mais elles sont meilleures les unes que les autres ;

A la troisième, que dans un système où l'on admet que tout est dans un changement perpétuel, on ne peut admettre le phénomène de la mémoire qui implique l'identité du sujet ; et quant à la dernière, l'homme n'étant pas un, mais plusieurs, et ces plusieurs se multipliant à l'infini, puisque le changement est incessant, il n'est pas étonnant qu'on puisse dire que ce qui paraît un et ne l'est pas, sache et en même temps ne sache pas.

Il faut donc serrer de plus près l'argumentation.

I. En reconnaissant que toute opinion fondée sur une sensation est nécessairement vraie, Protagoras accorde que l'opinion de ceux qui contredisent sa doctrine est vraie, et par conséquent il est obligé par son principe d'avouer que son principe est faux.

II. L'opinion que certains individus voient plus juste que d'autres le résultat à venir d'une action présente, et donnent aux individus comme aux États des conseils plus utiles, — et l'utile regarde le temps à venir, — ou doit être repoussée, ce qui est contraire à la plus vulgaire expérience, car l'homme n'a pas en lui la règle des choses à venir, et il est trop clair que les choses ne deviennent pas pour chacun telles qu'il se figure qu'elles seront; ou bien elle implique qu'il y a des opinions vraies et des opinions fausses, une connaissance et une ignorance, ce qui renverse le principe que toute science est sensation, est égale en tant que sensation (1).

III. Le principe d'un mouvement et d'un changement éternels et universels, dans la catégorie de l'espace, comme dans celle de la qualité, supposent la possibilité de la sensation elle-même : car puisqu'elle est par hypothèse le rapport de deux termes incessamment changeants, ce rapport change aussi sans cesse, devient incessamment autre qu'il n'était, et ne peut jamais être fixé, ni par l'esprit, ni par le langage. Si à un moment donné ce rapport est la sensation, à ce même instant il cesse aussi d'être la sensation, puisqu'il change sans cesse. Il n'y a donc pas d'idée ni de mot qui puisse représenter cette fluidité, ce néant du devenir éternel. Si donc la sensation est la science, la science est une chose dont on ne peut pas plus dire qu'elle est la sensation que dire qu'elle ne l'est pas.

(1) Ici se place un véritable épisode, une digression sur la vie philosophique comparée à la vie des affaires et de la politique. Platon soutient, 176 a, que le mal ne peut pas être détruit sur la terre, et dans notre nature mortelle, quoiqu'il ne faille pas voir en lui une essence divine; que la perfection étant étrangère à ce monde, pour y arriver, il faut le fuir, et que le fuir n'est autre chose que de s'efforcer de ressembler à Dieu, souveraine sagesse et vertu parfaite. Lui ressembler, c'est donc être juste et saint avec intelligence.

La discussion sur l'hypothèse d'Héraclite et de Protagoras (1) semblerait devoir amener une discussion sur l'hypothèse contraire de Parménide et des Éléates : mais Socrate l'ajourne (2) et examine en elle-même la définition donnée par Théétète de la science.

Les sens ne nous donnent que des sensations et des idées individuelles et isolées, et chacun d'eux a son domaine propre d'où il ne peut sortir. Or les qualités qui sont communes à plusieurs objets qu'il n'est pas du ressort du même sens de connaître, comment arriveront-elles jusqu'à nous, s'il n'y a pas en nous une Idée unique, une âme où se rapportent tous nos sens et en fait l'unité (3)? La notion de l'être, de l'identité, de la différence, du nombre, de la beauté et de son contraire, du bien et de son contraire, par quel sens nous seront-elles connues? Notre âme les voit par elle-même, αὐτὴ δι' αὑτῆς, car nous n'avons pas d'organe sensible pour les voir.

Il y a donc des choses que l'âme connaît par les sens, et d'autres qu'elle connaît par elle seule, et par elle-même : et de cette dernière catégorie est l'essence, dont la connaissance constitue la science même ; car qui ne connaît pas l'essence d'une chose, ne connaît vraiment pas la chose.

La science n'est donc pas une sensation, mais

---

(1) On peut la voir exposée dans Sextus Empiricus, *Pyrrhon. Hyp.*, I, 216-219, et *adv. Math.*, VII, 59-64 et 369-388. Conf. Diog. L., X, 51; Cicér., *Acad.*, II, 46.
(2) C'est dans *le Sophiste* que les Éléates sont pris à partie.
(3) *Théét.*, 184, d.

une réflexion opérée par l'activité de l'âme sur ses sensations, et cette opération s'appelle l'opinion vraie, le jugement vrai, ἡ ἀληθὴς δόξα.

Ici intervient, un peu épisodiquement, la recherche sur la nature et l'origine de l'erreur.

1. Examinée au point de vue du sujet, l'erreur est bien difficile à comprendre : car c'est, dit-on, un jugement faux : mais ou je sais de quoi je juge, ou je l'ignore : si je le sais, comment mon jugement peut-il être erroné : si je l'ignore, comment en puis-je porter un jugement ?

2. Si l'on rapporte l'erreur à l'objet, et qu'on dise qu'elle consiste à affirmer comme étant un objet qui n'est pas ou le contraire : on répond d'abord que ne pas se représenter un objet, c'est ne pas juger, et alors il n'y a pas de place à l'erreur ; et ensuite que le non-être n'étant pas susceptible de se représenter à l'esprit, l'erreur n'est pas davantage admissible.

3. Si on prend l'erreur pour la confusion faite par l'esprit entre ses différentes affirmations, on retombe dans les mêmes difficultés que précédemment : car quel esprit ayant présentes à lui-même deux représentations différentes, les confondra en une seule et même, c'est-à-dire prendra l'une pour l'autre ?

4. Expliquer l'erreur par la différence des représentations de la mémoire avec les sensations présentes, laisse en dehors de l'explication les erreurs qui portent sur les Idées abstraites, générales, métaphysiques.

5. L'expliquer en admettant que l'on peut posséder un savoir latent et virtuel, distingué d'un savoir en acte et appliqué (1), c'est admettre qu'on sait à la fois et qu'on ne sait pas une même chose, et renverser le principe de toute connaissance. Mais il est probable que toute recherche sur la cause de l'erreur est mal engagée, si on ne connaît d'abord la vraie nature de la science. Nous avons dit que le jugement vrai la constituait : mais c'est une définition inacceptable comme on peut s'assurer par cette simple observation. La rhétorique parvient, sans connaître et sans faire connaître la vraie essence des choses, à inspirer aux juges et aux membres des assemblées du peuple, des opinions et des jugements vrais. La science est donc autre chose que le jugement vrai.

Obtiendrons-nous enfin un résultat plus satisfaisant, en ajoutant à notre définition les mots : *avec explication*, μετὰ λόγου, en sorte que la science soit le jugement vrai accompagné d'une explication?

Observons d'abord qu'on a eu peut-être raison de dire que les éléments simples dont sont composées les choses, l'univers comme l'homme, sont inexplicables parce qu'ils sont indécomposables. Les composés seuls sont susceptibles d'une explication, d'une démonstration, qui consiste précisément à les ramener à leurs éléments simples;

(1) Posséder n'est pas la même chose qu'avoir, οὐ τοίνυν μοι ταὐτὸν φαίνεται τὸ κεκτῆσθαι τῷ ἔχειν. On saisit ici l'origine de la fameuse distinction de l'acte et de la puissance, p. 197, C. Conf. Trendelenburg, *de Anim.*, p. 314; ma *Psychol. de Plat.*, p. 403.

ceux-ci par conséquent ne sont ni explicables ni scientifiquement connaissables; il faut se borner à les percevoir et à les nommer.

Prenons pour exemple la syllabe :

1. Si la syllabe est la totalité de ses éléments, et si l'on admet qu'on puisse avoir une science de la syllabe, on aura une science d'une totalité, sans avoir une science des parties de cette totalité.

2. Dira-t-on que la syllabe est une forme une en soi, ἕν τι γεγονὸς εἶδος, μίαν ἰδέαν, différente de la totalité de ses éléments, et qu'un tout, ὅλον, est différent d'un total, πάντα? Cela ne peut en tout cas avoir lieu dans un tout qui a des parties, et quel tout n'a pas de parties? Il faudrait donc reconnaître que la syllabe n'est pas une totalité, qu'elle n'a pas de parties, qu'elle est simple, et que comme telle elle échappe à une explication scientifique.

3. D'ailleurs l'expérience ne nous apprend-elle pas au contraire que c'est par leurs éléments simples que nous avons appris à connaître les choses, par les lettres isolées à former et à assembler les syllabes? En toute chose les éléments sont plus faciles à connaître que leurs combinaisons. Ainsi, il est déjà difficile d'admettre que la science est un jugement vrai accompagné d'explication, et nous nous en assurerons davantage encore si nous examinons tous les sens de ces mots μετὰ λόγου.

1. On peut entendre par λόγος l'image de la pensée exprimée par la parole : mais il est clair que toute pensée vraie exprimée dans le langage serait alors une science.

2. On peut entendre l'énumération des éléments isolés : mais l'exemple de la syllabe montre que si on ne connaît l'essence des éléments, on ne peut avoir une science des composés.

3. Enfin, on peut entendre la détermination du caractère propre, de la différence de la chose, et c'est cette détermination de la différence propre qui constitue la science. Mais alors la science est le jugement vrai accompagné de science, ce qui forme un cercle, puisque la science est définie par elle-même.

La définition de la science n'est donc pas trouvée, et il faut appliquer à ce grave sujet de plus sérieuses méditations, que Socrate ajourne à un autre temps.

L'entretien se termine là sans conclusion dogmatique et positive.

Aucune difficulté ne s'élève entre les interprètes de Platon sur la pensée fondamentale et le but du dialogue : il s'agit de rechercher quelle est la vraie essence de la science. La méthode employée à la discussion de ce grave problème est une méthode négative et critique, qui écarte toutes les solutions proposées de la question ou comme fausses et contradictoires, ou comme obscures, ou comme insuffisantes, mais qui, tout en ne substituant pas expressément à ces solutions une doctrine propre, sème à pleine main les principes qui doivent y conduire et la préparent. La science a pour objet ces éléments indécomposables, antérieurs et supérieurs à toute impression des sens, et à toutes les sensations qui en sont le résultat, notions que notre âme voit par elle seule, par son activité propre, qu'elle possède en puissance ou en acte, dont elle est pour ainsi dire grosse : telles sont les notions de l'être, de l'identité, du nombre, du beau, du bien, du juste. Or ces notions que sont-elles ? Précisément les Idées de Platon.

Ce dialogue, l'un des plus intéressants et des plus parfaits de l'auteur, n'a pas été l'objet d'études ni d'éditions spéciales récentes : je ne connais que celle d'Heindorf, enrichie des remarques du savant Buttmann, Berlin, 1805 et 1829.

34. Le Sophiste, ou de l'Être.

Dialogue logique, qui fait la première pièce de la seconde trilogie d'Aristophane, et la troisième de la seconde tétralogie de Thrasylle.

A l'exception d'un personnage anonyme, qui défend la philosophie de l'école de Parménide et de Zénon, nous retrouvons les mêmes interlocuteurs que dans le *Théétète*, c'est-à-dire Socrate, Théétète et Théodore. La question proposée par Socrate est de déterminer la vraie nature du sophiste, et de marquer en quoi il se distingue de l'homme d'état et du philosophe (1). L'étranger

---

(1) Après avoir ici réuni les noms du sophiste, du politique et du philosophe, p. 217, a, Platon promet plus loin de consacrer à ce dernier une recherche spéciale, semblable à celle qui est l'objet du *Sophiste*, p. 254, b., et à celle qu'il consacre au

d'Élée est chargé de la résoudre : sa méthode consiste dans une combinaison de la définition et de la division, qui poursuit et décompose sans relâche l'espèce qui renferme l'objet, et cette division est régulièrement bipartite. Il prend le genre le plus élevé dans lequel est compris le sophiste, et par la division arrive à la différence la plus propre. C'est ainsi qu'il place tour à tour le sophiste dans le genre du chasseur, et spécifie les différences qui constituent son art et le séparent de l'art de tous les autres chasseurs. Il obtient par là les définitions suivantes : La sophistique est une espèce de chasse, ou d'art de prendre, par l'appât trompeur de la

Politique, où il reproduit cette promesse, p. 257, a. Τάχα δέ γε ὀφειλήσεις ταύτης τριπλασίαν (χάριν), ἐπειδὰν τόν τε πολιτικὸν ἀπεργάσωνταί σοι καὶ τὸν φιλόσοφον. Ce dernier ouvrage a-t-il été exécuté? Schleiermacher croit le trouver dans le *Phédon* et le *Banquet*, qui présentent Socrate comme l'idéal du philosophe ; à quoi Stallbaum objecte, non sans raison, que c'est le cas de presque tous les dialogues de Platon. Quant à ce dernier, il croit voir dans *le Parménide* ce troisième membre de la trilogie promise, τριπλασίαν χάριν, que je n'y retrouve nullement. Car d'abord *le Parménide* ne me paraît présenter en aucune façon l'idéal platonicien du philosophe ; en second lieu, les acteurs et la scène sont complétement changés et ne se lient pas avec *le Sophiste*; enfin ce n'est plus ni l'hôte d'Élée, ni Socrate, qui jouent le grand rôle, et quelque idée qu'on se fasse de la valeur de l'ouvrage, ce n'est pas assurément Parménide que Platon aurait présenté comme le parfait philosophe. Suidas, v. φιλόσοφος, nous apprend qu'on désignait aussi sous ce titre le XIII⁰ livre des *Lois*. (Conf. Nic., *Arithm.*, I, 3, Chalcid., *in Tim.*, p. 348.) On ne sait pas quel ouvrage veut désigner le mythographe cité par Bode, p. 171, par ces mots : « Plato ipse in libro qui φιλόσοφος inscribitur, testis est. »

science, et tout en poursuivant un salaire en argent, les jeunes gens riches ou distingués ; ou l'art d'acquérir à l'amiable, par le négoce des choses de l'âme, et en vendant des discours et des connaissances relatives à la vertu ; ou encore l'art de gagner de l'argent par la discussion et la controverse; ou l'art de purifier l'âme par un enseignement et une éducation qui emploient comme procédé la réfutation, afin de confondre en nous la vanité de la fausse science. Mais de toutes ces définitions, quelle est celle qui convient proprement au sophiste et enseigne à devenir un sophiste? Il est certain que c'est un *disputeur* (1) qui paraît posséder sur toutes choses une science apparente, apparente, disons-nous, car il est impossible qu'un seul homme sache réellement tout. L'art du sophiste n'est donc qu'une pratique d'imitation trompeuse, le talent de faire illusion, un prestige agréable et menteur. Ici s'élève une difficulté grave, et que la thèse de Parménide rend plus grave encore.

L'art de faire illusion, de paraître et de ne pas être, de dire quelque chose qui semble vrai et n'est pas vrai, l'erreur, en un mot, est bien difficile à comprendre : — car elle implique l'être du non-être, que nie expressément Parménide. En effet, celui qui ne dit *rien* ne peut faire une erreur; celui qui dit quelque chose, dit quelque chose qui est, et comme on suppose que c'est une erreur, ce quelque chose qui est doit être supposé en même

---

(1) Ἀντιλογικοί, p. 232, b.

temps comme n'étant pas, puisque l'erreur est le contraire de ce qui est. Or, si le non-être n'est absolument pas, comme le soutiennent Parménide et son école, il ne peut être ni exprimé ni pensé ; aucun attribut ne peut lui être appliqué, pas même celui du nombre (1), pas même celui de faux, d'inexplicable ; et Parménide donne ainsi aux sophistes un principe métaphysique qui leur permet de soutenir scientifiquement l'impossibilité de l'erreur. Si donc nous croyons qu'il y a des opinions fausses et des jugements erronés, nous sommes obligés de montrer que le non-être est, que l'être n'est pas, et dans quel sens nous devons entendre ces termes lorsqu'ils sont ainsi appliqués.

Cherchons d'abord ce que c'est que l'être. Parmi les philosophes, les uns posent trois, d'autres deux principes des choses ; d'autres en admettent un seul, l'être : ce sont les Éléates. Prenons-nous-en à ceux-ci. Suivant eux l'être est un ; mais si l'un ne diffère pas de l'être, il n'y a dans leur proposition que deux mots pour une seule chose : et l'on ne comprend même pas qu'il puisse y avoir un mot quelconque, une forme et expression quelconque de l'être ; car ou le mot différera de la chose exprimée, et voilà encore deux principes, ou, s'il est identique à la chose, il arrive que c'est un mot qui ne répond à aucune chose, que c'est le nom d'un nom, le mot d'un mot, et comme ici il est identifié à l'un, l'un

---

(1) On ne doit donc dire ni au singulier le non-être, ni au pluriel les non-êtres, puisque le nombre ne peut lui appartenir.

c'est l'un de l'un, et non plus l'un du mot(1), c'està-dire que l'un n'a de rapport qu'avec lui-même, et n'en a plus même avec le mot qui devrait l'exprimer.

Autre argument.

Les Éléates donnent à cet un la forme d'une sphère et le conçoivent comme un tout : mais alors il doit avoir des parties, un centre au moins, et une circonférence; et si rien n'empêche qu'un tout composé de parties ne participe de l'unité, il est impossible qu'il soit l'un même, qui ne se dit rigoureusement que de ce qui est sans parties; et dans ce cas l'être, identifié avec le tout, participera bien de l'unité, mais ne sera pas l'un même, et s'il en est différent, nous voici revenus à poser deux principes au moins dans l'univers. Dirons-nous que l'être *n'est pas un* tout, puisqu'il ne fait que participer à l'unité, et maintenons-nous que le tout est? alors l'être n'est pas : il est le non-être; l'être se manque à lui-même : et de plus l'être et le non-être, ayant chacun leur nature à part, posent encore la pluralité des principes.

D'autre part, si le tout n'est pas, non-seulement l'être n'est plus à son tour, mais il n'aura jamais existé : car tout ce qui arrive à l'existence y arrive en formant un tout. Ainsi, si l'on supprime l'attribut être du tout et de l'un, on supprime l'être

---

(1) Je supprime ici, p. 244, d, la correction de Schleiermacher, qui lisait καὶ αὖ τοῦ ὀνόματος αὐτὸ ἓν ὄν, et j'adopte la leçon de Stallbaum, qui donne οὐ τοῦ ὀνόματος, κ. τ. λ.

même, et, si on le maintient, on pose la pluralité des principes.

Voilà quant au nombre des principes, et à la question de savoir si l'être est unité ou pluralité. Mais si nous voulons rechercher quelle est son essence, nous arriverons encore à reconnaître que la nature de l'être présente autant de difficultés que celle du non-être.

Les uns (1) confondent le corps et l'être; les autres (2) ne reconnaissent pour êtres véritables que des espèces d'Idées ou de formes intelligibles et incorporelles (3) : le corps n'est qu'un devenir, c'est-à-dire un mouvement pour arriver à l'être.

On peut réfuter les premiers, en leur demandant s'ils ne pensent pas que l'être animé soit un corps où vit une âme; et s'ils n'attribuent pas à cette âme des propriétés réelles, telles que la sagesse et la justice. S'ils l'admettent, ils sont forcés de reconnaître dans l'âme et dans ses propriétés essentielles des êtres incorporels. S'ils résistent encore, peut-être admettront-ils cette définition de l'être (4). L'être est ce qui possède naturellement,

---

(1) Les philosophes de l'école ionienne, les Atomistiques et les Cyrénaïques.

(2) D'après Schleiermacher, l'école de Mégare. Si la conjecture est juste, le mérite de la doctrine des Idées lui revient en partie. Il est vrai qu'ils faisaient de ces Idées des êtres immuables, immobiles, sans vie, Aristot., *Met.*, XIV, 4, οὐσίας ἀκινήτους, sans rapport avec la réalité ni entre elles, des Idées purement abstraites.

(3) p. 246, b. Νοητὰ ἄττα καὶ ἀσώματα εἴδη.

(4) 247, e. Τὸ καὶ ὁποιανοῦν κεκτημένον δύναμιν εἴτ' εἰς τὸ

dans une mesure quelconque, la puissance de faire d'une chose une autre, ou de recevoir, ne fût-ce qu'une fois, d'un agent quelconque, la modification la plus légère. En un mot, s'ils admettent que l'être n'est autre chose que la puissance, il faudra qu'ils avouent que l'être n'est pas le corps.

Maintenant que dirons-nous aux partisans des Idées, qui les considèrent comme des essences immuables, sans vie, sans mouvement, sans rapports ni entre elles ni avec le monde extérieur et réel, pour qui l'être est essentiellement en repos et n'est susceptible ni de causer ni d'éprouver aucune modification, de quelque genre qu'elle soit? Ils distinguent le devenir de l'essence ou de l'être. C'est par le corps et au moyen de la sensation que nous communiquons avec le devenir, par l'âme et au moyen de la pensée que nous communiquons avec ces êtres éternels et immuables, qui se distinguent précisément par leur identité et leur éternité du monde incessamment changeant et mobile du devenir. — Or cette communication est une action ou une passion, résultat d'une puissance, δυνάμεως, et de la puissance des deux êtres mis en rapport (1). S'ils disent que cette puissance, soit active, soit passive, n'appartient pas à l'être absolu, mais au devenir

---

ποιεῖν ἕτερον ὁτιοῦν πεφυκὸς εἴτε εἰς τὸ παθεῖν καὶ σμικρότατον ὑπὸ τοῦ φαυλοτάτου... τὰ ὄντα ὡς ἔστιν οὐκ ἄλλο τι πλὴν δύναμις. Profonde définition que recueille Aristote, et dont il semble avec Leibniz avoir ravi à Platon la gloire.

(1) Remarquez que le devenir est ici pour Platon une force, une puissance, soit active, soit passive.

seulement, nous leur demanderons : Admettez-vous que l'âme connaît, que l'être est connu? — Ils ne peuvent pas le nier; car comment sans cela poseraient-ils l'existence des Idées si notre âme ne pouvait pas les connaître, si les Idées ne pouvaient par essence être connues? Ils seront donc réduits à cette absurdité de soutenir que connaître n'est pas une action, qu'être connu n'est pas une passion. Oui, c'est une absurdité de prétendre que la pensée est autre chose qu'une certaine modification, une certaine affection de l'être pensant et de l'être pensé, c'est-à-dire un mouvement.

Quoi! l'être absolu n'aurait pas le mouvement? Il n'aurait donc ni la vie, ni l'âme, ni la pensée? Il ne sera ni connaissant ni connu : sans le mouvement, il n'y a plus de connaissance et plus de pensée d'aucune chose. Or il est certain que la connaissance existe (1), donc le mouvement existe, et il existe dans le sujet qui connaît pour qu'il puisse connaître, dans l'objet qui est connu pour qu'il puisse être connu.

Mais, d'un autre côté, si tout est livré à un mouvement absolu et perpétuel, rien ne pourra plus être identique à lui-même, ni dans ses modes ni dans sa durée; ce qui parvient à la conscience doit rester cependant le même, au moins dans l'instant fugitif où il est perçu : car, s'il change à l'instant où il est perçu, la connaissance n'est plus possible,

(1) Cette prémisse n'est pas exprimée : mais elle est le fondement logique et nécessaire de tout le raisonnement.

elle-même change et devient autre chose que la connaissance (1). Or non-seulement la connaissance est possible, mais elle est réelle et certaine : donc le repos est, comme le mouvement. Mais le repos et le mouvement (2) sont des contraires réunis et unis dans l'acte de la connaissance. Il faut donc admettre que les contraires coexistent dans le même sujet, et qu'on peut dire d'une chose à la fois qu'elle est une et plusieurs, en mouvement et en repos, même et autre, en un mot à la fois qu'elle est et qu'elle n'est pas ; il faut admettre qu'on peut allier les genres et réunir les Idées, et repousser ces logiciens à outrance qui ne permettent pas de dire une chose d'une autre. En effet il n'y a que trois hypothèses possibles à l'égard de cette communication des genres :

I. Ou aucune Idée ne participe à une autre, et alors le mouvement et le repos ne participant pas à l'être ne sont pas, et l'opinion de ceux qui admettent le mouvement et la pluralité, comme de ceux qui ne reconnaissent que l'unité immobile, s'écroule en même temps. Mais c'est là une opinion absurde que réfute le langage même de ceux qui la soutiennent : car ils ne peuvent s'empêcher d'unir en pensant et en parlant ces genres, être, le même, autre.

II. Ou bien toutes les Idées communiquent in-

(1) Même réfutation dans *le Cratyle*, p. 440.
(2) Outre le mouvement et le repos, il faut poser l'être comme distinct des deux autres, car il se dit des deux et par conséquent ne peut être confondu ni avec l'un ni avec l'autre.

différemment entre elles, ce qui est encore plus absurde, puisque le mouvement serait le repos et l'être serait le non-être.

III. Il reste donc que certaines Idées puissent s'unir entre elles, et certaines autres non. La science qui nous apprend quelles Idées peuvent s'unir, quelles Idées ne peuvent pas s'unir entre elles, c'est la dialectique, la dialectique qui consiste à diviser par genres, et à reconnaître l'identité des genres identiques, et la différence des genres différents. Pour en déterminer la nature avec plus de précision encore, disons qu'elle renferme ces quatre conditions :

1. Voir l'Idée unique qui embrasse une pluralité d'individus différents, ou former la notion d'espèce.

2. Apercevoir le lien pour ainsi dire extérieur qui embrasse, dans une Idée une, une pluralité d'espèces différentes, c'est-à-dire constituer la notion du genre.

Ainsi d'abord la dialectique cherche à découvrir le rapport de convenance qui lie les individus à l'espèce, et les espèces au genre ; puis elle doit :

3. Distinguer les uns des autres et les espèces et les individus enveloppés dans l'unité de l'espèce ou du genre, et considérer en soi, à part, une seule espèce ou un seul individu,

4. Et considérer à part une pluralité d'espèces ou une pluralité d'individus différents et distincts (1).

---

(1) M. Stallbaum, *ad Soph.*, 253, d, entend un peu autrement ce passage obscur :

1. Voir comment la notion générale, l'idée du genre s'accorde

C'est-à-dire apercevoir le rapport de différence qui sépare les uns des autres les individus, les espèces, et les genres.

En un mot, saisir l'identité comme la différence dans l'analyse et la synthèse, voilà la fonction du dialecticien.

Maintenant, si nous appliquons cet art de division et de synthèse, cette perception des rapports de convenance et de différence aux cinq genres du mouvement et du repos, du même et de l'autre, et enfin de l'être, nous verrons que la nature de *l'autre*, se trouvant dans tous les genres, rend chacun d'eux autre que l'être, et en fait par conséquent du non-être, puisqu'il n'est pas ce que sont les autres. Le non-être dont nous parlons ici, le non-être logique, n'est pas le contraire de l'être : c'est quelque chose d'autre. Il n'est question que des différentes significations d'un même mot (1), de différences logiques et verbales. Le non-être est donc, puisqu'il est *l'autre*. Le non-être ne supprime pas l'être

avec et pénètre dans les espèces ou genres inférieurs différents.

2. Comment les espèces ou genres inférieurs sont contenus dans le genre supérieur ou universel.

3. Comment chaque Idée en soi forme une unité, en liant dans l'unité toutes les parties qui la composent.

4. Comment se distinguent entre elles et se différencient une pluralité d'Idées.

(1) *Sophist.*, 251. Conf. Plut., *adv. Colot.*, c. 15. « Platon a merveilleusement démontré que le τὸ μὴ εἶναι diffère de τοῦ μὴ ὂν εἶναι, en ce que l'un supprime toute l'existence, et l'autre marque seulement la différence du participant et du participé, ἑτερότητα τοῦ μεθεκτοῦ καὶ τοῦ μετέχοντος. »

des choses auxquelles il s'applique : au contraire, il le pose plutôt, puisqu'il établit simplement leur différence, c'est-à-dire leur donne une essence, une nature différente de l'essence des autres choses. Quant au non-être absolu, au néant, nous n'essaierons même pas de discuter s'il existe ou non, s'il peut ou non être défini. Il nous suffit d'avoir montré que *l'autre* existe, c'est-à-dire que les choses contiennent un élément de différence ; que la nature de l'autre, que l'Idée de la différence pénètre dans tous les êtres quand on les compare les uns aux autres, et chacun à chacun ; enfin que c'est cet élément de différence, comparé à l'être des autres choses, que nous appelons le non-être. En ce sens, de même qu'on peut dire que le non-être est, on peut dire aussi de l'être qu'il n'est pas, puisque toute chose qui est est différente de toute autre chose, et par conséquent n'est pas ces autres choses. La négation qui précède un mot ne signifie pas le contraire, mais seulement quelque chose de différent et d'autre (1).

Maintenant, après avoir prouvé que le non-être existe, et comment il existe, nous dirons que l'erreur vient de ce que le non-être se mêle à nos pensées (2) et au langage qui en est l'expres-

---

(1) C'est évidemment de ce passage qu'Aristote a tiré sa double définition du non-être, qui tantôt signifie négation pure, ἀπόφασις, et supprime l'existence de la chose, tantôt est relative e privative, et nie seulement quelque attribut de l'objet. *Metaph.*, III, 63.

(2) Puisqu'on peut affirmer que les choses sont autres qu'elles

sion (1), et le sophiste, dont nous cherchons la définition, est précisément celui qui mêle au hasard le non-être à ses pensées et à ses discours, ou qui possède l'art d'imiter et de produire, à l'aide de la parole, des simulacres, c'est-à-dire des imitations des choses, faites sans la connaissance vraie des choses imitées. Telle est la race et tel le sang, comme dirait Homère, du vrai sophiste (2).

Je n'ai pas hésité à donner avec une certaine étendue l'analyse de ce dialogue, aussi considérable que difficile. Il renferme :

ne sont, c'est-à-dire qu'elles sont ce qu'elles ne sont pas, ou ne sont pas ce qu'elles sont.

(1) C'est dans le développement de ces idées que se trouve la belle définition de la pensée : un dialogue de l'âme avec elle-même, 264, a.

(2) A l'occasion de cette définition, on trouve encore dans Platon une division importante que nous devons faire connaître. Il y a une puissance qui est cause que ce qui n'était pas devient, qui produit par exemple les êtres vivants, les végétaux, les métaux. On peut attribuer cette puissance poétique, créatrice, soit à la nature, considérée comme une cause mécanique et aveugle, soit à une cause douée de raison et de science, c'est-à-dire à un dieu. Pour nous, le devenir est l'ouvrage d'un dieu, κατὰ θεὸν αὐτὰ γίγνεσθαι, p. 265. Mais la puissance de production de Dieu se divise en productions d'œuvres réelles et en productions d'œuvres apparentes, telles que les songes, et la puissance de production de l'homme se divise de même en productions d'œuvres réelles, telles qu'une maison, et d'œuvres apparentes, telles que les tableaux de la peinture, qui ne sont qu'une espèce de songe de notre composition, à l'usage des gens éveillés ; et cet art d'imiter se divise encore suivant qu'on connaît scientifiquement ou non les choses qu'on imite ou qu'on copie, et qu'on croit ou non les savoir. Ces distinctions sont importantes, et nécessaires même, pour comprendre les théories esthétiques de Platon.

1° Une méthode de divisions et de définitions que, tout en les plaçant dans la bouche d'un Éléate, et en se permettant ainsi de les exagérer un peu et d'y mêler une légère nuance d'ironie, Platon adopte pour son propre compte, comme il le montre ailleurs (1);.

2° Une critique des principes logiques et métaphysiques des écoles d'Élée et de Mégare;

3° Une exposition de la nature et des sources de l'erreur, fondée sur une profonde

4° Doctrine de l'être et du non-être qui n'existe qu'à la faveur de l'être, et n'est que la différence d'essence.

C'est dans cet important ouvrage que Platon, s'arrêtant sur la voie de l'idéalisme éléatique, montre que l'être, et l'être parfait, n'est pas substance pure, nue, vide, mais vie, pensée, force, cause, par conséquent mouvement, par conséquent rapport: c'est-à-dire que l'absolu enveloppe le relatif, l'immuabilité le mouvement, la permanence le changement, l'identité la différence, l'action la passion; en un mot, que l'être est l'unité où se concilient les contraires.

Cette profondeur d'analyse n'a pas empêché Socher de contester l'authenticité du *Sophiste* (2), qu'il croit contraire au platonisme, et qu'il attribue à un mégaricien. M. Stallbaum, qui combat avec

---

(1) *Phædr.*, 265, d; *Politic.*, 285, a; *Phileb.*, 16, c.
(2) Aristote y fait clairement allusion, *Met.*, V, 2. Διὸ Πλάτων τρόπον τινὰ οὐ κακῶς περὶ τὴν σοφιστικὴν τὸ μὴ ὂν ἔταξεν.

raison cette opinion, a tort, suivant moi, de ne voir qu'une critique ironique dans la pratique de la méthode des divisions. Outre l'édition de ce docte interprète de Platon, je ne connais à recommander que celle de Heindorf, Berlin, 1810. Porphyre avait écrit sur le *Sophiste* des commentaires cités par Boèce, et qui sont ou perdus ou enfouis ignorés dans les manuscrits des bibliothèques. On trouve dans Thémiste, Orat. XXIII, une imitation peu profitable de certaines parties de cet ouvrage.

35. *Le Politique, ou de la Royauté.*

Ce dialogue logique, d'après Thrasylle qui en fait la quatrième pièce de sa seconde tétralogie, forme la seconde de la seconde trilogie d'Aristophane.

Comme au *Théétète* est lié le *Sophiste*, puisque ce dernier dialogue est supposé avoir lieu le lendemain du premier (1), et entre les mêmes interlocuteurs, le *Politique* est lié au *Sophiste*; car nous y retrouvons encore les mêmes personnages, Socrate, Théodore, l'étranger d'Élée, Théétète, plus un jeune homme du nom de Socrate, qui avait assisté aux deux précédents entretiens (2), et la conversation est censée avoir lieu le même jour que celle du *Sophiste*. Seulement, c'est le jeune Socrate qui répond aux interrogations de l'étranger pour

---

(1) *Politic.*, 258, a. Θεαιτήτῳ μὲν οὖν αὐτός τε συνέμιξα χθὲς διὰ λόγων.

(2) *Théét.*, 147, c; *Soph.*, 218, b.

reposer Théétète des deux entretiens antérieurs dont il a supporté toute la fatigue (1).

Comme on a cherché précédemment ce qu'était le *Sophiste*, on cherche maintenant ce que c'est que le *Politique*, et on procède de la même manière, c'est-à-dire par la division successive et persévérante de l'idée la plus générale sous laquelle on puisse l'embrasser.

La Politique est une science; les sciences se divisent en sciences pratiques et sciences spéculatives; la science spéculative se divise en science de commandement et science de jugement; la science du commandement se divise en science du commandement qui préside à la production des êtres animés, et science du commandement qui préside à la production des êtres inanimés. La science du commandement qui préside à la production des êtres animés se divise en éducation particulière et éducation com-

(1) On veut trouver (Stallb., *Prolegg. ad Politic.*, p. 37) dans les rapports extérieurs de ces trois ouvrages, un indice certain de la date de leur composition : « Sophistæ et Politici arctior est cum eo (Theæteto) copulatio, quam ut vel absolutionis vel editionis tempus multum diversum esse potuerit. » Et pourquoi donc? Comment ! trente ans, quarante ans après avoir écrit un dialogue, Platon ne pouvait pas en écrire un autre qui eût les mêmes interlocuteurs, la même méthode, et qui fût censé avoir lieu dans le même endroit, et le même jour que le premier? Schleiermacher, *Plat. Werke*, vol. II, part. II, 251, et K. Fr. Hermann, *Gesch. u. Syst.*, p. 501 et 502, croient le *Politique* très-postérieur au *Sophiste*, 262, b. Mais qu'on en donne donc une raison ! Il est impossible de prendre une mesure plus arbitraire et plus téméraire. L'histoire se compose de faits que l'imagination ne peut pas deviner, ni le raisonnement découvrir.

mune. L'éducation en commun se divise en éducation des animaux apprivoisés et éducation des animaux sauvages (1). Les animaux apprivoisés et vivant en commun habitent les uns l'eau, les autres la terre ferme. Les animaux terrestres se divisent en ceux qui volent, et ceux qui marchent; ceux qui marchent se divisent en espèces à cornes, et espèces sans cornes; l'espèce sans cornes, en animaux qui reproduisent, et en animaux qui ne reproduisent pas en s'accouplant avec d'autres espèces : ceux-ci

(1) Ici se placent quelques règles logiques sur l'art de diviser, et particulièrement celle-ci : il faut que les parties obtenues constituent de véritables espèces ; et plus loin, 266, d, on observe que la méthode seule est importante, et que le contenu auquel elle s'applique, noble ou vil, est indifférent. La logique platonicienne est donc formelle, et ne se confond pas, comme celle de Hégel, avec l'ontologie, ou science du contenu. On retrouve p. 284, et sqq., encore des observations sur la méthode dialectique des divisions, où Platon montre en quoi l'on pèche habituellement : d'une part, en se hâtant de réunir des choses distinctes parce qu'on s'imagine qu'elles sont semblables; d'autre part, en ne divisant pas en parties et en espèces celles qui sont contenues dans un même genre. La seule et vraie méthode consiste, après avoir reconnu dans une pluralité d'objets un caractère commun, à ne pas les abandonner avant d'avoir découvert, sous cette ressemblance, toutes les différences qui peuvent se trouver dans les espèces diverses, c'est-à-dire, à diviser la pluralité en toutes ses espèces; et, quant aux différences qu'on remarque dans cette pluralité, de poursuivre l'examen jusqu'à ce qu'on trouve un caractère commun, une ressemblance qui permette de les enfermer dans l'unité essentielle d'un genre. Enfin, p. 287, c, la règle de la dichotomie est posée : Il faut diviser par membres naturels, κατὰ μέλη, quand on ne peut pas diviser par deux, car il faut toujours, dans les divisions, choisir le nombre le plus près de celui-là.

en bipèdes et en quadrupèdes, et les bipèdes en bipèdes à plumes et bipèdes sans plumes : ces derniers sont les hommes.

Un mythe nous aidera à compléter et à rectifier cette définition. Toutes les traditions rapportent que le monde a éprouvé dans sa constitution et ses lois des changements profonds. Le monde (1) est un être vivant, et doué d'un mouvement spontané, ζῶον ὂν αὐτόματον. Il a reçu de celui qui l'a ordonné, συναρμόσαντος, la raison. Tant que Dieu préside à son mouvement, il suit un mouvement régulier, et prend une direction sage; mais il est des périodes fatales, αἱ περίοδοι τοῦ προσήκοντος, où il faut (2) que cesse l'action de Dieu sur le monde, qui reste alors livré à lui-même. Or, comme il a un corps, et que l'immutabilité, l'identité, la persévérance dans l'être et l'essence n'appartiennent pas à ce qui est corporel, le monde livré à lui-même prend un mouvement contraire qui trouble et bouleverse la nature entière et fait sentir ses effets déplorables sur l'homme même (3). Ce mouvement est produit par une force innée, passionnée et fatale, εἱμαρμένη τε καὶ ξύμφυτος ἐπιθυμία (4). Et si Dieu, le temps voulu étant arrivé (5), ne venait pas reprendre le gouvernail du monde un instant abandonné par lui,

(1) 269, d.
(2) 272, e, ἔδει.
(3) Conf. *Timée*, 27, h; 36, b, c; 38, c; 68, e.
(4) 272, e.
(5) Προελθόντος ἱκανοῦ χρόνου ... ἐπειδὴ πάντων τούτων χρόνος ἐτελεώθη, καὶ μεταβολὴν ἔδει γίγνεσθαι.

15.

l'univers, assailli par l'effroyable tempête du désordre, irait sombrer, échouer, comme un navire désemparé, dans l'abîme de l'antique chaos d'où il l'a tiré déjà (1). Dieu sauve le monde menacé, et reprend la conduite de l'humanité dont il est le pasteur sage et bon. Dieu est donc le vrai Politique, celui qui s'occupe de conserver et d'améliorer le troupeau des humains confié à sa garde. Il est du moins le type idéal et le modèle du vrai roi, du vrai gouverneur, tandis que nos hommes d'État actuels ressemblent plutôt aux gouvernés. Il ne faudra pas perdre de vue ce modèle exemplaire dans nos recherches suivantes qui ont pour but de définir la vraie royauté. La discussion est reprise, et, après avoir fait observer quelques erreurs commises dans les divisions précédentes, l'étranger d'Élée recommence, en appliquant la même méthode, et en l'appliquant à l'art du tisserand pris pour exemple, à chercher la définition de la vraie politique.

On distingue trois sortes de gouvernements, dont les deux premiers se peuvent diviser chacun en deux espèces, ce qui porte le nombre des formes politiques à cinq :

(1) Il est impossible de mieux marquer deux causes actives concourant, comme le dira le *Timée*, coopérant à l'état du monde, ξυναίτια. Le chaos primitif, l'antique et primitive nature, τὸ τῆς πάλαι ποτὲ φύσεως ξύντροφον (concretum naturæ) est la cause de tout ce qu'il y a de laid et de mal ; Dieu, la cause de tout ce qu'il y a de beau et de bien dans le monde tel qu'il est. 273, c.

1. La monarchie ou le gouvernement d'un seul, qui règne par le consentement des citoyens et conformément aux lois;

2. La tyrannie ou le gouvernement d'un seul qui règne contre la volonté des citoyens, et n'a de lois que celles qu'il établit arbitrairement lui-même;

3. L'aristocratie, gouvernement d'un petit nombre de riches;

4. L'oligarchie, gouvernement d'un petit nombre de pauvres;

5. La démocratie.

Mais si la Politique est une science (1), et une science aussi difficile et aussi rare que toute autre science, on ne peut pas espérer rencontrer, soit un peuple, soit une oligarchie, soit une aristocratie qui la possèdent. Le gouvernement parfait est donc celui d'un seul (2), mais d'un seul agissant d'après les principes de la science, qui sont bien supérieurs aux lois, et qui les remplacent avantageusement. Car la loi ne considère pas les mille accidents qui diversifient les actes et en changent le caractère moral : par sa généralité même, la loi ne peut tenir compte de ces variétés infinies, et manque son

---

(1) C'est déjà la thèse qui sera magnifiquement développée dans la *République*, VIII, pr 551, c, sqq.

(2) C'est la théorie de la tyrannie sage et vertueuse que nous retrouverons dans les *Lois*, IV, 709, e : « Donnez-moi une ville soumise à un tyran ayant toutes les vertus, si vous voulez qu'elle ait le gouvernement le plus parfait, et qui la rende le plus heureuse possible. »

but. Le vrai roi est la loi animée, la raison vivante, νόμος ἔμψυχος (1).

Cependant les hommes répugnent à ce gouvernement, parce qu'ils désespèrent de rencontrer ce roi en qui la science a pour ainsi dire incarné la loi, et ils préfèrent le gouvernement des lois à tout autre. Quel qu'il soit, le gouvernement qui veut se rapprocher de cet idéal de perfection aura pour objet et pour but, d'abord de rendre tous les citoyens, par l'éducation, aussi bons que possible; ensuite par la législation de séparer les bons des méchants, et de se débarrasser de ceux-ci soit par l'exil, soit par la mort, et enfin, remarquant que dans la vertu même il y a des parties contraires, comme la force et la douceur, il cherchera à réunir dans l'âme de chaque citoyen, dans l'organisation des pouvoirs légaux, et dans l'État tont entier, ces deux vertus, de manière à en faire un mélange harmonieux et solide, et à croiser, dans un habile et magnifique tissu, à l'aide de l'amitié et de la communauté des idées, les caractères énergiques et forts, et les caractères modérés et doux (2).

La lecture de cet ouvrage, si intimement lié au

---

(1) 297 b., Conf. *Rép.*, IV, 425. Il n'y a aucune loi, aucune constitution supérieure à la science. Il n'est pas juste que la raison, qui doit commander à tout, obéisse et soit soumise à qui que ce soit. Xénophon appelle aussi le prince parfait, βλέποντα νόμον. *Cyrop.*, VIII, 1, 22.

(2) Il y a, dans cet art de ramener à l'unité, par un juste mélange et une proportion exacte, les caractères opposés et contraires, et de produire l'harmonie par l'accord des dissonances, quelque chose de pythagoricien. On retrouve la même pensée

Sophiste qu'on pourrait dire qu'ils ne forment qu'un seul et même dialogue, fait naître plusieurs questions intéressantes et délicates.

Pourquoi cet abus de la forme logique et de la méthode de divisions et de définitions, si opposée à l'art et à la grâce qui règnent dans tous les ouvrages de Platon?

Pourquoi ce long mythe qui, outre des parties obscures et d'une interprétation difficile, ne se lie pas très-intimement au sujet?

Enfin, quel est le vrai but que s'est proposé l'auteur? Stallbaum veut voir dans la forme sèche, aride, qui domine ici, comme dans le *Sophiste* et le *Parménide*, une preuve de l'influence qu'ont exercée à un certain moment sur l'esprit de leur auteur les logiciens de Mégare et d'Élée: et cela suffit pour le convaincre qu'ils appartiennent tous les trois à la même époque, c'est-à-dire à l'époque du voyage à Mégare. Il oublie de nous expliquer comment le *Théétète*, auquel il fixe la même date, a un caractère si différent. Je trouve d'ailleurs ces conclusions téméraires : car il est loin d'être certain que Platon ne fasse que reproduire et peut-être charger la méthode analytique des Mégariciens et des Éléates, sur laquelle on n'a pour ainsi dire aucun renseignement. Ce sont là de pures conjectures; il est toutefois intéressant de voir avec quelle science

---

dans la *Rép.*, II, 374 ; III, 410, b ; dans le *Timée*, p. 18, b, et dans les deux premiers livres des *Lois*.

ingénieuse M. Stallbaum cherche à leur donner l'apparence d'un fait historique (1). Le but du dialogue nous est exposé par Platon lui-même : comme le *Sophiste*, comme le *Parménide*, le *Politique* est un grand exercice de dialectique et un apprentissage d'une excellente méthode de recherche philosophique : ἕνεκα τοῦ περὶ πάντα διαλεκτικωτέροις γίγνεσθαι (2). Il n'y a pas en effet un homme de sens qui voulût consacrer tant de peine et de temps à la définition de l'art du tisserand pour cette définition même (3). Mais les habitudes d'esprit qu'on contracte dans ces analyses méthodiques et ces définitions sévères, on les transporte partout : περὶ πάντα (4), et s'il est bon de les montrer à nu, dans leur sécheresse et leur aridité, pour mieux en faire saisir le mécanisme et le jeu, quand l'esprit s'est fortifié et aiguisé dans ce rude exercice, il peut et il doit admettre une forme moins austère et non moins rigoureuse de l'exposition philosophique (5). Il n'y a donc pas lieu

---

(1) *Prolegg. ad Politic.*, p. 62, sqq.
(2) *Politic.*, 285, d.
(3) *Politic.*, id.
(4) La méthode se réduit à deux opérations : 1° diviser pour arriver à la différence propre et spécifique, qui, ajoutée au genre le plus prochain, donnera la vraie définition ; 2° opérer d'abord sur des idées analogues, mais simples, claires, familières, prises pour exemples, c'est-à-dire employer, comme Socrate, l'exemple, autrement dit, l'induction. Mais l'induction est une synthèse. La méthode parfaite est donc l'union de l'analyse et de la synthèse. Voir, sur ce sujet, le *Philèbe* et le *Phèdre*, p. 265, d.
(5) Il y a, en effet, et visiblement, une intention critique et

de s'étonner de trouver trois dialogues, et de n'en trouver que trois écrits dans ce style : cela suffit pour exposer la théorie et l'éclairer par des exemples.

Maintenant, quoiqu'il soit bien entendu que l'objet auquel s'applique la méthode dialectique est indifférent, Platon est trop artiste et trop pénétré de la valeur pratique de la philosophie pour appliquer un exercice de logique à des sujets vraiment indifférents. Si l'influence des sophistes dans la Grèce explique le choix du Sophiste, le rôle, plus important encore dans la vie du peuple athénien, des hommes d'État, explique le choix du Politique, et comme il est démontré ici que le véritable homme d'État n'est autre que le philosophe, le sujet s'agrandit, et à l'intérêt logique vient s'ajouter l'intérêt politique d'une part et l'intérêt philosophique de l'autre. Telles sont par exemple les parties où Platon expose ses idées sur la dignité de la politique quand elle consiste en une connaissance scientifique, sur la vanité ridicule de la routine expérimentale et du savoir-faire pratique qui la simulent et la déshonorent, sur l'idéal du gouvernement, sur les formes diverses qu'affectent les constitutions républicaines de la Grèce, sur les arts différents qui ne sont que les auxiliaires inférieurs et les ministres mercenaires (1) de la vraie politique.

ironique dans quelques fautes commises dans ces divisions prolongées et relevées par Platon lui-même, comme dans l'exagération fastidieuse et monotone avec laquelle elles sont poursuivies.

(1) Il est remarquable de voir Platon, dans cette classe infé-

On peut reconnaître dans ces aperçus rapides et ces vues résumées sur la politique les principes qui se développeront avec ampleur dans les grands ouvrages de la *République* et des *Lois*. Déjà ces idées larges et profondes répandent un intérêt qui se refuserait à la recherche dialectique exclusive, et introduisent dans le fond comme aussi dans le style un élément de variété nécessaire pour soulager l'esprit. C'est encore l'avantage et l'effet du mythe, assez mal rattaché d'ailleurs au sujet, et dont le but paraît être de montrer que, même dans l'univers soumis au gouvernement excellent des dieux, il est une loi fatale qui le condamne, à certaines périodes de son existence, à tomber dans le désordre, et presque à être précipité dans le néant (1). Il ne faut donc pas demander aux

---

rieure, avec les hérauts, les scribes, les devins, placer les prêtres qui, en Égypte, avaient une supériorité incontestée. La première place appartient toujours, chez Platon, à la science, c'est-à-dire à la pensée réfléchie, à la raison.

(1) Cette pensée, que Dieu abandonne à lui-même le monde formé par lui, a paru à Socher si contraire à la doctrine soutenue par Platon (*de Legg.*, 900, c; *Phileb.*, 30, c; *Phædon*, 62, b), qu'il s'en est appuyé pour rejeter l'authenticité du *Politique*. Il aurait dû reconnaître que Dieu, après avoir laissé au monde l'usage de sa liberté, et le voyant en user si mal qu'il compromet sa propre existence, accourt à son aide et reprend le gouvernement du navire qu'il avait un instant laissé à cet aveugle pilote. Y a-t-il, sous ce mythe, comme une indication vague de ce fait, que la liberté humaine est impuissante ou insuffisante sans le concours de la Providence, et, comme le dit Platon lui-même, sans le concours de la grâce de Dieu? M. Stallbaum croit qu'il veut montrer que partout où la raison

gouvernements humains d'assurer aux peuples un bonheur parfait et un bonheur éternel. Tout, à la longue, se change et se corrompt, et cette loi de la corruption et de la déchéance est si universelle qu'elle n'épargne pas même le monde placé immédiatement sous la main et l'œil de Dieu. La philosophie grecque, comme la poésie elle-même, s'emparait des mythes qui étaient entrés dans les croyances populaires et exerçaient sur les esprits l'empire du merveilleux et le prestige du passé; mais, comme la poésie aussi, elle les traitait librement et les modifiait suivant les exigences de ses thèses. C'est ainsi que Platon a agi avec le mythe des âges, qu'il transforme profondément et plie à ses conceptions propres sur l'origine et l'histoire du monde et de la nature; et s'il emploie le mythe plutôt que l'exposition philosophique pour expliquer sa pensée sur ce sujet obscur, c'est que précisément par son essence, la nature matérielle, le monde des corps échappe à une science véritable, et que l'esprit humain ne peut atteindre dans ce domaine qu'à une opinion plus ou moins vraisemblable. Platon cherche par ce mythe à se rendre compte des transformations qu'a subies le monde, et il est obligé pour cela de toucher d'une part à la philosophie de la nature, de l'autre à la métaphysique, c'est-à-dire de se faire une idée de l'essence

et l'esprit ne dominent pas, il ne faut pas attendre une direction sage et heureuse, soit du monde de la nature, soit de ce petit monde que forment les sociétés humaines. Ce serait là, suivant lui, le lien du mythe au sujet du dialogue.

de l'univers matériel, une idée de Dieu et des rapports de Dieu et du monde. On voit donc que la philosophie, dans ses parties les plus hautes, se partage avec la dialectique et la politique l'intérêt du dialogue, et qu'ici, comme partout, le goût de l'artiste et le sentiment philosophique de l'unité des choses, la nécessité de l'accord intime du fond et de la forme, ont conduit l'auteur à réunir, ou plutôt à unir dans un même ouvrage des points de vue qui paraissent différents et opposés. Mais, pour Platon, la connaissance de la nature, de Dieu, de l'homme, et la connaissance des lois et des principes qui doivent régir les sociétés et les États, ne peuvent appartenir qu'à celui qui a appris à chercher et qui sait comment chercher la vérité en toutes choses : c'est-à-dire au philosophe, qui est le seul vrai politique, parce que seul il est dialecticien.

36. *Le Parménide, ou des Idées* (1).

Le *Parménide* est placé par Thrasylle dans la classe des dialogues logiques, et forme la première pièce de sa troisième tétralogie. Aristophane ne l'a pas compris dans ses trilogies, et le considérait comme un de ceux qui doivent être pris

---

(1) Cette seconde inscription donnée, dit Proclus, *Comment. in Parm.*, l. I, p. 14, par quelques écrivains au dialogue, est fort ancienne, παμπάλαιον οὖσαν, *id.*, p. 22.

isolément, individuellement, et sans un rapport et un lien nécessaires avec les autres, καθ' ἓν καὶ ἀτάκτως.

Cet écrit, difficile et obscur, n'est pas précisément un dialogue (1); c'est la reproduction faite par Céphale, de Clazomène (2), à des auditeurs qui ne sont pas nommés, du récit qu'a bien voulu, à sa prière, reproduire Antiphon, frère maternel de Platon, devant les deux frères germains de ce dernier, Adimante et Glaucon (3), d'un entretien que Socrate dans sa jeunesse avait eu avec Parménide et Zénon d'Élée : Antiphon ne l'avait pas entendu lui-même, mais il le tenait de Pythodore (4), qui y assistait avec Aristote (5).

(1) Il appartient à la forme que certains grammairiens désignaient sous le titre de διηγηματικός.
(2) Ce n'est donc pas le Céphale de la *République*, qui est de Syracuse. Celui-ci représente sans doute l'opinion des philosophes de l'école d'Anaxagore de Clazomène comme lui.
(3) Malgré quelques difficultés chronologiques qui n'embarrassent guère Platon, dit M. Cousin, je pense avec lui que ce sont là les frères de Platon.
(4) Pythodore, fils d'Ischolochus, était un disciple de Zénon, comme Platon nous l'apprend, *Alcib.*, I, p. 119, a; Conf. Xénoph., *Hellen.*, II, 3, 1; Lysias, *de Sacra Olea*, 9; Diog. L., IX, 54.
(5) Cet Aristote n'a rien de commun avec l'illustre fondateur du Lycée. Platon nous apprend, dans le *Parménide* même, qu'il fut un des trente tyrans. Xénophon fait mention de lui, *Hellen.*, II, 2, 18; II, 3, 2; II, 3, 46.
Rien ne s'oppose à la vraisemblance de l'entretien de Socrate avec Parménide, qui vint à Athènes à l'âge de soixante-cinq ans, dans la 83ᵉ Ol., époque à laquelle Socrate avait à peu près vingt-cinq ans. Il semble que Platon, par cette fiction, ait voulu

L'ouvrage se divise en trois parties d'inégale étendue et d'inégale importance.

Dans la première Socrate fait quelques observations à Zénon qui venait de lire un de ses écrits où, pour soutenir à sa façon la thèse de Parménide, il montrait qu'en admettant, comme le faisaient les Ioniens, la thèse de l'existence de la pluralité, il s'ensuit des conséquences encore plus absurdes que celles que ses adversaires s'efforcent de tirer de la proposition éléatique : que tout est un.

Dans la seconde, Socrate introduit la discussion sur les Idées, et la soutient avec Parménide.

Dans la troisième, Parménide entame avec Aristote cette grande et obscure recherche sur l'Un, dont la signification et le but sont l'objet des plus graves contestations parmi les savants.

La première partie n'offre aucune difficulté, et n'a guère d'autre intérêt que de nous renseigner sur le contenu de l'ouvrage de Zénon, et d'amener l'entretien sur le sujet des Idées, dont Socrate pose l'existence en soi, qu'il reconnaît comme des êtres existant par eux-mêmes, αὐτὰ καθ' αὑτὰ τὰ εἴδη.

Dans les choses multiples et sensibles qui ne font que participer des Idées, il n'est pas extraordinaire qu'on puisse reconnaître l'existence simultanée des contraires : car il est clair que l'homme réunit en lui à la fois l'unité et la pluralité, la ressemblance

marquer la tendance de sa philosophie de rapprocher et d'unir les principes de Socrate avec ceux de Parménide. Voir, sur ce point, *Athén.*, IX, p. 380 ; Macrob., *Saturn.*, l. 1 ; Synes., *Calv. Encom.*, c. 17.

et la dissemblance. Les choses reçoivent donc en elles, par la participation, les Idées contraires : mais ce qui serait prodigieux (1), ce serait qu'on démontrât que les Idées subissent cette même loi, et que par exemple l'unité en soi reçoit la pluralité en soi. Il faut donc non-seulement poser l'existence des Idées, mais les considérer comme des êtres en soi, absolus, simples, identiques, constants dans leur manière d'être, ne pouvant se mêler les uns aux autres, ni se séparer les uns des autres : ἐν ἑαυτοῖς δυνάμενα συγκεράννυσθαί τε καὶ διακρίνεσθαι (2). Les Idées sont différentes des choses qui participent à elles.

Que sont et comment sont ces Idées ? Et d'abord de quoi y a-t-il des Idées ? Y a-t-il des Idées de tout ? Nullement : et quoique cette pensée puisse venir à l'esprit, il serait absurde de le croire : il faut la repousser (3), car elle précipiterait l'esprit dans un abîme sans fond. Distinguons donc :

(1) Τέρας ἄν, οἶμαι, ἦν. Partout cette expression est appliquée, dans Platon, à une chose absurde, insensée. Conf. *Théét.*, 163, d ; *Hipp. Maj.*, 300, c ; *Euthyd.*, 296, c.

(2) Cependant, dans le *Sophiste*, nous avons vu les Idées se mêler les unes aux autres pour former la pensée et le discours ; j'en conclus qu'il ne s'agit pas des mêmes Idées, c'est-à-dire des Idées prises dans le même sens; dans le *Sophiste*, il s'agissait de logique : ici, dans cette partie du *Parménide*, il s'agit de métaphysique. La question de la métaphysique est posée dans sa redoutable profondeur : il faut maintenir l'existence immuable, simple, identique, absolue, indivisible de l'Être en soi, du divin, et ne pas supprimer ses rapports avec le monde matériel et imparfait, maintenir l'existence en soi, indépendante et absolue de chacune des Idées, sans nier leur rapport entre elles.

(3) Aristote nous atteste que c'est bien là la pensée de Pla-

1. L'existence de certaines Idées telles que celles du juste, du beau, du bien et de toutes les autres semblables est hors de doute (1).

2. Il en est quelques autres sur lesquelles l'esprit est incertain et doute, telles que celles de l'eau, du feu, de l'homme en soi (2).

3. Mais les Idées du poil, de la boue, de l'ordure, de tout ce qui est abject et vil, n'existent certainement pas (3).

Cette distinction ne dissipe pas les difficultés propres à la théorie des Idées que Platon présente lui-même avec une sincérité, une perspicacité et une force telles qu'Aristote n'en a pas trouvé d'autres à y opposer (4).

Supposons donc que les Idées sont des êtres existant chacun en soi et par soi. Comment les choses particulières pourront-elles participer de ces Idées?

I. Si l'Idée passe tout entière dans chaque chose

---

ton, car il lui reproche précisément de ne pas admettre des Idées pour toutes les choses, malgré le principe d'où il tire l'existence des Idées.

(1) Ce sont là les Idées de perfection, constitutives de notre raison, et reflet du divin en nous, que nous avons contemplées dans une existence antérieure et supérieure.

(2) Ce sont les Idées des choses naturelles, des genres et espèces qui les contiennent.

(3) En tant qu'êtres absolus et divins, bien entendu.

(4) Ces difficultés se rapportent à trois points :
1. Quelle est la nature des Idées séparées des choses? Y a-t-il des Idées de toutes choses?
2. Quel rapport existe entre les Idées et les choses?
3. Comment arrivons-nous à la connaissance des Idées?

particulière, et reste cependant une et identique, elle sera séparée d'elle-même, et par conséquent divisible. Donc les choses ne reçoivent pas l'Idée en totalité.

II. Si elle n'y passe pas tout entière, mais plane au-dessus de chaque être, comme le jour qui nous éclaire, ou un voile qui couvre plusieurs têtes, il est certain qu'il n'y aura dans chaque être qu'une partie de l'Idée : et alors d'une part les êtres ne participeront pas à toute l'Idée de leur genre; de l'autre l'Idée sera divisée. Donc les choses ne reçoivent pas l'Idée en partie. A moins peut-être qu'on ne dise que l'Idée, tout en se divisant dans les êtres, conserve après cette division son unité : mais, si on divise la grandeur, chacun des objets grands, qui ne sont grands que parce qu'ils participent à la grandeur, serait grand par une partie de la grandeur; or une partie de la grandeur est plus petite que la grandeur; les choses grandes seraient donc grandes par une chose petite : ce qui est absurde. Il en sera de même de la petitesse en soi si on la divise; car sa partie sera nécessairement plus petite qu'elle, et elle-même sera plus grande. La petitesse sera donc grande; chose absurde, moins absurde encore que l'autre conséquence, à savoir : si on ajoute à la petitesse en soi une des parties qu'on en a retranchées, on aura une chose qui, en recevant de la petitesse, devient non pas petite, mais plus grande.

Ainsi les choses ne reçoivent l'Idée, ni en partie, ni en totalité. Or, comme il n'y a de possible que ces deux manières de participer, il en résulte que la participation est inexplicable (1).

III. Cherchons à nous expliquer autrement la chose : supposons que l'Idée ne soit qu'un genre obtenu par la comparaison des caractères qualitatifs communs à un certain nombre d'êtres particuliers, comme de la comparaison de plusieurs choses grandes nous pouvons abstraire l'idée logique de la grandeur. Qu'arrive-t-il? c'est que l'Idée va perdre son caractère essentiel d'être une unité, d'être une en nombre, et va au contraire se multiplier infiniment : ἄπειρα τὸ πλῆθος.

En effet, si nous posons d'un côté les choses grandes, de l'autre la grandeur, et que l'Idée de grandeur ait été acquise par la comparaison d'un caractère commun aux choses grandes, rien ne nous empêche et tout nous oblige au contraire de comparer également et la grandeur et les choses grandes, qui auront certainement quelque chose de commun à quoi elles participent toutes deux. Ce sera un genre supérieur de la grandeur ; mais ce genre supérieur pourra de nouveau être comparé et aux choses multiples et aux genres inférieurs, et alors, au lieu d'*une* Idée, j'aurai un nombre infini d'Idées de la gran-

---

(1) Il est clair qu'ici la question est posée et résolue comme si l'Idée était une chose quantitative, et que le tout et les parties sont entendus d'un tout étendu. Mais, comme il y a d'autres manières de concevoir le tout, cette difficulté n'atteint pas le fond de la doctrine des Idées, elle prouve seulement qu'elles ne se communiquent pas aux choses suivant les modes de la substance étendue.

deur. L'Idée n'est plus numériquement une, et elle perd son essence, elle n'est même plus une Idée (1).

Ainsi l'Idée, si elle se communique aux choses, ne peut être ni une et entière, ni tout entière et divisée, ni numériquement une, c'est-à-dire considérée comme une unité réelle.

IV. Les Idées ne sont peut-être que des notions, des pensées, n'ayant d'existence que dans notre intelligence, νοήματα (2).

Mais la pensée est la pensée de quelque chose, et de quelque chose qui existe réellement, qui est un, qui est en toutes les choses, qui est l'essence de toutes les choses ; or cette essence, que la pensée pense en toutes les choses comme quelque chose d'un et d'existant, c'est l'Idée même. Si l'Idée est l'essence des choses, et si tous les êtres individuels participent à une Idée, il résulte de l'hypothèse que chaque être individuel sera composé, chacune des réalités multiples sera formée de pensées ; alors toute chose est en soi une pensée, et par conséquent tout pense, ἕκαστον ἐκ νοημάτων εἶναι καὶ πάντα νοεῖν :

---

(1) Ici l'Idée est considérée comme une pure notion logique et abstraite, obtenue par voie de comparaison et de généralisation. Mais cette objection ne détruit pas la doctrine platonicienne qui n'explique pas l'origine des Idées par un procédé logique, mais par une intuition directe, la Réminiscence, laquelle nous donne et nous fait sentir l'Idée dans son essence et sa substance objective. Si c'est là l'objection fondamentale d'Aristote (le troisième homme), elle tombe devant l'hypothèse de la Réminiscence, et c'est pour cela qu'Aristote n'a mentionné qu'une ou deux fois, et en glissant, cette hypothèse, fondement de la théorie des Idées.

(2) P. 132, b. c.

conclusion absurde qui nous interdit d'accepter cette manière de concevoir la nature de l'Idée (1).

V. Les Idées ne pourraient-elles pas être des types exemplaires, des modèles des choses existant dans la nature (2)? Les choses alors n'en seront que les imitations, ὁμοιώματα, et la participation s'expliquera par la ressemblance (3). Mais l'objection qui s'opposait à la troisième hypothèse s'oppose également à celle-ci : car la ressemblance n'est qu'une comparaison. Si l'Idée est un modèle, et la chose sensible une imitation de ce modèle, il en résulte que l'Idée et la chose sensible se ressemblent; mais le semblable ne peut être semblable à son semblable qu'en participant à la même Idée, et ce par la participation de quoi les semblables deviennent semblables, c'est

---

(1) Donc l'Idée n'est pas, pour Platon, simplement une pensée, une forme de la raison humaine, mais un principe réel d'essence et d'existence.

(2) Ἑστάναι ἐν τῇ φύσει. On retrouve ces mots dans la *Rép.*, X, 597, b; 598, a, et dans le *Phédon*, 103, b, où Platon dit : « Le contraire ne saurait être contraire à lui-même, ni en nous, ni dans la nature. » Ce mot φύσις semble clairement exprimer la réalité objective, aussi bien la réalité intelligible que la réalité sensible. Proclus, *ad Parm.*, t. V, p. 161, a donc raison de dire : « Platon a l'habitude d'appliquer ce mot aux choses intelligibles. »

(3) Cet argument, qu'on retrouve dans la *Rép.*, X, est combattu par Aristote, qui prouve, qu'en considérant ainsi l'Idée, les mêmes réalités seraient à fois exemplaires et images, modèles et copies, et en outre, que pour une seule chose, par exemple, l'homme, il faudrait admettre plusieurs modèles : l'animal en soi, le bipède en soi, l'homme en soi.

l'Idée. Il est donc impossible qu'une chose soit semblable à l'Idée, ni l'Idée à une chose, sans quoi il s'élèvera toujours au-dessus de l'Idée obtenue une autre Idée, et cela sans fin (1). L'Idée n'est plus numériquement une, mais numériquement infinie ; ainsi, qu'on cherche à expliquer l'Idée soit par la notion de quantité, soit par celle de qualité, soit par celle de ressemblance, on retombe toujours dans les mêmes difficultés, si on persiste à considérer l'Idée comme un être en soi et par soi : αὐτὰ καθ' ἑαυτά.

VI. Il résulte de ces raisonnements que les Idées n'ont aucun rapport aux êtres particuliers et multiples.

Nous ne pouvons donc pas les connaître : puisque, étant en soi et par soi, elles ne peuvent être en nous, et que notre intelligence ne peut comprendre que ce qui est présent en elle.

VII. Celles d'entre les Idées qui sont ce qu'elles sont par leur rapport entre elles, ont leur essence dans ce rapport, et non dans un rapport à la nature des choses réelles : τὰ παρ' ἡμῖν, *apud nos, in hac rerum natura quam conspicimus*. Et de même les choses réelles, homonymes des Idées, n'ont de rapport qu'entre elles, et n'en ont point avec les Idées. Ainsi cet esclave n'est pas esclave de l'Idée de maître, ou du maître en soi, mais de ce maître. L'Idée de l'esclave en soi, l'esclavage n'est pas l'esclavage de tel maître, mais par rapport à l'idée gé-

---

(1) C'est-à-dire que l'Idée ne peut être ni du même ordre ni du même genre d'êtres que les choses.

nérale de maître (1). Les Idées n'ont de rapport qu'avec les Idées, les objets individuels et réels qu'avec les objets réels et individuels.

La science en soi, l'Idée de la science se dérobe donc à nous; nous ne pouvons connaître que les choses particulières; leur essence vraie, leur genre, leur Idée, nous échappent, et à son tour Dieu (qui est ici nécessairement considéré comme une Idée et habitant avec elles) ne peut connaître que les Idées et non les choses : il reste étranger à l'homme et à l'univers. Le monde divin et le monde sensible n'ont rien de commun. Dieu ne connaît pas l'homme, l'homme ne connaît pas Dieu. C'est là une doctrine monstrueuse, qui méconnaît à la fois et la nature de l'homme essentiellement intelligent et pensant, et la nature de Dieu essentiellement bon et connaissant tout parfaitement.

Ainsi, ou les Idées ne sont pas des êtres subsistant par eux-mêmes, et formant chacune une essence une, distincte et séparée des choses; ou, si elles sont telles, il faut avouer que nous ne pouvons pas les connaître, et d'un autre côté si on n'admet pas qu'il y ait de telles Idées, si on ne ramène pas chaque être individuel à une Idée, et à une Idée qui est une et identique, c'en est fait de la pensée, de la dialectique et de la philosophie, qui n'existent qu'à la condition d'avoir pour objet un universel.

La seconde partie se termine ici, et commence

---

(1) L'objection de Parménide confond la nature logique des Idées avec leur nature métaphysique.

alors la troisième qui est de beaucoup la plus étendue, sinon la plus considérable.

Socrate, qui n'est représenté dans le dialogue que comme un tout jeune homme, maintient énergiquement ses assertions à l'endroit des Idées, mais il ne sait comment résoudre les objections que lui fait le vieux et habile logicien d'Élée (1). Parménide, voyant l'embarras du jeune philosophe, lui en explique la cause. Avant de s'attaquer au fond des choses, et aux parties supérieures de la science, avant d'oser entreprendre de définir son objet divin, le beau, le juste, le bien, il faut posséder un instrument discipliné et un esprit assoupli et exercé (2) par une forte gymnastique intellectuelle (3). Le vulgaire ne voit dans les exercices dialectiques qu'un pur verbiage : et il faut reconnaître que ces jeux sont laborieux et pénibles (4) à jouer. Mais le vulgaire ignore qu'on ne peut avoir un esprit capable de saisir, apte à comprendre la vérité, sans ces discussions et cet art de raisonner qui le font suivre la piste des Idées, et pour ainsi dire voyager et errer à travers toutes choses (5). Ainsi il ne faut pas reculer devant les dégoûts et les longueurs de

(1) Il ne faut pas oublier que l'école d'Élée est non-seulement une école de métaphysique, mais aussi et surtout une école de logiciens et de logique scolastique.

(2) Ἐντυχόντα τῷ ἀληθεῖ νοῦν σχεῖν... On reconnaît ici l'importance attachée par toute l'école éléatique et mégarique à la logique formelle qu'elles ont fondée.

(3) Ἕλκυσον δὲ σαυτὸν καὶ γύμνασαι.

(4) Πραγματειώδη παιδίαν παίζειν.

(5) Ἄνευ ταύτης τῆς διὰ πάντων διεξόδου τε καὶ πλάνης.

ces voyages et de ces exercices : il faut tendre son intelligence avec un effort courageux, si l'on ne veut pas laisser s'affaiblir la faculté, la force du raisonnement (1). Il n'est pas permis d'aborder la sphère et la région divine des Idées, sans avoir aiguisé et fortifié son esprit. Il semble donc bien clairement annoncé par Platon que nous n'avons pas affaire ici à l'objet, au contenu de la science, mais à une méthode pour y arriver, à un exercice destiné à perfectionner l'instrument. C'est un τρόπος τῆς γυμνασίας, dont le livre de Zénon a fourni un premier exemple, et dont Parménide propose un second tiré de ses spéculations habituelles.

Mais cette méthode même est-elle celle de Platon? On peut en douter. Cette logique serrée, nue, cet art de déduction à outrance, cette longue série d'abstractions et de syllogismes formels qui ne laissent pas apercevoir les réalités, objet seul sérieux de la philosophie, n'est guère de l'école de Socrate ni de Platon, et ne peut être pour ces esprits, l'un attaché tout entier à l'induction, l'autre y joignant l'intuition suprasensible, le dernier mot et la perfection de la méthode philosophique. Ce n'est pas là ce qu'entend Platon quand il dit ailleurs qu'il y a un art de perfectionner l'organe de la vérité, et de tourner vers elle l'œil de l'âme. Aussi le dialogue ne met plus en présence que Parménide et un personnage inconnu, qui n'a aucun rapport avec l'école de Socrate et de Platon. Il paraît donc que,

---

(1) Εἰ βούλει μᾶλλον γυμνασθῆναι ... τὴν τοῦ διαλέγεσθαι δύναμιν.

sans dédaigner ces jeux sévères de la dialectique, et cette discipline de l'argumentation purement formelle, qui peut être un très-bon apprentissage, Platon n'entend pas prendre à son compte la méthode de discussion même dont il va être donné un exemple, et qui ne ressemble guère à la science telle qu'il la conçoit, libre, pleine, claire, lumineuse, enjouée, gracieuse, sublime. On remarquera que le *Parménide* est le seul avec le *Sophiste* et le *Politique* à présenter cette forme d'exposition, non-seulement aride et rebutante, mais encore profondément obscure, et pour ainsi dire énigmatique (1). La philosophie de Platon est une philosophie pour tout le monde, et il n'a jamais fait fermer, comme les Pythagoriciens, les portes de son école. Ainsi je pense que la grande discussion sur l'Un, qui va suivre, ne contient pas une doctrine métaphysique; mais un exemple, comme celui du *Politique*, d'une méthode d'analyse et d'argumentation dont Platon ne méconnaît pas les avantages, mais où il ne voit qu'une bonne discipline, et comme une phase que doit traverser l'esprit dans son développement philosophique. Et quand ce serait une doctrine métaphysique, quand il y aurait, cachées sous ces obscures formules, une ontologie et une théologie, je prétends que ce ne serait pas celles de Platon.

Toutefois ce sentiment que partagent Tennemann,

---

(1) Et dans ces trois dialogues, Socrate, c'est-à-dire, ce personnage idéal à qui Platon confie l'exposition de sa pensée, n'est plus qu'un simple auditeur, et les véritables acteurs sont des Éléates. Il est difficile de n'ajouter aucune signification à ce fait,

Schleiermacher, Ast et Cousin (1), a contre lui l'interprétation des Alexandrins anciens et modernes, je veux dire de Proclus et de Hégel, suivis par MM. Zeller, Cuno Fischer et Fouillée (2). La grande raison de ces doctes critiques, c'est que si on ne donne pas à la troisième partie du dialogue une signification positive et réelle, mais un but purement formel, on en rompt l'unité, et l'on ne voit plus de lien entre la deuxième et la troisième partie. Pour eux donc la discussion sur l'Un représente le fond de la pensée platonicienne, et résout toutes les antinomies, toutes les contradictions, relevées par Parménide contre la théorie des Idées. Proclus ne veut pas que l'objet du *Parménide* soit simplement de donner un exemple de la méthode dialectique des Éléates : mais pourquoi? « parce que Platon n'aurait jamais mis en jeu pour un si mince résultat le plus ineffable des dogmes (3). » Cette raison qui suppose

et de supposer que c'est Parménide que Platon a chargé de faire comprendre à Socrate la vraie doctrine philosophique.

(1) *Mém. sur Zénon. Fragm. de Phil. ancienne.* « Platon s'y proposait de faire connaître la philosophie éléatique. »

(2) Le livre de cet éloquent et profond interprète de Platon, dont j'admire le talent sans pouvoir accepter ses opinions, m'est arrivé trop tard pour que je pusse en profiter dans mon analyse. Comme les Alexandrins, il voit toute la philosophie de Platon dans le *Parménide*; il reconnaît toutefois que « le dialogue a un dernier mot que Platon ne dit pas, mais qu'il force le lecteur à deviner. » Mais quel lecteur l'a jamais deviné? Et d'ailleurs, poser des énigmes sans les résoudre, indiquer des propositions sans les développer, ni les prouver, ni même les exprimer, est-ce là la méthode socratique, platonicienne, philosophique?

(3) Procl., *in Parm.*, t. IV, p. 24.

que la discussion sur l'Un avait pour Platon comme pour Proclus le caractère d'un dogme ineffable, suffit à l'enthousiaste commentateur pour voir dans le *Parménide* comme une espèce d'Apocalypse, une révélation de quelque divinité (1). Il roule, suivant lui, sur l'ensemble des êtres considérés sous ce point de vue qu'ils viennent tous de l'Un, que l'Un donne naissance à la cause universelle, et que tout être a reçu de l'Un ce qu'il peut y avoir en lui de divin (2). Je crois que le lecteur aura de la peine à retrouver tout cela dans le texte, et dans l'analyse exacte qui va suivre.

Hégel pense que l'exemple de l'Idée de l'Un et de celle de la Pluralité peut servir à expliquer la nature de toutes les Idées (3). Hermann voit autre

---

(1) C'est encore l'opinion de Damascius, *de Princip.*, p. 122. Conf. Suid., v. Μαρῖνος, qui constate que, dans l'école de Proclus même, tous ne l'entendaient pas ainsi, puisque Marinus est accusé d'être un petit esprit pour n'avoir pas adopté l'interprétation de son maître sur le *Parménide*. Conf. Phot., *Biblioth. cod.* 242.

(2) Procl., t. IV, p. 34. Suivant Proclus, il y a dans la philosophie deux parties : la théologie et la physiologie. La physiologie de Platon est exposée dans le *Timée*; la théologie dans le *Parménide*. D'après Jamblique, tout Platon est dans ces deux dialogues. (Procl., *in Tim.*, p. 5; *Theol. sec. Plat.*, l. I, c. 7.)

(3) *Gesch. d. Phil.*, t. II, p. 205. Proclus voyait dans les mystères orphiques l'origine de la doctrine de l'Un, considéré comme premier principe (*in Parm.*, t. V, p. 22). Pythagore et l'école italique l'avaient mise dans un demi-jour; mais elle n'a reçu que de Platon, dans le *Parménide* et le *Sophiste*, son développement complet. Cf. l'excellente thèse de M. Berger sur Proclus, p. 17; Ficin., *Argum.* : « In Parmenide omnem Plato complexus est theologiam, ad cujus sacram lectionem quisquis accedet,

chose : le *Sophiste* a démontré que le non-être est non pas le contraire mais l'autre de l'être ; le *Parménide* prouve que même l'être sans son autre porte en soi sa contradiction, et que par conséquent celui-là doit avoir un rapport nécessaire avec celui-ci et se refléter en lui. Pour Zeller et Cuno Fischer, le rapport des Idées aux choses, qui fait le fondement des difficultés exposées dans la première partie, peut et doit se ramener au rapport de l'Un et de la pluralité. Car si l'Idée n'est que l'Unité d'une pluralité, et que les choses multiples et distinctes soient enfermées et enveloppées en elle comme dans l'unité d'un seul et même genre, la notion de l'Un n'est plus seulement un exemple de l'Idée, c'est le principe logique de toutes les Idées. Alors la notion de l'Idée de l'Un contenant en soi, pour ainsi dire en puissance, toutes les Idées, est elle-même l'Idée pure et abstraite. Toutes les contradictions que soulève le problème du rapport de l'Idée aux choses se ramènent donc aux contradictions de l'Un au multiple. Résoudre ces antinomies, c'est donc résoudre le problème même des Idées : et tel est l'objet de la troisième partie du *Parménide* (1) qui se présente alors comme un tout dont les parties sont parfaitement liées entre elles. L'analyse va montrer tout à l'heure si cette interprétation est justifiée.

prius sobrietate animi mentisque libertate sese præparet quam attrectare mysteria cœlestis operis audeat. »

(1) C'est-à-dire, de fonder dialectiquement la doctrine des Idées, en réfutant toutes les objections possibles, et en se servant pour cela de la méthode logique des Éléates.

Ce n'est pas que j'admette que la dialectique, qui va être exposée dans un exemple, soit absolument vide et purement formelle. Mais, s'il est impossible de séparer complétement dans la logique le contenant du contenu, qui sont l'un et l'autre des Idées, et par conséquent d'opérer cette distinction dans le *Parménide*, il n'est pas nécessaire ni légitime de conclure que la logique n'est pas distincte de la métaphysique, et que toute la philosophie de Platon est contenue dans la discussion sur l'Un, qui est empruntée à un système différent du sien et réfuté par lui dans le *Sophiste*.

Je reprends l'analyse :

Il faut donc, dit Parménide à Socrate, savoir s'y prendre ; il faut suivre une méthode dialectique pour arriver à la vérité. Par exemple (1), je suppose que tu veuilles discuter *l'hypothèse* (2), qu'avait admise Zénon ; il faudra se poser cette suite de questions :

I. Si la pluralité existe, qu'est-ce qui arrive à la pluralité :

    1° Par rapport à elle-même ;

    2° Par rapport à l'unité ?

II. Si la pluralité existe, qu'est-ce qui arrive à l'unité :

    1° Par rapport à elle-même ;

    2° Par rapport à la pluralité ?

Et nous devrons suivre le même ordre de ques-

---

(1) Οἷον..., 136, a. C'est donc un exemple.

(2) La discussion part donc d'une hypothèse, et même des hypothèses contraires.

tions dans l'hypothèse contraire, à savoir : si la pluralité n'existe pas.

Mais au lieu de cette hypothèse, dit Parménide, j'aime mieux prendre la mienne : c'est-à-dire examiner l'hypothèse de l'existence et de la non-existence de l'Un, et voir ce qu'on en doit conclure. La question doit se subdiviser ainsi :

I. Si l'Un est, quelles sont les conséquences qui en résultent

   1° Pour l'un lui-même;

   2° Pour le non-un ?

II. Si l'un n'est pas, quelles sont les conséquences qui en résultent

   1° Pour l'Un lui-même;

   2° Pour le non-un ?

Et le résultat de la discussion, c'est que dans les deux hypothèses il y a contradiction pour les deux termes qu'elles comprennent :

Si l'Un est, tout comme s'il n'est pas, lui et les autres choses, et par rapport à eux-mêmes et par rapport les uns aux autres, sont et ne sont pas, paraissent et ne paraissent pas être absolument tout (1).

Ainsi des deux côtés la pensée arrive également à la contradiction.

Première question.

Si l'Un est, que résulte-t-il de l'hypothèse pour lui-même?

---

(1) C'est-à-dire qu'on peut leur donner aussi bien que leur refuser tous les prédicats possibles.

1ʳᵉ conséquence : Il n'est pas multiple, par conséquent n'a pas de parties, par conséquent n'est pas un tout.

2ᵉ S'il n'a pas de parties, il n'a ni commencement, ni milieu, ni fin, — ce serait le diviser que de lui en attribuer.

3ᵉ Il est donc sans limites, sans forme, sans figure : car toute figure enveloppe un rapport d'un milieu à ses extrémités.

4ᵉ Il n'est donc ni en lui-même, ni en aucune autre chose : car, s'il était en lui-même, il s'envelopperait lui-même, se contiendrait lui-même ; or un même sujet ne peut pas faire et souffrir dans son tout la même chose en même temps : donc il y aurait lieu de distinguer dans l'Un le contenant et le contenu, l'enveloppé et l'enveloppant, et il ne serait plus Un, mais deux. S'il était en une autre chose, cette chose le toucherait et en serait touchée ; il y aurait des points de contact, qui supposent des parties ; il y aurait une figure, la figure sphérique, ce que nous avons vu être impossible. S'il n'est ni en lui-même ni en autre chose, il n'est nulle part.

5ᵉ S'il n'est nulle part, il n'a pas de mouvement, ni de mouvement de translation, ni de mouvement d'altération. Le mouvement d'altération fait d'une chose une autre, et l'Un cesse d'être Un pour devenir autre. Le mouvement de translation est ou sphérique ou rectiligne. Le mouvement sphérique suppose un centre immobile, et des parties qui tournent autour du centre ; le mouvement rectiligne ou curviligne suppose non-seulement que l'objet qui se meut est quelque part, ce que nous avons vu être impossible, mais encore qu'il arrive quelque part. Mais il est clair que ce qui arrive dans un lieu n'est pas encore dans ce lieu, et cependant n'est pas en dehors de ce lieu, puisqu'il y arrive. Or cet état ne peut appartenir qu'à une chose qui a des parties, parce qu'elle peut être en dedans par quelque partie, en dehors par quelque autre, et par conséquent on pourrait dire qu'elle est à la fois dehors et dedans. Mais ce qui est sans parties doit nécessairement être tout entier à la fois dedans et dehors (1). Or l'Un est sans parties, donc il ne peut être partiellement à la fois dedans et dehors, donc il ne peut se mouvoir.

6° De même qu'il n'a pas de mouvement, il n'est pas en repos : car ce qui est en repos est dans le même lieu, et par conséquent dans un lieu : ce qui ne peut arriver à l'Un qui n'est nulle part comme nous l'avons vu.

7° L'Un ne peut être ni identique à un autre ni à lui-même; ni différent d'un autre ni de lui-même.

Il ne peut pas être identique à un autre : car il serait cet autre, et non plus lui-même : il serait autre que l'Un. Il ne peut pas être identique à lui-même, parce que la nature de l'Un n'est pas celle de l'identité; en effet, ce qui devient identique ne devient pas Un pour cela, puisque ce qui devient identique à plusieurs devient évidemment plusieurs et non pas

---

(1) Car il ne saurait être partiellement ni successivement là où il est.

un. Si l'identité ou la nature du même n'est pas la nature de l'Un, l'Un, en devenant identique à lui-même, participerait à une autre nature que la sienne, et cesserait d'être Un; il aurait deux prédicats : l'unité et l'identité. Il ne peut pas être différent d'un autre : car la différence emporte avec soi l'idée de la pluralité et exclut celle de l'Un. Il ne peut pas être différent de lui-même, car alors il deviendrait un autre, et cesserait d'être l'Un. Ainsi on ne peut lui attribuer ni l'identité ni la différence.

8° L'Un n'a donc aucune détermination ni aucune relation : il n'est donc ni semblable ni dissemblable soit à lui-même, soit à autre chose; car le semblable est ce qui souffre un rapport d'identité, et le dissemblable ce qui souffre un rapport de différence, rapports qu'exclut également l'Un, qui, par la même raison, n'est ni égal ni inégal soit à lui-même, soit à autre chose. En effet l'égalité est, comme l'inégalité, un rapport à une mesure, et l'Un ne souffre aucun rapport, par conséquent aucune mesure, outre que si l'Un recevait en soi un nombre égal ou inégal de mesures, il recevrait la quantité, c'est-à-dire la pluralité.

9° L'Un n'est donc pas dans la catégorie de l'étendue ; il n'est pas davantage dans celle du temps : il n'est ni plus jeune ni plus vieux que lui-même : car ce rapport enveloppe dans l'être la différence ; ni plus jeune ni plus vieux que les autres choses, où ce rapport est plus manifeste encore.

10° Si l'Un n'est pas dans le temps, il n'est jamais, ni dans le présent, ni dans le futur, ni dans le passé. Il n'est donc pas du tout ; car tout ce qui est, est connu sous les conditions du temps.

11ᵉ Mais, si l'Un n'est pas du tout, il n'est même pas Un.

12ᵉ S'il en est ainsi, si on ne peut donner à l'Un aucun attribut, il ne peut être ni nommé, ni exprimé, ni perçu par la sensation, ni saisi par l'opinion, ni connu par la pensée (1).

Sur cette première partie de la discussion, on peut remarquer qu'on n'a pas pris dans son tout l'hypothèse elle-même, et que l'analyse a séparé, contrairement à la supposition : l'un existe, — a séparé l'existence et l'Un, pour ne considérer que l'unité abstraite (2).

Mais si, au lieu de séparer ces deux notions unies

---

(1) Il est clair que, si par l'Un on entend la négation de toute pluralité, et si l'on considère comme pluralité les déterminations positives de l'essence et l'existence même, la thèse : l'Un est, qui paraît positive, aboutit au fond et logiquement à cette conclusion : l'Un n'est pas; car elle équivaut à ceci : l'Un est privé de tout ce qui constitue l'être réel. Mais une pareille conception de l'Un n'est donnée que par l'abstraction et un procédé purement logique. Aucune réalité n'est enfermée dans un pareil raisonnement. C'est ce qui me porte à croire que Platon ne fait ici que l'exposer comme un bon apprentissage et un bon exercice d'analyse et de déduction.

(2) Cuno Fischer ajoute : « Comme cet Un même ne peut arriver à la pureté de son essence propre qu'en écartant la différence, c'est-à-dire en se différenciant de ce qui n'est pas lui, l'Un, précisément parce qu'il cherche à se séparer de ce qui diffère de lui, est toujours au moment de passer dans la différence. Car il est évident qu'il sera différent de ce qui n'est pas lui. L'Un cherche donc à passer dans le multiple, c'est-à-dire dans l'exis-

LES ÉCRITS DE PLATON.

dans l'hypothèse : l'Un est, c'est-à-dire l'Un est étant, l'Un participe à l'existence, on les considère dans leur tout, on arrive à des résultats contraires à ceux que nous venons d'analyser.

Seconde question :

Si l'Un est (1), c'est-à-dire est étant, et participe ainsi à l'être, qu'arrive-t-il ? L'être de l'Un n'est pas identique à son unité : donc l'Un qui est, forme un tout dans lequel l'Un d'un côté, l'être de l'autre, se distinguent comme parties : il est donc déjà multiple ; mais, comme chacune des parties qui composent ce tout, est, et est une, et qu'elles se composent comme lui-même et ainsi de suite à l'infini, il n'est pas seulement multiple, il est une pluralité infinie.

Si même on prend l'Un en soi, d'une manière abstraite, et en le séparant par la pensée, τῇ διανοίᾳ (2), de l'existence à laquelle il participe, nous le verrons encore apparaître comme multiple ; car, si l'Un diffère de l'être, — et il en diffère, puisque la pensée l'en distingue et l'en sépare, — ce n'est ni par

---

tence extérieure ». On reconnaît ici ce fameux passage de l'essence abstraite à l'existence réelle que croit avoir trouvé Hégel. Quoi qu'il en soit, il n'y a rien de tel dans le *Parménide*.

(1) Après avoir considéré le mot *est* comme une simple copule, on lui donne maintenant le sens plein de l'être. Il est évident que ce passage d'un sens du mot à un autre n'est véritablement qu'un jeu, παιδιὰν παίζων ; de l'Un abstrait on passe à l'unité concrète et réelle.

(2) 143, a. Il est très-singulier de voir ici l'Un séparé de l'être, contrairement à la manière dont il doit être considéré sous le second point de vue.

l'être, en tant qu'être, ni par l'Un, en tant qu'Un, qu'ils diffèrent, mais bien par la différence. Il y a donc dans l'Un qui est, l'Un, l'être, et la différence, c'est-à-dire le nombre deux et le nombre trois avec toutes leurs combinaisons qui sont infinies. L'être est ainsi divisé en un nombre infini de parties auxquelles correspond dans l'Un un nombre de parties égal, puisque chacune des parties de l'être *est une*. L'Un est donc Un (1) et plusieurs, tout et parties, limité et illimité en nombre.

2° Comme tout, il a un commencement, un milieu, une fin.

3° Il a donc une figure.

4° Par conséquent, il est en lui-même et en autre chose : en lui-même, puisque les parties de l'Un sont dans le tout de l'Un ; en autre chose, puisque le tout n'est pas dans les parties, ni dans toutes, ni dans chacune. Il n'est pas dans toutes les parties, car, s'il était dans toutes, il serait dans une quelconque des parties ; mais, si le tout est dans une partie, comment serait-il dans les autres ; et, s'il est une partie où il ne se trouve pas, comment serait-il en toutes ? Il n'est donc pas en toutes ; à plus forte raison il n'est pas dans quelques-unes, car alors le plus serait dans le moins. Donc l'Un, en tant qu'il est un tout, est en quelque chose autre que lui-même, et en tant qu'il est toutes les parties qui le constituent, il est en lui-même.

5° Par conséquent, il est toujours en mouvement

(1) Car c'est un tout, et un tout est une unité qui a des parties, et les vraies parties sont parties d'un tout.

et toujours en repos. En mouvement puisqu'il est dans une autre chose, et n'est jamais dans le même lieu, ou le même temps, ou le même état.

6° En repos puisqu'il est en lui-même, c'est-à-dire toujours dans les mêmes lieu, temps, état.

7° L'Un est identique à lui-même, et différent de lui-même ; et identique à l'autre et différent de l'autre.

α' Identique à lui-même, car il n'est ni le tout de lui-même, ni la partie de lui-même, ni autre que lui-même : il est donc le même que lui-même.

β' Différent de lui-même, car il est toujours dans un autre (temps, lieu, état) que lui-même.

γ' Différent de l'autre, car à ce qui est différent de quelque chose, cette seconde chose s'oppose comme quelque chose de différent : toute chose autre n'est autre que d'une autre : or tout ce qui n'est pas un est autre que l'Un. L'Un donc à son tour est autre que le non-un (τὰ μὴ ἕν, τὰ ἄλλα).

δ' Identique à l'autre, car le même et l'autre sont des contraires qui ne peuvent coexister dans le même sujet ; le même ne se trouvera jamais dans l'autre, jamais l'autre dans le même : donc jamais l'autre ne se trouvera dans un être quelconque, qui reste toujours identique à lui-même, car il se trouverait alors dans le même, ce qui est contre sa nature. L'autre (1) ne peut donc se trouver ni dans l'Un ni dans le non-un. Par conséquent, l'Un ne peut différer du non-un, ni le non-un de l'Un. La

---

1) C'est-à-dire, l'élément de différence, la différence elle-même.

différence entre eux s'évanouit, car ce n'est que par la différence et non par elles-mêmes que les choses diffèrent ; et de plus le non-un, n'étant pas Un, ne peut former un nombre, qui est composé d'unités : il ne peut donc former des parties : il n'est donc ni la partie du non-un, ni le tout dont le non-un serait la partie.

L'Un vis-à-vis du non-un, n'étant ni dans le rapport du tout à la partie, ni dans le rapport de la partie au tout, ni dans le rapport de différence, lui est identique (1).

8° L'Un est donc semblable et dissemblable à lui-même et aux autres.

α' Car l'Un diffère de l'autre absolument comme l'autre diffère de l'Un : ils sont donc semblablement différents, et par conséquent semblables, en ce qu'ils diffèrent également l'Un et l'autre l'Un de l'autre. Ils participent tous deux de la même chose,

---

(1) M. Cuno Fischer remarque avec raison que la notion de l'autre, τὸ ἕτερον, est introduite dans l'hypothèse sans y être logiquement justifiée ; on sort donc des conditions qui avaient été posées, et ce n'est plus du raisonnement seul que sont tirés les arguments : l'expérience ajoute ses notions à celles que l'hypothèse avait posées. Cela prouve que le raisonnement est impuissant à tirer toutes nos idées d'une seule, avec quelque liberté qu'on la traite, et l'on voit ici traiter les idées avec une grande liberté. Ainsi, après avoir montré que l'Un est différent de l'autre (7°, γ), immédiatement après on nie la réalité de l'élément différentiel ; après avoir déclaré que l'Un est tout et parties, on nie qu'il y ait dans l'Un les rapports du tout et des parties. C'est-à-dire, qu'on joue, comme la sophistique, sur le sens des mots, et qu'à chaque pas de l'argumentation, on oublie ou on ignore les résultats antérieurs de la démonstration.

la différence, et de la même différence. Ainsi, tout est semblable à tout précisément parce que tout est autre que tout.

Et l'Un est dissemblable à l'autre précisément parce qu'il est le même que l'autre, car le même a pour contraire l'autre ; or c'est parce qu'ils étaient autres l'Un que l'autre, qu'ils étaient semblables ; si les contraires produisent les effets contraires, c'est donc parce qu'ils sont le même, que l'Un et l'autre sont dissemblables (1).

Et par là, si l'on se rappelle que l'Un est le même et autre que lui-même, il est en outre démontré que l'Un est semblable et dissemblable à lui-même.

β'. Il suit de là que l'Un étant en lui-même et dans l'autre, touche lui-même et les autres choses. Mais en même temps il ne touche ni lui-même ni les autres choses ; car tout contact suppose deux choses ou deux parties ; mais l'Un ne pouvant être deux ne peut se toucher lui-même ; et il ne peut pas non plus toucher les autres, car il faudrait pour cela que les autres choses participassent de l'Un, et perdissent leur essence propre ; mais, si les autres choses ne participent pas de l'Un, l'Un est seul : il n'y a pas deux choses, et par conséquent il n'y a pas de contact possible.

γ'. En outre l'Un est égal et inégal à lui-même et aux autres choses.

α. L'Un est égal à lui-même et aux autres cho-

---

(1) Au fond il est vrai que toute différence enveloppe une analogie, toute analogie une différence. Ce sont des points de vue divers, mais coordonnés, soit de l'être, soit de la pensée ; mais la preuve est bien sophistique.

ses ; car la petitesse et la grandeur existent par elles-mêmes, mais ne peuvent entrer dans aucune autre chose qu'elles-mêmes, et par conséquent dans l'Un.

En effet, si la petitesse par exemple entrait dans l'Un, elle serait répandue dans tout l'Un, et lui serait égale, ce qui est contraire à son essence ; où elle envelopperait extérieurement l'Un, et alors serait plus grande, ce qui l'est encore plus.

Mais, si la petitesse ni la grandeur ne peuvent entrer ni dans l'Un ni dans les autres choses, il est donc égal à lui-même et aux autres choses.

β. Il est inégal à lui-même (1) et aux autres choses.

α'. L'Un est en soi-même, il s'enveloppe donc lui-même, il est donc à la fois plus grand comme enveloppant, et comme enveloppé plus petit que lui-même.

β'. L'Un est inégal aux autres choses, car toutes les choses qui sont, sont quelque part : l'un et les autres choses sont, et il n'y a rien en dehors de ces deux catégories de choses. Où sont-elles ? Là où elles ne peuvent manquer d'être, si elles sont quelque part, puisqu'il n'y a rien où elles puissent être en dehors d'elles-mêmes. L'Un est donc dans l'autre, l'autre est dans l'Un : l'Un est donc plus grand et plus petit que les autres choses.

L'Un est donc en nombre égal, plus grand et plus petit que les autres choses et que lui-même.

(1) On vient de nier que l'Un puisse entrer dans la catégorie de la grandeur et de la petitesse. Maintenant, pour prouver l'antithèse, on va invoquer un autre principe. C'est, comme le dit Fischer, p. 47, le *deus ex machina* qui intervient.

9° Si l'Un est, il participe du temps, du temps qui passe ; il devient donc plus vieux et plus jeune que lui-même, puisque plus vieux n'est qu'un rapport à plus jeune, et que les deux termes du rapport sont également l'Un ; et non-seulement il le devient, mais il l'est, puisqu'en allant du passé à l'avenir, il ne peut manquer de traverser le présent, pendant lequel temps il cesse de devenir pour être. Et cela éternellement, si l'Un est, c'est-à-dire s'il est toujours dans son existence accompagné du présent.

Étant égal à lui-même dans le nombre, il est égal à lui-même dans le mouvement de l'être et du devenir, et est par conséquent du même âge que lui-même.

Et de même par rapport aux autres choses, l'Un est plus vieux que les autres choses : car les autres choses sont un nombre, et le nombre est né de l'Un ; mais l'Un a un commencement, — ce qui suit le commencement, — une fin, où *le reste*, τὰ ἄλλα (1) ; or c'est la fin qui achève l'être : l'Un n'est donc né qu'après le commencement (2) et le reste : il est donc plus jeune que les autres choses qui le précèdent.

Mais le commencement est l'*une* des parties de

(1) On voit que les autres choses sont entendues ici des parties de l'Un considérées comme un tout ; plus haut c'était du non-un.

(2) Ce n'est pas une bonne raison. L'ordre logique n'est pas l'ordre du réel. Je ne puis, il est vrai, me faire l'idée du milieu sans avoir précédemment conçu celle du commencement ; mais ce n'est pas une raison pour que, dans l'ordre de l'être, le milieu et la fin ne soient pas nés dans le même moment que le commencement.

l'Un : l'*Un* est né donc avec le commencement : par la même raison, il est né en même temps que le milieu, et que la fin : il est donc du même âge que les autres choses.

Et non-seulement il est tel, mais il devient tel parce que les choses qui sont nées les premières diffèrent de celles qui sont nées plus tard, et celles-ci de celles-là d'une partie de leur âge toujours différente. L'Un devient donc et plus vieux et plus jeune que les autres choses, et les autres choses deviennent plus vieilles et plus jeunes que l'Un ; mais on peut dire aussi qu'il ne devient pas tel parce que la différence des âges évaluée en nombre reste toujours égale. L'Un et les autres choses deviennent donc aussi du même âge.

10° Si l'Un est dans le temps, il participe donc du présent, du passé, du futur.

11° Il est donc réellement.

12° Et, s'il en est ainsi, on peut lui donner tous les attributs de l'être : il peut être nommé, exprimé, perçu par la sensation, saisi par l'opinion, connu par la pensée (1).

MM. Cuno Fischer et Zeller veulent voir dans ces deux questions une antinomie, c'est-à-dire une thèse

---

(1) La première question aboutit à montrer l'absurdité de la thèse de l'Un absolu, repoussant tout prédicat, même celui de l'être, et se supprimant lui-même en voulant rester étranger à toute différence. Mais la deuxième question n'aboutit pas, dans Platon, à une conclusion semblable, et prouve seulement que, si on donne l'existence à l'Un, on est obligé de lui donner d'autres attributs, et qu'il n'exclut pas toute différence ; en quoi Platon ne dit nullement que cela répugne à sa nature et à son essence.

contredite par une antithèse; mais c'est, je crois, une erreur. L'antithèse pour constituer une antinomie doit évidemment porter sur la même question; or ce n'est pas ce qui a lieu ici, où il y a évidemment deux propositions différentes examinées : la première, l'Un est, prise au sens de l'un est l'Un ; la seconde, l'Un est étant, c'est-à-dire participe à l'existence. Aussi Platon, arrivé à cet endroit, dit en continuant : Passons à la troisième question (1). Mais, comme cette troisième question ne peut être considérée comme le commencement d'une seconde antinomie, et dérange leurs classifications, MM. Fischer et Zeller en font une annexe, un supplément de la première (*Anhang*), sans nous expliquer comment une antinomie peut contenir, outre la thèse et l'antithèse, encore une annexe. J'en conclus que leur classification ingénieuse est peu justifiée par le texte.

Troisième question :

Si l'on réunit les diverses conclusions de la première et de la deuxième question, on voit que l'Un est Un et multiple, et ni Un ni multiple; qu'il participe du temps, parce que l'Un, puisqu'il est (2), participe de l'existence quelquefois, et, puisqu'il n'est pas, n'y participe jamais.

Ce sont là des contraires qui ne peuvent coexister dans le même sujet dans le même temps : il reste donc que ce soit dans une succession de temps

---

(1) 155, e. Ἔτι δὴ τὸ τρίτον λέγωμεν.
(2) Je ne trouve pas ce passage bien entendu par les divers mmentateurs.

différents (1), que l'un des contraires appartienne à l'Un dans un temps, l'autre dans un autre. Tantôt il prend part à l'être, tantôt il n'y prend pas part : or c'est là devenir et périr. L'Un étant Un et multiple, puis devenant et périssant, périt comme multiple en devenant Un, et comme Un lorsqu'il devient multiple.

Il se décompose en devenant multiple, se compose en devenant Un ; il est dans l'acte de similation puisqu'il devient semblable, dans celui de dissimilation puisqu'il devient dissemblable, grossit, diminue, s'égalise, puisqu'il devient gros, petit, égal (2).

Il ne peut concilier ces divers côtés de sa nature qu'en passant de l'Un à l'autre ; c'est dans ce passage que l'Un périt quand l'autre naît : il y a donc en lui une succession d'états ; par exemple, le repos et le mouvement ne peuvent coexister dans l'Un qu'à la condition qu'il passe du mouvement au repos ou du repos au mouvement. Mais dans le passage même l'Un n'est ni en mouvement ni en repos ; or ce sont là des états qui appartiennent à la catégorie du temps : donc dans le passage même l'Un n'appartient plus à la catégorie du temps, puisqu'il n'est, dans ce passage, ni en mouvement ni en repos, et qu'il n'y a pas de moyen de concevoir une

---

(1) Il y a ici un défaut de raisonnement évident : dans l'alternative où l'Un ne participe pas à l'être, il ne participe pas au temps. Comment alors peut-on dire qu'il est ceci dans un temps, cela dans un autre ?

(2) C'est-à-dire, puisqu'il arrive à l'état de gros, petit, égal, il a dû faire un acte qui amène cet état.

chose qui, placée dans le temps, ne soit ni en mouvement ni en repos.

Ce point intermédiaire en dehors du temps, qui constitue le passage de l'Un d'un contraire à l'autre, c'est l'instant, τὸ ἐξαίφνης, dont la nature est des plus étranges, car il est placé entre le mouvement et le repos : limite commune de ces deux états (1), il n'appartient pas au temps ; c'est le point central et comme le foyer où se termine le changement de l'Un quand du mouvement il passe au repos, et d'où il procède quand du repos il passe au mouvement.

Si donc l'Un est en repos et en mouvement, ce n'est que par suite d'un changement qui implique la succession d'un état à l'autre ; mais ce changement ne peut s'opérer qu'en traversant la limite qui les sépare, l'instant, pendant lequel l'Un n'est plus dans le temps, et n'est ni en mouvement ni en repos.

Or ce qu'on vient de dire du passage de l'Un du mouvement au repos, on peut le dire de son passage de l'être au non-être, de l'Un au multiple, du grand au petit, et réciproquement. C'est donc là un phénomène étrange, puisque l'objet nous apparaît contraint, pour arriver d'un état à un état contraire, de traverser un moment indivisible placé en dehors du temps, où n'existent ni l'Un ni l'autre, qui cependant les contient tous deux (2), et dans lequel l'Un, par

---

(1) Point de vue des plus profonds, l'Idée de la limite, unité des contraires, où ne sont ni l'un ni l'autre d'entre eux, et où ils sont pourtant virtuellement présents.

(2) M. Cuno Fischer, p. 73, *das Eins der Wechsel seiner Gegensätze, d. h. der Augenblick ist*, assimile cet Un platonicien à

exemple, n'est ni Un ni multiple, ni ne se divise, ni ne se compose, ni ne grossit, ni ne diminue, en un mot n'est jamais ni dans l'état qu'il va quitter, ni dans celui où il va entrer.

Voilà tous les états que subit l'Un, s'il est (1).

Passons à la quatrième question.

Si l'Un est, dans quel état se trouve les autres choses, τἄλλα τοῦ ἑνός ?

Les choses différentes de l'Un doivent avoir des parties. Car si elles n'avaient pas de parties, elles seraient l'Un même. Mais, si elles ont des parties, elles forment un tout, c'est-à-dire une unité composée de parties, car les parties ne sont pas simplement parties, mais parties d'un tout, c'est-à-dire d'une certaine Idée et d'une certaine unité que nous appelons un tout, unité complète formée par la réunion de toutes les parties ensemble. De plus, chaque partie doit être une unité.

Les choses différentes de l'Un participent donc, et comme tout et comme partie, de l'Un.

---

l'instant lui-même, et considère cet Un instant comme le type de l'Idée platonicienne qui, confondue avec l'Idée de Hégel, représente pour lui l'unité générale, l'indifférence absolue, qui nie à la fois et conserve les différences, et sort de son indifférence par son indifférence même. Platon ne dit rien qui permette d'identifier l'Un avec l'instant, la limite, le passage, le *prozess*; il dit seulement que l'Un traverse cette dernière limite, ce qui n'est pas la même chose. M. Cuno Fischer ajoute que l'Un étant l'instant, l'Un est et à la fois n'est pas. Conclusion qui n'est pas dans Platon, où il est dit seulement que l'Un est et n'est pas un, multiple, grand, petit, en mouvement, en repos, etc.

(1) 157, b. Ταῦτα δὴ τὰ παθήματα πάντ' ἂν πάσχοι τὸ ἕν, εἰ ἔστιν.

Mais, différentes de l'Un, τἄλλα, elles sont autres que l'Un, ἕτερα τοῦ ἑνός, elles sont donc pluralité en soi, et une pluralité infinie : car une pluralité finie contiendrait déjà en soi l'unité. Ce n'est qu'en recevant l'Un qu'elles reçoivent la limite.

Ainsi les choses différentes de l'Un, si l'Un existe, sont à la fois limitées et illimitées, par conséquent semblables et dissemblables, soit entre elles, soit à elles-mêmes, en mouvement et en repos; enfin elles réunissent tous les contraires, πάντα τὰ ἐνάντια πάθη (1).

On peut considérer la question sous un autre point de vue :

Outre l'Un et les choses différentes de l'Un, il n'y a pas une troisième chose, où les deux premières puissent se réunir et coexister (2) : ils sont donc toujours séparés. Les autres choses ne participent donc jamais à l'unité : elles ne sont donc pas pluralité, car, si elles étaient plusieurs, elles seraient ou tout ou parties, ce qui est impossible, si elles ne participent pas à l'Un : elles excluent le nombre, la dualité et la triplicité, la ressemblance et la dissemblance; car chacun de ces attributs ferait Un, et tous deux feraient une pluralité ; par conséquent elles n'admettent ni l'identité ni la différence, ni le mouvement ni le repos, ni aucune qualité. D'où il résulte que si l'Un est, il est toutes choses, πάντα;

---

(1) 159, a.
(2) Eh quoi! n'y a-t-il pas la limite dont on vient de montrer qu'elle est l'unité des contraires ?

mais, étant toutes choses, il n'est plus Un, ni pour lui-même, ni pour les autres choses (1).

Après avoir examiné les résultats de l'hypothèse, si l'Un est, pour l'Un et les choses autres que l'Un, Parménide examine ce qui résultera, pour l'Un et le non-un, de l'hypothèse contraire : si l'Un n'existe pas.

(1) Ceci est une conclusion qui ne correspond plus à la question : Qu'est-ce qui arrive aux *autres* choses, si l'Un est? Nous trouvons pour réponse que l'Un est tout, et qu'étant tout, il n'est plus Un. M. Cuno Fischer oublie cet écart du raisonnement dans son analyse, qu'il termine : « Unde sequitur, ut multa quibus unum omnino desit, neque multa sint, neque *ipsa sint*. »

En somme, tous ces arguments aboutissent à des propositions contradictoires :
1. L'Un ne peut être ni inhérent aux choses multiples, ni absent d'elles.
2. Le multiple ne peut être ni inhérent à l'Un, ni absent de l'Un.

Le texte de Platon oblige de tirer cette double conclusion, qui se détruit d'elle-même :
1. Il est impossible que l'Un et le multiple soient séparés et opposés : donc ils sont identiques.
2. Il est impossible que l'Un et le multiple soient identiques : donc ils sont différents et opposés.

Platon ne propose nullement, ni ici ni à la fin de l'ouvrage, une solution de ces contradictions, et on ne peut, sans porter atteinte à son texte formel et à la conclusion clairement négative, lui prêter la théorie de l'identité de l'Un et du multiple dans l'Idée considérée comme une unité enfermant en soi la pluralité, et une pluralité enfermée et liée par l'unité. Car, suivant M. Fischer lui-même, on n'arrive là que par le mouvement de développement, le procès dialectique interne de l'unité à la pluralité, et le mouvement régressif dialectique de la pluralité à l'Unité, théorie dont il n'y a pas trace dans Platon, quelle qu'en soit d'ailleurs la valeur.

1. Si l'on dit : l'Un n'est pas, on ne le peut dire qu'à condition de distinguer l'Un de ce qui n'est pas Un, comme quelque chose de différent et même de contraire. Mais alors on pose dans l'Un un élément, un principe différentiel, on lui donne les attributs de la ressemblance, de la dissemblance, de l'égalité et de l'inégalité, attributs réels qui supposent dans l'Un, qui les possède, l'être (1).

Il faut que le non-être *soit* un non-être, car, s'il n'était pas un non-être, il serait un être. Le non-être participe donc de l'être pour être un non-être, comme l'être participe du non-être pour n'être pas un non-être (2). L'Un qui n'est pas possède donc l'être; mais, puisqu'il est supposé n'être pas, il possède aussi le non-être, c'est-à-dire qu'il change de manière d'être, par conséquent participe au mouvement, qu'il faut pourtant nier de lui, s'il n'appartient d'aucune façon aux êtres. Il en sera

---

(1) C'est-à-dire que la connaissance va à l'être ; une chose pensée est nécessairement pensée distincte d'une autre, et par cela seul elle a une essence et une existence. On ne peut pas penser le néant absolu. Si donc on pose, on affirme, on pense la non-existence de l'Un, on pose par là son existence ; et, si l'on ne veut pas poser la non-existence de l'Un, parce que ce serait poser en même temps son existence, il faut n'en rien dire du tout ; il n'a aucun rapport à notre connaissance, à notre pensée, et ne peut même recevoir une dénomination.

C'est la théorie de la connaissance de la *République* et du *Théétète*, et qu'on peut appeler l'argument ontologique : dans toute proposition il y a de l'être.

(2) C'est la théorie du *Sophiste*, qui explique la vraie idée de la négation, et montre l'être dans le non-être qui n'est que l'autre de l'être.

de même du repos, et il résulte de cette première manière de considérer l'hypothèse, que l'Un, qu'on suppose n'être pas, est et n'est pas, change et ne change pas, se meut et ne se meut pas, naît et ne naît pas, périt et ne périt pas.

2. Mais il y a une autre manière de comprendre les termes de l'hypothèse. Si par l'Un n'est pas, on veut dire qu'il n'est pas d'une certaine manière, et qu'il est d'une autre, les conclusions précédentes, toutes contradictoires qu'elles sont, sont justes. Mais, si l'on entend par là au contraire nier absolument tout être à l'Un, il faut lui refuser absolument tous ces attributs. On ne peut le penser, le connaître, le déterminer par un nom : et ici nous n'avons plus ces prédicats contradictoires qui peuvent coexister dans le non-être relatif, qui n'est que l'autre de l'être, mais qui disparaissent absolument dans la négation absolue de l'être.

Il nous reste à considérer les résultats de la même hypothèse non plus pour l'Un, mais pour les choses autres que l'Un.

Si l'Un n'est pas, qu'en résulte-t-il pour ce qui n'est pas Un?

1. D'abord les choses autres que l'Un sont quelque chose de différent : non de l'Un, puisqu'il n'est pas, mais elles sont différentes entre elles. Ce n'est pas par un nombre quelconque de leurs éléments intégrants qu'elles diffèrent entre elles, puisque tout nombre est composé d'unités ; ce ne peut être que par des masses qui, ne contenant pas l'unité, sont infinies en nombre et infiniment divisibles, ne

sont ni grandes, ni petites, ni égales, et en qui se perd et s'efface toute différence et toute limite. Elles peuvent donc, à un regard négligent, paraître avoir les attributs de l'unité, de la ressemblance et de la dissemblance, de la grandeur et de la petitesse, de la différence et de la limite : en réalité elles ne les ont pas. Si l'Un n'est pas, les choses autres que l'Un ont donc simplement l'apparence et l'ombre de ces déterminations qui s'évanouissent quand on les considère de plus près.

2º Si l'Un n'est pas, les choses autres que l'Un ne sont pas davantage (1), car elles ne peuvent être ni une seule chose ni plusieurs, ni semblables ni dissemblables, ni se touchant ni isolées : elles ne sont rien de ce qu'elles pouvaient paraître.

Si l'Un n'est pas, rien n'est.

Conclusion générale :

Dans la double hypothèse que l'Un est et que l'Un n'est pas, le raisonnement déductif amène à reconnaître :

Que l'Un et les choses autres que l'Un, dans leur rapport à eux-mêmes et dans leurs rapports réciproques, sont absolument tout et ne le sont pas, paraissent absolument tout, et ne le paraissent pas.

C'est sur cette conclusion que Platon termine,

---

(1) M. Zeller reconnaît que cette thèse n'est pas l'antithèse de la première, car l'une prouve qu'on ne peut penser le non-un qu'au moyen de l'Un, et la seconde, que, si l'on refuse de le penser ainsi, il se dérobe à la pensée et à l'être. Il veut néanmoins voir encore ici une antinomie.

sans ajouter un mot, le dialogue, qui peut paraître incomplet ou inachevé.

Suivant moi, l'ouvrage a pour objet immédiat de montrer que la thèse des Éléates, discutée suivant la méthode des Éléates, aboutit à une contradiction qui la détruit; cela n'empêche pas qu'au cours de cette réfutation, et à côté de ce résultat négatif, Platon ne sème des vues des plus profondes et des plus positives, ce qui d'ailleurs va de soi-même : car comment renverser une thèse sans édifier en même temps la thèse contraire? et la thèse positive qui se dégage du *Parménide*, c'est que, de même que nous ne pouvons penser un être réel que sous la forme de l'unité, de même l'esprit est contraint de mettre une pluralité quelconque dans l'idée même de l'unité, quand il la conçoit comme réelle et concrète. Le parfait ne se conçoit que dans et par un rapport avec l'imparfait; Dieu ne se conçoit que dans et par son rapport avec le monde.

Je me range donc à l'opinion de Karsten (1) : « Plato in toto hoc dialogo Eleaticorum argumenta premens disputando arguit, hæc genera τὸ ὄν et τὸ μὴ ὄν, τὸ ἓν et τὰ πολλὰ quanquam ratione discernantur, ita tamen inter se cohærere, ut aliud absque alio mente comprehendi nequeat, et multa esse ipsis inter se communia. » M. K. Stumpf dans un article sur les Rapports du Dieu de Platon à l'idée du Bien (2) est de cet avis : « Der Parmenides will

---

(1) *De Xenophan.*, p. 129.
(2) *Zeitschrift für Philosophie, Fichte*, 1869, p. 199.

die eleatische Lehre mit ihrer eigenen Methode ad absurdum führen, wie der Euthydemus die Sophisten. »

Outre l'édition spéciale de Stallbaum, on peut consulter sur le *Parménide* les analyses raisonnées de Schleiermacher, Ast, Socher; le Mémoire extrêmement clair de Cuno Fischer; les Études platoniques de Zeller; Th. C. Schmidt, *Platon's Parmenid.*, Berlin, 1821; Werder, *de Platon. Parmenid.*; Ad. Hatzfeld, *de Parmenide*; A. Fouillée, *la Philosophie de Platon*, t. I; enfin un article de M. Ueberweg, *Neue Jahrb. für Philosoph.*, 1864, p. 97 sqq., où il conteste l'authenticité du dialogue, qu'il considère comme l'œuvre d'un sceptique.

37. *Le Phèdre, ou de l'Amour.*

Dialogue moral, qui forme la quatrième pièce de la troisième tétralogie de Thrasylle : il fait partie de ceux qu'Aristophane avait laissés en dehors de sa classification.

Le *Phèdre* était dans l'antiquité déjà considéré comme un des plus célèbres écrits de Platon, suivant les mots mêmes de Denys d'Halicarnasse, ἑνὸς βιβλίου τῶν πάνυ περιβοήτων (1). C'est, en effet, une œuvre pleine de vie dramatique, de force mimique et d'ironie. Thrasylle lui donne pour second titre : περὶ ἔρωτος (2), et en fait un dialogue éthique, c'est-à-dire socra-

---

(1) *De Adm. vi Dem.*, c. 7; *Ep. ad Cn. Pomp.*, c. 2.
(2) Diog. L., III, 58; conf. Maxime Planude, *Scholl. ad Hermog. Rhet. Græc.*, t. V, p. 513, Walz.

tique. D'autres lui donnaient pour sous-titres : περὶ ψυχῆς, (1), περὶ καλοῦ (2), περὶ ῥητορικῆς, περὶ τἀγαθοῦ, περὶ τοῦ πρώτου καλοῦ, περὶ τοῦ παντοδαποῦ καλοῦ (3), ce qui témoigne de la diversité d'interprétation du sujet chez les Néo-Platoniciens. Le premier est attesté par Aristote (4) et par Denys, qui nous apprend que le dialogue tirait son inscription du nom du personnage, de Phèdre, à qui Socrate adressait ses discours (5).

L'authenticité du *Phèdre*, à moins qu'il ne faille lire le *Phédon* dans ce passage, a été mise en doute par Panætius, s'il faut en croire l'épigramme suivante que David attribue à Syrianus (6).

Εἴ με Πλάτων οὐ γράψε, δύω Πλάτωνες ἐγένοντο.
Σωκρατικῶν ὀάρων ἄνθεα πάντα φέρω.
Ἀλλὰ νόθον μ' ἐτέλεσσε Παναίτιος· ὅς ῥ ἐτέλεσσε
Καὶ ψυχὴν θνητὴν, κἀμὲ νόθον τελέσει.

Quelques-uns des anciens commentateurs, et M.

---

(1) Clem., *Strom.*, V, 572, d.; Sylb.
(2) Des mss. comme celui de Klarck et le ms. côté 2 de Florence, que suit Ficin.; conf. Greg. Cor. ad Hermog., *Rhet. Græc.* t. VII, p. 2.
(3) Ce dernier, attribué à Jamblique, est adopté par Hermias, *Introd. in Phædr.*, p. 62, ed. Ast.
(4) Arist., *Rhet.*, III, 7. Τὰ ἐν τῷ Φαίδρῳ.
(5) L. l. Ἀφ' οὗ τὴν ἐπιγραφὴν εἴληφε τὸ βιβλίον.
(6) Scholl. Arist., p. 30, b, 9. Σειριάνος μὲν γὰρ ὁ φιλόσοφος ἐπέγραψε τῷ Φαίδρῳ (Φαίδωνι?) νοθευομένῳ ὑπό τινος Παναιτίου .... Id. *Asclep. in Met.* (76, a, 39), parlant du *Phédon* : Παναίτιος γάρ τις ἐτόλμησε νοθεῦσαι τὸν διάλογον ...

Krische (1) entend par le mot quelques-uns, Panætius, prescrivaient de commencer la lecture des dialogues de Platon par le *Phèdre*, ce qui ne veut pas dire qu'ils se soient occupés de l'ordre chronologique de leur composition. Hermias (2) nous apprend que plusieurs le considéraient comme προτρεπτικὸς εἰς φιλοσοφίαν. C'est un des dialogues que Cicéron admire et cite le plus (3); il le traduit même souvent (4), et l'a par conséquent lu et étudié avec soin. Athénée (5) prétend qu'il y a un anachronisme à faire de Phèdre un contemporain de Socrate, mais il n'en donne aucune raison, et celle qu'on est réduit à imaginer est mauvaise (6).

Le *Phèdre* se divise en deux parties principales : la première, qui va jusqu'à la p. 257, se subdivise en trois sections.

La première section est remplie par le discours érotique de Lysias lu par Phèdre, et par les jugements de Phèdre et de Socrate sur l'œuvre du célèbre rhéteur. On est à peu près d'accord en effet aujourd'hui pour considérer ce premier discours comme l'œuvre personnelle de Lysias, et non pas comme une imitation de Platon, qui aurait eu vraiment trop beau jeu pour en entreprendre la critique, après y avoir mis lui-même tous les défauts qu'il

---

(1) *Ueber Plat. Phædros*, p. 6.
(2) *Introd. in Phædr.*, p. 62.
(3) Cic., *de Orat.*, I, 7; *de Legg.*, II, 3.
(4) Cic., *de Rep.*, VI, 25; *Tusc.*, I, 22.
(5) Athén., XI, p. 505, e.
(6) V. Krisch., l. l., p. 9.

signale (1). Socrate n'en trouve ni l'invention heureuse, εὕρεσιν, ni la disposition sage, διάθεσιν.

La deuxième section est remplie par le premier discours de Socrate sur le sujet qu'avait traité Lysias, et le dialogue s'établit entre les deux interlocuteurs à ce propos. Il attribue le fond de son discours à des souvenirs d'anciens poëtes : παλαιοὶ καὶ σοφοὶ ἄνδρες τε καὶ γυναῖκες, et il nomme parmi eux la belle Sappho et le sage Anacréon.

La troisième section contient le second discours de Socrate, la palinodie, dont il attribue l'inspiration à Stésichore. C'est là qu'il établit la théorie des quatre espèces de délire :

I. Le délire prophétique, dû à Apollon, dont l'un, ἡ μαντική, est tout divin, l'autre, ἡ οἰωνιστική, tout humain, préside aux présages.

II. Le délire purificatif, ἡ τελεστική, καθαρμός, ἁγνισμός, τελετή, assigné à Bacchus, qui préside aux initiations et aux expiations.

III. Le délire poétique, reporté à l'inspiration des Muses.

IV. Le délire erotique, ou l'amour philosophique, attribué à Vénus et à Éros, le plus noble de tous.

Pour bien comprendre la vertu de cette dernière forme du délire, il faut connaître la nature de l'âme, ses facultés actives et passives, φύσεως περὶ, πάθη τε καὶ ἔργα. C'est une recherche difficile, et nous ne pouvons guère nous faire une notion exacte de l'âme que sous la forme d'une image. Comparons-la à un

---

(1) Sur cette question, v. Krisch., l. l., p. 26 sqq.

char ailé, attelé de deux chevaux et conduit par un cocher. Toutes les âmes, celles des dieux comme celles des hommes, cherchent à gravir les sommets radieux où résident, dans un lieu supra-céleste, les Idées ; car les dieux ne sont dieux qu'autant qu'ils résident auprès d'elles. Toute âme qui doit être humaine les doit avoir contemplées, de plus près ou de plus loin. Car c'est par la contemplation des Idées que l'âme peut avoir des notions universelles. Sous cette forme symbolique Platon expose sa doctrine sur l'essence de l'âme, force motrice de tous les corps vivants, principe de son propre mouvement, partant éternelle et immuable. Trois facultés la constituent : la raison, la volonté, la sensibilité ; et ces trois facultés se ramènent à deux activités, une activité rationnelle et une activité irrationnelle, unies en une seule nature, ξύμφυτος δύναμις. Comme l'âme de l'homme anime et vivifie son corps, l'âme du monde pénètre en toutes ses parties et dans le tout, meut et vivifie le corps de l'univers.

La connaissance ne s'explique que par l'innéité des principes et l'inhérence de la science, ἐνοῦσα ἡ ἐπιστήμη. La philosophie est l'amour de la vérité, et l'art de réveiller de leur sommeil en nous-mêmes et dans les autres, de dégager du fond obscurci de l'âme, ces Idées autrefois entrevues dans la pure clarté d'une vie incorporelle, et parmi lesquelles rayonne l'Idée du beau, dont l'amour constitue chez l'homme la puissance créatrice. Le mythe expose en outre, sous une forme souvent obscure, les rapports de l'âme humaine au divin ; son passage à une vie terrestre, ou son rapport avec la matière; la distinction des individualités, car les âmes humaines se distinguent les unes des autres, et toutes des âmes des bêtes; enfin la Réminiscence, qui a son fondement réel dans la Préexistence, dont la Réminiscence est à son tour le fondement logique. Il faut remarquer que la nature de l'âme est posée comme primitivement parfaite, comme une essence naturellement en rapport avec le divin, ou les Idées. Le mouvement va du parfait à l'imparfait. Cet imparfait, qui résulte de ce que l'âme ne peut jamais voir que de plus ou moins loin les Idées, est une loi, loi naturelle, fatale, θεσμὸς, νόμος Ἀδραστείας (1), un hasard, σὺν τύχᾳ τινί, c'est-à-dire une nécessité, une condition de l'existence inférieure de la chose sensible, exprimée sous une forme mythique.

La conversation qui s'échange ensuite prépare la seconde partie du dialogue, qui roule sur la rhétorique, et porte sur sa définition, sa fonction, sa méthode, son but, qui est à la fois d'émouvoir les hommes et de plaire aux dieux, son usage et sa pratique. On trouve là un éloge magnifique de Périclès considéré comme orateur, qui semble contredire le jugement sévère porté dans le *Gorgias* (2) sur ce grand homme d'État. On en a voulu conclure que le *Phèdre* était d'une date postérieure au *Gorgias*, et attestait un esprit plus mûr, revenu à des sentiments plus

---

(1) 248, c. On la retrouve appelée νόμοι εἱμαρμένοι dans le *Timée*, 41, e. Conf. *de Legg.*, IV, 709, b. Θεὸς μὲν πάντα, καὶ μετὰ θεοῦ τύχη καὶ καιρὸς τἀνθρώπινα διακυβερνῶσι.

(2) P. 517.

équitables, et à une justice plus généreuse et moins passionnée, comme si ces deux jugements, divers sans être contradictoires, ne pouvaient pas et ne devaient pas s'expliquer par les points de vue divers où se placent les deux dialogues.

La théorie oratoire que Platon oppose aux procédés mécaniques, et à l'habileté pratique des Tisias et des Thrasymaque, se ramène à la dialectique, c'est-à-dire à l'art de penser. La première règle est de savoir et de pouvoir exprimer clairement de quoi il est question, c'est-à-dire qu'il faut savoir définir. Pour cela, il faut connaître l'art de diviser une Idée générale en ses espèces, et de reconstituer l'unité disséminée dans une pluralité d'individus ou d'espèces inférieures. Savoir faire un et savoir faire plusieurs, c'est la fonction propre du dialecticien. Cela n'exclut pas la nécessité d'études préparatoires, mais il ne faut pas les confondre avec l'art même, πρὸ τῆς τέχνης ἀναγκαῖα μαθήματα.

L'éloquence, bien supérieure au misérable métier de composer des livres écrits, est la puissance de toucher les âmes et de les émouvoir, ψυχαγωγία. Pour la posséder il faut d'abord connaître la nature et l'essence de l'âme, connaissance qu'on ne peut espérer d'atteindre sans la connaissance de l'âme de l'univers, où la nôtre est inhérente et comme attachée par ses racines. En second lieu, il faut savoir quelles sont ses facultés actives et passives, les objets sur lesquels elle peut exercer son action, et ceux qui peuvent exercer une action sur elle; enfin analyser les différences de nature des âmes individuelles, et approprier à ces différences les différentes formes du discours, et les différentes nuances de la parole. Le discours, considéré comme une œuvre d'art, doit en avoir toutes les qualités, et les qualités de l'œuvre d'art se ramènent aux trois suivantes : elle doit être, pour ainsi dire, vivante, ὥσπερ ζῶον, être une et complète, συνεστάναι, et, par leur ordre, leur place, leur étendue, ses parties doivent présenter une harmonie et une proportion parfaites et entre elles et avec le tout.

P. Buttmann a publié en 1827, à Berlin, l'édition corrigée d'Heindorf; mais les commentaires les plus importants sont ceux de Stallbaum et ceux d'Ast, qui a joint au texte les Scholies d'Hermias.

38. *Le Banquet, ou du Bien.*

Dialogue moral, suivant Thrasylle, qui en fait la troisième pièce de la troisième tétralogie, où il se trouve réuni avec le *Parménide*, qui la commence, et au *Phèdre*, qui la termine. Aristophane ne l'a pas fait entrer dans sa classification.

L'ouvrage appartient au genre de ceux qu'on appelle διηγηματικοί. C'est le récit, fait par Apollodore à l'un de ses amis et à plusieurs personnages qui restent muets, d'un entretien qui avait eu lieu chez Agathon, le lendemain du jour où celui-ci avait convié de nombreux amis pour célébrer sa première victoire dans les concours de la tragédie (1). Un second

---

(1) Suivant Athén., V, 217, Ol., 90, 4. = 417 av. J.-C.

banquet réunit à sa table quelques-uns des convives de la veille, et d'autres tels que Socrate et Aristodème (1), qui n'avaient pas assisté au premier.

C'est Aristodème qui a raconté à Apollodore tous les détails de cet entretien dont celui-ci fait, à son tour, le récit à ses amis, avec d'autant plus de fidélité qu'il l'avait déjà fait à Glaucon, peut-être le frère de Platon.

Les personnages qui assistent au banquet ou du moins qui prennent part à l'entretien sont, outre Socrate, Agathon (2), Phèdre, Pausanias (3), Éryximaque (4), Aristophane et Alcibiade.

Fatigués par l'orgie de la veille, quelques-uns des convives, Pausanias et Éryximaque proposent de ne pas continuer de boire, mais de renvoyer la joueuse de flûte et de charmer leur réunion par des

---

(1) Aristodème, ami et auditeur assidu de Socrate, dont il imitait les habitudes austères, et particulièrement l'ἀνυποδησία. v. *Phædr.*, 229, a.

(2) Poëte tragique de mérite, comme le prouve son succès, Agathon était en outre un des hommes les plus beaux de son temps. *Protagor.*, 315, e. Aristophane l'accuse d'affecter le sublime et la délicatesse. *Thesm.*, 52, 58. C'est par une erreur, réfutée par Bentley et Wolf, que le scholiaste d'Aristophane (*Ran.*, v. 84) lui attribue des comédies. On a conservé les titres et quelques fragments de ses ouvrages dramatiques : un *Thyeste*, la *Fleur*, *Téléphe*, *les Mysiens*. Aristote fait souvent mention de ce poëte (*Poet.*, c. 15 et 18; *Rhet.*, 11, 19; 11, 24), et M. Ritschl lui a consacré une dissertation spéciale *de Agathonis vita, arte et tragœd. reliquiis*. Hall. 1829.

(3) Pausanias d'Athènes, de mœurs corrompues, et flétries par Xénophon. *Symp.*, VIII, 32.

(4) Médecin et fils du médecin Acuménus.

discours, dont Éryximaque se charge de fournir le sujet.

Chacun devra faire un éloge de l'Amour. L'ouvrage, sans l'introduction, se compose des six discours prononcés par les six premiers personnages nommés plus haut, et d'un discours d'Alcibiade en l'honneur de Socrate.

Phèdre, qui a inspiré l'idée de cet éloge à Éryximaque, prend le premier la parole :

L'Amour, dit-il, est le plus ancien des dieux, et celui qui rend le plus de services aux hommes, en leur inspirant la honte du mal et l'émulation du bien : car en présence de celui qu'on aime on rougit de mal faire, et on est heureux d'avoir bien fait. Il donne à tous ceux qui le ressentent le courage, et en fait des héros. Il n'y a que parmi ceux qui aiment que l'on sait mourir l'un pour l'autre. Les dieux honorent les dévouements héroïques d'Alceste et d'Achille, et particulièrement ceux qui ont pour objet l'être dont on est aimé ; car celui qui aime a déjà sa récompense. Aimer est quelque chose de plus divin que d'être aimé.

Pausanias distingue deux Amours comme deux Vénus, l'un céleste qui répond à Vénus Uranie, l'autre populaire qui répond à Vénus populaire. L'Amour noble et céleste consiste à aimer, non la jouissance corporelle, mais l'âme ; il faut s'attacher à un ami dans l'espérance de se perfectionner par lui dans la science et dans la vertu. Il est beau, il est glorieux d'aimer pour la vertu ; cet amour oblige et l'amant et l'aimé de veiller sur eux-mêmes, et d'avoir soin de se rendre mutuellement vertueux.

Éryximaque prend le tour de parole d'Aristophane empêché par un hoquet violent dont il lui indique le remède, et montre que l'Amour exerce son empire non-seulement sur le cœur de l'homme, mais sur toutes les parties de la nature. Les éléments qui entrent dans l'organisation du corps humain, et lui donnent des inclinations particulières, peuvent l'éprouver, et, parmi ces attractions réciproques, il y en a de saines et de vicieuses. Le bon médecin est celui qui peut détruire l'Amour vicieux et introduire l'Amour bien réglé dans le corps. Mettre l'union, l'accord, l'harmonie, l'Amour enfin, même entre les contraires, voilà l'art de la médecine, et on peut dire que c'est à cela que se ramènent tous les arts : la Gymnastique, la Musique, l'Agriculture, et même la Divination.

Aristophane, guéri par le procédé de son ami, raconte un mythe sur l'origine des hommes, qui avaient primitivement trois sexes, deux visages, quatre bras, quatre jambes, en un mot tous les organes doubles. Redoutant leur puissance, et pour punir leur révolte, Jupiter les a séparés en deux : et voilà comment est né l'Amour, qui n'est que la tendance de l'être primitivement un, maintenant désuni, à rentrer dans son unité primitive. Le désir et la poursuite de cette unité, c'est l'Amour, et, quand chacun de nous a retrouvé la vraie moitié dont il est séparé, il retrouve le bonheur.

Agathon reproche à ceux qui l'ont précédé d'avoir plutôt célébré les bienfaits de l'Amour que loué l'Amour même ; et cependant la bonne manière de louer est d'expliquer d'abord quelle est la chose en question, puis quels effets elle produit.

L'Amour est le plus heureux des dieux, car il est le plus beau et le meilleur.

Le plus beau, car, doué lui-même d'une éternelle jeunesse, il accompagne la jeunesse, parce que le semblable s'attache à son semblable ; il est tendre, car il n'habite que dans ce qu'il y a de plus tendre, l'âme, et encore dans les âmes les plus tendres ; par la subtilité de son essence il pénètre inaperçu dans tous les cœurs ; il est revêtu d'une grâce invincible, car l'amour et la laideur sont partout en guerre, et il ne se plaît qu'au milieu des parfums et des fleurs.

Il est le meilleur ; car il n'offense personne, et ne peut être offensé par personne ; la violence est incompatible avec l'Amour : chacun se soumet à lui volontairement. Il est donc juste ; il est aussi tempérant, puisqu'il domine toutes les autres passions. Il est le plus fort des dieux, car il soumet Mars lui-même. Il inspire tous les arts, et donne à tous ceux qu'il anime le don de poésie. Tout ce qui a vie est l'ouvrage de ce grand artiste, et, de même que la vie, l'ordre vient de l'Amour qui est l'Amour du beau : car jamais l'amour ne s'attache à la laideur.

Socrate enfin prend la parole, et, feignant de désespérer de pouvoir trouver quelque chose de nouveau après de si éloquents discours, se borne à reproduire ce qu'il a entendu dire de l'Amour à une femme de Mantinée, savante sur ce sujet et sur beaucoup d'autres, à Diotime.

L'Amour est un désir de la beauté : or, comme on ne désire pas ce qu'on possède, il suit que l'Amour ne possède pas la beauté. Ce n'est pas à dire pour cela qu'il soit laid. C'est un être non pas divin, mais intermédiaire entre les dieux et les hommes, un démon (1). L'office des démons est de lier et d'unir les dieux et les hommes, et d'établir le commerce de ces deux sortes d'êtres si différents : ils entretiennent l'harmonie des deux sphères de l'être, et sont le lien qui unit le grand tout.

Quant à l'Amour, il est fils de Pénia et de Poros, et a été conçu à la naissance de Vénus. Comme fils de Pénia, il est pauvre, maigre, défait, toujours misérable; comme fils de Poros, il est toujours à la piste de ce qui est beau et bon, entreprenant, robuste, passant sa vie à philosopher, enchanteur, magicien, sophiste. Il n'y a à philosopher que celui qui n'est ni sage, car le sage possède la sagesse; ni ignorant, car l'ignorant croit la posséder et ne la cherche pas. L'Amour amoureux du beau, — et la sagesse est la plus belle des choses, — est donc philosophe, c'est-à-dire tient le milieu entre le sage et l'ignorant.

(1) La définition de l'Amour comme un démon, la notion du monde comme une harmonie, la beauté désignée même comme *harmonie*; p. 187 et 206, τὸ δὲ καλὸν ἅρμοττον, rappellent les doctrines pythagoriques. Cf. Lobeck, *Aglaoph.*, p. 1236 ; Procl., *ad Alcib.*, p. 66. Καί μοι δοκεῖ καὶ ὁ Πλάτων, εὑρὼν παρ' Ὀρφεῖ τὸν αὐτὸν τοῦτον θεὸν καὶ Ἔρωτα καὶ δαίμονα μέγαν ἀποκαλούμενον, ἀγαπῆσαι καὶ αὐτὸς τὸν τοιοῦτον ὕμνον.

Lorsqu'on appelle l'Amour le plus beau, le plus parfait, le plus heureux des êtres, c'est qu'on confond celui qui aime avec l'objet aimé et aimable, qui est en effet beau, charmant, accompli, céleste. Maintenant quel service rend-il aux hommes? Tout être qui aime le beau et le bien cherche à le posséder pour devenir heureux. L'Amour, pris en général, n'est que la tendance vers le beau et le bien ; mais ce nom appartient particulièrement au désir de posséder toujours le bien et le beau, qui conduit à la production dans la beauté selon le corps et selon l'esprit. L'union de l'homme et de la femme est production, et cette production est œuvre divine, en ce qu'elle constitue l'immortalité de l'être mortel. Voilà donc l'objet de l'Amour, l'immortalité de l'être, et cette immortalité se réalise par la génération, qui n'est possible que dans la beauté. La génération conserve l'être et la vie de l'espèce ; c'est la seule forme d'immortalité permise à l'homme, qui se prolonge dans ses rejetons, et le seul moyen par où il puisse se perpétuer : car tout périt et tout change dans l'individu, l'âme aussi bien que le corps.

Les natures grossières ne cherchent à se perpétuer que corporellement ; mais l'âme aussi est agitée du besoin de se perpétuer et d'être immortelle, et par conséquent d'engendrer dans la beauté, qui seule excite ces ardeurs viriles et ces transports féconds. Les âmes nobles cherchent de tous côtés des âmes belles, pour y déposer et y engendrer des fruits de vertu et de sagesse, des enfants plus beaux et plus immortels que les fils de leur sang. Mais pour arriver à aimer ainsi, il y a une méthode et un art, l'art d'aimer, ou la philosophie.

Il faut d'abord chercher et aimer la beauté sensible dans un individu, puis la poursuivre dans l'espèce et dans le genre, et reconnaître que cette beauté est dans toutes les choses particulières une seule et même beauté. Après cela il faut considérer la beauté de l'âme comme bien supérieure, s'éprendre d'amour pour elle et y enfanter des discours propres à la rendre plus vertueuse ; on considérera cette beauté de l'âme dans la sphère de l'action d'abord, puis ensuite dans celle de la spéculation, c'est-à-dire dans la vertu et dans la science. Arrivé à ce degré d'initiation, on n'aura plus devant soi une beauté particulière, soit de tel corps, soit de telle vertu, soit de telle science, mais on aura en face de ses yeux éblouis et ravis la beauté elle-même, la beauté en soi, éternelle, non engendrée, non périssable, exempte de décadence comme d'accroissement, au-dessus des conditions du temps comme de l'espace, absolument immuable, invariable, toujours et partout identique à elle-même, universelle enfin : seule contemplation qui puisse donner quelque prix à la vie, seule beauté qui soit digne de notre amour. Si nous parvenons à la voir, à la comprendre et à l'aimer, nous serons chéris des dieux et deviendrons des êtres immortels.

Sur ces entrefaites arrive Alcibiade ivre, venu pour couronner Agathon ; mis au fait des conventions des convives, il ne refuse pas de payer son écot, mais ne veut louer ni homme ni dieu, si ce n'est Socrate; il célèbre donc, en racontant plusieurs des faits de la vie privée et militaire de son ami, sa sagesse, sa patience, son courage, sa divine éloquence et sa parfaite chasteté. D'autres convives surviennent échauffés par le vin; l'orgie et la débauche recommencent de plus belle; peu à peu les invités se retirent ou s'endorment. Seuls Agathon, Aristophane et Socrate résistent jusqu'au lever du soleil, et discutent la question de savoir si le génie tragique se confond avec le génie comique. Enfin Agathon et Aristophane sont vaincus par le sommeil, et Socrate sort avec Aristodème, va prendre un bain, et se rend au Lycée pour y vaquer à ses occupations ordinaires.

Le sujet du dialogue est clair : c'est l'Amour philosophique ou platonique. Le véritable amour est l'amour de la beauté, et la véritable beauté est l'être universel, éternel, immuable, parfaitement beau et parfaitement bon, Dieu. L'Amour vrai se confond donc avec la philosophie qui est l'élan passionné de l'âme vers la vérité et la sagesse, la contemplation assidue et ardente des choses divines, que le philosophe ne doit pas se borner à goûter seul, mais qu'il doit communiquer et répandre dans toutes les âmes capables de participer à ces nobles jouissances. La philosophie n'est plus, considérée ainsi, seulement science; elle est amour, et non-seulement amour des choses divines, mais amour des hommes : elle est donc lumière et charité.

La beauté n'est que l'objet de l'Amour; sa fin et sa vraie essence est d'engendrer au sein de la beauté, de la vérité et de la vertu, des fruits pleins de vertu, de vérité, de beauté, et de se perpétuer ainsi elle-même. Pour cela la philosophie a besoin de l'Amour, qui seul a la puissance virile et créatrice; elle a aussi besoin de la raison et de la dialectique; chaleur et lumière, amour et dialectique, mouvement et conscience de la fin de ce mouvement, la philosophie est la suprême harmonie de la vie intellectuelle et de la vie morale de l'homme.

A ce but supérieur du dialogue se joint, comme presque partout dans Platon, l'intention de montrer sous son vrai jour, dans sa figure vivante et idéale, la personne de Socrate, puis d'exposer, en les réfutant doucement, les opinions vulgaires des poëtes, des savants, des lettrés ou des sophistes de son temps. C'est à cela que servent les discours des autres interlocuteurs.

Un fait assez curieux, et qui a donné lieu à bien des suppositions et des recherches érudites, c'est que le *Banquet* de Xénophon reproduit quelques-unes des idées du *Banquet* de Platon, presque dans des termes identiques, et que Socrate y expose la doctrine que Platon prête à Pausanias. Faut-il croire que l'un des deux écrivains a eu sous les yeux l'œuvre de l'autre, ou qu'un entretien réel de Socrate leur a fourni à tous deux les idées qui leur sont communes? Cette dernière supposition ne devrait pas nous surprendre : on sait que les anciens ne dédaignaient pas de causer à table des plus hautes questions de la littérature, de la poésie, de l'érudition, de la philosophie. Les Grecs ont tiré de cette habitude un genre littéraire, le dialogue symposiaque, et ce genre paraît avoir commencé de très-bonne heure, et du temps même de Socrate.

Jos. Fr. Fischer (1), Fr. Aug. Wolf (2), Ast (3), Wyttenbach (4), Rückert (5), Al. Hommel (6), ont donné des éditions spéciales du *Banquet*, recommandables par la critique du texte et l'érudition des commentaires. M. Stallbaum indique encore des travaux particuliers de MM. Th. Rötscher, A. Schwegler et Fr. Susemihl.

39. *Le Ménéxène ou l'Oraison funèbre.*

Le *Ménéxène* est une oraison funèbre supposée, dont le but est de louer les guerriers morts pour la patrie : usage dont on ignore l'origine certaine, mais exclusif et propre aux Athéniens (7).

L'auteur développe le thème ordinaire de ces discours : la supériorité d'Athènes, fondée sur l'égalité des citoyens.

Les autres peuples sont composés d'hommes de races différentes, dont l'inégalité d'origine se traduit dans la forme de leurs gouvernements despotiques ou oligarchiques. Là, les citoyens se divi-

---

(1) Leips., 1776, in-8.
(2) Leips., 1828, 2ᵉ édit.
(3) Jéna, 1817.
(4) Ou plutôt Reynders, qui a ajouté à ses notes celles de Wyttenbach. Groning., 1825.
(5) Leips., 1829.
(6) Leips., 1834.
(7) K. Hermann, *Lehrbuch*, § 39.

sent en esclaves et en maîtres : pour nous et les nôtres, qui sommes frères et nés d'une mère commune, nous ne croyons pas être ou les esclaves ou les maîtres les uns des autres. Nous ne reconnaissons entre nous d'autre supériorité que celle de la vertu, du talent et des lumières : μηδενὶ ἄλλῳ ὑπείκειν ἀλλήλοις ἢ ἀρετῆς δόξῃ καὶ φρονήσεως. Les Athéniens seuls sont de pur sang grec : εἰλικρινῶς Ἕλληνες καὶ ἀμιγεῖς βαρβάρων.

L'authenticité a été attaquée par des considérations assez fortes. On s'appuie sur la composition de ce discours épidictique, traité tout-à-fait suivant la manière des rhéteurs et des orateurs ordinaires (1). En outre, les opinions exprimées sur la constitution athénienne paraissent et sont tout à fait contradictoires aux principes les plus essentiels de la doctrine de Platon. On signale, dans l'introduction qui amène ce discours, des plaisanteries assez niaises (2), et des traits peu vraisemblables dans la peinture des caractères, même de celui de Socrate ; enfin on fait remarquer l'anachronisme un peu fort qui place ce discours dans la bouche de Socrate, à l'occasion d'un événement qui n'est pas déterminé, mais a certainement suivi sa mort de plus de trois olympiades (3), et le suppose com-

---

(1) Conf. Shönborn : *Ueber das Verhältniss, in welchem Platon's Menexenus zu dem Epitaph. des Lysias steht*, Breslau, 1830, 4.

(2) Par exemple, 236 c et d : ἀποδύντα ὀρχήσασθαι χαρισαίμην ἄν

(3) Il y est question, p. 345, e, du traité d'Antalcidas qui est de l'an 387, et Socrate est mort en 399.

posé par **Aspasie**, morte depuis plus longtemps encore (1).

Dans la philosophie platonicienne qui n'a pas, malgré sa tendance spéculative, oublié le but pratique que lui avait posé Socrate, la politique, dont l'éloquence est l'instrument, occupe une très-grande place, comme on peut s'en assurer par les dialogues qui lui sont consacrés : la politique en a trois, et la rhétorique trois également. Le discours *du Ménéxène* ne doit pas surprendre chez le philosophe qui a écrit ceux du *Phèdre* et du *Banquet*. Un écrivain qui s'était livré dans sa jeunesse à la poésie a bien pu se permettre une harangue panégyrique. La grossièreté même de l'erreur chronologique écarte, comme l'a remarqué Socher, le soupçon d'une falsification; enfin rien ne prévaut contre l'autorité d'Aristote, qui le cite deux fois (2), confirmée, si elle avait besoin de l'être, par Plutarque (3), Athénée (4), Denys d'Halicarnasse (5), Longin (6) Proclus (7), et Cicéron, qui nous apprend qu'elle

---

(1) Voir, sur ce dialogue, Krüger's *Hist. phil. Studien*, Berl., 1837; Ast, *Platon's Leben*, p. 446; Zeller, *Plat. Stud.*, p. 144; K. Hermann, *Gesch. u. Syst. d. Plat. phil.*, p. 520 et 677; Stallb., dans son édition complète, *Proleg.*, t. IV, sect. 2; Socher, *über Platon's Schrift*.

(2) *Rhet.*, 1, 9. Ὡς ὁ Σωκράτης ἔλεγεν, οὐ χαλεπὸν Ἀθηναίους ἐν Ἀθηναίοις ἐπαινεῖν; id., III, 14. Ὁ Σωκράτης ἐν τῷ ἐπιταφίῳ.

(3) *Vit. Pericl.*, c. 24.

(4) XI, p. 506, e.

(5) *De adm. vi Dem.*, p. 1027.

(6) *De Sublim.*, XXIII, 4, et XXVIII, 2.

(7) *Ad Parm.*, t. I, p. 22.

était, par une disposition légale, obligatoirement récitée chaque année en public (1).

M. Cousin y voit à la fois « une critique (2) des oraisons funèbres ordinaires, et l'essai d'une meilleure manière, le genre admis » (3), c'est-à-dire une

(1) Cic., *Orat.*, 44; Plato « ... In populari oratione, qua mos est Athenis laudari in concione eos qui sunt in prœliis interfecti, quæ sic probata est, ut eam quotannis, ut scis, illo die recitari necesse sit. » *Tuscul.*, V, 12. Synésius, p. 37, éd. Pet. Aristid., t. I, p. 85. Proclus, t. IV, p. 22, éd. Cousin.

(2) Cette critique est contenue dans le petit dialogue d'introduction. Contre qui cette critique est-elle particulièrement dirigée? Ce n'est pas contre l'Oraison funèbre de Thucydide, qu'elle suit pas à pas; il n'y a pas le moindre indice que ce soit contre Alcidamas, quoi qu'on en dise, ou contre Lysias, comme le suppose Spengel, *Artt., Script.*, 147; la mention d'Archinus, unie avec le nom de Dion, ne permet pas de faire porter la conjecture sur l'un plutôt que sur l'autre. Il est plus naturel et plus vraisemblable d'admettre que la critique de Platon s'adresse à tous les rhéteurs de l'école sicilienne, à tous ceux qui ne donnent pas au moins pour but à l'éloquence une vérité morale. Mais il est difficile de voir, avec Stallbaum, *Prolegg.*, p. 17, 18, la plus légère nuance d'ironie dans le discours même. Comment soutenir qu'il y a une intention visible d'ironie dans un discours que les Athéniens trouvèrent d'une beauté si parfaite, qu'il devait en être fait chaque année une lecture publique? Stallbaum est obligé d'admettre que l'ironie qu'il y a découverte avait échappé aux regards des Athéniens, éblouis par les éloges et aveuglés par la vanité. Elle a de même échappé à ce critique perspicace et peu enthousiaste de Platon, Denys d'Halicarnasse, qui l'appelle, *de Adm. vi Dem.*, c. 23, le plus beau de tous les discours politiques, et *Rhet.*, VI, 1, le propose avec celui de Thucydide comme le modèle du genre, παραδείγματα λόγων ἐπιταφίων, éloge répété par Hermogène, *de Ideis orat.*, t. II, c. 10. Ὁ δὲ πανηγυρικῶν λόγων κάλλιστος ... πάντως ἂν εἴη δήπου ὁ Πλατωνικός.

(3) *Argum. du Ménéx.*, t. IV, p. 177.

oraison funèbre où, tout en flattant la vanité nationale, en observant les formes et l'ordonnance traditionnelles du genre, en admettant jusqu'au style d'usage, cependant le caractère, la tendance, l'esprit, sont changés. Le Panégyrique devient ici « le moyen d'un but supérieur, l'élévation morale de ceux qui écoutent, » et se rattache par là à la philosophie.

40. *Le Phédon ou de l'Ame.*

Thrasylle, qui qualifie cet ouvrage de moral, le place comme la dernière pièce de sa première tétralogie, avec le *Criton*, l'*Apologie* et l'*Euthyphron*; Aristophane en fait la seconde de sa cinquième trilogie, qui commence par le *Criton* et finit par *les Lettres* (1).

Le *Phédon* renferme un double dialogue, dont l'un se tient à Phliunte et l'autre à Athènes. Dans une conversation avec Échécrate, où paraissent assister des personnages muets que Stallbaum suppose être des pythagoriciens, Phédon raconte le dernier entre-

(1) On a contesté l'authenticité même dans l'antiquité. Scholl. Arist., p. 576; *Ad. Arist. met.*, c. 7, p. 991, b, l. 3. Sur ces mots d'Aristote ἐν δὲ τῷ Φαίδωνι οὕτως λέγομεν, Asclépiade observe : « Aristote montre ici clairement que le *Phédon* est de Platon... Car un certain Panétius avait osé attaquer l'authenticité parce que, soutenant lui-même que l'âme est mortelle, et voulant tirer de son côté Platon, il trouvait dans le *Phédon* la doctrine de l'immortalité de l'âme. Le *Phédon* est cité par Aristote, *de Gen. et Corr.*, II, 9; *Met.*, I, 7, et XIII, 5; *Meteor.*, II, 2. Cicéron, *Tusc.*, I, 32, se borne à dire que Panétius s'écartait de la doctrine de Platon sur ce point seulement.

tien de Socrate avec ses disciples et ses amis, dans la prison où il devait subir le dernier supplice. Les interlocuteurs de cette scène tragique sont au nombre de huit ; les personnages muets sont plus nombreux encore (1).

Phédon d'Élis était de noble famille ; fait prisonnier très-jeune, il fut acheté et rendu à la liberté, sur les instances de Socrate, par Alcibiade, ou Criton, ou Cébès (2). Il s'adonna à la philosophie (3), et vécut avec Socrate dans une intimité étroite et tendre, comme l'atteste le dialogue où sa douleur est si vivement peinte, et où Platon nous montre le maître jouant avec les cheveux de son jeune ami (4). Il s'était rendu à Phliunte auprès du pythagoricien Echécrate (5), de Locres, qui avait été obligé de quitter sa patrie à la suite des persécutions violentes et des haines populaires soulevées contre les sociétés pythagoriciennes.

Apollodore n'est guère connu que par la mélancolie exaltée de son âme, qui lui avait fait don-

---

(1) Ce sont, parmi les Athéniens, Aristobule, Hermogène, Épigène, fils de Criton, Æschine, Ctésippe, Ménéxène et d'autres qui ne sont pas nommés ; parmi les étrangers, Phédondès, Euclide, Terpsion. Platon mentionne lui-même son absence, et l'explique dans le *Phédon*, 59, c, comme dans le *Timée*, par la maladie.

(2) Aul. Gell., II, 18 ; Macrob., *Sat.*, I, 11 ; Diog. L., II, 31.

(3) Il fonda plus tard l'École Éliaque, appelée aussi d'Érétrie, du nom de la ville natale de Ménéxène, son successeur.

(4) *Phéd.*, 89 b : Παίζων ἐς τὰς τρίχας.

(5) Cic., *de Fin.*, V, 29 ; Val. Max., VIII, c. 7, 3 ; Jambl., *Vit. Pyth.*, 250 ; Diog. L., VIII, 46.

ner le surnom de l'Enthousiaste, τὸ μανικὸς καλεῖσ-θαι (1).

Criton, dont les fils, Critobule, Hermogène et Épigène (2), assistent à l'entretien, est le vieil ami de Socrate que nous connaissons déjà.

Simmias et Cébès sont deux amis, et pour ainsi dire deux frères, tous deux de Thèbes, où Platon veut qu'ils aient entendu Philolaüs discourir de l'immortalité de l'âme. Leur ardeur philosophique se traduit par les objections plus ou moins solides qu'ils opposent à la théorie de Socrate. Cébès surtout se montre fin, pénétrant, curieux, et moins facile à se laisser ébranler et convaincre (3).

Le lendemain du jour où l'on apprit que la galère sacrée était de retour, tous ces amis, et d'autres encore, se réunirent pour la dernière fois auprès de leur maître vénéré. Quand ils entrèrent, on venait de lui ôter les fers des jambes et de lui annoncer que c'était le jour du supplice. Sa femme Xantippe était assise auprès de lui avec un petit enfant. A la vue des disciples qui venaient lui faire leurs adieux, Xantippe éclate en sanglots, et Socrate se sépare d'elle en la faisant reconduire à sa maison.

L'entretien commence alors par une remarque

(1) Plat., *Conv.*, 173, d.
(2) Son quatrième fils, Ctésippe, ne peut pas être le Ctésippe nommé dans le *Phédon* par Platon, parce qu'il était du dème de Pæanée, tandis que Criton et ses fils étaient du dème d'Alopèce.
(3) Il est difficile de croire que le *Tableau*, Πίναξ, soit de ce Cébès, puisqu'on y fait mention des Péripatéticiens et des Critiques, à moins qu'on ne suppose que ces passages n'aient été insérés dans le texte par quelque interpolateur maladroit:

fine et plaisante de Socrate sur le rapport intime du plaisir et de la douleur, qui se suivent, se lient, et, pour ainsi dire, se confondent l'un avec l'autre. Cébès interroge le maître sur les motifs qui l'ont poussé à faire un hymne à Apollon et à mettre en vers les fables d'Ésope, lui qui ne s'était jamais occupé de poésie; puis il demande comment il se fait qu'on dise que la mort n'est point un mal, et que cependant nul n'ait le droit de se donner la mort.

A quoi Socrate répond d'abord que, s'il s'est occupé de poésie, c'est dans la crainte de n'avoir pas, en s'occupant de la philosophie, qui était pour lui la grande musique, suffisamment compris l'indication d'un songe qui lui avait ordonné de s'occuper de musique. Puis il aborde la difficulté posée par Cébès.

On enseigne dans les mystères, ἐν ἀποῤῥήτοις λόγος (1), que nul ne doit se donner la mort; parce que l'homme est sous la garde (2) et comme la propriété des dieux, et ne doit pas quitter sans leur ordre le poste qu'ils lui ont confié.

La mort n'est point un mal : si dans cette vie même l'homme est sous la protection des dieux, il doit être rempli d'une plus profonde espérance de

---

(1) On peut entendre ce mot soit des mystères d'Éleusis, soit de la doctrine secrète des Pythagoriciens.

(2) Le ἐν φρουρᾷ peut se traduire encore par : Nous sommes dans le corps comme dans une prison. Les anciens eux-mêmes hésitaient sur le sens. *Tuscul.*, I, 30; *Somn. Scip.*, p. 43; *Cat. Maj.*, 20. Ce dernier sens est confirmé par *Cratyl.*, 400, c, et Bœckh., *Philol.*, p. 151.

se retrouver, après la mort, sous l'œil de ces mêmes dieux, et dans une condition meilleure.

La mort n'est point un mal, surtout pour le philosophe : car la philosophie n'est qu'une préparation, une méditation, un apprentissage de la mort. Philosopher, aimer la vérité et la vertu, n'est autre chose que détacher les liens qui enchaînent l'âme au corps et la tourner vers l'amour et la contemplation de la sagesse, amour et contemplation que troublent les passions et les vices nés de nos sens. La mort est la séparation de l'âme et du corps, qui permettra à l'âme de connaître et de contempler la vérité elle-même, que nous ne pouvons ici-bas apercevoir qu'à travers les ténèbres des sens et les brumes de la terre. La mort qui nous donne, j'en ai, dit Socrate, sinon la certitude, du moins la ferme espérance, la mort qui nous promet un tel bonheur, ne peut donc être un mal.

Mais, après cette séparation, que devient l'âme? se dissipe-t-elle comme une fumée ou une vapeur? Non! une autre vie l'attend.

Ici commence le sujet principal du dialogue destiné à prouver l'immortalité de l'âme (1).

1. Une vieille tradition (2) nous montre les âmes

---

(1) Macrob., *Somn. Scip.*, I, 1 : « Sic in Phædone, inexpugnabilium luce rationum anima in veram dignitatem propriæ immortalitatis asserta, sequitur distinctio locorum quæ hanc vitam relinquentibus ea lege debentur, quam sibi quisque vivendo sanxerit. »

(2) Παλαιὸς λόγος, rapporté par Olympiodore (*ad Phæd.*, p. 45 et 103; ed. Finck) aux Orphiques, aux Pythagoriciens et à Empédocle.

descendant aux enfers et remontant des enfers sur la terre : donc l'âme ne périt pas à la mort de l'homme. Or cette tradition est prouvée d'abord par la loi universelle et éternelle des contraires. Tout contraire, dans la nature, naît de son contraire; le grand naît du petit, le petit du grand. La vie et la mort sont des contraires : nous voyons que la mort vient de la vie; donc la vie ne peut venir que de la mort.

Tout mouvement, tout changement va d'un contraire à l'autre : l'un est le point de départ, l'autre le point d'arrivée. Le passage de l'un à l'autre est rempli par deux moments ou états, suivant que le mouvement se produit du premier contraire au second ou du second au premier. On passe du sommeil à la veille par le moment qu'on appelle se réveiller; on passe de la veille au sommeil par le moment qu'on appelle s'endormir. On passe de la vie à la mort par le moment intermédiaire qu'on appelle mourir; et si la nature n'est pas boiteuse, si la loi du changement et du mouvement reste universelle et permanente, il faut qu'il y ait un mouvement en sens contraire qui de la mort ramène à la vie par le moment intermédiaire qui est l'acte de renaître ou de revenir des enfers. Sans cette alternative et cette récurrence éternelles, toutes les choses vivantes tomberaient bientôt dans l'empire de la mort, et la vie disparaîtrait de la nature (1).

(1) Autrement dit : L'âme est une substance dont le propre est la vie, et la vie est mouvement. Or le mouvement de l'âme ne peut lui faire perdre son essence puisqu'il est de son essence : la mort n'est qu'une fonction de la vie.

II. La réminiscence confirme encore la doctrine de l'immortalité de l'âme. Si apprendre n'est que se souvenir, il faut que nous ayons appris dans une vie antérieure ce que nous nous rappelons dans celle-ci. La réminiscence est un fait psychologique dont nous avons tous conscience. A la vue d'un objet, la pensée d'un autre objet uni au premier par quelque rapport, soit de ressemblance soit de différence, s'éveille en nous : en voyant une lyre s'éveille la pensée de l'ami qui s'en servait. C'est ainsi que les choses sensibles que nous percevons par les sensations réveillent en nous des idées universelles que nous ne devons pas au corps, qui préexistent à toute sensation, que nous avons eues de tout temps, et, par conséquent, avant même de naître. Donc l'âme, lieu de ces idées, a vécu et pensé avant de vivre dans ce corps ; et par la loi de l'alternative, il faut bien que, sortant du sein de la mort pour arriver à la vie présente, elle existe encore après la mort qui l'attend, puisqu'elle doit retourner encore à la vie.

III. On peut fournir encore un autre argument de l'immortalité de l'âme. La mort ne se peut comprendre que par la dissolution ; or la dissolution ne peut atteindre qu'une substance composée de parties séparables. Le corps est composé, et il a les caractères de tout ce qui est composé : perceptible à nos sens, changeant, périssable ; mais l'âme est simple, car elle échappe à nos sens. Comme le semblable est connu par le semblable, et qu'elle connaît les Idées simples, identiques, permanentes, l'âme est donc semblable aux Idées, c'est-à-dire simple, identique, permanente, éternelle comme son objet. Son acte, qui est de connaître, n'est pur que dans la contemplation du suprasensible, et lorsqu'elle fait taire en elle les impressions des sens, lorsqu'elle se sépare, pour ainsi dire, du corps pour rentrer en elle-même ; elle commande au corps, et par conséquent s'en distingue : donc elle n'a pas à craindre la dissolution qui le frappe ; après qu'il est tombé en poussière, elle vit et dure.

Mais à ces arguments Simmias et Cébès opposent des objections. Le premier dit : L'âme est-elle vraiment une substance? ne pourrait-elle pas être simplement un rapport, une proportion, une harmonie des parties du corps qui se dissiperait avant même la disparition totale des parties (1)? Et Cébès objecte qu'en accordant même que l'âme ait vécu avant le corps et soit par sa nature plus durable, rien ne prouve qu'elle soit éternelle. Le corps est comme un vêtement qu'elle porte et use ; elle peut en porter et en user plusieurs ; mais qui nous assure qu'elle ne s'épuise pas peu à peu à porter tous ces vêtements, à animer tous ces corps, qui nous assure que le corps que nous avons en ce moment n'est pas le dernier qu'elle aura la force de vivifier et d'animer, et qu'il ne durera pas plus qu'elle?

A la première objection, Socrate répond qu'elle est contraire à la réminiscence, qu'admettent ce-

---

(1) Cic., *Tusc.*, I, 10, attribue cette opinion pythagoricienne à Aristoxène : « Ipsius corporis intentionem quamdam, vel ut in cantu, et fidibus, quæ harmonia dicitur, sic ex corporis totius natura, et figura, varios motus cieri, tanquam in cantu sonos. »

pendant ses deux amis : si l'âme a vécu avant le corps, elle n'en peut pas être l'harmonie. L'harmonie a des degrés : l'âme, en tant qu'âme, n'en saurait avoir ; toute âme est toujours et en chaque être également une âme. De plus, les diverses vertus de l'âme se peuvent aussi ramener à l'idée de proportion et d'harmonie : il y aurait donc des harmonies dans une harmonie, ce qui n'a pas de sens. Enfin le vice peut et doit être considéré comme le contraire de l'harmonie : comment l'âme, si elle est une harmonie, pourra-t-elle renfermer son contraire ? Il faudra donc admettre, puisque toute âme est également âme, que toute âme est également harmonieuse, même l'âme des animaux ; c'est-à-dire que personne n'a ni plus ni moins de sagesse et de vertu qu'un autre, que toutes les âmes restent toujours également sages et vertueuses, puisque, étant harmonie, l'âme ne peut cesser d'être harmonieuse, et que la vertu est harmonie. D'ailleurs, c'est un fait de conscience que l'âme commande au corps et le fait obéir à ses ordres ; fait qui devient inexplicable si l'âme n'est qu'un certain état du corps plus ou moins tendu ou détendu : *corporis intentio et remissio*.

Pour renverser les objections de Cébès, il faut expliquer ce que c'est que l'essence, cause vraie de l'existence et de la nature des choses ; et à ce propos Socrate raconte ses premières études philosophiques dirigées d'abord sur la nature, puis ses grandes espérances excitées par le magnifique principe d'Anaxagore ; qu'une raison divine a ordonné l'univers et y conserve l'ordre qu'elle a établi ; puis ses déceptions en voyant que, dans l'explication des choses, ce philosophe ne faisait, pour ainsi dire, aucun usage de sa maxime. Pour lui, il en est arrivé à croire que la cause vraie des choses de la nature consiste dans une Idée, c'est-à-dire dans un principe interne, essentiel, simple, incorporel, suprasensible, immuable, éternel, qui fait que les choses sont ce qu'elles sont (1), et qu'elles tendent à leur perfection. La vraie essence des choses est leur perfection.

La matière est ce sans quoi la cause ne pourrait être cause : elle n'est donc qu'une cause coopérante, ou un moyen (2).

Chaque chose n'est ce qu'elle est que parce qu'elle participe, soit par présence, soit par communication, εἴτε κοινωνίᾳ, εἴτε παρουσίᾳ, à une Idée. Toute chose grande est grande parce qu'elle participe à l'Idée de la grandeur; toute chose belle est belle parce qu'elle participe à l'Idée de la beauté. Ce n'est, il est vrai, qu'une hypothèse; mais on peut la considérer comme vraie, si, en examinant toutes les conséquences qui en dérivent, on reconnaît qu'elles s'accordent entre elles. D'ailleurs, rien n'empêche qu'on ne cherche un autre principe plus général et plus sûr, jusqu'à ce qu'enfin on arrive à un principe qui satisfasse pleinement la raison. Jusque-là on

---

(1) M. V. Cousin : « L'idée est dans chaque chose l'élément intérieur et essentiel qui, s'ajoutant à la matière, l'organise et lui donne sa forme. L'idée est le type interne de toute chose. »

(2) Ξυναίτιον. *Phéd.*, 99. c ; *Politic.*, 281, e ; *Tim.*, 46, d.

peut se tenir à ceci : toute chose est ce qu'elle est par sa participation avec une Idée, et toute Idée existe en soi.

Maintenant, les Idées n'admettent pas, comme les choses, leurs contraires : Simmias peut être à la fois grand et petit : grand par rapport à celui-ci, petit par rapport à celui-là ; mais la grandeur ne saurait être petite, ni la beauté, laide. Les contraires naissent les uns des autres, mais chacun d'eux ne peut être contraire à lui-même. Et non-seulement les Idées n'admettent pas leur contraire, mais les choses mêmes qui, sans avoir de contraire, contiennent nécessairement une Idée qui en a un, n'admettent pas ce contraire. Ainsi trois n'a pas de contraire, mais il contient l'Idée de l'impair : il ne pourra donc pas admettre l'Idée contraire, c'est-à-dire celle du nombre pair.

Transportons ces principes à l'âme : l'âme n'a pas de contraire, mais elle contient la vertu essentielle de la vie, qu'elle apporte partout avec elle, car c'est elle qui fait vivre tous les corps qui vivent. Donc l'âme ne peut admettre la mort, qui est le contraire de la vie. Si la mort se présente, l'âme, plutôt que d'admettre ce contraire de la vie, se retire immuable et intacte, et il n'y a que le corps qu'elle cesse d'animer qui est sujet à dépérir (1). Ce que nous appelons la mort n'est proprement qu'un

---

(1) Cet argument tiré de la nature de l'âme se retrouve *Rep.*, I, 353, a; *Legg.*, X, 805. Saint Augustin l'a emprunté *de Immort. anim.*, § 14 sqq. Il repose sur l'identité de l'idée de l'âme et de l'idée de la vie.

autre mode de la vie. L'âme est immortelle. Il y a des conclusions pratiques à tirer de ces vérités spéculatives. L'âme est immortelle ; une autre vie l'attend, mais cette vie sera heureuse ou misérable suivant qu'elle aura mérité, par ses vertus ou ses vices, d'être l'un ou l'autre. Le mythe antique exprime cette croyance universelle : après un jugement solennel auquel il faut toujours penser et toujours se préparer, les âmes sont conduites, les unes aux enfers pour y expier leurs fautes et s'y purifier par le châtiment et le repentir, les autres dans des demeures célestes pour y jouir, avec les âmes pures, d'une vie bienheureuse. Socrate, à ce sujet, fait une description assez obscure de la terre, des lieux célestes, séjour des âmes bienheureuses, des lieux souterrains, théâtre des châtiments et des supplices des méchants.

La dernière partie du dialogue est remplie par les dernières paroles de Socrate à ses amis, ses adieux à ses fils, à sa femme, à ses parentes ; par la scène héroïque et tragique où il boit le poison avec un si ferme courage, une sérénité si touchante et si vraie ; par la peinture de la douleur et des larmes de ses amis ; enfin, par quelques détails sur sa mort.

On aperçoit dans cet admirable ouvrage des intentions diverses, fondues par un art suprême dans une parfaite unité. Il est évident que Platon a voulu présenter une image de Socrate capable de toucher les âmes, d'exciter l'admiration, le respect, l'amour, et, chez ceux qui l'avaient condamné, un éternel remords. C'est l'élément poétique de l'œuvre, qui en fait, en opposition au mime comique du *Protagoras*, une tragédie d'un si touchant pathétique.

La partie philosophique est contenue dans les arguments de l'immortalité de l'âme; arguments solides, profonds, mais qui n'ont pas pour Platon lui-même la force d'une vérité démontrée (1). C'est une foi, une espérance dont il faut s'enchanter, et, pour ainsi dire, embaumer son âme. Cette longue, calme, profonde discussion, soutenue avec tant de grâce et de gaieté aimable, sur l'immortalité, par un homme qui va mourir, ajoute encore à l'effet dramatique de la scène. Le contraste est saisissant, il pénètre et enlève l'âme. Ce rire serein fait involontairement jaillir les pleurs. C'est par là que se révèle l'intention du moraliste. Ce n'est pas seulement par des raisonnements qu'on peut apprendre aux hommes à bien vivre et à bien mourir, c'est surtout par des exemples; et quel plus grand, plus héroïque, plus touchant exemple que la mort de Socrate, qui, fort de sa conscience pure, de sa vie sans reproche, soutenu aussi par une conviction éclairée et une doctrine réfléchie, voit arriver le moment suprême avec calme, sérénité et presque avec un sourire ! Le *Phédon*, ce chant du cygne (2)

---

(1) *Phédon*, 84, c, d; 85, c; 90, e; 91, a, b; 107, sqq. Conf. Cic., *Tuscul.*, I, 11 : « Evolve diligenter, inquit, Platonis eum librum qui est de animo : amplius quod desideres, nihil erit... » A quoi l'auditeur répond : « Feci, mehercule, et quidem sæpius; sed nescio quomodo, dum lego, assentior; quum posui librum, et mecum de immortalitate animorum cœpi cogitare, assensio omnis illa elabitur. »

(2) *Phéd.*, 85, ab.

expirant, cherche moins à démontrer dialectiquement une thèse qu'à communiquer aux âmes une force et une vertu morales. Voilà pourquoi Platon y a déployé tant d'éloquence, d'art et de poésie. Car la poésie et l'art, la beauté, en un mot, a seule le don de soulever les âmes et de les porter à l'admiration, et de là à l'action ; du moins à l'action intérieure, c'est-à-dire à une détermination libre de la volonté vers le beau et le bien.

Les éditions spéciales les plus estimées du *Phédon* sont celles de Wittenbach, Leyde, 1830 ; de Heindorf, Berlin, 1810. Cet ouvrage a été, en outre, l'objet de travaux très-nombreux et distingués dont je citerai seulement les plus importants :

Franc. Pettavel : *De Argumentis quibus apud Plat. animorum immortalitas defenditur*, Berlin, 1815.

H. Kuhnhardt : *Platon's Phædon*, Lubeck, 1817.

Ch. G. Hildebrand : *De Plat. dialogo qui Phædo inscribitur*, Dusseldorf, 1836.

Ad. Schmidt : *Argumenta pro immort. animi in Phædone explicata*, Hal. 1827.

Van Beck Calkoen : *de Plat. Phædro*, Utrecht, 1830.

Wiggers : *Examen urgum. Plat. pro immort. animi*, Rostoch, 1803.

Les Scholies d'Olympiodore, le seul des nombreux commentaires des anciens sur le *Phédon* qui nous soit resté, ont été imprimées et éditées pour la première fois par Christ. Finck, Heilbronn, 1847.

41. Le *Philèbe*, ou du *Plaisir*.

Le *Philèbe*, qu'Aristophane n'a pas compris dans sa classification, forme dans celle de Thrasylle la seconde pièce de sa troisième tétralogie, commençant par le *Parménide*, et complétée par le *Banquet* et le *Phèdre*.

Les personnages parlants sont peu nombreux : ce sont Socrate, Philèbe (1) et Protarque (2). Il y a des assistants nombreux, auxquels il est fait plusieurs fois allusion (3), mais qui ne sont pas nommés et ne prennent aucune part à l'entretien. L'exorde fort court, où la conclusion positive et dogmatique est posée tout d'abord comme une thèse à démontrer, l'absence de description ou d'indication même de la scène où a lieu l'entretien, ont fait soupçonner, sans beaucoup de raison, que le commencement ni la fin de l'ouvrage n'étaient achevés (4).

Socrate discute avec Protarque, qui remplace Philèbe, fatigué de la discussion qui a déjà été débattue antérieurement, la question de savoir quelle est la manière d'être et la disposition de l'âme ca-

---

(1) On ne sait rien de ce personnage, dont le nom est si rare en grec qu'on serait disposé à croire que c'est un personnage d'invention, si Platon avait jamais usé de cette liberté poétique.

(2) Celui-ci est un peu moins inconnu : Platon le nomme fils de Callias, probablement le même qui est mentionné dans le *Cratyle*, p. 384, a ; c'est un jeune homme qui se déclare auditeur de Gorgias.

(3) *Philéb.*, 15, c ; 16, a ; 19, d ; 67, a.

(4) Franz Patrizzi, *Discuss. Peripat.*, p. 338.

pable de procurer à tous les hommes une vie heureuse (1). Philèbe et Protarque sont d'avis que c'est le plaisir; Socrate soutient que c'est la sagesse. Le plaisir n'est pas une chose simple, mais multiple, et ses parties et ses formes sont non-seulement différentes, mais parfois contraires, sans cesser d'être plaisir, comme le noir et le blanc sont contraires sans cesser d'être couleur.

Comment le plaisir, comment la science peuvent-ils être à la fois une seule et même chose, et en être plusieurs et plusieurs contraires ? c'est une grosse difficulté. Remarquons qu'il ne s'agit pas ici de choses individuelles et sensibles, où il est facile et inutile de remarquer cette opposition, qu'un en elles est plusieurs et que plusieurs sont un. Il s'agit de ces unités qui ne sont pas sujettes à la génération et au changement, comme par exemple l'Idée en général de l'homme, du bœuf, du beau, du

---

(1) Cette grande question du souverain bien, tant agitée dans l'antiquité, était née parmi les Socratiques, qu'elle divisait. Aristippe le Cyrénaïque, auquel Platon semble faire allusion, avait soutenu la cause du plaisir. *Phileb.*, 67, c : Τὰς ἡδονὰς εἰς τὸ ζῆν ἡμῖν εὖ κρατίστας εἶναι. L'école de Mégare, Euclide le premier, l'école d'Élis et d'Érétrie, avec ses fondateurs Phédon et Ménédème, mettaient le bien dans l'unité absolue, et dans ce qui lui ressemble le plus, l'intelligence et la science. Cic., *Acad.*, II, 42 : « Euclides... qui id bonum solum esse dicebant, quod esset unum et simile et idem semper. » Cic., *id.*, *id.* : « Eretriaci... quorum omne bonum in mente positum et mentis acie qua verum cerneretur. » Telle était aussi l'opinion d'Antisthène et, on peut le dire, de leur maître à tous, de Socrate. Diog. L., II, 31 : Ἓν μόνον ἀγαθὸν εἶναι τὴν ἐπιστήμην.

bon ; car à l'égard de ces sortes d'unités intelligibles,

I. On conteste qu'elles existent réellement ;

II. On demande comment chacune d'elles peut être affranchie de la loi de la génération et de la corruption ;

III. Enfin on doute si l'on doit dire que ces unités sont répandues, en se divisant et devenant plusieurs, dans la multitude infinie des choses sensibles, ou s'il vaut mieux croire que dans chaque objet chacune est tout entière, auquel cas elle serait hors d'elle-même et existerait à la fois dans une et dans plusieurs choses (1).

Toutes les choses auxquelles on attribue toujours l'être (2) sont composées d'un et de plusieurs, du fini et de l'infini, et cette loi de l'existence est universelle et éternelle ; mais elle n'apprend pas grand'chose. Il faut découvrir, mesurer, calculer, définir par des nombres ce rapport de l'un à la pluralité, du fini à l'infini. Ainsi, après avoir trouvé l'Idée une dans une pluralité, il faut chercher dans cette Idée une les espèces ou parties qu'elle contient en soi, et combien elle en contient. Ce n'est pas savoir la musique ni la grammaire que de savoir que la voix est une et plusieurs ; mais il faut connaître le nombre de ses éléments et de ses intervalles distincts, et

---

(1) Les questions posées ne reçoivent ici aucune solution, et même ne sont soumises à aucune discussion.

(1) Je crois que c'est par une fausse construction que M. V. Cousin a été conduit à traduire τῶν ἀεὶ λεγομένων εἶναι : auxquelles on attribue une existence éternelle.

quels ils sont. Connaître les intermédiaires entre l'unité et la pluralité, c'est ce qui distingue la dialectique de l'éristique.

Pour savoir si le souverain bien est le plaisir ou la sagesse, et pour bien savoir ce que c'est que le plaisir et la sagesse, il faudrait donc les diviser en leurs espèces ; mais cette division n'est peut-être pas nécessaire s'il est vrai que le souverain bien n'est ni l'un ni l'autre, mais une troisième chose différente des deux et meilleure que toutes les deux. Car le bien étant parfait et ayant pour caractère de se suffire à lui-même, ni le plaisir sans la sagesse, ni la sagesse sans le plaisir, ne remplissent ces conditions ; sans intelligence, sans conscience, sans mémoire, sans attente, sans espérance, on ne saurait ni espérer, ni se rappeler, ni même percevoir la sensation du plaisir. Toute sensation dont on n'a pas conscience est comme si elle n'était pas.

Le souverain bien ne peut donc consister qu'en un mélange du plaisir et de la sagesse ; mais dans quelle proportion doit être fait ce mélange, et quel élément y doit dominer ? c'est ce qu'il s'agit de rechercher.

Il y a dans la nature des choses quatre classes à distinguer :

1. Celle de l'infini, qui est de sa nature multiple, toujours trop ou trop peu, perpétuel changement du plus et du moins, opposé à toute limite, à toute mesure fixe, à tout nombre.

2. Il y a la classe des êtres contraires, qui renferme tout ce qui a une mesure, une limite, un

nombre fixe, clair, constant, et qu'on peut appeler le genre du fini.

3. La troisième espèce contient tout ce qui est produit par le mélange des deux autres, et que la mesure qui accompagne le fini fait passer à l'existence. Cette limitation mesurée de l'infini produit la santé, l'harmonie, la beauté, la force de toutes choses.

4. La quatrième est la cause productrice de ce mélange, et, par conséquent, la cause créatrice et formatrice de tout ce qui devient (1).

Le plaisir est de l'espèce inférieure de l'infini, toujours en mouvement du plus au moins ou du moins au plus; il n'a en soi ni commencement, ni milieu, ni fin, ni mesure ni nombre : il ne doit donc pas dominer dans le mélange.

L'intelligence, ou la sagesse, est bien au-dessus du plaisir, car elle est de la même famille que la cause, et à peu près du même genre. La raison est la reine du ciel et de la terre. Si nous ne pouvons croire que l'ordre de l'univers soit dû au hasard, comment n'admettrions-nous pas, pour en expliquer les merveilles, une intelligence, et, par conséquent, une âme qui en soit la cause, l'intelligence ne pouvant résider que dans une âme ? Et, de même que notre corps est tiré des éléments corporels qui constituent le corps du monde, d'où pourrions-nous

---

(1) On doit remarquer ici l'influence des idées pythagoriciennes, comme le fait observer Proclus, *Théol. Plat.*, I, 5, p. 13 : III, 7, p. 132; *Comment. ad Tim.*, I, p. 26 et 54. Conf. Boeckh, *Philolaos*, p. 47.

avoir tiré notre âme, si le monde n'en avait une dont la nôtre est une parcelle (1)? Ainsi, non-seulement l'âme de Jupiter, mais l'âme de l'homme est ce qu'il y a de plus semblable à la cause, et par conséquent, tout ce qui se rapporte à elle est d'une catégorie bien supérieure au plaisir.

Il faut néanmoins entrer plus profondément dans l'analyse de ces deux grands phénomènes de l'âme.

Le plaisir appartient au genre de l'Infini, mais ses espèces et ses formes déterminées ne tirent leur origine que du mélange de l'infini et du fini; c'est lorsque dans ce mélange, qui emporte l'idée de changement et de mouvement, l'harmonie naturelle de l'être est rétablie, qu'il y a plaisir; il y a douleur quand elle est détruite. Telle est la loi de la condition humaine, qui marque l'infériorité de notre nature, puisque le plaisir même enferme l'idée d'un besoin douloureux qui l'a précédé. Les dieux seuls en sont exempts.

Outre ces plaisirs de la sensation, il y en a qui reposent sur l'attente de l'avenir, et qui supposent la mémoire du passé : c'est de là que naît le désir, qui, comme ces sortes de plaisirs, est un phénomène

---

(1) C'est encore là une doctrine pythagoricienne. Diog. L., VIII, 28. Pythagore enseignait εἶναι τὴν ψυχὴν ἀπόσπασμα αἰθέρος, c'est-à-dire que l'âme humaine est une parcelle détachée de l'âme du monde. Cic., *de Nat. D.*, I. 11, : « Nam Pythagoras qui censuit animum esse per naturam rerum intentum et commeantem, ex quo animi nostri carperentur. » *Cat. Maj.*, c. 21 : « Audiebam Pythagoram Pythagoreosque omnes nunquam dubitasse quin ex universa mente divina delibatos animos haberemus. » Conf. Procl., *Theol. Plat.*, p. 92.

de l'âme. Ces plaisirs néanmoins ne sont pas purs, car voici comment ils se produisent. Le corps éprouvant un besoin, un vide douloureux qu'il ne peut satisfaire, l'âme, en espérant ou en se rappelant l'objet qui doit le faire ou l'a fait cesser, se procure un plaisir propre, mais qui se mêle à une souffrance du corps et celle-ci corrompt la pureté de sa propre jouissance.

Il faut, pour bien connaître la nature du plaisir, ne pas oublier qu'il y a de faux comme de vrais plaisirs, du moins quant à leur objet; car ces plaisirs naissent des images que la sensation a déposées dans nos âmes, et les images pouvant être fausses peuvent produire en nous de faux souvenirs comme de fausses espérances, et par conséquent de faux plaisirs. Le plaisir est positif, et non pas seulement, comme on le prétend quelquefois, une exemption de la douleur; mais il est lié à la douleur, puisqu'il est lié à la satisfaction d'un besoin, état douloureux par lui-même. Il résulte de là que la vivacité du plaisir dépend de la violence des besoins, et est le partage des intempérants et des malades plutôt que des hommes sages et sains.

Non-seulement le plaisir est lié à la douleur en ce qu'il lui succède, mais, en certains cas, il se mêle à elle et coexiste avec elle dans le même sujet et le même temps. Ainsi l'homme qui a la gale souffre de la démangeaison, et jouit en même temps d'un très-vif plaisir s'il se gratte. Ce mélange inséparable a lieu non-seulement dans le corps, mais dans l'âme, dont certaines passions qui lui sont propres, telles que la colère et l'amour, sont à la fois de cuisantes douleurs et d'ineffables plaisirs. Certains arts provoqueront nécessairement ce mélange : la tragédie, par exemple, où les larmes sont délicieuses, la comédie où le rire a pour objet le mal d'autrui : joie malsaine qui ne peut naître que du sentiment douloureux de l'envie que l'on porte à son prochain. Et il en est ainsi, non-seulement au théâtre, mais dans la tragédie et la comédie humaines, qui unissent intimement le plaisir à la douleur. Le corps sans l'âme, l'âme sans le corps, et tous les deux en commun, éprouvent mille affections où la douleur est mêlée au plaisir.

Cependant il est quelques plaisirs où ce mélange n'a pas lieu : ce sont ceux qui naissent de la satisfaction de besoins dont la privation ou n'est ni sentie ni sensible, ou n'est pas douloureuse. Telles sont les plaisirs que nous procurent les belles couleurs, les belles figures, et souvent aussi les odeurs et les sons ; ajoutons-y les plaisirs de la science, car le désir de savoir ne cause pas, au commencement du moins, une vraie douleur. Il faut entendre ici, non les beautés réalisées par les arts, mais les beautés idéales que ceux-ci cachent sous leurs formes sensibles, en même temps qu'ils les révèlent. Or ce sont là les vrais plaisirs, parce qu'ils sont purs, purs de douleur, et non parce qu'ils sont les plus vifs : les plus vifs étant, comme nous l'avons vu, mêlés à la douleur.

Mais, même dans cet état de pureté qui constitue sa vérité, le plaisir est relatif, a toujours un but autre que lui-même, est toujours en voie de génération, en un mot est un phénomène mobile, fugitif, sans permanence ni identité, n'ayant pas d'existence par lui-même. Il a pour but le bien, et n'appartient donc pas à la classe des biens.

Enfin, il ne peut être le souverain bien, parce qu'alors il serait la mesure de la valeur morale des êtres. Souffrir serait la marque de la méchanceté, jouir celle de la vertu : proposition que l'observation et la conscience réfutent suffisamment.

L'analyse de la science est plus brève et plus facile que celle du plaisir.

Il n'y a pas de science de ce qui passe, de ce qui change, de ce qui n'a aucune fixité ni stabilité. Ces objets, en se mêlant à la science, la corrompent et la rabaissent. Il n'y a de vraie science que de ce qui est universel et nécessaire : telle est la dialectique. Dans chaque science même, il y en a deux, l'une qui a pour objet le concret, le sensible, pour but l'utilité pratique; l'autre qui a pour objet l'abstrait, l'universel, le nécessaire, et se propose uniquement la vérité. Tel est le vrai principe de la hiérarchie et de la classification des sciences. Les unes sont pratiques, ont pour objet les besoins nécessaires de la vie; les autres servent à l'embellir et à l'ennoblir. Les plus belles sont celles qui se rattachent aux mathématiques, qui emploient la mesure et le nombre, telles que l'arithmétique, la géométrie, la statique; les autres sont la musique, la médecine vulgaire, l'agriculture, l'art nautique, la stratégie. Il y a de plus deux sortes de géométrie, de musique, de médecine, suivant qu'elles se proposent un objet tout pratique, ou un objet théorique et scientifique (1).

Nous avons dit que le souverain bien pour l'homme consistait dans un mélange de la sagesse ou science et du plaisir; mais comment faire ce mélange? Pour être parfait, il doit réunir les caractères suivants : la vérité, la proportion, la beauté. La notion du bien s'évanouit ainsi dans celle du beau (2). Or, en prenant ces trois caractères pour mesure du mélange, nous devrons y introduire toutes les sciences, même empiriques, mais en exclure les plaisirs qui naissent de la folie et de l'intempérance, et n'y laisser entrer que ceux qui tiennent le plus à la raison et qui accompagnent la tempérance, la science, la sagesse. Et ce choix montre que des deux éléments dont le souverain bien de l'homme se compose, le plaisir ne peut pas prédominer; car le plaisir est trompeur, et le mélange doit être vrai; le plaisir est sans mesure, et le mélange doit être harmonieux et proportionné;

---

(1) Stallbaum découvre cinq degrés dans la classification des arts et des sciences :
1. La dialectique ou la philosophie.
2. Les mathématiques pures.
3. Les mathématiques appliquées.
4. Les arts manuels qui empruntent aux mathématiques quelque chose de leur précision et de leur clarté.
5. Les arts manuels uniquement fondés sur la pratique expérimentale et étrangers à la théorie.

(2) Il est très-remarquable que la pluralité se trouve par cette définition au sein de l'Idée du bien : il est vrai qu'il ne s'agit pas du bien absolu, mais du bien relatif à l'homme.

le plaisir est souvent laid et honteux, et le mélange a pour caractère la beauté. Or la sagesse réunit précisément ces trois caractères du bien.

On peut ramener à cinq classes les biens dont se compose ce bien suprême, et établir entre elles la hiérarchie suivante :

Le premier des biens est la mesure, le juste-milieu, l'à-propos.

Le second est la proportion, le beau, le parfait, ce qui se suffit à soi-même (1).

---

(1) Que sont ces deux premiers biens, et en quoi diffèrent-ils l'un de l'autre? C'est ce qu'il n'est pas facile de déterminer. Stallbaum entend par le premier : « Idea vitæ optimæ, seu summi boni, τὸ αἴτιον, idque ideale, » dans la mesure où l'esprit humain peut la comprendre. Ce n'est donc pas l'idée objective et absolue du bien, comme l'interprètent Trendelenburg et K. F. Hermann. Le second est : « Vita optima ad ideæ illius exemplar conformata, sive summum bonum ad quod homini enitendum, τὸ ξυμμεμιγμένον, τὸ ἓν reale. » Il est bien difficile d'admettre et presque de comprendre cette interprétation. Si ce second bien est la réalisation du premier, comment n'enferme-t-il pas tous les autres? Trendelenburg comprenait par ce second bien : « Ideæ boni simulacra in rerum natura expressa. » Mais alors tous les phénomènes de la nature en feraient partie : car il n'en est aucun où ne brille un reflet de l'Idée du bien ou de la pensée divine. Ast, *Platon's Leben*, p. 296, propose l'interprétation suivante :

1. Τὸ πέρας, la limite et la cause limitante.
2. Τὸ ἄπειρον. (Mais comment l'indéfini pourrait-il être un bien, et le second des biens, puisqu'il représente l'élément matériel et sans forme, « das Materielle, der formlose Stoff »?)
3. La synthèse réelle des deux premiers éléments, ou la beauté.
4. La synthèse idéale, ou les sciences, et en premier lieu la philosophie (qui serait ainsi subordonnée à l'art).
5. Le plaisir, l'élément sensible de la nature humaine.

Le troisième est l'intelligence et la sagesse.

Le quatrième comprend les sciences, les arts, les connaissances véritables, qui appartiennent à l'âme seule.

Le cinquième renferme les plaisirs que nous avons signalés comme exempts de douleur, perceptions pures de l'âme qui viennent à la suite des sensations.

La sagesse ne constitue pas plus que le plaisir le souverain bien de l'homme; mais, dans la hiérarchie des biens qui composent ce bien suprême, elle occupe le troisième rang, tandis que le plaisir est rejeté au dernier.

On a remarqué, dans cet ouvrage, l'absence de mouvement dramatique, de vie animée dans l'expression et le dialogue. Il n'a ni introduction ni dénouement véritables, quoique le sujet soit épuisé. Les personnages n'y ont point de caractère individuel, pas même Socrate. On pourrait donc admettre, avec M. V. Cousin, que ce n'est qu'une esquisse, une ébauche, à laquelle l'artiste n'a pas mis la dernière main.

M. Stallbaum a publié en 1822 une édition spéciale du *Philèbe*, qu'il a fait suivre du commentaire d'Olympiodore, dont M. Cousin, dans ses *Fragments de Philosophie ancienne*, avait déjà donné une intéressante et savante analyse. D'après ces scholies d'Olympiodore, on voit qu'un commentaire, sur le même ouvrage, avait été fait par Proclus; il est aujourd'hui perdu, ainsi que ceux qu'on attribue à Eubulus et à Marinus (1).

Les meilleurs travaux critiques modernes concernant ce dialogue sont ceux de Baumgarten-Crusius : *de Philebo Platonico*, Leips., 1809, et de Trendelenburg : *de Platonis Philebi consilio*, Berlin, 1837.

42. *La République, ou de la Justice.*

Cet ouvrage, l'un des plus étendus et en même temps le plus important et le plus parfait de Platon, formait dans la classification d'Aristophane, avec le *Timée* et le *Critias*, la première trilogie dont il était la première pièce. Thrasylle, qui le liait également à ces deux dialogues, l'avait placé dans sa huitième tétralogie, dont il composait le second membre, et qui commençait par le *Clitophon* (2).

Le second titre a été ajouté par Thrasylle (3); il ne se trouve pas dans Aristophane, qui n'en donne jamais qu'un seul et ne se prononce pas sur la question, tant agitée chez les anciens (4) et chez les modernes, de savoir quel est le véritable objet et le véritable sujet de l'ouvrage. Thrasylle donne bien une double inscription; mais, contre son procédé habituel, toutes les deux semblent vouloir exprimer la

(1) Fabric., *Bibl. græc.*, vol. III, p. 172-178, éd. Harless.
(2) Diog. L., III. 58.
(3) *Id., ibid.*
(4) Procl., *ad Remp.*, p. 349.

nature du sujet traité, tandis que, ordinairement, il joint au titre servant à cet objet un autre emprunté du personnage principal (1) ; ce qui prouve que ces sous-titres du moins ne viennent pas de la main de Platon, quoiqu'il y en eût, aux yeux de Proclus, dont l'ancienneté attestait l'authenticité, à côté d'autres qui n'étaient que des additions arbitraires et récentes des critiques (2). Le premier titre, qu'on a quelque raison de croire de Platon, ne paraît pas avoir été περὶ πολιτείας, mais simplement πολιτεία, comme le prouve, outre les passages de Cicéron (3), la citation de Doxopater (4). On n'en peut dire autant de la division en dix livres, due à des éditeurs postérieurs, sans doute à ces critiques d'Alexandrie qui ont divisé également en chants et en livres Homère (5) et Hérodote (6). Cette division, qui n'est pas toujours intelligente, et dans laquelle on paraît avoir eu égard moins aux sections naturelles du sujet qu'au désir de donner aux divers volumes la même grosseur, pourrait avec quelque vraisem-

(1) Diog. L., III, 57 : Διπλαῖς δὲ χρῆται ταῖς ἐπιγραφαῖς ἑκάστου τῶν βιβλίων, τῇ μὲν ἀπὸ τοῦ ὀνόματος, τῇ δὲ ἀπὸ τοῦ πράγματος.
(2) Procl., *ad Remp.*, p. 350 : Ἀρχαίας καὶ οὐ νενοθευμένας, qu'il distingue des προσθέσεις τῶν νεωτέρων τῆς ἐξουσίας ἀπολαυόντων.
(3) Conf. Muret, *Opp.*, t. I, p. 239 ; Morgenstern, *de Plat. Rep.*, Halle, 1794, 8.
(4) Schöll, Aphthon. *Rhetor. græc.*, édit. Walz, tom. II p. 130.
(5) Eustath., *ad Iliad.*, I, p. 5.
(6) Baehr, t. IV, p. 415.

blance être attribuée au bibliothécaire Aristophane (1).

Quelque opinion qu'on adopte sur le vrai et fondamental sujet de l'ouvrage, on est d'accord pour reconnaître que la politique y joue un grand rôle; c'est même, au dire de Cicéron (2), le premier livre connu de philosophie politique dans la littérature grecque, assertion qu'autorise l'histoire, à moins qu'on n'ajoute foi à l'accusation d'Aristoxène, qui prétend que Platon l'aurait copié tout entier dans les ἀντιλογικοί de Protagoras (3). Les ἀντιλογικοί de Protagoras n'étaient qu'un recueil de lieux communs d'argumentation, un répertoire de réfutations de toutes les propositions possibles, à l'usage des rhéteurs, des orateurs et des sophistes (4). Si l'accusation d'Aristoxène, que nous a conservée Diogène, n'était pas pure calomnie, il faudrait nécessairement changer dans son texte la leçon actuelle en celle de ἐν τοῖς πολιτικοῖς, qui désignerait l'ouvrage de Protagoras, intitulé περὶ πολιτείας, dont Platon aurait tiré ce qu'il dit dans son *Protagoras* (5). Mais, s'il faut en juger par cet extrait, il y avait là bien peu de philosophie politique, et rien qui pût enlever à Platon la gloire d'avoir le premier

---

(1) K. Fr. Hermann, *Geschichte und Syst. der Plat. Philos.*; p. 693.

(2) *De Legg.*, II, 6.

(3) Diog. L., III, 37, qui cite également à l'appui de cette assertion Favorinus, III, 57.

(4) Aristote, dans Cic., *Brut.*, 12.

(5) Plat, *Prot.*, p. 322, b.

conçu ce genre d'écrit. Aulu-Gelle (1) rapporte que deux des livres qui composent la *République* avaient paru d'abord détachés (2) et avaient, sous cette forme, fourni à Xénophon l'occasion d'y opposer sa *Cyropédie*. C'est en s'appuyant sur cette assertion que Schleiermacher et K.-Fr. Hermann ont voulu prouver que les différentes parties de ce grand traité de morale et de politique avaient été composées à des époques fort éloignées les unes des autres, et que notamment les 1ᵉʳ et 10ᵉ livres n'appartenaient pas au plan primitif de l'ouvrage : assertion que ne justifie pas, suivant moi, la composition et l'unité de plan du dialogue dont il nous reste à donner une rapide analyse.

Socrate (3) raconte à quelques amis, qui ne sont

---

(1) Aul. Gell., XIV, 3 : « Xenophon inclyto illi operi Platonis... lectis ex eo duobus fere libris, qui primi in vulgus exierunt, opposuit contra conscripsitque diversum regiæ administrationis genus. »

(2) Ainsi s'expliqueraient chronologiquement les allusions faites par Aristophane (*Eccles.*, v. 590 et 610) à la communauté des femmes et des biens; car cette pièce a été jouée Ol. 96 ou 97 = 396 ou 392 av. J.-Ch., c'est-à-dire avant le premier voyage de Platon en Sicile. Mais on n'a pas réfléchi que les deux premiers livres ne contiennent rien de ce qui concerne cette double communauté, et qu'elle pouvait avoir été soutenue par quelques autres socratiques. D'ailleurs tout le monde convient que la division en livres n'est pas de Platon.

(3). L'entrée en matière un peu brusque a fait supposer que le commencement de la *République* n'était pas complétement achevé à la mort de Platon, et on se fonde sur la tradition, mal interprétée, qui rapporte qu'on trouva à sa mort ce début *très-diversement essayé*.

nommés qu'au commencement du *Timée* (1), une conversation qui avait eu lieu la veille au Pirée, chez Polémarque, fils de Céphale, entre lui et Glaucon, Thrasymaque, Adimante et leurs deux hôtes, et à laquelle assistaient, sans y prendre part, Lysias et Euthydème, frères de Polémarque, Charmantidès de Pæanée, Clitophon, fils d'Aristonyme (2), Nicérate, fils de Nicias. Le vieux Céphale, en accueillant gracieusement tous ces hôtes, est interrogé par Socrate sur la manière dont il supporte et dont il faut supporter la vieillesse. Il répond qu'elle est supportable et même douce à celui qui a la conscience pure et a vécu suivant la justice, c'est-à-dire a été loyal et sincère et a donné à chacun ce qu'il lui devait; proposition que les objections de Socrate à Polémarque, qui a pris la parole à la place de son père, obligé de sortir pour continuer un sacrifice domestique commencé, amènent celui-ci à restreindre et à transformer en cette autre : La justice consiste à faire du bien à ses amis et du mal

---

(1) Ce sont Timée, Critias, Hermocrate et un quatrième qui n'est pas nommé.

(2) Glaucon et Adimante sont probablement les deux frères de Platon : Polémarque, Lysias et Euthydème sont les fils de Céphale, célèbre rhéteur de Syracuse ou de Thurii, que Périclès avait attiré à Athènes, et qui avait un quatrième fils, Brachylle. On ne sait rien de Charmantidès, de Clitophon et de Nicérate. Thrasymaque est un célèbre rhéteur de Chalcédoine qui s'était d'abord adonné à la philosophie et dont Platon peint le caractère sous des couleurs peu aimables. Sur la prosopographie de ce dialogue, consulter *Prosopographia Platonica* de Groen Van Prinsterer, et Stallb., *Prolegg. ad Remp.*, p. cx, sqq.

à ses ennemis. Mais dans quelles circonstances? Si l'on répond : dans la guerre, la justice devient inutile en temps de paix; si l'on ajoute : dans les affaires et le commerce, il y a bien des cas où le conseil d'un marchand de chevaux est plus utile que celui d'un homme juste. Borne-t-on la justice à savoir garder et restituer un dépôt d'argent? mais l'argent déposé est inactif et inutile : la justice est donc utile à une chose inutile.

D'ailleurs qu'entendons-nous par nos amis? sont-ce les gens qui sont réellement bons ou ceux qui le paraissent? Il est trop commun à l'homme de s'y tromper, et, lorsqu'on se trompe dans le choix de ses amis, il arrive que la justice vous amène à faire du mal à des gens de bien et du bien aux méchants. Si l'on dit qu'il est juste de faire du bien aux bons et du mal aux méchants, il nous arrivera d'être obligés par la justice de faire du bien à nos ennemis et du mal à nos amis.

Enfin l'homme juste est bon, et l'homme vraiment bon ne fait de mal à personne, ni à son ami, ni à son ennemi.

Sur ce, Thrasymaque interrompt brusquement et grossièrement l'entretien, et soutient la maxime que la justice naturelle est ce qui est avantageux au plus fort, et par le plus fort il faut entendre celui qui ne peut même pas se tromper dans l'intelligence de ce qui lui est avantageux. A quoi Socrate répond : Tout art a un objet sur lequel il s'exerce, inférieur à lui-même et différent de lui-même, et auquel il est utile, à l'avantage de qui il travaille. La médecine est utile au malade et non au médecin; et si l'on dit qu'elle est utile au médecin qui vit de son salaire, il faut bien reconnaître que ce salaire n'entre pour rien dans l'art de la médecine, qui n'est pas moins parfait lorsqu'il est gratuitement exercé. Il doit en être ainsi de la puissance et de la force politiques. Le prince doit travailler au bien de ses sujets et non au sien.

Thrasymaque le nie, et vante la puissance mise au service des passions et des intérêts de celui qui la possède dans sa perfection, comme le seul moyen d'être heureux, et le but secret, mais réel, où tendent tous les désirs des hommes. L'injustice, arrivée à son comble, est sagesse et vertu. Voici par quelle argumentation Socrate renverse ces assertions :

Un homme qui possède la perfection de son art ne désire pas l'emporter sur un autre homme qui possède la même perfection dans le même art; il cherche seulement à se montrer supérieur à celui qui en sait moins que lui, et qui, par conséquent, diffère de lui. Or on voit l'injuste chercher à dominer tout le monde, ceux qui possèdent la science et la vertu, comme ceux qui ne les possèdent pas. Ce fait seul prouve qu'il ne possède ni la science ni la vertu : il est donc un ignorant et un méchant. Au contraire, et par la même raison, la justice est vertu et science ; elle est donc plus puissante que l'injustice, car qu'y a-t-il de plus puissant et de plus fort que la science? Elle est aussi plus heureuse, car elle est une vertu, et le bonheur consiste dans l'exercice et le développement des fonctions naturelles de l'être, c'est-à-dire dans la vertu. Ainsi le bonheur de l'âme est attaché à sa vertu, c'est-à-dire à la perfection de son action, c'est-à-dire encore à la justice. Ici Socrate fait observer que la discussion a suivi une marche peu logique, puisqu'on a recherché si la justice était science et vertu, et quelle utilité elle pouvait avoir, avant de savoir ce que c'est que la justice : il faut donc revenir sur nos pas et chercher à fixer, par une définition précise, la notion, l'essence, l'idée de la justice.

C'est dans le second livre que cette importante discussion est abordée par Adimante et Glaucon, qui prennent la place de Thrasymaque, réduit au silence.

Il y a, dit Glaucon, trois sortes de choses : les unes qui sont désirées et recherchées pour elles-mêmes et elles seules ; les autres qui sont à la fois recherchées pour elles-mêmes et pour l'avantage qu'on en retire ; les troisièmes, qu'on ne recherche pas pour elles-mêmes, mais uniquement pour les avantages qui en sont le résultat. Toute la question est de savoir dans quelle classe il faut mettre la justice. L'opinion commune est bien loin de la mettre dans la première ou même dans la seconde, et elle ne recommande la justice que par les conséquences qui en résultent.

Pour résoudre cette difficile question, il faut donc d'abord considérer en soi, dans sa nature, son essence, son origine, et abstraction faite des conséquences, la justice. On pourra soutenir, après cela seulement, que ceux qui la pratiquent la pratiquent comme une chose nécessaire, et non pas comme une chose bonne en soi, et que la vie de l'injuste est plus heureuse que celle du juste.

Si l'on n'écoute que le sentiment de la nature, commettre l'injustice est un bien, la souffrir est un mal; mais l'expérience a enseigné aux hommes, et surtout aux faibles, qu'ils éprouvaient plus de mal à la souffrir que de bien à la commettre. C'est pour cela qu'ils ont établi ces règles conventionnelles qui partent toutes de ce principe, éviter de se faire aucune injustice.

Telle est l'origine des lois et la nature vraie de la justice: aussi tous ceux qui sont arrivés à ce degré de puissance, de ne plus craindre aucune injustice de la part d'autrui, ne se font aucun scrupule d'en commettre. Nul homme n'est volontairement juste, et chacun de nous désire avoir plus que son prochain, ce que prouve surabondamment l'aventure de Gygès. Il faut, il est vrai, réaliser le chef-d'œuvre de l'injustice, qui est de paraître juste alors qu'on ne l'est pas. Celui-là jouit à la fois des profits de l'injustice et de l'honneur de la justice. Le juste, au contraire, si on veut le considérer en lui-même, sera juste et paraîtra injuste; il ne commettra aucune injustice et en souffrira de toute sorte, et les plus cruels supplices, et l'infamie la plus odieusement imméritée : d'où l'on peut facilement conclure quel est le plus heureux.

Adimante succède à son frère, et soutient que la plupart des hommes, et le père de famille dans ses conseils domestiques, et les poëtes dans leurs poésies morales, ne célèbrent la justice que par ses résultats. C'est par elle, disent-ils, qu'on arrive à la gloire, à la puissance, au bonheur dans ce monde et dans l'autre. Quelques-uns considèrent, il est vrai, la justice comme un bien, mais comme un bien pénible et rude, tandis que l'injustice, flétrie par l'opinion et la loi, est agréable et douce tant qu'elle reste ignorée et impunie. C'est donc à ce but qu'il faut tendre, lorsqu'on s'est assuré contre les châtiments de la loi humaine par une puissance sans limite, et même contre ceux des lois divines par d'opulents sacrifices et des cérémonies expiatoires qui apaisent la colère des dieux. S'il est vrai qu'il existe des Dieux, et qu'ils s'occupent des hommes, on peut, grâce à ces précautions, jouir en toute sécurité des profits de l'injustice et du renom de la justice.

Socrate reconnaît que la logique exige qu'on cherche quelle est en soi la nature de la justice ; et, pour faire cette recherche avec plus de facilité, il se propose d'imaginer la fondation d'un État idéal, d'une cité parfaite, qui n'existe pas sur la terre, mais ayant son modèle au ciel (1) ; la justice devra nécessairement s'y trouver présente ; et il sera plus facile de l'étudier parce qu'elle y sera plus véritable que dans le cœur humain.

Les hommes dans l'isolement sont faibles et im-

---

(1) *Rep.*, IX, 592, a, b : Ἡ πόλις ἐν λόγοις κειμένη... ἐν οὐρανῷ ἴσως παράδειγμα ἀνάκειται.

puissants; ils ont besoin les uns des autres : de là l'origine de la société ou de l'État, dans lequel ils trouvent le moyen de satisfaire à leurs besoins.

Les besoins de l'alimentation, du vêtement, du domicile, et tous ceux qui s'y rattachent, font naître une classe sociale destinée exclusivement à produire ou à confectionner les choses qui répondent à ces besoins : je dis une classe spéciale, car on fait bien mieux ce qu'on a à faire quand on s'y livre exclusivement.

Les besoins du superflu, qu'on ne peut supprimer même dans l'état social le plus simple, engendrent la nécessité d'un agrandissement de territoire qui, ne pouvant se faire qu'aux dépens du voisin, amène la guerre; celle-ci exige la classe spéciale des guerriers, qu'il faut choisir parmi les individus doués de certaines qualités physiques et de certaines qualités morales. La qualité essentielle au guerrier, c'est le courage, θυμός, c'est-à-dire une certaine chaleur et irritabilité de l'âme, qui doit être dirigée avec soin pour ne pas dégénérer en violence et en férocité, car alors les défenseurs de l'État en deviendraient les oppresseurs. L'éducation, qui s'adresse directement au corps et indirectement à l'âme par la gymnastique, qui s'adresse uniquement à l'âme par la musique, doit former des caractères où la douceur et la force, l'or et le fer, soient mêlés dans une parfaite harmonie.

L'éducation embrasse la poésie et la musique proprement dite; pour convenir à des guerriers, elle devra être pieuse et religieuse; il faudra donc écarter de la jeunesse ces poëtes qui montrent les dieux coupables de tant d'actes odieux, criminels, infâmes, et choisir avec soin les fables qui seront mises sous leurs yeux. Par-dessus tout, il est indispensable que ces fables démontrent d'abord que Dieu est bon, et étranger par sa nature à toute faiblesse morale et à tout mal; en second lieu, qu'il est simple et immuable et ne saurait changer de forme; car il ne saurait en changer que pour en prendre une meilleure ou une pire : or l'une et l'autre des deux hypothèses porte également atteinte à sa perfection absolue. Voilà dans quels sentiments de piété et de religion doivent être élevés ces guerriers, qui doivent être les gardiens de l'État.

Le troisième livre contient le développement de cet ordre d'idées. Les poésies destinées à élever nos jeunes guerriers ne devront rien contenir qui éveille en eux ces folles terreurs qui énervent le courage; il faudra leur inspirer l'amour de la vérité nécessaire aux chefs d'un État, et l'amour de la tempérance qui consiste à obéir aux chefs et à modérer ses passions; enfin les habituer à comprendre la dignité et la beauté de la justice, sujet sur lequel nous reviendrons plus tard.

Voilà ce qui concerne le fond et la matière des poëmes destinés à l'éducation de la jeunesse; mais la forme est loin d'être indifférente, et nous sommes obligés de rechercher sous quelle forme cet enseignement, cette éducation de l'âme, cet apprentissage de la piété, du courage, de la tempérance et de la justice, devra être présenté.

Toute production littéraire ne peut être exprimée que sous trois formes :

Ou bien l'auteur expose sous son nom ses propres sentiments comme dans la poésie lyrique ;

Ou bien il fait agir et parler d'autres personnages comme dans la poésie dramatique, où l'auteur disparaît complétement ;

Ou bien il mêle l'une à l'autre ces deux formes d'exposition, comme dans l'épopée.

Ces deux dernières formes ne sont qu'une imitation, c'est-à-dire un mensonge, et sont indignes d'une éducation virile et généreuse : la première seule convient à nos jeunes gens, parce que seule elle est franche et sincère.

La poésie ne consiste pas seulement dans les idées et les paroles : elle est chantée et accompagnée, c'est-à-dire qu'outre les paroles, expression sensible de la pensée et des sentiments, elle enferme le rhythme et l'harmonie, qui doivent naturellement convenir aux paroles. On doit tout d'abord écarter les harmonies lydienne et ionienne, parce que l'une est plaintive et l'autre voluptueuse et efféminée : il ne reste donc à choisir que l'harmonie dorienne, simple, mâle et forte. Il ne faudra non plus admettre parmi les rhythmes que ceux qui auront ce caractère.

Telles sont les règles qui seront imposées, non seulement à tous les poëtes, mais encore à tous les artistes admis dans notre cité, pour y faire naître et y développer l'amour du beau qui est le but de toute éducation, de toute poésie, de toute musique.

L'éducation gymnastique ne s'adresse pas, comme on pourrait le croire, exclusivement au corps. La santé et la force de l'âme ne dépendent pas de la santé et de la force du corps : c'est tout le contraire. Il faut habituer le corps à la tempérance, à la frugalité, à la fatigue, et c'est là encore plus exercer l'âme que le corps.

Le gouvernement de l'État appartient à ceux de ces gardiens qui ont, dans une longue vie, témoigné de leur amour pour la patrie, et de leur intelligence de ses intérêts.

L'union, l'amour de tous les citoyens les uns pour les autres est la première condition de la durée et de la force de l'État. Il faut donc qu'ils se regardent tous comme des frères. La nature n'ayant pas fait tous les hommes aptes à toute fonction, chacun doit exercer et accepter sans murmure la fonction à laquelle il est propre. Quant à la classe des guerriers, pour les garder de toute tentation d'oublier leurs devoirs, ils seront nourris aux frais de l'État, mais ils n'auront aucune propriété personnelle, et vivront dans une communauté parfaite et entière.

Quatrième livre. Pour que l'État soit heureux, il faut que chacun y remplisse bien sa fonction propre : il importe donc d'en écarter à la fois la pauvreté et la richesse, qui introduisent l'une la mollesse et la lâcheté, l'autre l'abattement et la négligence. L'unité (1) de l'État est le principe de

---

(1) Aristote a mille fois raison d'accuser Platon d'avoir con-

sa vie et de sa prospérité ; ce principe mesure son agrandissement, qui cesse d'être avantageux quand il fait naître des partis, divise la République, et dans un État en engendre plusieurs. Un des meilleurs moyens de maintenir cette unité est de conserver religieusement les institutions établies, surtout en ce qui concerne l'éducation et particulièrement la musique. Il importe également de ne pas multiplier le nombre des lois. Les principes, que nous avons posés, instruiront les citoyens qui les acceptent à régler eux-mêmes la constitution de l'État, la communauté des femmes et des enfants, et, pour les institutions religieuses, les oracles des dieux en décideront.

L'État que nous avons imaginé, étant par hypothèse parfait, doit contenir toutes les vertus; mais où se trouve en lui, et en quoi faut-il y faire consister la justice?

La sagesse ou prudence de l'État consiste à se bien gouverner et administrer lui-même, ce qui lui arrive si ses chefs possèdent ces qualités. Il en est de même de son courage : l'État sera courageux si ses défenseurs armés le sont, c'est-à-dire s'ils savent ce qui est et ce qui n'est pas à craindre, et sont en mesure de repousser les dangers qui menacent la patrie. Mais la tempérance qui consiste à maîtriser ses passions, et à se gouverner et se vaincre soi-même, doit être une vertu commune à toutes les classes des citoyens, et non propre à une seule. La justice

fondu l'ὁμοφωνία avec la συμφωνία, c'est-à-dire l'unité avec union.

est la cause et la condition de toutes ces vertus et le principe de leur durée ; car elle consiste en ceci : que chacun des ordres qui composent l'État fasse ce qui lui appartient de faire et ne se mêle pas d'autres choses, ni de plusieurs occupations : sans elle tout tombe dans le désordre, l'anarchie, l'impuissance.

Telle elle est également dans l'individu, où nous retrouvons les mêmes éléments intégrants que dans l'État. Notre âme n'est pas absolument simple et une. Il y a en nous des facultés, εἴδη, différentes et opposées, correspondant aux trois premiers ordres de notre République ; car aucune chose ne peut, par une même partie d'elle-même, faire ou souffrir des actions contraires. Or nous sentons très-bien en nous qu'il y a des désirs de notre âme que réprime et dompte notre âme. Donc la force qui, en nous, désire, est distincte de celle qui, en nous également, soumet et vainc ces inclinations. Nous avons donc raison de distinguer la raison, τὸ λογιστικόν, et le désir, ἡ ἐπιθυμία.

Cette dernière peut être subdivisée en deux : le désir proprement dit, et le courage, ὁ θυμός, τὸ θυμοειδές, sentiment irritable et généreux, qui vient au secours de la raison en combattant nos passions, et par conséquent se distingue du désir.

Ces trois facultés de l'âme répondent aux trois ordres de l'État : la raison répond à l'ordre des chefs, τὸ βουλευτικόν ; le courage à l'ordre des guerriers, τὸ ἐπικουρικόν ; le désir à l'ordre des gens de travail et de commerce, tous occupés à gagner de l'argent, τὸ χρηματιστικόν.

Si la justice est dans l'État la vertu qui fait que chaque ordre remplit la fonction qui lui appartient, elle n'est pas dans l'individu autre chose que la vertu par laquelle il donne et conserve à chaque faculté de l'âme sa fonction, son ordre, son rôle, sa dignité dans le gouvernement de la vie, et qui produit la plus belle et la plus riche harmonie de son être.

L'injustice est dans la République comme dans l'individu l'état contraire. On voit donc à la fois quelle est la nature et l'origine de la justice et de l'injustice ; voyons quelle est celle des deux qui donne à l'État et à l'individu son vrai bonheur.

Il y a cinq formes d'État social, cinq formes morales de l'âme. L'une d'elles, celle que nous avons décrite, est la forme excellente et parfaite. Il y en a quatre autres, toutes inférieures, mais qui ont entre elles divers degrés de corruption. Nous allons les examiner tour à tour. Mais, avant de commencer cet examen, Platon revient dans le cinquième livre sur la communauté des femmes, et leur participation à tous les travaux et à toutes les fonctions des hommes : il fonde ce dernier paradoxe sur l'identité de nature et d'organisation de l'homme et de la femme, et le premier sur la nécessité de rendre absolue l'unité de l'État, par la suppression des familles particulières remplacées par la grande famille de la patrie, dont chaque membre, précisément parce qu'il ignore de qui il est le fils, ou le frère, ou la sœur, considère tous ceux qui par leur âge pourraient l'être comme un frère, une sœur, un père. La communauté des femmes est donc le vrai moyen de faire naître et d'entretenir dans l'État la concorde, l'union, l'harmonie, qui naissent de l'amour.

Une telle organisation sociale est-elle possible ? D'abord l'éducation y peut beaucoup ; il faut donc y veiller avec soin. En outre, si elle paraît irréalisable aujourd'hui, cela tient à ce que les chefs de l'État ne sont pas des philosophes. Il ne faut espérer un bon gouvernement politique que lorsque les philosophes seront rois, ou lorsque les rois seront philosophes.

La politique véritable ne diffère pas de la vraie philosophie. Qu'est-ce donc que le philosophe ? C'est celui qui aime et s'efforce d'atteindre la sagesse et la science ; mais la science réelle, parfaite, absolue, cherche à découvrir l'être véritable, τὸ ὄντως ὄν, l'essence, l'idée de toutes choses, et ne s'arrête pas aux choses sensibles, corporelles, changeantes, qui ne peuvent laisser dans l'âme qu'une impression changeante comme elles, une espèce inférieure de connaissance, appelée δόξα, c'est-à-dire, la représentation et l'opinion, tandis que l'intuition des Idées fonde la science certaine, immuable, infaillible.

On distingue en effet d'une part l'être absolu et parfait, de l'autre le non-être. A l'être tend la science, l'ignorance répond au non-être : car ce qui n'est absolument pas, ne peut pas absolument être connu. Entre l'être et le non-être roule le monde des choses sensibles et phénoménales qui tient de l'un et de l'autre, et est l'objet de l'opinion, placée entre la science et l'ignorance, comme l'être phénoménal est placé entre l'être absolu et l'absolu non-être. Le vulgaire est absorbé dans cette demi-connaissance, incertaine et obscure, tandis que le philosophe aspire à contempler dans leur Idée absolue et parfaite, dans leur vérité et leur essence, le juste, le beau, le bien.

Sixième livre. C'est donc à ceux-ci, aux philosophes, qui seuls savent apercevoir la notion vraie de la justice, et qui, tournant les regards sur la vérité même qu'ils contemplent dans leur âme, comme les peintres sur leur modèle, peuvent en reproduire dans le monde réel le divin exemplaire, c'est aux philosophes qu'il appartient de gouverner l'État ; ce dont on se convaincra mieux encore si l'on étudie avec soin la vraie essence du philosophe. Enflammé d'amour pour l'être vrai et réel, il déteste le mensonge et la fraude, et n'aime que la vérité. Tout entier à ces études et à ces recherches, il dédaigne les plaisirs du corps, et est à la fois libéral, tempérant et modéré. Au point de vue sublime où il se place, la vie humaine lui paraît de peu de prix : il méprise la mort, et se distingue par sa grandeur d'âme et son courage ; il est juste, équitable, intelligent, doux, plein de mesure et de grâce, amoureux de la beauté, et lui-même aimable. Voilà à quels hommes il faut confier le gouvernement de l'État.

Si l'on répond que ce n'est point ainsi qu'on juge habituellement les philosophes qui sont considérés comme des êtres toujours bizarres, souvent insupportables, parfaitement incapables et inutiles dans les Républiques, il faut attribuer cette opinion très-fausse à la corruption des citoyens, qui s'imaginent que la politique n'est ni un art ni une science, et qui ne demandent à leurs chefs que de servir aveuglément leurs intérêts et leurs plaisirs. Objecte-t-on que les philosophes ne s'offrent pas à cette vie politique? Mais ce n'est pas au médecin à s'offrir au malade; c'est au malade à implorer le secours du médecin. Il y a une autre objection plus spécieuse, c'est l'abus qu'on fait du nom de la philosophie compromise et avilie par d'indignes représentants. D'ailleurs il ne suffit pas d'avoir reçu de la nature les facultés morales et intellectuelles nécessaires, il faut encore qu'elles soient développées par une éducation rationnelle, sans quoi elles dégénèrent, et les meilleures natures deviennent les pires; car la méchanceté consommée part d'une âme pleine de vigueur, dont l'éducation a dépravé les excellentes qualités. Or l'éducation actuelle commence à corrompre, et la vie actuelle achève de pervertir les âmes nées avec le goût et l'amour de la philosophie. Peu échappent à cette corruption générale, et ceux qui ont eu ce bonheur, grâce à une protection divine, évitent de se mêler de politique, parce que leurs concitoyens leur demanderaient des services que la dignité de leur âme, leur conscience et leur raison se refusent également à leur rendre. Dans un État où le peuple est le maître, comme il ne peut être philosophe, il ne comprend ni ne goûte la philosophie. Que reste-t-il donc à faire aux philosophes? Ils se réfugient dans la vie privée comme dans un port, pour y éviter les tempêtes de la vie politique, qui ne peuvent manquer de s'élever au milieu de ces foules aveugles, ignorantes, passionnées et toutes-puissantes. Mais il n'en est pas moins vrai que le vrai philosophe est le seul en État de rendre un peuple heureux et prospère, et que, si cette espérance de trouver, au milieu de la corruption générale, un seul homme qui y échappe, et un peuple disposé à lui obéir, est difficile à réaliser, cela n'est pas absolument impossible dans toute la suite des temps. Il convient donc d'organiser avec un soin tout particulier l'éducation de ceux qui sont désignés, par leurs qualités d'esprit et de corps, pour devenir les chefs de l'État, et qui seuls peuvent assurer sa prospérité et son bonheur.

Cette éducation doit tendre tout entière à ce but: les mettre à même de contempler l'Idée du bien. Car ce n'est pas le plaisir qui est le but suprême et supérieur de la vie morale et politique, puisqu'il y a des plaisirs qui ne sont pas bons; ce n'est pas non plus la connaissance en soi, mais la connaissance du bien. Il faut donc arriver à cette connaissance souveraine. Nous nous en pourrons faire une idée au moyen d'une image. Ce que le soleil est dans le monde visible, l'Idée du bien l'est dans le monde intelligible. Le premier donne aux choses la propriété d'être visibles, et aux organes des êtres la faculté de la vue. De même l'Idée du bien donne aux choses intelligibles la propriété d'être connues, et à l'intelligence la faculté de les connaître. De même que l'œil est l'organe le plus semblable au soleil, de même la raison, sans être identique au bien, est ce qu'il y a de plus semblable à lui, et encore, de même que le soleil donne aux choses qu'il éclaire un aliment, une nourriture, et ainsi leur donne en partie leur substance, de même l'Idée du bien fait non-seulement l'intelligibilité des choses intelligibles, mais aussi leur essence. Elle est donc la source de toute vérité, de toute connaissance, de toute essence : elle n'est pas l'essence même, mais quelque chose de plus haut encore.

Le monde sensible et le monde intelligible se divisent chacun en deux parties.

Dans le premier on distingue : 1° l'être réel, comme les êtres vivants, les produits de l'industrie et de l'art des hommes; 2° les représentations, les imitations, les copies de ces sortes de choses.

Le second comprend 1° les idées pures et en soi, par la contemplation desquelles, partis d'une hypothèse, nous montons, sans rien emprunter au monde sensible, au principe universel et suprême, τὴν τοῦ παντὸς ἀρχήν, c'est-à-dire à l'Idée du bien ; 2° en second lieu, des Idées mêlées de représentations sensibles, qui nous font arriver non plus à un principe, mais à une fin, τελευτή; comme les notions géométriques, qui, tout intelligibles et générales qu'elles sont, ont besoin de s'appuyer sur des représentations figurées.

Les formes de la connaissance correspondent à ces formes de l'être.

La connaissance de l'être sensible est l'opinion, δόξα; celle de l'être intelligible est la science, ἐπιστήμη.

Les choses réelles sensibles sont connues par cette partie de l'opinion qu'on peut appeler πίστις, la foi, la croyance.

Les images des choses sensibles sont connues par cette autre partie de l'opinion qu'on appelle l'imagination, εἰκασία, c'est-à-dire ἡ δόξα τῶν εἰκόνων.

Les Idées pures, sans mélange de représentations sensibles, sont connues par la raison, le Νοῦς, ou la Νόησις.

Les Idées abstraites, mêlées à des représentations sensibles, comme celles qui sont l'objet des sciences mathématiques, sont connues par la διάνοια ou le raisonnement discursif.

Les mathématiques tiennent donc le milieu entre la science, qui, partie d'idées pures, traverse des idées pures pour arriver à une idée pure, et la connaissance sensible.

Septième livre.

Au lieu de cette éducation rationnelle et philosophique, qui amène par une série progressive d'études à la connaissance du bien, du vrai, à la vue éveillée et claire de l'être, les hommes, s'arrêtant à la réalité sensible, sont comme plongés dans les ténèbres d'une caverne, où leurs yeux trompés perdent la faculté de voir la vraie lumière, et confondent l'apparence avec la réalité, les ombres des choses avec les choses elles-mêmes. L'effet de l'éducation n'est pas de faire descendre dans l'âme la vérité. Toute âme humaine a reçu la faculté de la discerner, et avec cette faculté les principes mêmes et les germes de la science. L'œuvre de l'éducation est simplement de bien diriger cette faculté, et de développer ces germes. De là, la nécessité d'un plan d'études progressives, qui, du jour ténébreux qui environne l'âme, l'élève jusqu'à ce qu'il y a de plus lumineux dans l'être, c'est-à-dire jusqu'à l'Idée du Bien. Ce plan devra comprendre tout ce qui est propre à élever l'âme de ce qui paraît être et n'est pas à ce qui est véritablement; à lui faire connaître l'essence des choses et non leurs accidents, et cette distinction est facile à faire dans les perceptions des sens; car les unes appellent la réflexion, parce qu'elles sont enveloppées avec des perceptions contraires, et ce sont celles-là qui seront utiles à notre but; les autres, ne provoquant pas ce retour de l'esprit sur lui-même, précisément parce qu'elles ne renferment pas cette contradiction, ne devront pas être l'objet de nos études. Ainsi ce plan comprendra : 1° l'Arithmétique, mais celle qui s'occupe de trouver la vraie essence des nombres; 2° la Géométrie; 3° la Stéréométrie; 4° l'Astronomie et la Musique, sa sœur (1), qui découvrent les rapports harmo-

(1) Maxime des Pythagoriciens, qui enseignaient que la musique n'est qu'une imitation de l'harmonie céleste, et que le mouvement du monde produit une mélodie rhythmée et harmo-

niques, l'une, dans les mouvements perçus par les yeux; l'autre, dans les mouvements perçus par les oreilles; 5° enfin l'étude qui couronne et achève toutes ces études préliminaires, où s'arrête le voyage et où commence le repos, c'est la Dialectique, qui, en nous apprenant à nous rendre raison de ce que chaque chose est en soi, conduit l'esprit de la contemplation des phénomènes sensibles à la contemplation de l'être véritable, à l'essence propre des choses. A vingt ans commencent les études préliminaires; ce n'est qu'à trente qu'il faut aborder la dialectique. Après y avoir passé cinq ans, ceux qui en sont reconnus capables exerceront pendant quinze ans les grandes magistratures politiques et militaires. Après avoir donné ce temps aux intérêts de la République, ils pourront à partir de cinquante ans se livrer exclusivement à la recherche du Bien en soi, afin de perfectionner, d'après ce divin et parfait modèle, eux, leurs concitoyens et l'État. Il est bien entendu que les femmes, qui en seront capables, pourront comme les hommes aspirer à cette noble mission.

Huitième livre.

Voilà donc l'État parfait auquel correspond l'homme parfait; car nous avons déjà dit plus haut qu'il y a cinq formes de gouvernement : 1° l'Aristocratie; 2° la Timocratie; 3° l'Oligarchie; 4° la Démocratie; 5° la Tyrannie, auxquelles correspondent chez les in-

nieuse qui échappe aux sens grossiers de l'homme. Conf. Plat., *Cratyl.*, 405, a; Cicér., *Somn. Scip.*, c. 5; *de Nat. Deor.*, III, 11; Censorin., *de Die nat.*, c. 13; Ptolém., *Harm.*, III, 8.

dividus cinq caractères de l'âme. Il faut les étudier les uns et les autres pour savoir si nous devons pratiquer la justice ou l'injustice, afin d'être heureux. Les diverses formes de gouvernement naissent l'une de l'autre, par la corruption de la forme supérieure. L'Aristocratie elle-même, par une nécessité fatale, ne peut demeurer éternelle : elle se corrompt en Timocratie lorsque la classe des guerriers veut devenir propriétaire, asservit les autres classes de citoyens, et que chacun d'eux par orgueil cherche à l'emporter sur les autres. L'argent étant un instrument puissant pour se procurer cette supériorité, la richesse prend bientôt une importance considérable et dominante dans l'État qui devient alors une Oligarchie. Mais dès ce moment l'État n'est plus un : il y a d'un côté les riches, de l'autre les pauvres, qui, étant les plus nombreux, finissent par être les plus forts, et établissent la Démocratie, c'est-à-dire le gouvernement où président l'égalité et la liberté. Mais cette liberté, étant sans limite, devient bientôt sans mesure : elle dégénère en une licence effrénée, dont un favori du peuple profite pour établir, sous prétexte de le protéger, un gouvernement tyrannique, le dernier degré des formes politiques et le plus abject des gouvernements.

Les caractères individuels suivent la même progression de décadence : le fils de l'homme juste devient un ambitieux ; le fils de l'ambitieux, un avare ; le fils de l'avare s'abandonne sans mesure ni règle à tous les désirs et à toutes les passions qui se disputent l'empire de son âme.

Neuvième livre.

Celui-ci du moins, en livrant son âme à tous les désirs, sans en exclure aucun, entretenait par là-même une sorte d'équilibre que ne saura pas garder son fils, qui deviendra la proie d'une passion exclusive, éteignant en lui tous les désirs vertueux et les sentiments honnêtes, et le dominant tyranniquement. C'est là le parfait scélérat, qui sera le plus malheureux des hommes, précisément parce qu'il en est le plus méchant, de même qu'il n'y a pas d'État plus misérable que celui qui est dominé par la Tyrannie. Car l'analogie se poursuit partout : il y a une âme dans l'État, et un État dans l'âme. Le plus misérable des hommes, et en même temps le plus scélérat, c'est le tyran, c'est-à-dire celui qui, outre les passions criminelles dont il est dévoré, parvient à une situation qui lui en assure la jouissance sans bornes, et l'impunité. Le véritable tyran n'est qu'un misérable esclave, et un esclave condamné à la plus dure et à la plus abjecte servitude.

L'analogie de l'âme tyrannisée par la passion avec un État qui gémit sous la plus cruelle tyrannie, nous a déjà fait voir où se trouve le vrai bonheur de l'homme. Mais nous pouvons nous en convaincre plus profondément encore.

Il y a dans l'âme trois facultés, εἴδη, la raison, l'orgueil, la sensualité, τὸ λογιστικόν, τὸ θυμικόν, τὸ ἐπιθυμητικόν. A ces facultés correspondent autant de plaisirs et de désirs et autant de caractères moraux, suivant que l'une ou l'autre domine dans l'âme. Si nous voulons porter un jugement sur la manière de vivre qui procure à l'homme le plus réel plaisir, il faut consulter l'expérience, la réflexion, la raison : or le philosophe, en qui domine la raison, a aussi plus d'expérience, plus de réflexion, et, lorsqu'il proclame que de tous les plaisirs ceux de la vertu sont les plus doux, les plus durables, les plus vrais, son jugement a tous les caractères de la certitude. Enfin nous avons un dernier argument pour prouver que le sage seul connaît le vrai et pur bonheur.

Le vrai plaisir est quelque chose de positif et non simplement de négatif, comme le croient ceux qui le confondent avec la privation de la douleur. Il consiste en une plénitude de développement de l'être que ne précède et n'accompagne aucune douleur : cette plénitude suppose sans doute un vide que le plaisir vrai doit remplir. Mais ce qu'il y a de meilleur pour chaque être est ce qu'il y a de plus conforme à sa nature (1). Donc, si la raison, l'intelligence, la science, la vertu, sont ce qu'il y a de plus conforme à la nature humaine, ce sont les plaisirs qui s'y rattachent et que ne trouble aucun mélange de douleur qui constituent son vrai bonheur.

L'homme est un être complexe : il y a en lui un ange doux et pacifique, un animal féroce, une bête immonde : lâchez la bride à la bête et au lion, ils dévoreront l'ange. Pour être heureux, l'homme doit

---

(1) *Rép.*, IX, 586, e : Τὸ βέλτιστον ἑκάστῳ, τοῦτο καὶ οἰκειότατον.

être gouverné par un maître sage et divin, soit qu'il habite au-dedans de lui-même, ce qui serait le mieux, soit qu'il le gouverne du dehors. Il faut donc qu'il cherche à régler sa vie de manière à y faire régner la vertu, la justice, l'harmonie de toutes les facultés de son âme : c'est là le vrai musicien, le vrai politique, qui ne dédaignera pas de se charger de l'administration des affaires, mais dans sa République à lui, qui existe dans nos discours, mais qui n'existe pas sur la terre, cité qui a au ciel un modèle pour quiconque veut le contempler et régler sur lui son âme.

Dixième livre.

Mais, si le philosophe doit être un musicien, il faut bien se garder de croire qu'il faille entendre par ce mot ce qu'on entend aujourd'hui. Comme nous l'avons déjà dit (1), la poésie imitative ne doit pas être admise dans l'État parfait : et c'est maintenant seulement (2) qu'il convient d'en donner les raisons. Ces raisons se ramènent à deux : l'imitation est très-éloignée de la connaissance vraie et rationnelle, et de plus elle nuit à l'âme en flattant et en corrompant ses facultés inférieures.

Il y a trois sortes de choses : les choses en soi, les Idées, les types primitifs, dont Dieu est l'auteur, φυτουργός; les choses sensibles, faites par l'ouvrier, δημιουργός, sur le modèle des premières; les copies de ces réalités sensibles qui se bornent à les imiter et

(1) Au premier et au deuxième livre.
(2) Platon, au troisième livre, p. 392, c, avait promis de revenir sur ce sujet.

à les peindre : tels sont les tableaux, les statues, les poëmes.

Toute imitation est donc au troisième degré de la réalité vraie : l'art, c'est-à-dire l'imitation, n'est qu'un jeu qui vise uniquement au plaisir, et qui ne s'inquiète pas plus de la vérité qu'il ne se préoccupe de la vertu. Par la peinture ardente et vive des passions humaines, il exalte les parties les moins nobles de la nature humaine, la sensibilité, la faiblesse, la terreur; il énerve et amollit l'âme, et la rend incapable de courage, de modération, de constance, de fermeté; en un mot, il détruit l'empire de la raison. L'imitation, mauvaise en soi, vivant dans la compagnie des mauvais penchants de l'âme, ne produit que des fruits mauvais. Nous ne devons donc pas recevoir dans notre cité cette muse dangereuse; il ne faut pas nous laisser détourner par ses séductions du grand combat de la vie, d'où il nous faut sortir hommes de bien.

L'homme de bien reçoit déjà dans cette vie le prix de sa vertu : mais il en reçoit un plus grand encore après sa mort, dans la vie immortelle qui attend son âme.

En effet l'âme est immortelle : ce que l'on peut prouver ainsi :

Toute chose bonne conserve et sauve ce à quoi elle est bonne; toute chose mauvaise détruit ce à quoi elle est mauvaise. Qu'est-ce qui détruirait donc l'âme, si elle était périssable? évidemment ce qui est mauvais à l'âme, c'est-à-dire le vice. Mais nous voyons qu'il n'en est rien. Si donc l'âme n'est pas détruite par le mal qui lui est propre, à plus forte raison ne peut-elle l'être par le mal du corps. La mort du corps n'a donc aucune influence sur l'âme : elle est immortelle.

Si les âmes sont immortelles, leur nombre est toujours le même ; il est évident qu'il ne peut pas diminuer, et comment pourrait-il augmenter? il faudrait que ce qui est mortel devînt immortel, et alors à la fin tout deviendrait immortel.

Mais, si l'âme est immortelle, considérée dans le fond de son être, elle doit être simple et non composée : car tout ce qui est composé est sujet à périr.

Pour connaître sa vraie nature, on ne doit pas la considérer dans l'état dégradé où la met son union avec le corps, qui lui communique comme quelque chose d'étranger : il faut la contempler dans sa pure essence, c'est-à-dire dans sa tendance vers le divin et l'éternel.

Quoi qu'il en soit, même en cette vie, nous avons vu que la justice est le plus grand bien de l'âme, la justice en elle-même et abstraction faite des avantages qui y sont attachés. Maintenant nous pouvons bien parler de ces avantages, qui viennent des Dieux et des hommes, et qui payent à l'homme juste le prix de sa vertu et pendant sa vie et après sa mort; car la vertu finit toujours par être connue et honorée comme elle le mérite. Mais ces récompenses humaines ne sont rien au prix de celles que les Dieux lui réservent dans l'autre vie, et que nous fait connaître le mythe de Her le Pamphylien (1), qui, tué dans un combat, était descendu aux enfers, et en était revenu après douze jours pour raconter ce qu'il y avait vu. Son âme, débarrassée de son corps, était arrivée à deux ouvertures creusées dans la terre, auxquelles correspondaient deux ouvertures semblables dans le ciel; par là montaient et descendaient les âmes des morts. Au milieu siégeaient les juges devant qui elles comparaissaient : les âmes vertueuses montaient à droite vers le ciel ; les âmes méchantes descendaient à gauche dans les enfers, pour y subir au décuple le châtiment mérité par leurs fautes. Cette expiation dure mille ans et est divisée en dix périodes de cent années chacune. Cependant il y a des âmes tellement perverses, celles des tyrans par exemple, que ce long supplice ne suffit pas à les purifier. Quant aux autres, après les mille années de purgatoire, elles sont amenées dans un lieu magnifique pour y faire, sous la surveillance des Parques, le choix d'une nouvelle vie. Chaque âme est libre dans son choix (2), et Dieu n'est pas responsable de l'erreur qu'elle peut commettre : et beaucoup en commettent; il importe donc, dès cette vie, de nous mettre à même de bien choisir,

---

(1) On trouve ce nom dans la Bible, *Gen.*, c. XXXVIII, 3 Juda, ayant quitté ses frères, épousa la fille d'un Chananéen, dont il eut un fils qu'il nomma Her, ער.

(2) Cependant l'ordre dans lequel les âmes sont appelées dépend du hasard, et, pour faire un bon choix, il faut non-seulement s'être appliqué à la philosophie, mais encore n'être pas appelé des derniers.

car, une fois fait, le choix est irrévocable. Lachésis donne à chaque âme un démon qui doit veiller à ce qu'elle remplisse le choix qu'elle a fait. Avant de les introduire dans le corps qui désormais va leur appartenir, elles sont toutes conduites au bord du Léthé pour y boire l'eau de l'oubli : selon qu'elles en ont plus ou moins bu, elles perdent plus ou moins la mémoire du passé. De là, accompagnées de leur génie, elles remontent sur la terre pour y recommencer encore une fois la vie.

Tout donc, dit en terminant Platon, tout, et la raison et l'intérêt, doit nous inviter à connaître, à aimer et à pratiquer la justice, qui nous assure le vrai bonheur dans cette vie et dans l'autre.

Que s'est proposé Platon ? d'approfondir l'idée de la justice ou d'exposer un plan d'organisation politique ? Cette question, tant agitée et si diversement résolue par les plus éminents critiques (1), est peut-être mal posée. Platon établit en principe que la justice est le fondement de tout ordre social et politique ; et d'un autre côté, comme la justice n'a sa place que dans les rapports sociaux et politiques, chercher la meilleure organisation politique, c'est

---

(1) Proclus, *Comment. ad Plat. Polit.*, p. 309, sqq.; Morgenstern, *de Plat. Rep., Commentat.*, 1794; Tennemann, *Syst. phil. Plat.*, t. IV, p. 173; Schleiermacher, *Plat. Werke*, vol. III; Rettig, *Prolegg. ad Plat. Remp.*, 1845; C. Steinhart, Préface de la traduction allemande de Platon de J. Müller, vol. V, p. 3; Susemihl, *Genet. Entwick. d. Pl. Phil.*, vol. II, p. 58; Stallbaum, *Prolegg. ad Plat. Remp.*; Gernhard, *de Consilio quod Pl. in Politiæ libris secutus est.*; *Act. Societ. gr. Leips.*, 1836, 8, t. I, p. 207.

analyser la notion même de la justice, et en poursuivre les applications pratiques. La justice est une vertu qui ne peut être atteinte par les hommes qu'au moyen d'un système général d'éducation, dont la *République* expose le plan, et en même temps la vraie République, l'État parfait, n'est que la pratique et par conséquent la connaissance réfléchie et raisonnée de la justice. C'est ce que Platon exprime lui-même en présentant sous une double forme, et en en renversant les termes, la fameuse proposition : il faut que les chefs de l'État soient philosophes, et il faut que les philosophes soient chefs de l'État. Il y a un État dans l'âme, ἡ ἐν ἡμῖν πολιτεία (1), comme une âme dans l'État : l'homme est un monde en petit, a-t-il dit dans le *Philèbe* (2); ici il dit que l'État est un homme en grand.

Le problème de l'organisation politique ne diffère donc pas du problème du perfectionnement moral de l'homme, et vouloir en faire deux questions et chercher quelle est celle que s'est proposée de résoudre particulièrement l'auteur de l'ouvrage, c'est méconnaître le point de vue supérieur où il s'est placé, et d'où il les embrasse et les confond toutes les deux (3). L'État parfait est l'État où tous les

---

(1) L. IX, p. 591, e; 592, e; X, 608, b.
(2) P. 29. C'est une opinion qu'on trouve déjà chez Lycurgue. Plut., *V. Lyc.*, 31 : ὥσπερ ἑνὸς ἀνδρὸς βίῳ καὶ πόλεος ὅλης. L'État n'est pas un mécanisme, mais un organisme vivant.
(3) Proclus avait déjà dit, *ad Remp.*, 351 : « Ces deux buts n'en font qu'un; car ce que la justice est dans l'âme, le gouvernement idéal l'est dans un État bien administré. »

hommes sont ou deviennent parfaits : or la perfection sociale, politique, humaine, c'est la justice, ou l'harmonie de toutes les facultés de l'homme obtenue par la connaissance de l'Idée du bien, ou la philosophie. Il est donc indifférent de dire que l'objet de Platon est la Politique ou la Philosophie, puisque pour lui, et c'est le trait caractéristique de sa doctrine, la Politique, la Musique et la Philosophie, c'est tout un.

Les institutions que la *République* de Platon met en jeu supposent la vertu et ne peuvent se soutenir que par elle : d'où il suit que toute la politique consiste à former les hommes à la vertu, afin qu'ils puissent recevoir et conserver, comprendre et pratiquer ces institutions de l'État parfait. Donc au fond le problème politique se confond avec celui de l'éducation, qui seule peut fonder la prospérité et le bonheur de l'État, parce que seule elle le fonde sur des mœurs, c'est-à-dire sur les maximes réfléchies d'une conscience éclairée, libre, d'une âme forte et tempérante, transformées en habitudes par l'exercice répété.

Il s'agit donc d'apprendre à l'homme à mettre l'harmonie, l'ordre, l'unité, dans son âme, ce qui est le seul moyen de les établir dans l'État; mais d'un autre côté l'homme ne peut arriver à mettre ces vertus dans son âme, que s'il est élevé dans un État parfaitement organisé. On voit qu'il y a un cercle vicieux, dont Platon n'a pu sortir qu'en supposant qu'il pourrait naître pour fonder sa cité idéale, dans un coin de la terre, un tyran philosophe, c'est-à-dire la plus irréalisable de toutes les chimères, et la plus manifeste impossibilité, puisqu'il y a contradiction dans les termes. On peut donc contester le point de vue de Platon, mais il faut savoir le reconnaître et ne pas refuser à son chef-d'œuvre la qualité maîtresse des productions de l'art, l'unité et de sujet et de composition. La pensée fondamentale de l'ouvrage, qui en fait l'harmonie et l'unité, c'est l'Idée du bien d'où découle la parfaite justice; la République est la conception d'un ordre moral pratique, pour l'individu comme pour la société politique, mais qui ne peut être réalisé pour l'individu que dans et par une société organisée, c'est-à-dire par et dans l'État. Car les Grecs et Platon n'ont jamais considéré même la possibilité abstraite d'un développement quelconque de l'individu isolé et placé hors des rapports sociaux (1). L'homme est un être essentiellement social, politique, comme le dira Aristote. Il n'est véritablement homme que lorsqu'il est membre d'une communauté politique et d'une association quelconque. De là, chez les Grecs, l'union et presque l'unité de la politique et de la morale. Mais cette organisation pratique de la vie humaine demande, pour être conçue et réalisée, une conception plus haute, la contemplation spéculative et théorique du bien absolu, de l'Idée du bien, de la perfection suprême, de Dieu en un mot, source et principe de toute vertu, de

(1) K. Fr. Hermann, *Gesammelt. Abhandl.*, p. 135 : « Individuum und Staat sind nach Plato nur quantitativ, nicht qualitativ unterschieden. »

toute connaissance, de toute beauté, de tout être.

Les théories politiques de Platon, et particulièrement la communauté des biens et des femmes (1), l'admission de ces dernières à tous les emplois politiques et à toutes les fonctions sociales, ont été dans l'antiquité et de nos jours l'objet de railleries et de critiques sérieuses, toutes fort sévères (2). Kant a cherché à le défendre (3) et K.-F. Hermann a démontré qu'il s'était moins éloigné qu'on ne le pense des conditions expérimentales et réelles, telles qu'il les trouvait dans son pays et dans son temps (4).

Proclus a laissé sur la *République* un recueil de dissertations ou de leçons qui sont loin d'en être un véritable et complet commentaire; l'ordre des matières n'y est pas suivi, et il semble que son but ait été moins de faire comprendre la pensée de Platon

---

(1) La communauté des femmes est une expression inexacte : Platon impose le mariage; chaque citoyen de l'ordre des magistrats, — car il n'y a qu'eux à user de cette prérogative, — n'épouse qu'une femme, mais la durée de l'union est d'un an seulement. Or il faut remarquer que cette classe de magistrats philosophes est nécessairement, par suite des conditions si nombreuses et si difficiles qu'elle exige, très-peu nombreuse, φύσει ὀλίγιστον γίγνεται γένος (*Rép.*, IV, 419); φιλόσοφον ἄρα πλῆθος ἀδύνατον εἶναι (*Id.*, VI, 494, a). C'est donc un privilége semblable à celui des rois francs, et qui est loin d'établir, comme une règle générale, la promiscuité des sexes.

(2) Les plaisanteries d'Alexis, dans Diog. L., III, 26, 28; Athénée, VI, 226 ; VIII, 354; Aristote, *Polit.*, II.

(3) Kant, *Critique de la Rais. pure*.

(4) *Gesamm. Abhand.*, p. 132. *Gesch. u. Syst. d. Plat. Phil.*, p. 693. Plotin avait conseillé à l'empereur Gallien de fonder une ville sur les principes de Platon, qu'on appellerait Platonopolis.

que de justifier Homère, en expliquant ses fictions par l'allégorie philosophique. C'est ainsi que Conrad Gessner en traduisant en latin ce morceau a pu l'intituler : *Apologia pro Homero et arte poetica* (1). Si Suidas ne fait pas erreur en nous disant que l'ouvrage de Proclus avait quatre livres, il ne nous est pas parvenu complet; le texte a été édité à Bâle avec le commentaire sur le *Timée*, en 1534.

Les éditions spéciales les plus estimées de la *République* sont celle d'Ast, 1814, Leipsig, accompagnée de riches et savants commentaires, et celle de Karl Schneider, Leips., 1830-1833, que recommande surtout la critique du texte. Les meilleurs travaux à consulter sont, outre l'édition de Stallbaum :

1. Car. Morgenstein, *de Plat. Rep. Commentationes tres*, Hall., 1794.

2. Ferd. Rettig. *Prolegg. in Pl. Remp.* Berne, 1845.

3. K.-Fr. Hermann, *Gesammelte Abhandlungen*, p. 132, Goetting, 1849.

43. Les Lois, ou de la Législation.

Ce grand ouvrage, divisé en douze livres, formait dans la classification d'Aristophane le premier membre de la troisième trilogie complétée par le *Minos* et l'*Épinomis* (2), et dans celle de Thrasylle, le second

---

(1) Zürich, 1542.
(2) Ce 13ᵉ *Livre des Lois* porte deux autres titres : *l'Assemblée nocturne*, et le *Philosophe*.

membre de la neuvième tétralogie, composée comme la trilogie d'Aristophane, et complétée par les *Lettres*. Comme le *Minos* et la *République*, les *Lois* appartiennent évidemment, comme le dit Thrasylle, au genre politique (1).

Les personnages sont réduits à trois : un Athénien qui est venu visiter des amis en Crète (2), et par la bouche duquel Platon exprime ici sa pensée, Clinias de Crète, Mégille de Lacédémone. On voit que Platon semble avoir voulu mettre en présence, et opposer l'une à l'autre, la législation dorienne et la législation athénienne (3), ou plutôt la législation platonicienne. Clinias, chargé de conduire à Magnésie une colonie et d'y fonder une nouvelle ville, a l'esprit naturellement préoccupé des lois qu'il doit lui donner : ce sont celles de sa patrie,

---

(1) Diog. L., III, 60, 61, 62.
(2) Il n'est pas nommé.
(3) Le schol. Bekk., p. 445, au commencement de l'ouvrage, soutient que l'étranger est Platon même, en s'appuyant sur le passage *de Legg.* V, 739, où il est dit qu'il y a trois sortes ou degrés de constitution politique, l'une qui est la perfection, le type et le modèle parfait, πρώτη πόλις... παράδειγμα πολιτείας; la deuxième qui s'en rapproche le plus possible; la troisième qui sera l'objet d'un autre ouvrage. Il est vrai que les mots ἢν δὲ νῦν ἡμεῖς ἐπικεχειρήκαμεν ne font pas allusion à la *République*, mais au résumé de ce dernier ouvrage, donné dans les *Lois*, V, p. 739, et que par conséquent le scholiaste a tort de dire que celui qui parle dans les *Lois* y déclare qu'il a déjà fait ailleurs le plan d'une autre république, et que par conséquent l'étranger d'Athènes n'est autre que Platon. Diog. L., III, 52, reconnait que ce personnage, comme celui de Socrate et de Timée, expose les opinions de Platon, mais est un personnage inventé comme celui du *Sophiste*.

dont Jupiter est l'auteur, comme Apollon l'est de celles de Lacédémone. L'Athénien le prie de lui en faire connaître les principes, et l'interroge particulièrement sur les repas communs, les exercices gymnastiques, et le système militaire d'éducation, adoptés par tous les Doriens (1). Clinias répond : La guerre est l'état perpétuel et naturel des peuples et des individus ; l'homme est naturellement ennemi de l'homme ; la supériorité à la guerre doit donc être l'objet de toute constitution politique prudente. Tel a été celui de la constitution de la Crète et de Lacédémone.

L'Athénien n'accepte pas ce principe ; car il serait absurde si on l'étendait aux divers villages d'une même cité, aux diverses familles d'un même village et à l'individu, quoiqu'il faille bien reconnaître que l'homme est souvent en désaccord et comme en guerre avec lui-même. Mais, en admettant cet état de lutte comme un fait, ne serait-il pas plus utile à tous, plus sage et plus beau de réconcilier l'homme avec lui-même, les familles et les peuples entre eux, plutôt que d'entretenir et de cultiver ces ferments de violence et de haine ? La guerre ne doit donc pas être le vrai but de l'organisation politique, et les vertus militaires ont pour objet de garantir la paix, du moins la paix intérieure des États. Le courage, d'ailleurs, n'est qu'une partie de la vertu, et ce n'est pas la plus estimable. Une bonne législation doit donc se proposer autre chose

(1) Le sujet est amené brusquement et sans préparation.

que de développer cette qualité, qui n'est pas la plus précieuse ni la plus rare, car on la rencontre fréquemment chez les plus vils mercenaires.

Les lois ont pour but d'assurer le bien de l'État. Il y a deux sortes de biens : les biens humains, tels que la santé, la beauté, la force, la richesse; les biens divins, qui sont en premier lieu la sagesse, puis la tempérance, ensuite la justice, et enfin le courage. Des biens divins dépendent les biens humains, et l'on peut dire que tous les autres biens dépendent de la sagesse, ἡ φρόνησις. C'est donc sur cette vertu que le législateur devra avoir les yeux quand il réglera le mariage ou les rapports de la famille, l'éducation, la société civile, les sépultures, le gouvernement. Or il ne semble pas que ni Minos ni Lycurgue aient entendu ainsi le problème de la législation; ils ont exclusivement pensé à développer le courage, et encore ils ont négligé cette partie du courage qui est la plus difficile et la plus estimable, et qui consiste à vaincre le plaisir et à combattre du moins les passions, qui sont comme autant de fils et de cordes qui nous poussent à l'action.

Les repas communs, tels qu'ils les ont admis, ne sont partout que des causes de discordes, car la tempérance y est mise dans un aussi grand péril que la chasteté dans leurs exercices du gymnase, où les jeunes filles lacédémoniennes, obligées de se présenter nues, désapprennent le sentiment délicat de la pudeur, ce qui explique la vie libertine des femmes à Sparte, où de plus les jeunes gens sont exposés aux séductions des ignobles amours inventés en Crète. Ce n'est pas qu'on ne puisse tirer un bon parti des banquets ou syssities ; mais il est impossible de le montrer sans dire quelque chose de la musique, et l'on ne peut parler de la musique sans embrasser l'ensemble de l'éducation.

L'éducation est le fondement de toute bonne politique (1), car les jeunes gens bien élevés seront un jour de bons citoyens : elle a pour but d'habituer l'homme dès l'enfance, par la discipline bien entendue du plaisir, à aimer et à pratiquer la vertu. L'honnête homme est celui qui sait donner le gouvernement de sa vie à la partie la meilleure de son âme. Or il trouve dans son âme deux conseillers puissants et dangereux, le plaisir et la douleur, et une partie excellente et douce, qui décide ce qu'il y de bien et de mal en chaque chose, et qui porte le nom de loi quand ses jugements sont acceptés par un État. Pour que la raison soit maîtresse de la vie, il faut que l'âme soit aguerrie non-seulement contre la douleur, comme l'ont cru Minos et Lycurgue, mais encore contre le plaisir ; et c'est à cela que pourraient servir les repas communs, s'ils étaient présidés par un homme d'un âge mur, d'un caractère grave et tempérant, qui sût y maintenir l'ordre et la décence, et qui les emploierait à étudier, à sonder, à éprouver, à exercer les âmes des jeunes

---

(1) Toute l'organisation politique n'est au fond, dans les *Lois* comme dans la *République*, qu'un vaste système d'éducation de l'enfant et de l'homme. Platon le dit en termes propres *de Legg.* IX, p. 857, e.

gens, en les mettant aux prises avec les séductions du vin. On pourrait et on devrait en faire une école de tempérance et de courage, une discipline de la vie, une gymnastique morale. C'est donc une institution vraiment politique, puisque la politique n'est autre chose que l'art de rendre les hommes meilleurs.

Liv. II. L'éducation est la discipline du plaisir et de la douleur, qui soumet à l'ordre nos plaisirs et nos peines, nous fait aimer et haïr ce qui mérite notre amour et notre aversion, avant que nous soyons en état de nous rendre compte des raisons qui justifient ce choix, en un mot c'est l'harmonie de l'habitude et de la raison. Les banquets sont un moyen d'éducation. Il en est un autre, les exercices du chœur, qui comprennent la danse et le chant (1). L'homme bien élevé est celui qui sait bien chanter de beaux chants et bien danser de belles danses. Tous les êtres animés ont reçu des dieux la tendance à se mouvoir et à crier ; outre ces mouvements naturels, qu'accompagne le plaisir, l'homme a reçu, par un privilége spécial, le sentiment de la mesure et de l'harmonie, c'est-à-dire le sens du beau dans les mouvements du corps et de la voix. Le beau n'est pas uniquement l'agréable : comme l'art n'est qu'une imitation des mœurs, la beauté n'est que l'expression sensible de bonnes mœurs ; c'est donc quelque chose de fixe, d'universel, de permanent ; les lois devront donc,

(1) Le chant étant toujours mêlé aux repas, on voit le lien des idées.

comme en Égypte, interdire aux poëtes, aux musiciens, aux peintres, de rien changer aux modèles où l'on aura fixé une fois pour toutes la vraie beauté. On pourrait dire, il est vrai, que le beau est ce qui plaît; mais il faudrait ajouter : ce qui plaît aux hommes sages et vertueux, doués d'intelligence et de courage, qui doivent non pas obéir, mais commander aux entraînements du public ignorant et mal élevé, qu'il est risible de voir établir en juge des choses de l'esprit et du goût. La poésie et la musique ne sont que des moyens, des enchantements pour attirer les enfants et les hommes par le charme d'un plaisir délicat à ce que la raison dit être beau et bien. L'art doit donc recevoir sa règle de la morale, qui est sa fin.

Le but des chœurs est d'enchanter l'âme par la peinture de la vertu et du bonheur qui y est nécessairement attaché : car le vrai plaisir, inséparable du bonheur, est également inséparable de la vertu ; en effet, si le bonheur était séparé de la vertu, comment recommanderait-on sans cesse la vertu? et s'il n'en est pas séparé, comment la vertu serait-elle heureuse, si elle ne goûtait pas le plaisir?

Les chœurs devront chanter de beaux chants et danser de belles danses : à quoi reconnaîtrons-nous cette beauté?

Les choses qui nous plaisent, ou se bornent à nous plaire, sans nous être ni utiles ni nuisibles, ou, au plaisir qu'elles procurent, s'ajoute une utilité, une bonté intrinsèque. Dans les arts d'imitation, outre l'élément du plaisir, il y a un élément d'utilité qui consiste dans la vérité de l'imitation. La beauté d'une œuvre d'art ne dépend donc pas uniquement du charme qu'elle excite, mais de son utilité, qui consiste dans la vérité de l'imitation, d'une part, et la moralité de l'objet imité, de l'autre. L'œuvre d'art doit être l'expression fidèle et vraie du beau moral : l'essence de l'art est dans sa vertu morale. Pour être un juge éclairé, il faut donc connaître trois choses : 1. l'essence de l'objet imité ; 2. la justesse de l'imitation ; 3. la beauté (1), qui consiste à la fois et dans le plaisir innocent qu'elle procure et dans la valeur morale qu'elle contient.

La première loi de l'art est la proportion, la convenance, l'harmonie, le rapport exact des choses, des sentiments, des expressions, des idées ; par exemple, il ne faut pas donner à des hommes des sentiments ni un langage qui apppartiennent aux femmes ; il ne faut pas confondre les modes et les danses qui conviennent à des citoyens avec ceux qui sont bons pour des esclaves.

La seconde loi est l'unité, qui exige non-seulement qu'on n'unisse pas ce que la nature a séparé, mais qu'on ne sépare pas ce que la nature a uni. Par exemple, qu'on ne nous fasse pas entendre des vers ni voir des danses sans musique ; qu'on n'exécute pas des mélodies sur la flûte ou la lyre qui

---

(1) 669, b. 1. ὅ,τι ἐστι ; 2. ὡς ὀρθῶς ; 3. ὡς εὖ... τὸ τρίτον... C'est du moins ainsi que j'interprète cet εὖ... qu'on ne peut guère entendre de la perfection technique qui se confondrait avec l'exactitude et la vérité de l'imitation.

n'accompagnent pas des paroles. L'emploi des instruments sans la voix est une vraie barbarie. C'est le chœur des vieillards qui sera chargé d'entretenir la pudeur et la décence dans les banquets, et l'ordre dans les exercices du chœur. Ils comprennent, outre la poésie et la musique, la danse, c'est-à-dire le mouvement du corps réglé par le rhythme. Tout animal, quand il est jeune, éprouve le besoin de s'agiter, de sauter, de bondir. Par un noble privilége, l'homme a de plus reçu le sentiment de la mesure et du rhythme, qui lui permet de régler les mouvements et de leur donner la forme de la beauté (1).

Liv. III. Une vraie législation doit se rapporter à la vertu, et puiser le détail de ses lois dans chacune des espèces qui la composent, dit Platon au commencement du premier livre. Il ajoute ici que la tempérance est la vertu par excellence, car elle produit la justice, et suppose le courage et la prudence. Elle est donc aussi nécessaire aux États qu'aux individus. C'est pour avoir méconnu cette vérité qu'ont péri tous les gouvernements, dont Platon recherche l'origine et raconte l'histoire (2).

---

(1) Les questions relatives à la musique sont brusquement abandonnées pour être reprises et achevées l. VII, p. 796. Sur le rôle de la musique dans l'éducation, d'après Platon, consulter Tex, *de vi musices ad excolendum hominem ex sententia Plat.*, Utrecht, 1816; Blume, *de Plat. liberorum educandorum disciplina*, Hall., 1818.

(2) Tel est du moins le lien des idées qu'a cru trouver M. Cousin; car cette histoire est introduite sans la moindre préparation, et ce n'est que dans le courant du récit qu'on

S'il faut en croire des traditions respectables, l'origine des sociétés actuelles est relativement récente. De grandes catastrophes, en bouleversant à plusieurs reprises la terre, ont autant de fois détruit les sociétés qui avaient dû s'y former, dont il n'est resté aucun vestige, et dont nous avons perdu même le souvenir. On a seulement conservé la mémoire d'un déluge auquel ont échappé un petit nombre d'hommes réfugiés sur les hauteurs; ils ont lentement réinventé les arts nécessaires, et organisé une société sans lois, composée de familles isolées, lesquelles vivaient sous un gouvernement patriarcal. A cet état primitif et barbare, ont succédé les villes et bourgs, dans lesquels les familles réunies ont senti la nécessité de l'institution de lois. Le patriarcat a fait place à l'aristocratie ou à la monarchie : Troie a été bâtie, puis détruite par la guerre. De là, Platon passe à l'histoire assez confuse des gouvernements grecs, où est née la démocratie. La confédération dorienne comprenait trois États, dont deux, Argos et Messène, ont péri à cause de leur tendance trop exclusivement guerrière, et de la mauvaise division des pouvoirs politiques. Sparte seule a survécu, précisément parce qu'elle a, dans sa constitution, mieux réalisé la tempérance, dernier but de l'État. La meilleure constitution politique est une constitution tempérée, c'est-à-dire participant de la monarchie et de la démocratie, les

---

aperçoit ce rapport entre les faits historiques et les causes morales qui les ont amenés.

deux constitutions politiques mères de toutes les autres, et tenant entre elles un juste milieu. Il n'y a point d'âme qui soit capable de soutenir le poids d'un pouvoir souverain, sans limite et sans contrôle, de manière à ce que la plus grande maladie, l'ignorance, ne s'empare pas d'elle. Tout pouvoir humain doit être mesuré, limité, le pouvoir du peuple comme celui du prince. C'est ce tempérament qui permet de maintenir dans l'Etat la concorde, les lumières, la liberté, conditions nécessaires de sa prospérité durable. Athènes a trop penché d'un côté, et la Perse de l'autre. La Perse s'est affaiblie, parce que l'obéissance des peuples est devenue la servitude, et le pouvoir du prince un despotisme. L'empire d'Athènes a été compromis, parce que la liberté du peuple y a dégénéré en licence, et que les lois et les magistrats y ont perdu, les unes presque toute autorité, les autres presque tout pouvoir. Dans un État bien ordonné, la puissance politique doit être distribuée en proportion de la vertu : or les degrés de la vertu sont ceux-ci : 1. Les biens de l'âme, unis et liés à la tempérance ; 2. les biens du corps ; 3. la richesse. C'est au sage de gouverner, à l'ignorant d'obéir, et par ignorance il faut entendre cette disposition de l'âme où, tout en jugeant qu'une chose est bonne et belle, au lieu de l'aimer on l'a en aversion ; et l'on est encore dans l'ignorance lorsqu'on aime et qu'on fait ce qu'on sait être mauvais ou injuste. Le bon législateur doit faire en sorte que l'État soit libre, uni, éclairé, ce qu'il ne pourra être que sous une législlation mixte et tempérée, où la puissance et le respect seront mesurés par les différents degrés des biens.

Clinias, chargé de conduire une colonie à Magnésie et de lui donner des lois, prie l'Athénien d'exposer dans son entier le plan d'une législation qui serait fondée, comme on vient d'en montrer la nécessité, sur la vertu, et particulièrement sur la tempérance, celle des vertus qui produit ou suppose toutes les autres. C'est par là qu'est amené le quatrième livre et la seconde partie de l'ouvrage, c'est-à-dire l'exposition précise de la constitution et des lois (1), dont les trois premiers ne sont guère que l'introduction générale.

Il s'agit donc de fonder un gouvernement, un État qui se rapproche autant que possible de la perfection. Cherchons à déterminer d'abord les conditions extérieures les plus favorables dans lesquelles il peut être placé.

Ce ne sera pas une ville maritime (2), car les cités adonnées au commerce, et surtout au commerce maritime, ne pensent plus qu'aux bénéfices et au gain, prennent le goût d'innovations incessantes, oublient dans l'ardeur de l'esprit mercantile la bonne

---

(1) M. Cousin, d'après Boeckh., *Min.*, p. 69, considère le quatrième livre comme appartenant à l'introduction, et ne fait, comme lui, commencer le sujet véritable qu'au cinquième, p. 734, e.

(2) Cf. Cic. *de Rep.*, II, c. 3 et 4 . (Romulus) sensit ac vidit non esse opportunissimos situs maritimos urbibus iis, quæ ad spem diuturnitatis conderentur atque imperii.

foi et la cordialité, qui doivent partout et toujours présider aux relations des hommes, et perdent en outre la tempérance et même le courage, également incompatibles avec la vie des hommes de mer.

La question de savoir s'il faut désirer une population tout entière de même race, de même langue, de même religion, est plus difficile à résoudre. Sans doute il y a dans ces conditions plus de garanties pour la concorde, l'union, l'amour des citoyens ; mais il y aura aussi bien des obstacles à vaincre pour leur donner des mœurs et des institutions autres que celles de leur première patrie et de leurs pères. Le territoire doit être peu étendu, et mesuré sur les besoins de la défense et de l'alimentation de la population, qui ne doit pas excéder 5040 habitants. La fortune a une grande influence sur le succès des choses humaines : elle en a une grande sur le succès d'un État qui se fonde. Il est permis de compter pour la cité future sur quelques chances heureuses, et l'une des plus heureuses qui lui puisse arriver, est d'avoir à sa tête, outre un excellent législateur qui lui donne des lois, un tyran jeune, intelligent, énergique, magnanime, et surtout modéré, qui les fasse appliquer : car, sans modération ou tempérance, il n'y a pas de vertu durable.

Quelle forme de gouvernement doit avoir notre cité ? La monarchie est l'État où le pouvoir est entre les mains d'un seul homme ; l'aristocratie, celui où il est entre les mains d'un petit nombre ; la démocratie, celui où il est entre les mains du peuple. Le nôtre sera entre les mains, non d'un homme, mais d'un dieu, le seul vrai maître des hommes, et ce dieu, comme autrefois Saturne (1), y fera régner des lois qui ne seront que l'expression de la raison, qui seront faites en vue de la justice et du bonheur de tous, et non dans l'intérêt d'une faction quelconque dans l'État. C'est ainsi la loi, expression de la volonté et de la sagesse divine, qui sera maîtresse de notre cité (2). La garde des institutions et l'autorité nécessaire pour assurer l'exécution des lois, devront appartenir à celui qui se sera distingué par son obéissance ; car le magistrat, le chef de l'État, qui paraît commander, doit en réalité toujours obéir, mais obéir à la loi dont il est le ministre, c'est-à-dire le serviteur, et la loi n'est que le représentant de la raison. Il sera en même temps modéré, parce que la tempérance est chère à Dieu, auquel il doit s'efforcer de ressembler, et parce que Dieu est la mesure suprême des choses (3). Enfin il sera religieux, et pourra, par son commerce avec les Dieux du ciel et des enfers, avec les démons et les héros tutélaires de la cité, appeler la protection divine

---

(1) Ici se trouve un mythe très-court sur le règne de Saturne pendant lequel les hommes étaient gouvernés par de bienfaisants génies, p. 713, c. Comp. le mythe plus étendu du *Politique* p. 269, a sqq.

(2) L'idée de la justice n'est donc pas absente de la conception politique décrite dans les *Lois*, comme l'affirme Zeller. (*Platon. Stud.*, p. 52.)

(3) 715, e. Platon cite la fameuse maxime orphique : Dieu est le commencement, le milieu, la fin de toutes choses.

sur la cité naissante (1), et communiquer à ses concitoyens la piété envers les Dieux et la résolution ferme de pratiquer l'honnêteté, la vertu, la justice.

Avant d'entrer dans le détail de l'administration, il faut nous rappeler que nous faisons des lois pour des hommes, c'est-à-dire pour des êtres intelligents et libres; avant de leur donner un ordre impératif, avant de les menacer d'un châtiment, il convient de les avertir, de les éclairer, de les persuader; car on ne doit fonder l'obéissance que sur la raison. De là la nécessité de faire précéder la règle impérative de considérants, d'un exposé de motifs qui en explique le but, lequel doit être toujours moral; et Platon en donne un exemple concernant le mariage, où la prescription légale est précédée d'un exposé des raisons et des intentions morales et religieuses de la loi. Le livre se termine par quelques prescriptions relatives au respect et à l'amour que l'on doit à ses parents.

V° Livre. Le commencement de ce livre est consacré à l'exposition des principes généraux et des maximes morales (2) d'après lesquels doit se diriger la législation positive, dont il forme comme le préambule. Platon y parle de l'importance relative des biens du corps et des biens de l'âme, que toute bonne constitution a pour but d'assurer aux ci-

(1) Cet appel au sentiment religieux est comme le préambule général de toute la législation.

(2) Le livre précédent s'est terminé par l'exposition des principes religieux du nouvel État; voici maintenant les principes de sa morale.

toyens. Après les Dieux, ce que l'homme doit surtout honorer, c'est son âme. Honorer son âme, c'est la purger du vice, de l'erreur, de la lâcheté morale qui la fait céder au plaisir, et la porte à éviter le péril et la peine que commande la vertu. Quant aux avantages corporels, d'une part, et aux biens extérieurs, de l'autre, tels que la richesse, les honneurs, le grand nombre d'enfants, la médiocrité vaut mieux que l'excès, qui nous inspire un sot orgueil.

Le bon citoyen doit être respectueux envers les Dieux de sa race, tendre à ses amis, affectueux envers les hôtes et surtout les suppliants. Pour être heureux, il doit pratiquer la justice, et pour pratiquer la justice avoir une dose égale de colère et de douceur : de généreuse colère contre les vices incurables des méchants, de douceur miséricordieuse pour les fautes légères, car on n'est jamais méchant volontairement. Ce n'est pas assez de pratiquer et d'aimer la justice, il faut la faire aimer aux autres, et les pousser, les forcer à la pratiquer eux-mêmes. L'égoïsme est la source des plus grands défauts de l'âme. L'homme a sa dignité à sauvegarder; il ne doit pas l'abaisser en se livrant sans mesure ni au rire ni aux larmes. Dans l'adversité même, qu'il se garde du désespoir, qui est une impiété : il semblerait croire que l'homme de bien est abandonné de Dieu. A ces raisons divines qui nous recommandent la vertu, parce qu'elle est ce qu'il y a de plus honorable, il faut en ajouter de plus humaines. Le plaisir et la douleur sont les deux grands mobiles de l'âme;

c'est ce qui nous tient le plus au cœur. Or on peut prouver que la vie qui contient le moins de douleurs et le plus de plaisirs, c'est la vie vertueuse, parce qu'elle est tempérée, courageuse, sensée, salubre, tandis que l'autre entraîne la folie, la lâcheté, l'intempérance, les maladies.

Il est temps de passer à la législation proprement dite. Elle comprend deux parties : l'institution des magistrats, et l'établissement des lois qui doivent déterminer, fonder et contenir leur pouvoir.

Quelques précautions préliminaires sont encore à indiquer. On choisira les citoyens du nouvel État exclusivement parmi des hommes vertueux ; le nombre en est limité à 5040 (1). Les terres de la colonie seront partagées entre eux et divisées, à cet effet, en autant de lots parfaitement égaux. Le législateur devra respecter les temples consacrés, et se soumettra, en tout ce qui concerne la religion, aux prescriptions de l'oracle de Delphes, de Dodone, de Jupiter Ammon. La propriété est donc conservée, quoique entourée de réserves et contenue dans d'étroites limites pour empêcher le développement de la passion de la richesse. La propriété est un mal, mais un mal nécessaire, au moins dans la constitution présente.

Il y a trois formes politiques : l'une parfaite, reposant sur la communauté absolue ; mais c'est un État qui n'est ou ne sera habité que par les Dieux ou les fils de Dieux ; c'est un modèle irréalisable à

---

(1) Nombre choisi parce qu'il est un de ceux qui ont le plus de diviseurs qui se suivent ; il en a 59.

l'homme, et trop parfait pour sa condition actuelle, μεῖζον ἢ κατὰ τὴν νῦν γένεσιν, mais sur lequel il faut avoir les yeux pour réaliser les autres. La seconde, peu éloignée de cet exemplaire immortel, est l'objet de l'entretien actuel. Quant à la troisième, le plan en sera exposé plus tard, si Dieu le permet (1).

En conservant la propriété dans notre État, il faut au moins en éviter les plus graves inconvénients, et c'est dans ce but que sont institués divers règlements concernant les lots de terre, qu'on ne pourra ni diviser, ni accroître, ni vendre. Il n'y aura pas de monnaie d'or ni d'argent. La monnaie étrangère sera interdite, sinon dans des cas spéciaux. Il sera défendu de donner et de recevoir une dot, de placer ou de recevoir de l'argent à intérêt.

Malgré toutes ces précautions, et à cause de la faculté accordée aux habitants d'apporter des biens meubles avec eux, l'égalité de biens ne pourra pas être maintenue entre eux. On fera donc quatre classes de citoyens, déterminées par le cens; mais le plus pauvre devra avoir au moins son lot de terre, et le plus riche ne pourra pas avoir plus de quatre fois la valeur de ce lot.

Tout le pays, au milieu duquel est située la ville, est divisé en douze parties, les habitants en douze tribus, et la ville elle-même en douze régions, à chacune desquelles préside un dieu. Dans tous les règlements, il faut bien faire attention que toute

(1) **Platon n'a dit ni fait entendre nulle part quelle était cette troisième forme politique.**

chose a sa mesure déterminée ; les magistrats devront donc connaître la science des nombres, utile dans l'économie sociale et domestique et à la culture de tous les arts ; mais il ne faut pas la dégrader à n'être qu'une routine misérable, comme l'ont fait les Égyptiens et autres peuples, dont le penchant à la passion de s'enrichir tient peut-être à la nature des pays qu'ils habitent ; car il y a des lieux plus propres que d'autres à produire des hommes vertueux.

Le livre VI renferme les règlements relatifs à l'institution des magistrats, à la définition de leurs fonctions et de leurs pouvoirs, au mode de leur nomination.

L'élection est le mode de nomination de presque tous les magistrats. La liste électorale comprend tous ceux qui ont fait ou font encore le service militaire. On forme d'abord une liste de 300 éligibles, parmi lesquels on en choisit encore 100, et parmi ces 100 éligibles, on nomme enfin un conseil de 37 membres chargé du pouvoir politique exécutif : ce sont les νομοφύλακες. On nomme ensuite les chefs militaires, élus par tous les citoyens sur la proposition des νομοφύλακες ; les généraux ont le droit de proposition pour la nomination des officiers, qui sont élus par les soldats des armes spéciales auxquelles ils appartiennent.

Le pouvoir législatif est confié à un sénat de 360 membres, élus par tous les citoyens, mais qui devront être pris par quart dans chacune des quatre classes de citoyens ; toutefois les deux dernières classes pourront se dispenser de présenter une liste de candidats qui leur appartiennent, tandis que cette obligation est sévèrement prescrite sous peine d'amendes aux deux premières (1).

Les prêtres sont, les uns annuels, choisis par le sort; les autres perpétuels, par l'élection.

Des magistrats spéciaux, élus, sont chargés de faire la police de la ville et des campagnes, de maintenir les règles qui doivent présider au commerce; d'autres, de veiller à tous les intérêts municipaux.

Il y a des magistrats pour présider aux exercices de la musique et de la gymnastique, et leur autorité s'étend sur les écoles, les gymnases, les concours musicaux et gymniques, les représentations des chœurs; d'autres sont chargés de l'ensemble de l'éducation, et ont à leur tête un chef nommé pour cinq ans, et élu par tous les autres magistrats, à l'exception des sénateurs et des prytanes.

Vient ensuite l'organisation du pouvoir judiciaire.

Les tribunaux ont trois degrés : 1. un tribunal d'arbitres nommés par les parties; 2. un tribunal civil jugeant des causes privées; 3. un tribunal jugeant les causes publiques qui intéressent la société ou l'État. Les juges de ces deux derniers tribunaux sont nommés par l'élection, et responsables comme tous les autres agents du pouvoir. De plus, le jury

---

(1) On voit percer jusque dans ce détail l'esprit général des *Lois*, qui est de tempérer l'un par l'autre l'élément démocratique, libéral, ionien, par l'élément aristocratique, discipliné, dorien. C'est le milieu, essentiel à tout bon gouvernement, dit Platon lui-même, entre la monarchie et la démocratie.

est institué pour tous les crimes et délits politiques, et, autant qu'il se pourra, même en matière civile, par la raison profonde et vraie que ceux qui ne participent point à la puissance judiciaire croient manquer totalement des droits de citoyen. Après l'institution des magistrats doit venir la législation, qui, rappelons-le encore une fois, ne doit avoir d'autre but que la vertu, considérée dans la vie privée et dans la vie publique.

Les fêtes religieuses, consacrées à chacun des Dieux qui président à chaque partie de la cité et à chaque tribu de l'État, seront en même temps des foires et des lieux de réunions, où les jeunes gens des deux sexes pourront se voir, se connaître et se choisir. L'âge légal du mariage est, pour les hommes, de vingt-cinq à trente-cinq ans. Des pénalités sont fixées contre le luxe des fêtes nuptiales et contre le célibat.

L'usage de la dot est supprimé : les convenances morales, dont les parents sont juges, doivent seules déterminer les unions. La règle qu'il faut suivre dans le choix d'une épouse est moins le goût personnel que l'utilité publique. Or l'utilité publique recommande d'unir des caractères différents pour les tempérer l'un par l'autre, comme on mêle le vin à l'eau pour obtenir un breuvage sain et excellent. Parmi les possessions permises se trouvent les esclaves, propriété nécessaire et à la fois dangereuse ; il ne faut être envers eux ni trop bon ni trop sévère, mais toujours être juste.

Les jeunes mariés et leurs femmes devront assister aux syssities instituées pour guérir les trois grandes maladies de la nature humaine : la passion de la boisson, de la nourriture, de la volupté (1). On ne doit pas s'étonner de voir des règlements s'appliquer aux détails les plus intimes de la vie privée. C'est une funeste erreur de croire que le législateur doit rester dans les limites de la vie publique : tout ce qui n'est pas réglé fait tort aux règlements les plus sages.

Le mariage a pour but de mettre au monde des enfants : il importe donc de veiller à la procréation des enfants. De sages matrones donneront à cet égard aux jeunes époux les conseils et même les ordres nécessaires. Un registre des naissances et des morts est tenu. L'âge du mariage des femmes est fixé de seize à vingt ans. Elles ne pourront exercer qu'à partir de quarante ans les magistratures, ouvertes à l'homme à trente. Le service militaire, qui commence pour l'homme à vingt ans et finit à soixante, ne commencera pour elles qu'après qu'elles auront eu des enfants, et durera jusqu'à cinquante ans.

Le VII⁰ livre est tout entier consacré à l'éducation.

A peine l'enfant est-il né, et, pour ainsi dire, quand il est encore dans le sein de sa mère, il faut penser déjà à former son corps et son esprit. Les

---

(1) A ce propos une digression sur la vie des hommes primitifs, l'anthropophagie et les sacrifices humains conservés encore dans quelques pays, et les règles de la vie orphique qui sont comme une réaction contre ces excès abominables.

règles qu'il faut suivre dans cette éducation première, si importante et si négligée, ne peuvent être appelées des lois; c'est quelque chose de plus haut et de plus puissant encore, car ce sont des mœurs, des habitudes qu'il faut créer et que la raison et la persuasion peuvent seules faire naître : la contrainte légale serait, dans ces détails intimes de la vie domestique, à la fois ridicule et impuissante. Le but de toute éducation est de donner à l'âme et au corps toute leur beauté, toute leur perfection. C'est pour arriver à ce but que les femmes, dans les derniers mois de leur grossesse, doivent suivre elles-mêmes certain régime, et pendant les premières années doivent prendre certains soins de leurs petits enfants. Depuis l'âge de trois ans jusqa'à six, on laissera jouer ensemble filles et garçons, sous la surveillance de femmes. A six ans, les sexes sont séparés, et une éducation plus sévère commence. Les enfants, même les filles, apprennent les exercices du cheval, de la course, de la lutte, des armes, d'une part, de la musique de l'autre. La gymnastique a deux parties : la danse et la lutte. La danse elle-même se divise en danse mimique, ayant pour objet d'exprimer par les gestes et les attitudes du corps les pensées déjà traduites dans les vers des poëtes; l'autre n'a pour but que de donner au corps de la souplesse, de l'agilité et de la grâce. La lutte sera l'objet de règlements qui auront leur place plus loin. La danse, partie intégrante du chœur, nous conduit à la musique. Toutes les danses, toutes les poésies chantées doivent avoir un but religieux et être consacrées à célébrer quelque divinité. Chaque Dieu aura ses chants spéciaux, examinés par un tribunal de censeurs, fixés par les magistrats (1), et il sera interdit d'y rien changer, car le changement, en toute chose, est mauvais en soi. Les chants sont des lois, νόμοι (2).

De dix à treize ans, l'enfant étudie la grammaire; de treize à seize, il apprend à chanter et à jouer de la lyre.

Pendant ce temps il est formé dans les gymnases aux exercices gymniques et militaires; nous en avons déjà indiqué l'utilité et l'objet. Mentionnons seulement deux genres de danses : la pyrrhique ou danse militaire, l'emmélie ou danse pacifique. Quant aux danses tragique et comique, elles ne seront tolérées dans l'État qu'après un examen sévère des magistrats supérieurs. La jeunesse doit être initiée au moins aux premiers principes de l'arithmétique, de la géométrie, de l'astronomie. Parmi les exercices et les divertissements, il faut interdire la

---

(1) Comme la race des poëtes est incapable de distinguer le bon du mauvais, il faut bien que les magistrats les contraignent d'observer dans leurs productions la règle du juste, du bien et du beau.

(2) Au milieu de ces règlements laborieux Platon jette une réflexion méprisante et amère sur la vie humaine qui ne mérite guère qu'on s'occupe tant d'elle; car l'homme n'est qu'un misérable jouet entre les mains de Dieu, une ombre vaine, qui n'a qu'une faible étincelle et parcelle de vérité..., p. 803 et 804, b. Cf. *de Legg.*, I, p. 644, d. M. Cousin, au lieu de θαύματα, præstigiosæ imagunculæ, a lu avec Ast αὐτόματα, *des automates*.

pêche et la chasse aux oiseaux, et ne permettre que la chasse à courre et à pied.

L'instruction dans la musique et l'art de la guerre est obligatoire. Ce ne sont pas seulement les exercices de l'éducation de la jeunesse qui doivent être déterminés par la loi, c'est l'emploi même de toute la vie du citoyen, à qui il faut prescrire un ordre d'actions depuis le lever du soleil jusqu'au lendemain matin, c'est-à-dire pendant la nuit comme pendant le jour.

Le VIII⁰ livre institue les fêtes religieuses, pour lesquelles il est nécessaire de consulter l'oracle de Delphes, et les jeux publics, musicaux, gymniques et militaires qui les accompagnent. Platon s'élève, à cette occasion, contre les ignobles amours que ne punissaient pas les lois des Lacédémoniens et des Crétois. Puis il expose les lois qui ont rapport à la vie des citoyens : lois sur l'agriculture, c'est-à-dire tout un code rural contenant un règlement complet sur les irrigations ; lois sur l'industrie et les métiers manuels, exclusivement réservés aux étrangers et aux métèques ; lois sur le commerce, qui est soumis à une surveillance jalouse et sévère.

Le IX⁰ livre contient le code criminel et le code pénal.

Chaque loi est précédée d'un exposé de motifs, d'un préambule explicatif. Platon y passe en revue le sacrilége (le jugement, dans ce cas, doit avoir lieu sur des pièces de procédure écrites), les crimes contre l'État, le vol, le meurtre avec et sans préméditation, le suicide, les coups et blessures, les violences. Deux digressions l'amènent à démontrer la nécessité de lois écrites, et à contester le caractère prétendu volontaire de l'injustice.

L'homme n'est jamais volontairement méchant. Il ne faut donc pas distinguer l'injustice en volontaire d'une part et involontaire de l'autre; il faut distinguer seulement l'injustice d'une part et le dommage de l'autre. Le dommage, ou tort, peut être volontaire ou involontaire; quand il est volontaire, il constitue l'injustice, qui de sa nature est involontaire. Il faut donc la traiter comme une maladie de l'âme qui a sa source dans la colère, le plaisir et surtout l'ignorance; l'ignorance, c'est-à-dire l'aberration de nos désirs et de nos opinions au sujet du vrai bien. Le châtiment n'a pas d'autre but que de la guérir, c'est-à-dire de la rendre meilleure ou moins méchante. Quant au dommage, il est nécessaire et en même temps facile d'obliger le délinquant à le réparer.

Les lois écrites sont nécessaires dans un État bien ordonné, parce qu'il faut un maître dans l'État, si l'on veut que l'intérêt général, objet de la vraie politique, y domine l'intérêt particulier. Si ce maître nécessaire est un homme, cet homme, par suite des faiblesses morales et intellectuelles de l'humanité, ne saura plus distinguer l'intérêt général de son intérêt personnel, ou n'aura pas la force de sacrifier au bien de tous et de la justice son orgueil, ses passions et ses plaisirs. L'individu qui pourrait seul être maître de l'État devrait être moralement et intellectuellement infaillible.

La loi, qui ne tient compte d'aucune personnalité, et généralise toutes ses prescriptions en les déterminant d'après la notion de la justice, est donc le seul maître que puissent reconnaître les hommes dans une vraie société. Toutefois la loi, qui ne peut ni tout prévoir ni tout distinguer, doit laisser une certaine latitude aux juges, et d'autant plus grande qu'ils sont plus éclairés et plus vertueux. Tout jugement doit être public ; tout jugement doit être rendu au milieu d'un silence grave et respectueux.

Le X° livre a rapport aux crimes d'impiété, qui se manifestent, soit par une violation des choses divines et sacrées, soit par de mauvais traitements exercés contre les parents. Les attaques ouvertes contre la religion et les Dieux ne peuvent provenir que des opinions fausses que les hommes se font sur ce grave sujet. Ces erreurs sacriléges et blasphématoires se peuvent ramener à trois :

1. Il n'y a pas de Dieux ;
2. Il y a des Dieux, mais ils ne s'occupent pas des hommes ;
3. Il y a des Dieux, ils s'occupent des hommes ; mais on peut fléchir leur justice et apaiser leur colère par des cérémonies, des pratiques religieuses et des sacrifices.

Persuadé que tout vice du cœur a sa source dans une erreur, Platon croit que la meilleure manière de corriger les uns est de rectifier et de réfuter les autres ; et c'est ce qu'il entreprend ici.

1. Il ne suffit pas, pour prouver qu'il y a des Dieux, d'invoquer l'ordre constant des phénomènes

naturels et le consentement universel. L'athéisme et les tristes doctrines morales qui en découlent et qui ramènent à une origine arbitraire et accidentelle les idées du juste, du bien et du beau, ont pour principe logique le matérialisme, doctrine insoutenable, parce que la matière étant par essence inerte, et étant en fait en mouvement (1), est nécessairement mue par une force différente d'elle et se mouvant elle-même. Cette force qui se meut elle-même est le principe de la vie : c'est l'âme (2). L'âme est le principe de tout mouvement. Le monde se meut, il est matériel : il est donc mû par une âme, antérieure et supérieure à la matière (3). Il y a deux âmes : l'une bonne, et l'autre mauvaise ; l'une principe du bien, l'autre principe du mal (4). Le mouvement du monde actuel, qui

---

(1) Il y a 10 espèces de mouvement : 1. le mouvement circulaire, περιφορά ; 2. le mouvement de translation sans rotation ; 3. le mouvement de translation accompagné de rotation ; 4. le mouvement de séparation ; 5. le mouvement d'agrégation ; 6. le mouvement d'accroissement ; 7. le mouvement de diminution ; 8. le mouvement de destruction, φθορά ; 9. le mouvement qui a sa cause en lui-même ; 10. le mouvement qui a sa cause hors de lui.

(2) Cf. *Phædr.*, 245, d ; Cicér., *de Rep.*, VI, 25, et *Tuscul.*, I, 23.

(3) Cf. *Tim.*, 34, c ; *de Legg.*, XII, 966, b ; *Epinom.*, 980, d. *Phileb.*, 28, c. Ce passage est reproduit par Euseb., *Præp. Ev.*, XII, 50, p. 622, d.

(4) *De Legg.*, X, p. 896, e : μίαν ἢ πλείους ; — πλείους·... δυοῖν μέν γέ που ἔλαττον μηδὲν τίθωμεν τῆς τε εὐεργέτιδος καὶ τῆς τἀναντία δυναμένης ἐξεργάζεσθαι. C'est en vain que Stallbaum veut interpréter ce texte de manière à en détruire le sens évident, et à ne pas y voir la théorie de deux âmes. Suivant lui, Platon n'en reconnaît qu'une, tantôt bonne, tantôt mauvaise, et s'il s'exprime d'une manière inexacte, c'est pour s'accommoder à

tourne sur lui-même autour d'un centre immobile, sans changer de lieu, a toute l'affinité et la ressemblance possible avec le mouvement circulaire de l'intelligence : donc l'âme qui le meut est bonne. Cette âme ou ces âmes, principes des mouvements réguliers de la nature, sont des Dieux. Non-seulement donc il y a des Dieux, non-seulement ces Dieux sont bons, mais on peut dire que tout est plein de Dieux.

2. La Providence générale et particulière des Dieux est prouvée par leur perfection, qui est leur essence. Leur Providence consiste dans leur justice, en vertu de laquelle ils donnent à tout être, et par conséquent à tout homme, et pendant sa vie et après sa mort, la place et la fonction qui lui appartiennent dans la vie générale du monde.

L'individu n'a pas le droit de se plaindre : le tout n'existe pas pour les parties, les parties existent pour le tout.

L'âme et le corps ne sont pas éternels, mais ils ne

---

l'intelligence épaisse et grossière de ses deux interlocuteurs. Les anciens interprètes et les nouveaux reconnaissent unanimement dans ce passage la théorie des deux âmes. Cf. Plut., *de Is. et Os.*, t. II, p. 369; *adv. Colot.* c. 9. Numénius, Atticus, dans Proclus, *Theol. Plat.*, l. V, c. 7, *in Tim.*, p. 114, K. Fr. Hermann, *Gesch. u. Syst. d. Plat. Phil.*, p. 709. Pour être juste, il faut reconnaître que plus loin, p. 897 a, le texte est plus favorable à l'interprétation de Stallbaum, car Platon dit : ψυχὴ νοῦν μὲν προςλαβοῦσα... ὀρθὰ καὶ εὐδαίμονα παιδαγωγεῖ πάντα, ἀνοίᾳ δὲ συγγενομένη πάντα αὖ τἀναντία. Et il continue en se demandant non pas quelle est celle des deux âmes, mais quelle espèce d'âme gouverne le monde, πότερον ψυχῆς γένος, et il n'est pas évident que par γένος Platon entende une distinction numérique.

doivent pas périr, car alors toute génération cesserait. Chaque homme est tel qu'il lui plaît d'être, suivant les inclinations auxquelles il s'abandonne; mais Dieu lui donne la récompense ou le châtiment qu'il a mérités, par la place qu'il lui assigne dans l'ordre général.

3. L'idée de Dieu prouve également qu'il ne saurait se laisser corrompre par des dons : cette opinion est contradictoire à la notion qu'on doit se faire de sa justice.

A ces discussions philosophiques succèdent les lois qui punissent les crimes contre la religion, qu'ils restent dans la spéculation ou se produisent par des actes. Les cérémonies religieuses privées sont interdites. La magie est sévèrement punie.

Le XI° livre expose un code civil sommaire. Il règle les principes des contrats civils, et traite successivement de la propriété des choses trouvées, de la vente des esclaves, de l'affranchissement, de l'achat et de la vente, des fraudes commerciales, du louage, de la tutèle, du testament, du droit des pères à renoncer à leur enfant, de l'adoption, du divorce ; des devoirs des enfants envers leurs parents; des lois contre les empoisonneurs et les sorciers; du vol; de la surveillance des insensés ; des lois contre les propos injurieux, de l'interdiction de la mendicité, du devoir de secourir les pauvres vertueux; du témoignage ; des conditions requises pour porter témoignage, des lois contre les faux témoins et contre les avocats.

Ce sujet est continué dans le XII° livre. Il renferme

les dispositions pénales contre les ambassadeurs ou chargés d'affaires infidèles; les devoirs du service militaire, qui est obligatoire; l'institution d'un tribunal devant lequel les magistrats sont appelés à rendre compte de leur gestion; le serment en justice restreint à des cas peu nombreux; l'obligation d'assister aux chœurs de musique, aux processions solennelles et autres cérémonies publiques, et de participer aux frais des sacrifices. Il réglemente le commerce extérieur; établit des précautions sévères pour empêcher l'influence des mœurs étrangères; pose les règles des devoirs de l'hospitalité; traite des cautions; des perquisitions domiciliaires; de la prescription de possession; du recel; de l'entente avec les ennemis de l'État; du péculat; du cens; des choses qui peuvent être offertes en sacrifice aux Dieux; institue des tribunaux de première, de deuxième, de troisième instance; énumère les devoirs des juges; dit quelques mots de l'autorité de la chose jugée, et finit en rappelant les devoirs envers les morts et les fêtes funéraires (1).

L'État est un être vivant; tout être vivant tient naturellement à se conserver, et ne doit cette conservation qu'à des sens actifs et sains, surtout à ceux de l'ouïe et de la vue, et à une intelligence supérieure et éclairée. Il est donc nécessaire, pour conserver à l'État que nous avons formé sa vie, ses

---

(1) A ce propos Platon rappelle la doctrine de l'immortalité de l'âme, entièrement distincte du corps, et qui seule constitue notre essence individuelle, tandis que notre corps n'est qu'une image, et comme un simulacre de notre être.

mœurs et ses lois, d'instituer un conseil où les plus âgés des gardiens des lois rempliront l'office de l'intelligence et de l'expérience, et les jeunes gens qu'ils s'adjoindront celui des yeux et des oreilles.

Ce conseil, qui ne se réunira que la nuit, ou du moins avant le jour, aura pour mission de veiller au dernier but de l'État, c'est-à-dire d'y entretenir les quatre vertus nécessaires à sa santé et à son bonheur. Il s'occupera également de tous les sujets importants dans des réunions quotidiennes, et s'efforcera d'imprimer à l'opinion publique une direction constante et sage. Pour obtenir l'autorité et les lumières nécessaires à leur mission, les membres du conseil devront se livrer à des études profondes sur la nature de la vertu, à la fois une et diverse, comme le bien et le beau, et sur l'essence des Dieux; et ils puiseront cette science de Dieu et de l'homme, d'abord dans une analyse sévère de l'âme humaine, antérieure à tous les corps, et le plus ancien des êtres à la génération desquels le mouvement a présidé et auxquels il a donné une essence mobile, et ensuite dans l'observation des phénomènes célestes. L'ordre éternel et admirable des mouvements du monde, calculés avec une précision si parfaite, leur prouvera qu'il y a une âme intelligente qui meut et vivifie chacun des astres du ciel et en règle d'une manière harmonieuse tous les mouvements. Enfin ils cultiveront la musique et toutes les sciences qui peuvent servir à purifier les mœurs d'un État, à mettre l'harmonie et le rhythme dans les âmes et dans les lois.

Ce dialogue, qu'Aristote dit être postérieur à la *République* (1), et qui, suivant Plutarque (2), fut composé dans la vieillesse de l'auteur, était encore à sa mort sur la cire ; Philippe d'Opunte, son ami et disciple, fut obligé de le transcrire sur le papier (3) ; et même, si l'on en croit quelques critiques anciens, il aurait trouvé le texte dans un tel état d'incorrection et de désordre (4), qu'il aurait été obligé de le soumettre à une révision et à des remaniements dont on ne peut pas mesurer la portée. Ce fait explique bien des difficultés, dont s'est emparée trop facilement la critique moderne pour mettre en doute l'authenticité de l'ouvrage. Un anonyme grec que nous avons eu déjà l'occasion de citer plus haut (5), prétend que Proclus rejetait avec la *République* les *Lois*, parce que le caractère de la conversation et la forme du dialogue y étaient effacés par la longueur démesurée des discours. C'est certainement une erreur de fait, réfutée par l'existence des commentaires que Proclus a consacrés à la *République*, et les citations qu'il fait fréquemment des *Lois* dans ses ouvrages.

Il semble d'ailleurs que l'autorité d'Aristote, qui en a critiqué les principes et les vues politi-

---

(1) Arist., *Polit.*, II, 6.
(2) Plut., *de Is. et Osir.*, c. 48.
(3) Diog. L., III, 37. Suidas, v. φιλόσοφος, lui attribue la division en 12 livres, qui a été conservée, quoique assez mal faite.
(4) *Prolegg. grecs à la philos. de Plat.*, c. 24, ἀδιορθώτους καὶ συγκεχυμένους... συνθεῖναι.
(5) P. 109, n. 1.

ques (1), et qui leur avait consacré, d'après Diogène et l'anonyme de Ménage, un ouvrage spécial en deux ou trois livres, aurait dû suffire pour faire taire un scepticisme téméraire : il n'en a rien été. Ast (2) a supposé que les passages d'Aristote étaient interpolés, et Zeller (3) qu'Aristote ayant quitté Athènes à la mort de Platon, pour n'y rentrer que longtemps après, a été trompé, comme tant d'autres, sur l'origine de l'ouvrage. Il y en a eu en effet beaucoup d'autres trompés : on peut même dire que l'antiquité tout entière a été la dupe de la fraude, car il ne s'est jamais élevé le moindre soupçon contre l'authenticité des *Lois*.

Persée de Cittium, disciple de Zénon (4), et contemporain d'Antigonus (315-304 av. J.-C.), avait écrit sept livres πρὸς τοὺς Πλάτωνος νόμους. Les critiques Alexandrins les ont admises sans hésitation dans leur collection ; Cicéron, qui n'est ni sans érudition ni sans critique, n'éprouve ou ne témoigne aucun doute (5) ; elles sont produites comme l'ouvrage de

---

(1) On trouvera dans Fr. Engelhardt : *de locis Platonicis quorum Aristoteles in conscribendis Politicis videtur memor fuisse*, 1858, l'indication des passages où Aristote cite ou indique les *Lois*. Bornons-nous à mentionner ici *Ethic. Nic.*, II, 2, p. 1104 b, et *Polit.*, II, depuis le c. 4, où il parle de l'auteur comme étant celui qui a fait la *République*.

(2) *Platon's Leben*, p. 390.

(3) *Platon. Studien*, p. 128.

(4) Diog. L., VII, 36. Les allusions que Stallbaum, *Prolegg.*, p. XL, croit découvrir dans Isocrate, *Orat. ad Philipp.*, et dans le fragment d'Alexis le comique, cité par Athénée, p. 226 a, sont au moins contestables.

(5) *De Legg.*, I, 5 ; II, 6 ; III, 6 ; *de Div.*, I, 1 ; *de Nat. D.*, I, 12.

Platon par Strabon (1), Athénée (2), Plutarque (3), Sénèque (4), l'auteur du traité *de Mundo*, attribué à Aristote (5), et enfin Diogène (6). Il faut donc, pour les rejeter, mettre tous les témoignages historiques de côté (7), et n'admettre pour critérium de l'authenticité que les résultats de la critique interne, qui considère le contenu et la forme de l'ouvrage, et en détermine ainsi les rapports aux autres productions de l'auteur. Or voici, d'après Zeller, les objections de la critique contre l'authenticité des *Lois*.

Écrire les *Lois*, dont l'auteur se place à un point de vue pratique, expérimental, empirique même, n'est-ce pas répudier le principe idéaliste de la politique, qu'expose Platon dans la *République?* Ce grand esprit, si spéculatif, si philosophique, pour qui tout ce qui n'est pas idéal est faux et sans réalité, a-t-il pu descendre aux considérations vulgaires d'une politique toute positive? L'auteur des *Lois* dit que le plan de la *République* est un idéal inexécutable, irréalisable (8) : est-ce Platon qui a pu ainsi condamner, comme chimérique, la philosophie de l'Idée? Bien loin de là : dans la *Républi*-

---

(1) X, 4.
(2) XIV, 504 e.
(3) *Quæst. Plat.*, III, 2 ; *de Is. et Osir.*, c. 48.
(4) *Ep.*, 94.
(5) Ch. 4.
(6) Diog. L., III, 34, 37, 39, 57.
(7) Dilthey, *Platon. libror. de legg. examen*, p. 61-64, en a donné la liste complète.
(8) *De Legg.*, V, 740 a : μεῖζον ἢ κατὰ τὴν νῦν γένεσιν.

que, au V⁰ livre (1), où il traite de la possibilité de réaliser son plan, tout en reconnaissant que l'exécution est difficile, il ne conclut pas à une impossibilité absolue ; et le V⁰, le VI⁰ le VII⁰ livre, ne contiennent que les moyens d'arriver à cette réalisation. Il y a donc une contradiction entre les *Lois* et la *République,* et les deux ouvrages ne peuvent avoir le même auteur.

D'abord il y aurait contradiction entre les deux ouvrages, que cela ne prouverait pas qu'ils n'ont pu avoir le même auteur. En vertu de quelle maxime est-il interdit à un philosophe, à un philosophe de génie même, de se contredire, de se corriger, de se convertir? L'homme n'est pas condamné, Dieu merci, à persévérer dans une erreur parce qu'il l'a une fois admise. Mais cette contradiction prétendue n'existe pas. Le métaphysicien n'absorbe pas tout le grand esprit de Platon : il reste un moraliste et un politique. L'absolu ne l'empêche pas de reconnaître et de faire au relatif sa place et sa part ; s'il a le sens de l'idéal, il a aussi le sens du réel, et sait se placer aussi bien sur le terrain des faits et de l'observation, que s'élancer, à l'aide de l'intuition suprasensible, dans la sphère des Idées. Dans les *Lois,* Platon dit lui-même pourquoi il renonce aux principes absolus qu'il a posés dans la *République* (2). Il n'y a pas la moindre contradiction entre les deux ouvrages, dont les différences (3) s'expliquent par la di-

---

(1) *De Rep.,* V, 471, c.
(2) *De Legg.,* V, p. 739, c.
(3) Par exemple : La théorie des Idées ne figure pas dans les

versité des points de vue, l'un tout spéculatif, l'autre pratique, où, à moins d'une intolérance singulière, on doit permettre à Platon de se placer tour à tour. Les *Lois* ne répudient pas la *République*, vers laquelle leur auteur tourne toujours les regards, et, suivant la vive et juste métaphore de M. Cousin, pousse comme un soupir de regret. Elles sont l'application des mêmes principes dans la mesure du possible, et en tenant compte de la réalité et des faits. C'est ce qu'Aristote a parfaitement vu, et ce dont sa critique sévère fait même un reproche à Platon, car, suivant Aristote, tout en voulant établir ici un gouvernement qui se rapprochât davantage des gouvernements vrais et réels, il retourne insensiblement à cette autre forme politique de la *République*, κατὰ μικρὸν περιάγει πάλιν πρὸς τὴν ἑτέραν πολιτείαν (1).

Lois; on y admet le mariage et la propriété; on n'y voit pas les maximes : que les philosophes doivent être les chefs de l'État, qu'il y a autant de classes sociales que de vertus dans l'âme; que les femmes sont égales aux hommes. Enfin la *République* écarte les lois formulées, tandis que c'est précisément le sujet comme le titre du second ouvrage.

(1) Aristot., *Polit.*, II, 6, p. 1265, a ; Apulée, *de habit. doctr. Plat.*, l. II, p. 171, Nisard : « Ejusmodi civitatem nullis extrinsecus latis legibus indigere ; regia quippe prudentia et ejusmodi institutis de moribus, quibus dictum est, fundata, ceteras leges non requirat. Et hanc quidem, ut figmentum aliquod veritatis, exempli causa, per se compositam vult esse Rempublicam. Est et alia optima et satis justa et ipsa quidem specie et dicis causa civitas fabricata, non ut superior sine evidentia, sed jam cum aliqua substantia ; in hac non suo nomine de statu et de commodis civitatis requirens, originis ejus principia et fundamenta

Quant à ce qui concerne la forme des *Lois*, question qui peut être envisagée sous trois points de vue : 1° la méthode de discussion ; 2° l'art de la composition ; 3° le style et la langue, où Zeller ne reconnaît plus rien de Platon, il est facile de lui répondre :

Sans doute l'argumentation est simple, naïve, populaire ; elle n'a pas la subtilité, la profondeur, la sévérité de la dialectique : mais cela ne tient-il pas à la nature du sujet, et au but que se propose l'auteur ? Le dialogue est lent ; le mouvement de la conversation n'a pas la vivacité, la grâce, l'enjouement qu'on remarque dans d'autres dialogues ; les longs discours abondent, et rendent la marche traînante : n'était-ce pas une nécessité de la matière ? Ces longs discours se retrouvent aussi dans le *Politique*, le *Timée*, le *Philèbe*. La diversité du ton ne prouve que la souplesse de l'artiste, qui prend tous les genres et approprie la forme aux divers sujets qu'il traite. Il traite ici des Lois, et il en formule : il aura la langue sévère, grave, austère même, du droit et des formules juridiques. Dans les préambules philosophiques et moraux, où il s'agit de prêcher l'obéissance et la vertu, il s'élèvera à l'éloquence oratoire, et ne dédaignera aucun des moyens qui en rendent les effets si pathétiques, ni la période, ni le nombre, ni les mouvements

---

disponit, sed eo tendit, quemadmodum civilis gubernator, ejusmodi locum conventusque multitudinem nactus, juxta naturam præsentium rerum et convenarum, debeat facere civitatem plenam bonarum legum et morum bonorum.

hardis, ni la couleur pittoresque. Un peu de prolixité, de langueur, et pour ainsi dire de lassitude dans le style, outre que ce ton ne messied pas aux personnages, qui sont âgés, semble attester la vieillesse même de l'écrivain; enfin les négligences et les taches, qu'il est facile de signaler dans l'ouvrage, s'expliquent par le fait que l'auteur n'a eu le temps ni de revoir ni de polir son œuvre, que la mort a laissée incomplète.

Dans les savants et complets prolégomènes de son édition des *Lois,* et dans ses commentaires, M. Stallbaum a examiné avec le plus grand détail et le plus grand soin les reproches adressés par M. Zeller à la langue de l'ouvrage, et il a montré qu'aucun des faits allégués pour soutenir que la langue n'avait ni la pureté ni la correction nécessaires, n'était justifié, et il en conclut que, même en se plaçant au point de vue très-exclusif et très-périlleux de la critique interne, soit qu'on envisage le but, le sujet, les idées du dialogue des *Lois,* soit qu'on examine les procédés dialectiques, l'art de la composition, le style, la langue, tout est conforme aux principes, et rien n'est indigne du génie de Platon. Le personnage que M. Zeller veut substituer au grand écrivain, comme auteur de l'ouvrage, est Philippe d'Opunte, que quelques critiques anciens désignaient comme auteur de l'*Épinomis.* Cette conjecture, absolument gratuite, n'a guère de vraisemblance. Mathématicien et astronome, Philippe était-il en état de composer un pareil monument de politique philosophique? En supposant qu'il en eût été capable, pour quels motifs aurait-il caché son nom, et ne se serait-il pas déclaré l'auteur d'un livre qui, malgré ses imperfections relatives, aurait suffi à l'immortaliser comme écrivain et comme moraliste? En supposant même une fraude, dont on ne peut deviner les raisons, comment Speusippe, Xénocrate, n'ont-ils pas dénoncé la supercherie? Comment Aristote, qui sans doute connaissait et le style, et la langue, et les idées de son maître, a-t-il pu s'y laisser tromper? Répétons donc encore une fois que, en dépit de quelque confusion dans l'ordre des matières traitées, de quelque langueur dans la marche des développements, malgré quelques taches dans le style où l'on signale tantôt une sécheresse, tantôt une exagération de couleur, qui ne sont pas habituelles à Platon, les *Lois* sont un des plus beaux monuments du génie grec et du génie de Platon, et qu'elles ne peuvent être considérées comme supposées que par un aveugle parti-pris ou des préjugés très-exclusifs.

Outre l'édition de M. Stallbaum, qui a amélioré considérablement le texte par la collation de quinze manuscrits et par des corrections sages, il faut signaler encore l'édition spéciale de Fr. Ast. Leips., 1814.

44. *Le Timée, ou de la Nature.*

Le *Timée* est classé par Aristophane comme le second membre de sa première trilogie, qui commence par la *République* et finit par le *Critias*. Ce rapport des trois ouvrages est conservé par Thrasylle qui en compose avec le *Clitophon,* pour première pièce, sa huitième tétralogie.

Ce dialogue, classé parmi les ouvrages de physique (1), est lié, par la forme extérieure du moins, aux entretiens sur la *République,* et est censé avoir lieu le lendemain de ceux-ci, c'est-à-dire le 23ᵉ jour du mois Thargélion, où l'on célébrait à Athènes les petites Panathénées. Les interlocuteurs, Timée, Critias, Hermocrate (2), et un quatrième inconnu, qui n'est peut-être autre que Platon, doivent avoir assisté aux entretiens de Socrate sur la République, et lui avoir promis de le régaler à leur tour, et de lui rendre avec des discours la même hospitalité qu'ils en avaient reçue. Timée s'est chargé de parler de la naissance du monde, et de la nature humaine : Critias doit lui succéder et parler de politique. Mais, avant d'entrer dans le sujet même, Socrate résume les conclusions de la *République,* et Critias raconte une vieille tradition sur Athènes

---

(1) Diog. L., III, 60 et 61.
(2) C'est le pythagoricien de Locres, très-versé dans la physique et dans l'astronomie. Macrobe, *Saturn.*, I, 1, se trompe en affirmant qu'il n'a pas vécu du temps de Platon, puisque Cicéron, *de Fin.*, V, 20 ; *Tusc.*, I, 37 ; *de Rep.*, I, 10, constate leurs rapports personnels en Italie. Il y a eu, du reste, plusieurs Timée. L'écrit *sur l'Ame du monde* qui porte ce nom est évidemment apocryphe. Critias est un noble Athénien, homme d'esprit et éloquent, parent de Platon, qui en fait souvent mention ; Hermocrate est le général syracusain que nous connaissons par Thucydide, IV, 58 ; Xénophon, *Hellen.*, I, 1, 27 ; Plutarque, *Vit. Nic.*

que Solon avait apprise des prêtres de Saïs, en Égypte. Cette tradition donnait à Athènes 9,000 années d'existence avant Solon, lui attribuait une organisation sociale semblable à celle de l'Égypte, c'est-à-dire le régime des castes, et une grande puissance politique et militaire qui avait triomphé de l'invasion d'un peuple redoutable, qui, sorti des îles Atlantides, avait menacé d'asservir toute l'Europe sur les deux rives du bassin de la Méditerranée. Des tremblements de terre et des déluges avaient fait disparaître à la fois l'Atlantide (1), Athènes et le souvenir de ces antiques exploits (2).

Ici Timée prend la parole et divise son discours en deux parties : l'une traite de l'origine du monde ; la dernière traite de l'homme (3).

(1) Ce récit est-il une fiction pure ? Repose-t-il sur quelques vagues traditions relatives à l'Amérique ? C'est un sujet contesté par les savants. Conf. Strab., l. II, p. 102 ; Plin., [*Hist. nat.*], II, 92 ; Tertull., *Apol.*, c. 40 ; Diod. Sic., III, c. 54 ; Plutarch., *Sertor.*, c. 8 ; Amm. Marcell., l. XVII.

(2) Sur l'introduction du *Timée*, voir Athén., IX, p. 382, a ; Quintil., IX, 4, 78 ; et l'abbé Garnier (*Mém. de l'Acad. des Inscr. et B.-Lett.*, t. XXXII, p. 150), qui émet l'opinion que ce dialogue n'est pas un ouvrage séparé comme les autres, mais un appendice aux dix livres de la *République* et une véritable digression. Cette digression était, dit-il, un usage de tous les grands écrivains de l'antiquité, qui aimaient à terminer leurs ouvrages par quelque morceau d'éclat, n'ayant qu'un rapport indirect au sujet qu'ils venaient de traiter.

(3) On trouve dans le *Timée* : 1° une métaphysique de la nature, 2° un système astronomique, 3° une théogonie et une zoogonie, 4° une somatologie, 5° une chimie, 6° une psychologie, ou théorie des sensations et des facultés de l'âme, 7° une anatomie et une physiologie, 8° une nosologie, 9° quelques

Il y a deux genres de choses ou d'êtres : il y a l'être éternel, immuable, sans changement, sans commencement, et l'être né, devenant toujours sans être jamais. Le premier est compris par la pensée et produit une connaissance rationnelle, l'autre tombe sous la prise des sens et ne produit qu'une opinion. Tout ce qui devient a nécessairement une cause, et la cause se juge à l'effet. L'univers est visible, matériel ; il tombe sous la prise des sens : donc il appartient au genre de l'être phénoménal et changeant : il a donc une cause. Mais, comme il est très-beau, il a dû avoir une cause très-bonne ; et être fait sur le modèle de l'être éternel, immuable, dont il est l'image. Par la même raison on démontre que l'auteur de ce monde n'a été mû, en le produisant, que par sa bonté, qui ne lui a envié aucune des perfections compatibles avec sa nature.

C'est pour cela que d'abord le Démiurge a mis l'ordre dans la masse des choses qui s'agitaient dans un mouvement sans règle et sans frein ; — puis il a donné au monde une âme, et a doué cette âme de la raison, — enfin il l'a fait unique, comprenant tous les êtres visibles, comme le monde idéal et parfait comprend tous les êtres intelligibles : c'est ainsi un animal vivant.

Le corps de cet animal est formé de terre et de feu, d'air et d'eau, et ces quatre éléments sont entre eux dans un rapport si harmonieux, dans une pro-

---

préceptes d'hygiène et des considérations sur des sujets divers, 10° la théorie de la métempsycose.

portion si juste, qu'ils forment un tout parfait. La forme de l'univers est sphérique, son mouvement circulaire, parce que c'est la plus belle des formes et le plus beau des mouvements, en ce qu'il est le plus analogue au mouvement de la raison.

Le corps de l'univers contient son âme et en est contenu : elle est au centre et aux extrémités qu'elle enveloppe de sa puissance. L'âme du monde est formée de trois éléments : l'élément éternel, immuable, participant de la nature du même; l'élément divisible en présence des corps (1); et un élément mixte formé de la fusion des deux premiers. Ces trois éléments sont fondus en un seul par la puissance divine et constituent la substance de l'âme du monde. Cette substance est divisée en parties qui constituent par leurs rapports une double proportion, géométrique et harmonique, ce qui fait qu'elle reste une, quoique composée.

C'est cette âme qui donne la vie et le mouvement au corps du monde, et à tous les corps qui le remplissent : c'est pourquoi elle est douée de tous les mouvements que nous voyons s'y produire, le mouvement de révolution sur soi-même et le mouvement de translation, l'un qui participe à la nature du même, l'autre qui participe à celle du divers : avec le mouvement est produit le temps, changeante image de l'Éternité. Le monde né, apparaissent les Dieux créés, les astres, dont les révolutions diverses

---

(1) Περὶ τὰ σώματα μεριστῆς, qu'on ne peut guère traduire par : l'élément matériel et corporel.

mesurent le temps et font les nuits, les jours, les mois, les années ; ils sont chargés d'achever l'œuvre du Dieu suprême, et de la rendre plus semblable à son modèle éternel, en produisant les animaux du ciel, ceux des eaux, et ceux de la terre, parmi lesquels le plus noble est l'homme.

L'âme de l'homme est formée des mêmes éléments, quoique moins purs, qui ont formé l'âme du monde. Chaque âme a son séjour dans un astre particulier, et a pour caractère d'avoir le sentiment religieux. Quand, de cet astre où elle vit à l'état pur, elle tombera dans un corps, naîtront en elle des passions mauvaises et la loi morale qui lui commandera de les vaincre. De là la vie morale de l'âme qui, libre de ses actes, est seule responsable de sa destinée future, qui dépend du choix qu'elle aura volontairement fait, et en est la sanction. Ce qui rend la vertu difficile à l'homme, c'est la sensation, qui, produisant en lui comme un tourbillon continu et violent, dérange les mouvements réguliers dont l'âme a la faculté.

Dieu et ses ministres, dans la disposition du corps de l'homme, de ses membres, de ses organes, ont eu uniquement en vue de réaliser l'Idée du bien aussi parfaitement qu'il est possible. Le bien est la cause première de toute l'organisation humaine : mais cependant, on doit y reconnaître aussi la trace d'une cause aveugle, dépourvue de raison et agissant au hasard et sans ordre. C'est ainsi que nous devons à la vue la notion du temps, et la philosophie elle-même, le plus noble présent que le genre humain ait reçu des Dieux ; à la voix et à l'ouïe, le langage et la musique, dont les rhythmes et l'harmonie, analogues aux mouvements intérieurs de notre âme, impriment doucement et délicieusement dans notre âme le sentiment du rhythme de la vie et de l'harmonie morale.

Mais à côté, quoique au-dessous de cette cause divine et sage qui a tout organisé en vue du bien, il faut reconnaître une seconde cause, aveugle, violente, puissante, qu'on peut appeler la Nécessité.

Cette cause est difficile à pénétrer dans sa nature. Nous avons reconnu deux espèces d'êtres : l'être modèle éternel des choses phénoménales, conçu par la raison pure, et les choses sensibles et changeantes, perçues par la sensation ; mais il faut bien admettre que cette imitation sensible du modèle éternel se produit quelque part.

Le lieu où s'accomplit et s'engendre le phénomène, qui est comme la matrice et la nourrice du devenir, que la raison nous force de reconnaître et qui échappe à nos sens, c'est l'espace, la matière ; afin de pouvoir les prendre toutes, la matière est dépourvue de toutes formes, du moins de toutes les formes précises, claires, constantes, qui constituent à chaque élément sa nature propre et son essence distincte. Car, avant l'intervention de Dieu, la matière était agitée par un mouvement propre, mais désordonné, qui brassait les germes des choses, ébauchait les formes, mais ne parvenait pas à leur imprimer la fixité et la permanence. C'est ainsi que, dans la transformation de tous les éléments les uns dans les autres, la terre, à cause de la nature indissoluble des triangles élémentaires qui la composent, résiste à ce tourbillon qui emporte et broie tous les autres, et garde sa nature propre.

Telle est la cause qu'on peut appeler l'aveugle Nécessité, qui coopère à la constitution de l'homme et de l'univers. C'est d'elle que viennent la chaleur, le froid, la pesanteur, la légèreté, et les modifications que, par suite de leur rapport avec les corps doués de ces qualités, éprouvent et notre corps et notre âme. Tels sont la douleur, le plaisir, ces pernicieux conseillers de l'âme, le goût, l'odorat, l'ouïe, la vue. L'âme n'est pas troublée seulement par ces objets extérieurs et étrangers : elle a en elle-même un principe de désordre. En effet, elle n'est pas simple ; nous avons deux âmes, l'une raisonnable, divine, immortelle ; l'autre inférieure, périssable, qui se divise en siége du courage, τὸ θυμικόν, et siége des désirs sensuels, τὸ ἐπιθυμητικόν ; elles ont chacune leur place séparée dans le corps humain : l'intelligence dans la tête, le courage dans le cœur, le désir entre le diaphragme et l'ombilic. Cette localisation, ainsi que la disposition et la place de chaque partie de l'organisme humain, tels que le cœur, le poumon, le ventricule, le foie, la rate, le ventre, la moelle épinière, racine de la vie, le cerveau, les chairs, les nerfs, les os, etc., ont pour but de rendre plus facile l'exercice de l'empire que l'âme doit avoir sur le corps.

Le corps est sujet à des maladies dont le principe est en partie dans le mouvement et la proportion des éléments matériels dont il est composé et dont il s'alimente, mouvement et proportion qui ne sont pas toujours ce qu'ils doivent être; en partie dans l'âme, sujette elle-même à des maladies plus graves, qui se ramènent à la folie et à l'ignorance, par lesquelles l'âme est privée de son essence propre, l'intelligence. Toutes naissent de l'excès des plaisirs et des douleurs, et non-seulement la troublent elle-même, mais dérangent l'économie de son corps. Personne n'est volontairement méchant; on le devient par suite d'une mauvaise disposition du corps, ou d'une mauvaise disposition de l'âme, qui tient elle-même à une mauvaise éducation, et personne n'est à l'abri de ce double malheur. La règle suprême de la vie est donc de faire que l'âme soit saine dans un corps sain. De là la nécessité d'une éducation bien tempérée, qui règle suivant les lois de l'harmonie les exercices et les travaux de l'âme et du corps. Or les lois de l'harmonie exigent que nous exercions surtout la partie divine et immortelle de notre âme, que Dieu nous a donnée comme un génie, et qui nous élève de la terre vers le ciel, notre patrie : car nous sommes une plante du ciel. Pour cela, il faut que notre âme imite et reproduise les mouvements de l'âme du monde, dont elle est issue, se pénètre de l'harmonie universelle, s'absorbe dans la contemplation des choses immortelles et divines, se rende, en les concevant, conforme à l'objet qu'elle conçoit, c'est-à-dire parfaite et heureuse.

C'est pour venir en aide aux besoins de la nature humaine que les Dieux ont produit les végétaux, auxquels ils ont donné la vie, c'est-à-dire une âme qui a quelque affinité avec la nôtre, car elle participe de la troisième espèce d'âme, éprouve comme elle le désir et la sensation (1). Mais les animaux ne diffèrent en aucune façon de l'humanité : leur âme est absolument identique à la nôtre. Les bêtes ne sont que des hommes, que leurs vices ont fait descendre à des degrés différents de la vie animale, suivant les degrés différents de leur perversité : les uns, frivoles et légers, sont devenus oiseaux ; les autres, que la sensualité de leurs désirs a appesantis, sont devenus les quadrupèdes, polypèdes ou reptiles ; les plus stupides sont devenus des poissons.

Ainsi peuplé des êtres mortels et immortels, rempli de Dieux, d'hommes, de plantes, d'animaux, le monde est l'être le plus beau et le plus parfait.

Le but de l'ouvrage est clair. De même que la politique et la morale, exposées dans la *République*, ont été fondées sur les Idées et sur l'Idée du bien, le *Timée* présente la physique platonicienne s'appuyant sur le même fondement. Le monde, ordonné par la bonté de Dieu, réalise dans la mesure du possible toutes les perfections compatibles avec l'in-

---

(1) 77 a b. Τῆς γὰρ ἀνθρωπίνης ξυγγενῆ φύσεως φύσιν ἄλλαις ἰδέαις καὶ αἰσθήσεσι κεραννύντες ὥσθ' ἕτερον ζῶον εἶναι. Conf. Cudworth, *Syst. Intell.*, p. 171, Mosheim ; Plut., *de Plac. Phil.*, V, 26, 10. Déjà dans le *Philèbe* on lit p. 22 b : βίος πᾶσι φυτοῖς καὶ ζώοις αἱρετός.

curable imperfection de tout ce qui est né. Le principe de la cause finale renouvelle les doctrines cosmologiques et physiologiques, dont les détails sont souvent empruntés à la physique des pythagoriciens et à l'atomistique d'Anaxagore. Quelques critiques anciens (1), à qui ce rapprochement n'avait pas échappé, l'exagéraient encore en accusant Platon d'avoir dérobé soit à Timée, soit à Philolaüs, l'ensemble et les parties de son ouvrage :

Πολλῶν δ'ἀργυρίων (2) ὀλίγην ἠλλάξατο βίβλον
Ἔνθεν ἀφορμηθεὶς τιμαιογραφεῖν ἐπεχείρει (3).

Il est plus difficile de déterminer la vraie signification de certaines doctrines qui y sont exposées.

(1) Timon le Misanthrope et un anonyme cité par Hermippe (Diog. L., VIII, 85).
(2) Les uns disaient 100 mines. A. Gell., III, 17 ; les autres, Diog. L., III, 9, VIII, 15, trois talents attiques, ou 40 mines d'Alexandrie.
(3) Procl., *in Tim.*, p. 1 et 3 ; Scholl. Plat., *in Tim.*, 20, a. Aul. Gell., III, 17, donne le second vers d'une façon un peu différente :

Ὅθεν ἀπαρχόμενος γράφειν ἐδιδάχθης.

Le fait de l'achat, attesté en outre par Jamblique, *V. Pyth.*, § 199, ne semble pas douteux ; car, si Diogène s'appuie sur un péripatéticien, Satyros, contemporain d'Aristarque, qu'on pourrait soupçonner d'avoir, par jalousie contre Socrate et l'Académie, inventé le récit pour faire passer Platon pour un plagiaire, nous avons deux témoins plus anciens qui le confirment, le sillographe Timon, qui vivait vers la 127e Ol. = 272 av. J.-Ch., et Hermippe. Ce dernier, qui vivait sous Ptolémée Évergète, produit même en témoignage un ancien historien.

Par exemple, le *Timée* contient-il une théorie de la création *ex nihilo* ? La matière qui y est décrite est-elle une réalité, un chaos existant réellement, antérieurement à la formation du monde, et coexistant à Dieu, ou n'est-elle que la pure possibilité, l'être en puissance de la matière réelle (1) ? Qu'est-ce que l'âme du monde ? est-elle distincte de Dieu ? Dieu-lui-même est-il distinct des Idées qu'il contemple en formant son ouvrage ? Quelle est la vraie nature de ces Idées ?

Ce sont là les graves questions que soulève la lecture de cet important ouvrage, et qui dépendent toutes de celle-ci : dans quelle mesure l'élément mythique et le caractère symbolique, évidents dans certaines parties du dialogue, doivent-ils être appliqués à l'interprétation des autres ? Question difficile entre toutes, puisqu'elle ne peut être soumise à aucune règle précise, et dépend des vues personnelles et toutes subjectives du critique.

Les meilleures éditions spéciales sont celles de A. T. Lindau (2), Leips., 1828, et de M. Th.-Henri Martin, Paris, 1841. Chalcidius a traduit une partie du dialogue en latin, comme Cicéron, et y a

---

(1) Chalcid., p. 399 : Superest ipsa nobis ad tractandum Platonis de silva sententia, quam diverse interpretati videntur auditores Platonis : quippe alii generatam dici ab eo putaverunt, verba quædam potius quam rem secuti, alii vero sine generatione.

(2) Schelling (*Relig. u. Phil.*), a d'abord contesté l'authenticité de l'ouvrage, et son opinion, qu'il a depuis abandonnée, a été reprise et soutenue par Weisse (*Aristot. Phys.*, p. 274, 350, 471, et dans *Die Idee der Gottheit*, Dresd., 1833, p. 97).

ajouté un ample et parfois intéressant commentaire, qui a été publié, avec la version, en 1617, à Leyde, par J. Meursius, et plus tard à Hambourg, par J.-A. Fabricius, à la fin du second volume des œuvres de saint Hippolyte.

Les commentaires n'ont pas manqué chez les anciens : Porphyre cite ceux d'Adraste le péripatécien, d'Élien le platonicien ; Proclus, ceux d'Albinus, d'Aristoclès, d'Asclépiodote ; d'autres mentionnés par Fabricius (1) sont ou perdus ou inconnus dans les manuscrits des bibliothèques. Le seul qui nous soit parvenu est celui de Proclus, Bâle, 1534 : il n'est pas complet, et a fatigué par une abondance souvent stérile les plus intrépides savants.

45. *L'Épinomis, ou le Conseil nocturne, ou le Philosophe.*

Ce dialogue, qui continue celui des *Lois*, que quelques critiques anciens (2) attribuaient à Philippe d'Opunte, disciple de Platon, était cependant cité comme ouvrage authentique de Platon par Cicéron (3), Clément d'Alexandrie (4), Théodoret (5), Cyrille (6), Nicomaque (7), Théon de Smyrne (8),

(1) *Bibl. græc.*, l. III, c. 1 et 15.
(2) Diog. L., III, 37, et Suid., v. φιλόσοφος, où, après avoir dit que Philippe divisa les lois en XII livres, il ajoute : τὸ γὰρ ιγ´ αὐτὸς προσθεῖναι λέγεται.
(3) *De Orat.*, III, 6.
(4) *Strom.*, III, 3 ; XIII, 18.
(5) *Therap.*, II, p. 499 a.
(6) *Adv. Jul.*, VIII, p. 271.
(7) *Arithm.*, p. 20 et 70.
(8) *Mathem.*, p. 3 et 10.

et Proclus (1), qui lui donnent le titre de XIII° livre des *Lois.* Diogène de Laërte, le seul des historiens anciens qui nous rapporte que quelques-uns, ἔνιοι, doutaient de l'authenticité, ne le nomme cependant pas au nombre des dialogues supposés, νοθευόμενοι (2); et bien au contraire, en nous faisant connaître les classifications des dialogues authentiques, γνήσιοι (3), imaginées par Aristophane de Byzance et Thrasylle, il nous autorise à affirmer que ces grands critiques, qui l'y avaient admis, ne partageaient pas ces doutes.

Ce dialogue se présente comme le complément des *Lois,* et cherche en quoi consiste la science, qui peut seule rendre l'homme et l'État heureux, en leur inspirant la vraie piété, et qui doit par conséquent être enseignée aux membres du conseil nocturne institué pour présider au gouvernement des Magnètes. Cette science ne consiste pas dans les arts manuels, qui satisfont des besoins nécessaires mais vulgaires de la vie; ni dans les arts d'imitation, qui n'ont pour but que le plaisir; ni dans les arts plus relevés et plus utiles, tels que ceux du médecin, de l'avocat, du pilote, qui ne se conduisent que par des opinions conjecturales, et dont tout le fait réside dans la mémoire et la routine, sans connaître d'une science certaine la vérité même. La sagesse n'est pas non plus

---

(1) *In Euclid.*, I, p. 12; *in Tim.*, p. 290 c.
(2) Diog. L., III, 62.
(3) Diog. L., III, 56.

cet ensemble d'heureuses aptitudes d'esprit, qui sont des dons de la nature. La condition essentielle de la vraie sagesse est la science du nombre, que nous a donnée l'auteur de tout ce qui est bien en ce monde, et qui nous permet de reconnaître l'origine et l'essence des choses humaines, des choses divines, des Dieux eux-mêmes, parce qu'il n'y a rien de juste, de bon ni de beau où le nombre fasse défaut, le nombre qui produit tout ce qui est bon, et qui ne produit jamais rien de mal. Quoique la plus belle et la première des méthodes pour arriver à la vérité soit la dialectique, c'est-à-dire l'art d'interroger, de réfuter et de ramener toujours l'individuel à l'espèce (1) ou au genre, cependant l'auteur ne s'étend ici que sur l'astronomie, où règne absolument la puissance du nombre, et qui, de toutes les choses visibles, s'occupe de celles où se manifestent le plus clairement le beau et le divin ; c'est la science qui nous inspire la vraie piété, en nous faisant connaître le mieux l'existence et la vraie nature des Dieux. Mais, si nous croyons qu'il y a des Dieux qui remplissent le monde, et dont la providence s'étend à tout, si l'âme est antérieure par son origine et supérieure par son essence au corps, si une raison divine a formé le monde, où cette raison pourrait-elle être plus efficace et plus présente que dans les parties les plus magnifiques et les plus ordonnées du monde, c'est-à-dire dans les étoiles ? Comment pourrait-on concevoir que

---

(1) 991 c, τὸ καθ' ἓν τῷ κατ' εἴδη προσακτέον.

des masses si considérables fussent mues d'un mouvement si régulier par autre chose que par une âme, par une raison résidant en elles? Les créatures terrestres auraient une âme, et ces êtres terrestres n'en auraient pas! bien au contraire, nous devons croire qu'elles ont une âme heureuse et parfaite; ce sont ou des Dieux ou des images des Dieux, des Dieux visibles auxquels nous devons une égale vénération. Au-dessous des Dieux sont les Démons. Car il y a cinq espèces différentes d'êtres vivants, comme il y a cinq espèces d'éléments : l'eau, le feu, la terre, l'air et l'éther ; et, suivant que chacun de ces éléments occupe une plus grande place dans leur constitution, les êtres occupent un plus haut degré dans l'échelle des espèces. Les Dieux visibles ou les astres, ayant une nature de feu, occupent le plus haut degré ; les hommes, les animaux et les plantes, étant de terre, le plus bas ; entre ces deux extrêmes de l'échelle se trouvent interposées trois classes de Démons. Les deux classes supérieures, composées d'éther et d'air, sont invisibles; la troisième, formée d'eau et de vapeur, tantôt se dérobe, tantôt se montre à nos yeux. Ce sont ces Démons qui établissent les rapports et la communication des hommes aux Dieux.

Les hommes, placés bien au-dessous de ces Démons, sont exposés à la souffrance ; ils sont la proie du désordre et de l'élément irrationnel de leur nature, et bien peu d'entre eux peuvent ici-bas arriver au vrai bonheur. Cependant celui qui joint la vertu et la connaissance des choses divines qu'enseigne l'étude des phénomènes célestes, à l'arithmétique, à la géométrie, et surtout à la dialectique, celui-là peut avec raison être considéré comme un sage, et être heureux ; il a en outre l'espoir, après sa mort, de commencer une vie vraiment heureuse, dans laquelle, affranchi de la multiplicité de sa nature présente, il vivra dans la contemplation du ciel. C'est à ces hommes privilégiés, doués par la nature d'une âme bien équilibrée, et cultivés par une bonne éducation, qu'il faudra confier les magistratures de l'État, et ce sont eux qui devront exclusivement composer le conseil nocturne qui doit le gouverner et le rendre heureux, pieux et sage.

Les raisons internes qui font rejeter l'authenticité de l'*Épinomis* par Ast, Socher et Stallbaum, se ramènent à deux : le fond des idées est contraire aux principes philosophiques, la forme est indigne du génie d'écrivain de Platon. Quant à la composition et au style, il faut reconnaître que la manière lourde et didactique dont le sujet est traité ne rappelle guère la grâce et le mouvement libre du dialogue platonicien ; mais qu'on se rappelle que cet ouvrage était encore sur la cire, et que Philippe d'Opunte fut obligé de le transcrire sur le papier. Qu'y a-t-il d'étonnant alors qu'on ne trouve pas, dans ce premier jet informe, les qualités de style et de composition qu'on admire dans les autres ouvrages du maître?

Quant à la doctrine, est-il bien certain qu'elle soit opposée à la vraie doctrine de Platon? Les *Lois* ne sont pas un ouvrage de philosophie, ni même de politique théorique pure : tous les problèmes y sont ramenés et abaissés à un point de vue pratique. Si dans la *République* la dialectique est la connaissance nécessaire au magistrat, déjà dans les *Lois* (1) l'astronomie est considérée comme le meilleur moyen pratique et réalisable, dans les sociétés telles qu'elles se comportent, d'arriver à la connaissance des Dieux, et par là à la sagesse et au bonheur. Or telle est la thèse développée dans l'*Épinomis* : il ne s'agit pas de la sagesse idéale, de la perfection suprême, mais de cette perfection possible, humaine, et pour ainsi dire imparfaite, qu'il est possible d'atteindre ici-bas et dans les conditions actuelles et réelles des sociétés humaines, ὅσην δυνατὸν ἀνθρώπῳ σχεῖν. Il n'est même pas nécessaire de voir dans les doctrines de l'*Épinomis* une preuve du penchant que Platon manifesta, dit-on, vers la fin de sa vie, pour les doctrines pythagoriciennes (2). Car ce n'est pas adopter ces doctrines que de faire de l'astronomie et de la science des nombres la condition d'une sagesse inférieure et pratique, rabaissée au niveau d'une humanité vulgaire. On prête à Platon, fort gratuitement, les doctrines de Speusippe et de Xénocrate, qui, en effet, penchèrent et tombèrent dans la doctrine obscure des nombres, et considérèrent absolument les mathématiques comme les organes de la

---

(1) L. XII, 966, c.
(2) Plut., *Vit. Num.*, c. 11 ; *Quæst. Platon.*, p. 1006, c.

philosophie, λαβὰς φιλοσοφίας (1), et les nombres comme l'essence même des choses. Je ne crois pas nécessaire d'adopter l'opinion plus discrète de MM. Zeller (2) et K.-F. Hermann (3), qui attribuent l'*Épinomis* à un disciple de l'Académie, entraîné par les successeurs de Platon dans les principes philosophiques des pythagoriciens. Je m'en tiens au jugement de Thrasylle et d'Aristophane, adopté par toute l'antiquité, et même par Tenneman (4) et Tiedemann (5).

46. *Critias, ou de l'Atlantide.*

Ce dialogue laissé inachevé par l'auteur, et dont nous n'avons pas probablement conservé en entier même le commencement, puisqu'on ne retrouve plus dans notre texte quelques mots cités par le rhéteur Ménandre (6), formait, comme nous l'avons déjà vu, la huitième pièce de la première trilogie d'Aristophane, et la quatrième de la huitième tétralogie de Thrasylle, qui le classait parmi les œuvres morales (7).

Cet ouvrage se lie intimement au *Timée*, qu'il

---

(1) Plut., *de Virtut. moral.*, p. 452, d.
(2) *Die Philos. d. Griech.*, t. II, p. 694. Il suppose, avec la tradition, que l'auteur est Philippe, mathématicien et astronome.
(3) *Gesch. u. Syst. d. Plat. Philos.*, t. I, p. 589.
(4) *Syst. d. Plat. Phil.*, t. I, p. 92.
(5) *De Deo Platon.*, p. 184.
(6) *De Encom.*, c. 5.
(7) Diog. L., III, 60 et 62.

continue pour ainsi dire, et dont il reprend, pour le développer, un des sujets d'entretien par lesquels on veut payer de retour Socrate. C'est Critias qui prend la parole, et, se fondant sur des mémoires manuscrits laissés par Solon, raconte la rivalité des Athéniens et des peuples de l'Atlantide, et décrit leurs mœurs et leur vie, à cette époque reculée de l'histoire, qui précède Solon lui-même de 9000 années. Le portrait qu'il fait des usages athéniens semble calqué sur la *République*, et cette partie de son récit n'est pas plus romanesque que celle qui concerne l'Atlantide, quoiqu'on puisse croire que Platon avait eu connaissance en Égypte de vagues traditions concernant une terre située dans l'océan Atlantique.

Quoique Plutarque atteste que l'ouvrage est bien de Platon, puisqu'il raconte (1) qu'il mourut avant de l'avoir terminé, Socher le rejette à cause de son contenu trop romanesque, et où l'on trouve difficilement quelques rapports à la philosophie.

§ 3. L'Ordre chronologique.

Je conçois parfaitement les travaux qui ont eu pour objet de déterminer quels sont, parmi les ouvrages qui nous sont parvenus sous le nom de Platon, ceux qui doivent être considérés comme authentiques; car la sincérité et l'exactitude de l'exposition d'une doctrine dépend assurément des

---

(1) *Vit. Solon.*, c. 31 et 32.

sources où on la puise ; mais on comprend moins la peine qu'on s'est donnée dans ces derniers temps pour retrouver l'ordre chronologique de la composition des dialogues, recherche à la fois inutile et impossible.

Je dis que c'est une œuvre dont on ne peut espérer le succès : et en effet, sauf pour un petit nombre d'ouvrages, les preuves externes et vraiment historiques font absolument défaut. On est donc obligé d'avoir recours à ces arguments internes qui n'ont aucune valeur historique, et de les fortifier par des théories générales à priori, qui sont des plus contestables. Ainsi Schleiermacher part de l'idée que la philosophie de Platon est un tout systématique, où chaque partie a par conséquent une place nécessaire, déterminée par des lois logiques. Tout en admettant quelques exceptions qui contrarient ce bel ordre, il pose donc comme une suite nécessaire les trois séries suivantes : dialogues élémentaires; dialogues où la recherche est indirecte; dialogues dogmatiques, où la doctrine est objectivement exposée ou, pour me servir de ses expressions, construite. Dans chaque série, le même principe logique sert à établir la place nécessaire que doit occuper chaque dialogue ; ceux qui ne peuvent entrer dans ces cadres si méthodiques, et c'est le plus grand nombre, sont appelés dialogues accessoires ou dialogues de circonstance. M. K.-F. Hermann fait remarquer que la supposition, d'où part Schleiermacher, est très-arbitraire et peu justifiée. Quand il serait vrai que la philosophie de Platon forme un tout systématique, dont les parties différentes sont logiquement enchaînées dans l'ordre établi, comment prouver et comment croire que l'esprit de Platon a commencé par concevoir ce vaste ensemble, et que ce n'est qu'après en avoir reconnu, divisé et ordonné les parties, qu'il s'est mis à l'ouvrage, les exécutant précisément dans l'ordre qu'exige le système? En admettant même l'invraisemblable, c'est-à-dire qu'il ait eu sous les yeux ce plan aussi étendu que rigoureux, pourquoi n'en aurait-il pas exécuté certaines parties avant d'autres logiquement antécédentes? L'ordre logique qui enchaîne les idées n'est pas l'ordre chronologique de leur développement réel, ni surtout de leur expression.

A cette classification, fondée sur un principe si conjectural, M. F. Hermann en substitue une autre qui ne me paraît pas plus justifiée. Il prétend retrouver à priori la série progressive des développements qu'a accomplis successivement l'esprit de Platon, comme écrivain et comme philosophe : car l'esprit, en tant qu'organisme vivant, est soumis à des lois nécessaires dans tous ses développements(1).

---

(1) C'est ainsi qu'il pose en principe que le plus facile a dû précéder le plus difficile, le moins parfait a dû précéder le plus parfait. *Gesch. u. Syst.*, p. 453 : « Das Leichtere dem Schwereren, das minder Vollendete dem Vollkommeneren vorangehen zu lassen. »

M. Stallbaum, qui a aussi ses idées et son système sur l'ordre chronologique de composition et de publication des dialogues, pose des principes au fur et à mesure du besoin qu'il éprouve, et appropriés à la thèse qu'il soutient. Ainsi, pour prouver que le *Théétète*, le *Sophiste*, le *Politique* et le *Parménide* ont été

Le principe est pour moi des plus contestables : je crois que l'originalité du génie a dans ses mouvements une riche liberté d'allures qui échappe à l'œil de l'investigateur ; mais en outre, combien l'application en est incertaine et périlleuse ! Quand l'état

composés à peu près vers le même temps, il montre le lien purement extérieur qui rattache les trois premiers de ces ouvrages : l'entretien ayant lieu entre les mêmes personnages, dans le même lieu, et deux jours consécutifs. Pour prouver que les deux derniers n'ont pas été composés à Mégare, il montre leur caractère pythagoricien, qu'ils ne peuvent devoir qu'au séjour de Platon en Italie. Pour prouver qu'ils n'ont pas été publiés pendant ses voyages, il se demande comment Platon, presque exilé, n'ayant pour ainsi dire plus de rapports avec ses compatriotes, et cherchant encore les principes de sa philosophie, aurait pu penser à cette publication, qui ne se serait adressée à personne ; enfin, pour prouver qu'ils n'ont pu être publiés qu'à son retour de ses voyages, mais peu de temps après, il affirme qu'il avait un intérêt évident à la publication immédiate. Aurait-il pu penser à la critique des doctrines d'Élée et de Mégare, s'il avait laissé s'écouler un long temps après les avoir connues ? Aurait-il voulu d'ailleurs laisser trop longtemps, sans les répandre, ces doctrines pythagoriciennes qu'il était allé chercher si loin, et dont la connaissance lui avait coûté tant de peines, d'argent, de dangers ? Ceux qui voudront se donner la peine de peser la valeur de ces raisons les trouveront, je crois, bien légères : en effet, d'abord le rapport et le lien dramatique des dialogues ne prouvent en aucune façon l'identité des dates de leur composition. En second lieu, que Platon n'ait pas pu écrire ou publier ses ouvrages pendant son voyage en Sicile et en Italie, qu'il n'ait pu s'empêcher de faire connaître les doctrines pythagoriciennes aussitôt que lui-même en eut connaissance ; que tous les ouvrages qui ne contiennent pas quelque trace de ces doctrines doivent être placés avant les voyages de Syracuse et de Tarente, voilà des assertions qui ne reposent sur aucune preuve démonstrative, et qui ne sont pas plus vraisemblables que les assertions contraires.

d'esprit que suppose le *Phédon* serait postérieur à l'état que suppose l'*Apologie,* pourquoi l'*Apologie* n'aurait-elle pas été écrite après le *Phédon?* La force de l'imagination, la volonté de l'artiste, la nature du sujet, ne pouvaient-elles replacer l'auteur un instant dans ce milieu intellectuel et moral qu'il avait traversé, peut-être un an auparavant, et dont le souvenir ne pouvait être effacé? Il est des esprits, et ce sont précisément les plus grands, qui arrivent de très-bonne heure à la maturité de toutes leurs facultés, et qui retrouvent jusque dans l'âge le plus avancé toute leur jeunesse et toute leur fraîcheur de pensée et de style (1).

Et ce qui prouve combien tous ces principes de classification chronologique sont arbitraires, c'est la diversité et la contradiction des résultats qu'ils produisent. On pourrait multiplier les exemples : je me contenterai d'un seul, emprunté à Hermann lui-même : « Ainsi, » dit-il en parlant du *Lachès*, « là où Ast ne voit rien que sottise, désordre, une pau-

---

(1) Le style lui-même, étudié avec l'attention la plus délicate, pourrait ne fournir souvent que des indications trompeuses. Diogène de Laërte, III, 37, et Hermias, *Schol. ad Phædr.*, voient dans l'élocution brillante et parée du *Phèdre* un accent de jeunesse ; mais Denys d'Halicarnasse, *de Comp. verb.*, c. 25, étend cette critique à tous les ouvrages de Platon, à quelque époque qu'ils appartiennent. Cet éclat poétique n'est pas pour lui l'indice d'un certain âge, mais le caractère général de son talent. Il y a plus : les petits dialogues, qu'on rapporte généralement à sa jeunesse, contrastent par une certaine sécheresse, une sorte de maigreur, par l'absence de couleur et de mouvement, avec l'abondance et la vie pleine d'art des grands dialogues.

vreté misérable, se manifeste au contraire la finesse dramatique la plus accomplie (1). »

Il faudrait pourtant arriver à reconnaître que l'histoire, œuvre de la liberté humaine, ne peut pas se deviner à priori et se construire comme un système. Si l'on peut soupçonner quelques grandes lois générales, aussitôt qu'on entre dans le domaine des faits particuliers, la liberté reprend son empire. Si les faits sont contingents, l'ordre de ces faits n'est pas nécessaire, et il m'est impossible de croire que l'une des grandes lois du développement historique ou du développement de l'esprit aurait été violée si Platon avait écrit les *Lois* avant la *République*, au lieu d'écrire la *République* avant les *Lois*, comme Aristote nous apprend qu'il a fait.

J'écarte donc les arguments à priori ou internes pour retrouver l'ordre chronologique de la composition des dialogues ; et je ne crois pas possible d'arriver à une solution satisfaisante de la question, puisque les renseignements vraiment historiques nous manquent, et que ceux mêmes que nous possédons auraient peut-être ici peu de valeur.

En effet le but avoué qu'on se propose dans cette recherche est de savoir quelle a été la pensée définitive de Platon sur les diverses questions de la philosophie : on oublie un fait qui rend à peu près inutiles les résultats si douteux de cette investigation. On sait en effet qu'à l'imitation des poëtes (2)

---

(1) *Gesch. u. Syst. d. Plat. Phil.*, p. 481.
(2) Les poëtes dramatiques surtout, mais aussi les autres

les prosateurs retouchaient, corrigeaient, remaniaient leurs ouvrages (1) ; et Platon, comme Hérodote avant lui, comme Aristote (2) ensuite, ne manqua pas de profiter de cette liberté. On trouva dans ses manuscrits tournée et retournée de vingt manières différentes la première phrase de la *République*, et les quatre mots qui la commencent essayés dans presque toutes les combinaisons possibles (3). Sans doute il faut voir ici une preuve de la passion de l'artiste pour la perfection de son ouvrage : épris de la beauté, Platon, nous le verrons, travaille son style, et cisèle sa phrase avec autant de soin et d'amour qu'Isocrate son ami. Mais qui peut être assuré que ces retouches se sont bornées au style ? Qui peut dire jusqu'où elles se sont étendues ? Quels sont les ouvrages qui ont ou n'ont pas reçu cette dernière main ? On connaît les nombreux et graves anachronismes que l'antiquité signalait déjà

les fragments d'Empédocle attestent des retouches. (Fragm. Müllach, *de Emp.*, p. XIX.)

(1) Hérodote avait refait à Thurii son histoire, ou du moins y avait apporté des changements considérables.

(2) « Le premier jet de la *Rhétorique*, dit M. Niebuhr (*Hist. Rom.*, t. I, p. 28), est une œuvre de jeunesse, qu'Aristote n'a cessé jusqu'à la fin de sa vie de retoucher et d'augmenter. Cette révision profonde s'est étendue à d'autres ouvrages, et, par exemple, à l'*Histoire des Plantes*, où d'innombrables additions, fondues dans le contexte, n'y sont plus aujourd'hui reconnaissables. »

(3) Κατέβην χθὲς εἰς Πειραιᾶ : « Quatuor illa verba plurimis modis scripta, » dit Quintilien, VIII, 6. Conf. Cic., *Cat. Maj.*, c. 5; Diog. L., III, 37; Dion. Hal., *de Comp. Verb.*, c. 25.

dans les dialogues (1) : ils ne me choquent pas le moins du monde ; mais il n'est pas impossible cependant, comme le suppose Casaubon (2), qu'ils soient le résultat d'une addition postérieure, et d'un second travail : sans doute cela ne supprime pas l'anachronisme, mais en servant à l'expliquer, cette hypothèse possible, et c'est tout ce qu'il faut ici, d'une part ôte aux faits historiques mentionnés dans les dialogues toute valeur pour fixer la date de la composition, et d'autre part nous prouve que tous les ouvrages de Platon expriment sa pensée vraie et définitive, puisqu'il n'a dû y conserver, en les revisant, que ce qu'il admettait encore. Il était donc inutile d'établir ou d'adopter un ordre chronologique de composition des Dialogues : c'est une recherche que Wolf déclarait déjà impossible (3), et sur laquelle Hégel exprime un jugement assez dédaigneux (4).

§ 4. L'Ordre logique.

A défaut de cette classification chronologique fallait-il en adopter une autre, et laquelle ? Les anciens en ont proposé plusieurs, mais dont on ne

---

(1) Athén., V, seg. 59, et XI, seg. 113. Les modernes, Dacier, Schleiermacher, Ast., Letronne, *Journal des Savants*, 1820, p. 678, les ont également relevés.

(2) In Athen., V, p. 217.

(3) *Prolegg. in Hom.*, p. 240, éd. Glasg. : « Neque aliter fecit in optimis dialogis suis : quam ob causam exquirere *non licet* quando quisque compositus sit. »

(4) *Gesch. d. Phil.*, t. II p. 156.

connaît pas la disposition complète, et dont on ne devine guère le but et les principes (1).

Le grammairien Aristophane avait groupé les dialogues en trilogies ; mais ce travail de classification ne s'étendait qu'à quinze dialogues distribués en cinq trilogies, dont la première réunissait la *République,* le *Timée* et *Critias* (2), que rapproche en effet Platon lui-même, par la forme extérieure donnée à la discussion.

Les dialogues de la seconde trilogie au contraire semblent avoir été réunis à cause de l'analogie des sujets et du contenu : ce sont le *Sophiste,* le *Politique* et le *Cratyle.* Le même principe paraît avoir formé la troisième qui comprend les *Lois, Minos* et l'*Épinomis*, et la cinquième composée du *Criton*, du *Phédon* et des *Lettres;* mais entre les deux dialogues du *Théétète,* de l'*Euthyphron* et de l'*Apologie,* dont se compose la quatrième, il n'est guère possible de voir un lien nécessaire et de devi-

---

(1) Diog. L., III, 62, se borne à dire que les uns commençaient la collection par le *Politique,* d'autres par l'*Alcibiade*, ceux-ci par le *Théagès,* ceux-là par l'*Euthyphron,* ceux-ci par le *Phèdre,* ceux-là par le *Théétète,* quelques-uns par le *Clitophon,* quelques autres par le *Timée,* la plupart par l'*Apologie.* Mais d'où provenait cette diversité de disposition ? C'est ce que nous ignorons.

Albinus et Porphyre avaient écrit des traités spéciaux περὶ τῆς τάξεως τῶν βιβλίων τοῦ Πλάτωνος, qui se trouvent encore, au dire de Fischer (*Plat. Dial.*, IV, Leips., 1783, p. 126), manuscrits dans les bibliothèques.

(2) Il est singulier de voir figurer ici le *Critias,* qui était inachevé.

ner pourquoi ils ont été réunis dans une même classe (1).

Les trente autres ouvrages avaient été laissés par Aristophane, on ne nous dit pas pourquoi, isolés et sans ordre, καθ' ἓν καὶ ἀτάκτως.

Thrasylle avait raffiné encore : peut-être à l'imitation de Dercyllidas, il avait distribué les dialogues en tétralogies (2); et l'un des derniers éditeurs de

---

(1) Ce n'était qu'un ordre recommandé aux lecteurs, et cet ordre devait différer évidemment suivant qu'on s'attachait davantage à la forme ou au fond, à l'éthique, ou à la physique, ou à la dialectique. Albinus, *Introd.*, c. 4, nous fait connaître d'une manière assez obscure le principe de Dercyllidas et de Thrasylle, qui avaient adopté la division en tétralogies : « Ils semblent, dit-il, avoir voulu soumettre à un ordre les personnages et les circonstances de leur vie, δοκοῦσι δέ μοι προσώποις καὶ βίων (sic, βίου ?) περιστάσεσιν ἠθεληκέναι τάξιν ἐπιθεῖναι. Ils avaient mis dans la première tétralogie d'abord l'*Euthyphron*, parce que c'est là que l'assignation est donnée à Socrate; en second lieu, l'*Apologie*, qui ne pouvait précéder l'assignation; le *Criton*, parce que les faits qui s'y passent ont suivi les débats et la condamnation; enfin le *Phédon*, qui est nécessairement le dernier acte de la tragédie. » On voit que le principe est bien bizarre et n'a aucun rapport avec les recherches actuelles. Quant à Albinus, il croit qu'il n'y a pas lieu d'imposer un ordre absolu et objectif d'études ou de lecture aux dialogues de Platon : c'est un cercle qui n'a pas de commencement ni de fin. Tout ordre d'études n'a rien d'absolu, et est relatif à la nature d'esprit, à l'âge, au but de celui qui s'adonne aux recherches philosophiques, et le conseil de commencer par l'*Alcibiade*, de continuer par la *République*, de passer de là au *Timée*, ne s'adresse qu'à celui qui, jeune encore, mais déjà initié aux travaux de l'esprit par les mathématiques, ayant renoncé aux affaires et à la vie politique, ne demande à la philosophie qu'une préparation à la vertu.

(2) Albin., *Isag.*, c. 6. Εἰσὶ δὲ καὶ οἱ κατὰ τετραλογίαν διελόν-

Platon, M. K.-F. Hermann a reproduit cette division, dont je ne parviens pas à deviner le principe philosophique, à laquelle je ne trouve même pas d'explication rationnelle. Peut-être la forme dramatique des dialogues a-t-elle produit ces groupes, à l'imitation des quatre pièces qui, antérieurement à Sophocle, devaient être présentées ensemble au concours, et rouler sur le même sujet. Mais comme il est difficile de trouver aucun dialogue qui joue, dans la tétralogie de Thrasylle, le rôle du drame satirique, M. K. Hermann ne croit pas pouvoir admettre cette hypothèse (1). On trouve, il est vrai, dans Platon des traces de cet accouplement par quatre; et quoique aucune de ces tétralogies ne soit complète, on suppose que Thrasylle n'a fait qu'étendre à tous les ouvrages cette distribution symétrique dont on aperçoit dans Platon les vagues linéaments. Le principe de l'auteur, comme celui du grammairien, serait alors purement extérieur, un goût de nombre, de proportion, de rhythme, tel que celui qui a présidé aux tétralogies d'Antiphon (2). Le nombre quatre, et le

---

τες... ἧς δόξης εἰσὶ Δερκυλλίδης καὶ Θράσυλλος. Ce Dercyllidas avait fait un ouvrage sur la philosophie de Platon qui comprenait au moins onze livres. Simplic., *ad Arist. Phys.*, f. 54; Scholl. Aristt. 344, a, l. 35.

(1) C'est pourtant celle des anciens. Cf. *Prolegg.*, c. 24. Κατὰ μίμησιν τῶν τε τραγικῶν καὶ τῶν κωμικῶν.

(2) Cette analogie n'est nullement exacte : les tétralogies d'Antiphon ont toutes le même sujet, traité en sens contraire par deux orateurs, et chaque orateur ajoute à son discours une réplique. La symétrie, un peu forcée, est pourtant dans ce cas plus naturelle.

nombre 36, somme des dialogues compris dans les neuf tétralogies, avaient, dit-il, quelque chose de merveilleux pour les mathématiciens grecs, et Thrasylle, mathématicien, musicien et astrologue, aura cédé à l'influence magique des deux premiers carrés de la série des nombres ($4 = 2^2$; $9 = 3^2$) et de leur produit ($36 = 4 \times 9$ ou $2^2 \times 3^2$) (1). Si le principe qui a guidé Thrasylle est vraiment cette idée puérile et superstitieuse, on ne peut pas attacher beaucoup d'importance à ses applications, quoiqu'elles concordent fréquemment avec les résultats de la critique allemande (2).

Albinus, Platonicien contemporain de Galien (3), présente deux classifications, l'une fondée sur le caractère même des doctrines exposées, l'autre sur la forme extérieure de l'exposition. La première reconnaît trois classes de dialogues : les uns destinés à purger l'esprit des sophismes, et l'âme des vices, et appelés pour cette raison καθαρτικοί, se divisent en deux espèces, les πειραστικοί et les ἐλεγκτικοί; la seconde comprend ceux qui réveillent l'âme de ses langueurs, l'appellent à l'activité, allument en elle le désir, l'amour et comme le pressentiment de la vérité; enfin la dernière se compose des dialogues où est contenue l'exposition dogmatique de la science, la théorie de la morale, de la nature et de Dieu (4). On reconnaît ici au moins l'influence de

---

(1) C'est aussi le nombre qu'adoptent les *Prolegg.*, c. 25.
(2) C'est une observation de M. Hermann, *de Thrasyllo*, p. 18.
(3) Vers 180 ans ap. J.-C.
(4) Alb., *Isag.*, c. 6.

quelques théories platoniciennes ; mais la seconde classification n'est inspirée que par un goût d'ordonnance systématique, de divisions et subdivisions scolastiques, étrangères au génie de Platon et au caractère de ses ouvrages.

Je me borne à en dresser en note le tableau, sans m'y arrêter davantage (1).

Rien n'est plus arbitraire et plus imaginaire que cette ordonnance systématique, empruntée de l'esprit de la logique péripatéticienne, et imposée après coup et de vive force aux écrits de Platon. Établir le lien, soit extérieur, soit intérieur, qui, unissant plusieurs dialogues, en fait un ensemble harmonieux et un tout parfaitement un (2), fixer la limite qui sépare ce tout d'autres groupes semblables, chercher le principe qui préside à cette distribution savante et compliquée, c'est chercher quelque chose qui n'existe pas, et par conséquent qu'on ne trouvera

---

(1) DIALOGUES

ὑφηγητικός et ζητητικός

θεωρητικός — πρακτικός | γυμναστικός — ἀγωνιστικός

φυσικός-λογικός ‖ πολιτικός-ἠθικός | μαιευτικός-πειραστ. ‖ ἐνδεικτ.-ἀνατρεπ.

L'abbé Garnier, dans ses solides mémoires sur Platon, *Acad. Inscr.*, t. XXXII, p. 173, fait cette remarque judicieuse : « Quelques efforts que l'on ait faits jusqu'à présent pour les ranger sous de certaines classes, ils ont échappé à toutes les divisions auxquelles on a tenté de les assujettir. Le dialogue qui porte le titre de *moral* n'est souvent rempli que de dialectique, et le *logique* renferme ordinairement des questions de morale et de métaphysique. »

(2) Alb., *Isag.*, c. 4. Ἐοικέναι γὰρ αὐτὸν τέλειον ὄντα τελείῳ σχήματι κύκλου.

pas. Rien n'est plus opposé au génie grec et à l'art antique que cet appareil scolastique, cet échafaudage lourd et inutile ; Platon nous dit lui-même comment nous devons considérer chacun de ses dialogues, envisagé comme œuvre d'art : nous devons y voir comme un être vivant, un, dont les parties sont liées et proportionnées entre elles et par rapport à l'ensemble, formant un tout complet, achevé, un véritable organisme (1). N'oublions pas que Platon est le dernier des philosophes artistes, comme l'a dit M. Cousin, et ajoutons qu'il en est aussi le plus grand.

Sans contester l'érudition des recherches que l'Allemagne a consacrées à ce sujet, si l'on veut à toute force établir une classification, suivant moi, parfaitement inutile, il est prudent d'en revenir à la simple division de Cicéron (2).

---

(1) *Phèdr.*, p. 264, c; Procl., *in Parm.*, I, t. IV, p. 53. Con. Trendelenb., *de Platon. Philebi consilio*, 1837, p. 4 : « Nam quidquid operis antiquitas finxit, et antiqui ingenii quasi nota signavit, id per se unum, et quamvis ad alia relatum, ita tamen aliquatenus certe absolutum est, ut quasi ex se ipso natum per se etiam intelligi queat. »

(2) M. V. Cousin en a proposé, mais en passant, une autre, dans son argument de l'*Euthydème* : « On peut, dit-il, distinguer dans les compositions de Platon trois manières *essentiellement différentes* : la première, où domine le caractère poétique; la seconde, où domine au contraire le caractère dialectique; la troisième, qui les réunit tous les deux. Cette distinction, *si elle est fondée*, peut servir de principe à une nouvelle classification des dialogues de Platon, et les partage en trois séries... » Je ne sache pas que M. Cousin ait jamais cherché à démontrer que cette distinction était fondée, et à appliquer le

Il y a, suivant ce dernier, dans les ouvrages de Platon, des dialogues où le but manifeste de l'auteur est d'exprimer avec sincérité les enseignements de son maître, et de remettre sous les yeux des Athéniens, animée et vivante, sa noble figure. Il en est principe à d'autres dialogues que l'*Euthydème*. Il est bien difficile d'accorder que les trois manières *soient essentiellement différentes ;* et il serait, je crois, impossible de trouver un dialogue qui ne réunisse les deux premières, dans une proportion différente, il est vrai, mais dont on ne peut calculer la mesure ; enfin il est évident que ce principe de classification ne prend en considération que la forme littéraire, extérieure, de la composition, et qu'elle est insuffisante pour des œuvres d'un contenu si profondément philosophique. Ast, qui lui en avait sans doute suggéré l'idée (*Platon's Leben*, p. 53), avait lié à la considération de la forme celle du contenu et de la date de la composition. Les dialogues d'une forme poétique et dramatique ne reproduisaient suivant lui que la doctrine de Socrate et ont dû être composés du vivant du maître, et dans la jeunesse de Platon, qui s'y trahit par la fougue, l'éclat, l'exagération juvénile de la composition et du style. D'autres, où la dialectique et la poésie se font pour ainsi dire équilibre, appartiennent à une époque où Platon commence à former ses propres idées, après la mort de Socrate. La troisième série, où la dialectique obscurcit et éteint la fougue et l'éclat poétiques de l'expression, atteste, par sa forme sévère, austère, aride même, que l'auteur est arrivé à la vieillesse, à l'âge de la méditation et de la contemplation. Quand il s'agit d'appliquer ces principes, Ast est obligé, pour ne pas les oublier ou les méconnaître, de supprimer des œuvres authentiques toutes celles qui les contrarieraient ou plutôt les contrediraient. Du reste, cette division d'Ast et de M. Cousin, qu'on trouve déjà dans Sydenham (*Synopsis or general view of the Works of Plato*, Lond., 1759, p. 9), avait été présentée par quelques anciens, Diog. L., III, 50, qui distinguaient τοὺς μὲν δραματικούς, τοὺς δὲ διηγηματικούς, τοὺς δὲ μικτούς. Mais Diogène fait l'objection sensée que c'est appliquer un principe purement littéraire à des œuvres philosophiques.

d'autres, et ce sont à la fois les plus nombreux et les plus considérables, où, se sentant en pleine possession de sa pensée et de son talent, nourri des hautes spéculations des Pythagoriciens, exercé par la forte dialectique des Éléates, il adopte une partie de ces théories qu'eût répudiées Socrate (1), et aspire à formuler une plus large doctrine qui les concilie avec les vérités morales que lui avait transmises son maître, et avec les vérités expérimentales que défendait l'École ionienne. Ainsi des dialogues Socratiques, qui répondent peut-être, et pris en général, à la jeunesse de l'auteur, et des dialogues vraiment Platoniques, voilà une classification claire, justifiée par les textes, tout à fait suffisante (2), et dont il ne faut pas cependant, sous peine de graves erreurs, poursuivre trop rigoureusement les applications. Comment arriver à faire le départ de ce qui est purement Platonicien et de ce qui est purement Socratique? il faut avoir recours à l'esprit de divination. Le plus sage sera encore de ne pas soumettre à un ordre, qu'il n'a pas connu ni voulu, le plus libre génie qui fut jamais, et de considérer, comme nous le conseille Proclus, chaque dialogue comme un tout achevé, un organisme vivant et indépendant,

(1) Cic., *de Fin.*, V, 29 : « Quum Socratem expressisset, adjungeret Pythagoreorum disciplinam, eaque quæ Socrates repudiabat, addisceret. » Diog. L., II, 45 : Ἃ Σωκράτης ἀρνεῖται, περὶ τούτων αὐτὸς λέγει.

(2) C'est à peu près où en revient M. Stallbaum, dont les trois catégories, pourraient avantageusement se ramener à deux :
1. Dialogues socratiques. 2. Tous les autres.

et n'ayant avec les autres que des rapports toujours accessoires et souvent douteux.

§ 5. Pourquoi Platon a-t-il écrit?

Tout le monde sait que Platon a exposé ou proposé, comme on voudra dire, sa philosophie sous la forme du dialogue, dont il ne s'est jamais départi. On s'est demandé, à ce sujet, pourquoi cette prédilection constante pour une forme particulière d'exposition, et poussant plus loin encore la curiosité on a recherché pourquoi il avait écrit en prose, et pourquoi même il avait écrit (1).

Cette dernière question est moins singulière, moins indiscrète et plus grave qu'elle ne le paraît au premier abord. En effet, et Platon est le premier à nous en avertir, non-seulement les hommes qui occupaient à Athènes de grandes situations sociales, qui jouaient ou aspiraient à jouer un rôle politique, mais encore tous ceux qui se respectaient, et voulaient rester des gens de bonne compagnie, auraient rougi d'écrire, de publier leurs ouvrages, et de recevoir de l'opinion publique le nom méprisé de logographe ou le nom plus détesté encore de sophiste (2). Les Sophistes étaient encore les seuls écrivains de profession : comment Platon a-t-il pu se résoudre à les

---

(1) K. Fr. Hermann, *Ueber Plato's schriftsteller. Motiv.*
(2) *Phèdr.*, 257, d : Αἰσχύνονται λόγους τε γράφειν, καὶ καταλείπειν συγγράμματα ἑαυτῶν, δόξαν φοβούμενοι τοῦ ἔπειτα χρόνου, μὴ σοφισταὶ καλῶνται. *Id.*, 277, c, d : Τί δ' αὖ περὶ τοῦ καλὸν ἢ αἰσχρὸν εἶναι τὸ λόγους λέγειν τε καὶ γράφειν.

imiter, tout en les combattant, même sur ce point ? On s'en étonne avec d'autant plus de raison qu'il se déclare ouvertement contre cette méthode de propager les vérités philosophiques ; c'est, suivant lui, une grande simplicité de croire que l'on peut, avec des livres, communiquer des connaissances claires, précises, solides, un art quelconque, et à plus forte raison l'art de penser et de vivre (1). Pourquoi cette infidélité à ses propres principes, qui est en même temps une infidélité à la tradition socratique, à l'exemple du maître qui n'avait pas laissé une ligne écrite sur des sujets philosophiques ? Ainsi, s'éloignant de la pratique de Socrate, l'idéal de la sagesse, se rapprochant des Sophistes, Platon, qui refuse tout caractère philosophique à la parole écrite, au livre, a mis dans des livres l'exposition de toute sa

---

(1) *Phèdr.*, p. 275, 276, d : « Si l'on vient à semer dans les jardins de l'écriture, dit-il, on ne le fera que pour s'amuser, pour se faire un trésor de souvenirs et pour soi-même, quand la vieillesse amènera l'oubli, et pour tous ceux qui marchent sur la même trace, παιδιᾶς χάριν σπέρει τέ καὶ γράψει. » Et *Id.*, p. 277, e : « Dans tout discours écrit il y a beaucoup de badinage, παιδίαν πολλήν ; aucun discours écrit ou prononcé, soit en vers soit en prose, ne peut être regardé comme quelque chose de bien sérieux, μεγάλης ἄξιον σπουδῆς... Ils ne sont qu'un moyen de réminiscence, ὑπόμνησιν, pour ceux qui savent déjà. » Je pense que Platon veut dire que quiconque écrit ou parle pour un public pense presque nécessairement à autre chose qu'à l'objet dont il parle et à l'intérêt de celui à qui il s'adresse. Il pense à lui-même, il cherche à plaire ; et c'est ce mobile que Platon appelle peu digne ; c'est cette intention d'artiste et cet égoïsme passionné de l'écrivain où il ne trouve rien de sérieux, et qu'il appelle même puéril, παιδίαν. Bossuet aurait dit qu'il y a dans la recherche de ces beautés bien du *creux*.

philosophie ! Cela n'est pas possible, dit-on; mais que faire? Ajouter foi à la tradition, conforme aux principes du *Phèdre*, qui veut que Platon n'ait rien écrit, absolument rien, si ce n'est sans doute la lettre VII qui contient ce fameux passage? M. F. Hermann recule lui-même devant cette extrémité logique, et cherche à sauver à la fois et l'authenticité de l'œuvre écrite de Platon, et les doctrines du *Phèdre* qui semblent la rendre inexplicable. L'écriture n'est pas condamnée absolument par Platon ; pour lui l'écriture est à la pensée, le livre mort et froid est à l'exposition orale, vivante et chaude, ce que le phénomène est à l'Idée, ce que l'expérience sensible est à la contemplation immédiate, à l'intuition directe ; or, de même que le monde sensible est le point de départ, un degré insuffisant mais nécessaire de la science, de même les dialogues écrits n'ont dû être que comme la préparation imparfaite, l'initiation grossière à une exposition complète, détaillée et profonde de son système et de ses principes supérieurs. La parole écrite est impuissante à atteindre la région de ces Idées qui dominent, embrassent, pénètrent, expliquent la vraie philosophie de Platon ; aussi ne l'a-t-il employée que pour les parties secondaires, les applications positives et pratiques, dont le caractère les rendait accessibles à tous les esprits (1). C'est ce que prouvent en outre

---

(1) C'est à peu près l'opinion d'Ast, *de Plat. Phædro*, p. 146 : « Ex his omnibus, quæ de vero dicendi usu ex ipso Platone attulimus, *sine ulla dubitatione confirmaverim*, eum in dialogis conscribendis, proprias et genuinas philosophiæ suæ ra-

les qualités si profondément artistiques de ces ouvrages, les dates extrêmement éloignées de leur composition, et l'absence visible d'un ensemble systématique qui exclut l'idée d'une intention d'exposition doctrinale. Ainsi, sans nier l'authenticité des dialogues, il faut reconnaître qu'ils ne sont pas la source où l'on peut puiser la connaissance des vraies doctrines platoniciennes, dont l'exposition était faite dans un enseignement réservé, peut-être secret, qui a laissé un débris mutilé, un souvenir dans les ἄγραφα δόγματα.

Mais alors, si les dialogues n'étaient destinés qu'à un but polémique, critique, purificatif, pratique, où trouver la philosophie de Platon? Elle devient vraiment introuvable. Non, dit M. Hermann, si nous ne pouvons pas la voir, nous pouvons encore la deviner : « Qui a des yeux pour voir, à l'aide de ce membre conservé, pourra reconstruire pour soi l'organisme complet de cette philosophie, et, à ce point de vue, les écrits de Platon retrouvent l'importance qu'ils paraissaient avoir perdue, et peuvent être considérés comme la source authentique non-seulement de sa méthode, mais de son système philosophique même.» Ainsi il ne s'agit plus pour nous de comprendre, d'étudier, de méditer la philosophie de Platon : c'est une création disparue ; seulement, grâce

tiones exponere et in medium proferre nunquam in animo habuisse, sed nonnisi id spectasse ut æquales suos, falsas corum opiniones et errores corrigendo, ad rectam philosophiæ viam perduceret, præpararet quasi eorumque studium et amorem in vera philosophia colenda excitaret. »

à Dieu, un membre inférieur, mais essentiel, s'est conservé, à l'aide duquel nous pourrons reconstruire, c'est-à-dire deviner l'organisme tout entier. J'avoue, quant à moi, ne pas posséder ce don de divination, ni cette audace de reconstruction philosophique. Je ne conteste pas l'exactitude des inductions de génie d'un Cuvier ; mais l'analogie est fausse. L'être vivant est soumis à des lois nécessaires que l'homme peut observer et connaître ; un système de philosophie ne peut être appelé un organisme que par métaphore : cet organisme n'est pas l'œuvre d'une intelligence parfaite et d'une puissance sans limite ; c'est l'ouvrage d'une raison bornée et d'une volonté libre, dont nous ne pouvons par des lois générales deviner les élans ni les écarts. Si donc les dialogues de Platon ne contenaient pas l'exposé sincère et complet de sa doctrine, il faudrait tout simplement renoncer à la connaître : il aurait emporté son secret avec lui. Mais comment oser dire que les dialogues n'expriment pas toute la pensée de Platon ? A quoi donc se réfère Aristote ? Sauf un point sur lequel nous reviendrons, n'attaque-t-il pas précisément la doctrine telle que nous l'y voyons exposée ? et sur quelles raisons appuie-t-on cette opinion qui renverse l'autorité, sinon l'authenticité de ces précieux et admirables monuments ? Eh ! quoi ? parce que, dans une œuvre de jeunesse, Platon déclame dans un livre contre les livres, le voilà condamné à n'en plus faire ! C'est bien mal connaître les hommes. A la question qui préoccupe Hermann, et à laquelle il fait produire des conséquences si considérables, je fais une réponse dont la simplicité naïve et gauloise fera peut-être sourire la gravité allemande, mais que je maintiens la seule vraie. Platon a écrit parce qu'il lui a plû d'écrire ! Mais après l'exposé de principes du *Phèdre* sur la parole écrite, c'est une inconséquence ? — Eh bien, c'est une inconséquence. Après ? Mais pourquoi a-t-il commis cette inconséquence ? Vraiment c'est être trop curieux, mais je veux bien encore répondre : c'est qu'il lui a plû d'être inconséquent. Et ne vous étonnez pas trop de cela.

L'inconséquence ne doit pas étonner un philosophe, même dans un philosophe, ni un homme dans un homme : « Jam de Platonis inconstantia longum est dicere (1), » dit Cicéron, qui, outre ces raisons générales, nous fait entendre que Platon ne serait pas à l'abri de tout reproche à cet égard, et même en des points plus importants. Mais y a-t-il vraiment même inconséquence ? Le *Phèdre* ne dit pas qu'il ne faut pas écrire, mais qu'il ne faut pas écrire pour écrire ; écrire est peut-être une nécessité, mais ce n'est pas la fin, l'essence de la communication des idées, et la preuve, c'est qu'après toute cette discussion, dont le caractère moitié sérieux, moitié plaisant, est marqué par le mot πεπαίσθω (2), Platon se résume en ces termes : « Disons à tous ceux qui écrivent que si, en composant leurs ouvrages, ils sont sûrs de posséder la vérité, s'ils sont en état de défendre ce

---

(1) Cic., *de Nat. D.*, I, 12.
(2) P. 278, b.

qu'ils ont écrit dans un examen sérieux, s'ils sont en un mot capables par leurs discours de montrer l'infériorité naturelle de l'écriture, il ne faut pas leur donner les noms méprisants dont nous nous sommes servis, mais au contraire tirer leur nom des choses mêmes dont ils se seront sérieusement occupés, et le nom qui conviendra le mieux à ceux qui s'occupent des plus belles choses, c'est celui de philosophe. » Ainsi voilà, du consentement exprès de Platon, le philosophe autorisé à écrire, sauf à pouvoir rendre compte par la parole de ce qu'il a écrit. On comprend donc que Platon n'ait cru commettre aucune inconséquence, en fixant par écrit les doctrines qu'il avait passé toute sa vie à développer, à expliquer, à enseigner, à démontrer.

Pourquoi Platon a-t-il écrit en prose? On pourrait dire que le temps de la philosophie poétique était passé; mais, sans nier que cette forme en général puisse être considérée comme un moment passager du développement de la science, je ne voudrais pas attribuer le fait à cette seule cause : car, née dans l'Inde, je vois reparaître la forme poétique de la philosophie chez le plus original et peut-être le plus grand des poëtes romains, aussi bien que dans le Dante, le philosophe des poëtes, et le poëte des philosophes, comme on l'appelle. Je crois plutôt que la poésie philosophique naît d'une certaine manière de concevoir la philosophie, qui peut être plus répandue à certaines époques, mais qu'il appartient à l'individu de se faire dans toutes.

L'art a été pour les Grecs, sous toutes ses formes,

non pas un accessoire, mais un élément essentiel de leur vie. La philosophie, comme la religion, comme la législation, comme toutes les formes de l'activité, fut intimement unie à la poésie. De là les poëmes d'Hésiode, d'Empédocle, de Xénophane, de Parménide, des Pythagoriciens. Mais cependant la réaction se fit de bonne heure, et presque au moment même où la philosophie commença à avoir conscience d'elle-même, aussitôt que le développement tardif de l'art de l'écriture eut permis à la prose de devenir un instrument harmonieux et pur, clair et puissant, on y renonça, et on eut raison. L'esprit humain est faible; la poésie vit de fictions, de merveilleux, de fables,

« Le mensonge et les vers de tout temps sont amis, »

dit le proverbe rapporté par Aristote (1), et traduit avec tant de grâce par La Fontaine. Lorsque l'imagination voit ces tableaux charmants, lorsqu'elle entend la voix mélodieuse, la douce musique du vers, la raison s'envole sur les ailes du rêve, dans le monde vague de la fantaisie, où les choses et les idées ne se présentent que dans cette lumière vaporeuse, qui plaît à l'artiste par l'indéfini de ses effets. La philosophie, passion du pourquoi, curiosité insatiable de la raison complète, claire et vraie des choses, a besoin de se soustraire à ce cercle magique et enchanté (2), et de prendre une langue plus virile

---

(1) Plat., *Phédon*, 61, b ; Aristot., *Met.*, I, c. 2 ; Plut., *de Aud. Poet.*, c. 2.

(2) Le sévère Aristote appelle cela les mignardises, les bégaie-

et plus sévère; elle descend du char céleste pour marcher humblement à pied (1). Dans l'École ionienne Anaxagore, dans l'École éléatique Zénon, dans l'École pythagoricienne Philolaüs, et dans l'École atomistique Héraclite, ont déjà écrit en prose. Le caractère plus pratique, plus modeste, prosaïque même, donné à la philosophie par Socrate, ne pouvait manquer de retenir son disciple dans cette tradition. Considérée comme science de la vie, la philosophie en prend tout naturellement le langage, et Platon, obligé comme Socrate, de combattre les Sophistes, était, par la force des choses, appelé à les suivre sur le terrain où ils s'étaient établis, l'éloquence, c'est-à-dire la beauté dans la prose. C'est ainsi qu'il fut amené peut-être à choisir la forme du dialogue qui, entre les mains d'un grand artiste, est plus apte que toute autre à remplir la fonction philosophique, l'œuvre morale et essentielle de l'éloquence, d'enlever, d'enchanter, de ravir les âmes (2).

Bien des causes ont dû contribuer à lui faire adopter cette forme pleine de mouvement, de vie, d'art, où, de l'aveu de tous les critiques, il a déployé une supériorité incomparable, mais qui semble tellement appropriée à la philosophie en général et particulièrement à la philosophie issue du mouvement socratique, qu'elle est commune à toute l'É-

---

ments de la philosophie. *Met.*, I, 5 : Ψελλιζομένη ἡ πρώτη φιλοσοφία ; et *Anal. post.*, I, c. 19 : Τερετίσματα.

(1) Plut., *de Aud. Poet.*, c. 2 : Ὥσπερ ὄχημα τὸν ὄγκον καὶ τὸ μέτρον ἵνα τὸ πέζον διαφύγωσιν.

(2) *Phèdr.*, 261, a : Ψυχαγωγία τις διὰ λόγων.

cole (1), et qu'on la trouve même antérieurement employée dans d'autres.

Zénon, suivant quelques-uns, Alexamène de Téos ou de Styrée, suivant Aristote et Favorin, avait été le premier à composer des dialogues (2). Peut-être même d'autres disciples de Socrate avaient-ils, avant Platon, adopté ce cadre charmant et animé. Les *Mémorables* en contiennent déjà le germe ; on parle de dialogues d'Aristippe, mais l'authenticité en est moins que certaine (3). Quoi qu'il en soit, on ne peut pas considérer Platon comme l'inventeur du dialogue philosophique, à moins de dire avec Diogène et l'Anonyme, que l'inimitable perfection où il sut le porter peut être appelée une véritable invention (4). Le dialogue est l'expression naturelle de la Dialectique, qui consiste dans le fait d'interroger et de répondre : elle repose au fond sur ce principe, que la vérité est innée à l'esprit, que tout homme a dans sa raison les germes de la science, et que du choc des idées que la conversa-

---

(1) Aristote lui-même, comme nous l'apprennent Cicéron (*ad Fam.*, I, 9 ; *ad Attic.*, IV, 16 ; XIII, 19, Plutarque) (*adv. Colot.*, X, 586. Reisk.), S. Basile (*Ep.* 135, t. III, p. 226), avait écrit des dialogues ; il renonça à continuer cette lutte inégale, averti par son propre goût qu'il n'arriverait jamais à y répandre le charme et la grâce qui caractérisent ceux de Platon, διὰ τὸ συνειδέναι αὐτοῖς τῶν Πλατωνικῶν χαρίτων τὴν ἐνδείαν.

(2) Diog. L., III, 48 ; Athén., XI, 505.

(3) Diog. L., II, 83.

(4) Anon. : Εὗρεν δὲ καὶ εἶδος συγγραφῆς, τὸ διαλογικόν· εἰ γάρ τις εἴποι ὅτι καὶ Ζήνων πρὸ αὐτοῦ διαλόγους ἔγραψε καὶ Παρμενίδης, ἐροῦμεν ὅτι οὗτος μάλιστα αὐτῷ ἐχρήσατο.

tion produit doit jaillir l'étincelle (1). Pour Platon, comme pour Socrate, la philosophie n'est pas chose de tradition (2). Chacun doit produire en lui-même par un effort personnel la science et la vérité. Or le dialogue seul a la vertu de provoquer et de soutenir cet effort. La pensée n'est qu'un dialogue de l'âme avec elle-même (3) ; l'art de penser n'est donc que l'art de dialoguer avec soi-même et avec les autres, et de forcer les autres à pratiquer ce double dialogue qui constitue toute la logique. On comprend donc que les raisons qui firent adopter le dialogue universellement à toute l'École socratique aient déterminé également le choix de son plus illustre représentant : il l'accepta comme la forme la plus naturelle de la philosophie, et particulièrement de la sienne.

Il y trouvait d'ailleurs un autre avantage : il restait, autant que le livre peut le faire, fidèle à la méthode de Socrate, qui avait passé sa vie à interroger et à répondre ; il faisait revivre son maître

---

(1) Plat., *Rép.*, IV, 435, a.

(2) Dion. Hal., *Rhet.*, c. ix, n. 2 : « Il n'expose pas lui-même des théories qu'il cherche ensuite à démontrer : il propose une recherche en commun à ceux qui conversent avec lui, et s'efforce de trouver une solution plutôt qu'en démontrer une toute faite (ἐν μέσῳ τὴν ζήτησιν ποιούμενος). Il n'a pas la prétention de savoir avec certitude les choses qu'il expose : la philosophie n'est pas une exposition dogmatique, elle est une recherche faite en commun. » Plat., *Gorg.*, 506, a : Οὐδὲ γάρ τοι ἔγωγε εἰδὼς λέγω ἃ λέγω, ἀλλὰ ζητῶ κοινῇ μεθ' ὑμῶν.

(3) *Soph.*, 263, e : Ὁ μὲν ἐντὸς τῆς ψυχῆς πρὸς αὐτὴν διάλογος. *Théét.*, 189, e : Τὸ δὲ διανοεῖσθαι... λόγον ὃν αὐτὴ πρὸς αὐτὴν ἡ ψυχὴ διεξέρχεται.

dans le rôle qu'il avait rempli avec une puissance invincible, et continuait pour ainsi dire ses nobles et charmants entretiens. Le rôle donné à Socrate dans les dialogues de Platon est sans doute un acte de gratitude et de respect, le témoignage de la grande influence qu'il avait exercée sur son disciple, et de l'excellence de sa méthode ; mais c'est aussi un trait de génie, et un coup de maître. La figure de Socrate, qui se prêtait toute seule à l'idéalisation, répand sur la doctrine l'autorité de sa vertu et de son caractère, de sa vie et de sa mort. L'artiste même y trouve son compte : l'unité des doctrines se rattache à un seul personnage, qui les professe et s'identifie avec elles ; c'est la thèse en action, le raisonnement prenant corps et âme, l'idée faite homme. En face de Socrate, qui est la vérité vivante, les sophismes s'incarnent dans ses adversaires et deviennent des personnages insolents, suffisants et ridicules. La verve comique, dont Platon était richement pourvu, trouvait là un emploi naturel (1), et il s'en servit avec un art terrible. Quel satirique que ce Platon! s'écriait une de ses victimes (2).

Nous avons eu déjà occasion de le dire, et de montrer quel abus on en a voulu faire : Platon, fidèle au génie même de la Grèce, célèbre avec enthousiasme, et peut-être quelque exagération, la

---

(1) S. Bas., *Ep.* 167, t. III, p. 187, c : Ὁμοῦ μὲν τοῖς δόγμασι μάχεται, ὁμοῦ δὲ παρακωμῳδεῖ τὰ πρόσωπα.

(2) Athén., XI, 505 : Ὡς καλῶς οἶδε Πλάτων ἰαμβίζειν.

supériorité de la parole sur le livre et l'écriture. Tandis que la parole parlée, animée, vivante, grave les pensées dans les âmes, ou plutôt les y sème comme des semences qui doivent y germer, y fleurir et y fructifier, le texte écrit n'est que l'ombre pâle, le squelette décharné de la pensée. Aucune idée claire, aucune conviction profonde et forte ne peut naître de la lecture (1). Dans tout discours écrit il doit y avoir beaucoup de badinage, παιδίαν ; aucun ne doit être pris complétement au sérieux. C'est un délassement où l'esprit s'amuse, un trésor de souvenirs qu'on amasse en se jouant pour charmer sa vieillesse, et, au plus, un moyen de réminiscence pour celui qui a autrement appris les choses (2). En un mot, si nous en croyons Platon, le livre conserve les pensées, comme l'herbier du naturaliste conserve les plantes, décolorées, sèches et fanées; la parole, dont l'accent est l'âme, les présente, comme la nature ses productions, dans leur fraîcheur, dans leur force, dans leur grâce florissante et vivante; elle fait naître au cœur un amour sincère, une vive intelligence des choses; elle se prête à toutes les circonstances et sait se proportionner aux choses dont elle parle, comme aux hommes à qui elle s'adresse. Et maintenant qu'est-ce que le dialogue si ce n'est l'imitation, que l'art pousse jusqu'à l'illusion, du discours parlé? Avec une pareille théorie, comment Platon ne l'eût-il pas adopté? On

---

(1) *Phèdre*, 275, c.
(2) *Phèdre*, 277, e.

a voulu voir dans cette préférence une preuve de l'influence pythagoricienne, étendue jusque sur les formes mêmes de sa philosophie. Plutarque rapporte en effet que les Pythagoriciens ne confiaient pas leurs maximes à cette mémoire muette et sourde de l'écriture (1) ; mais c'était pour mieux assurer le secret de leurs doctrines. Chez Platon le sentiment est tout autre. C'est au contraire afin de multiplier et d'augmenter la puissance des pensées, qu'il veut en confier la communication à la parole.

C'est d'ailleurs un trait caractéristique de l'esprit national. Les Orientaux ont des livres, règle extérieure et immuable de leur pensée et de leur vie. La Grèce n'a jamais voulu laisser emprisonner ainsi son esprit et sa pensée dans les formules inflexibles d'un texte écrit. Tout est soumis à la tradition orale qui part du fond intime de l'âme : les lois civiles et politiques, les sciences philosophiques, mathématiques, médicales, comme la poésie, se transmettaient d'abord exclusivement ainsi. La tradition orale conserve et développe, vivifie le passé en le rajeunissant, et en lui rendant sans cesse une fraîche vigueur. Les poëmes mêmes ne sont pas lus, mais chantés, dansés et presque joués par une gesticulation mimique. De là, la liberté d'interprétation des fables religieuses ; de là, la liberté qu'ont prise tous les poëtes de modifier les mythes sacrés. Pindare le constate et ne s'en plaint pas : les poëtes, dit-il, débitent bien des

---

(1) Plut., *Num.*, t. I, p. 74, d.

mensonges ; ils trompent souvent les hommes, cela est certain ; mais le charme de la poésie et la grâce enchanteresse de la beauté sauve tout ; car la beauté est divine. De là, chez les Grecs, et particulièrement chez Platon, l'accent simple, le tour aisé, le style vrai, naïf, populaire. sans trivialité, familier sans bassesse ; les écrivains n'y parlent point comme des livres : au contraire, leurs livres font l'effet d'un homme qui parle. Le dialogue est le reflet de la réalité, l'imitation fidèle des habitudes et de la vie de ce temps. Tout se passe en entretiens, en discours, en conversations, dans les maisons particulières, les gymnases, les ports, les places publiques. Le règne de la leçon, ἀκρόασις, où le disciple n'a qu'à écouter en silence, n'est pas encore venu. Tout le monde joue ici en commun un rôle actif dans la recherche de la vérité ; tout le monde a droit de suffrage, parle, pense et vote : c'est l'image d'une société libre. Le maître n'y supprime pas la personnalité des auditeurs, ne fait taire ni leur sentiment ni leur voix : il se borne à exciter leurs efforts et à les diriger à leur insu.

Enfin il faut se rappeler sans cesse que Platon n'est pas seulement un grand philosophe, c'est encore un grand artiste ; il veut charmer, il veut plaire ; par un principe de sa philosophie, qui est en même temps un besoin de son esprit et de l'esprit grec, il veut unir la beauté à toute chose : et la forme dramatique du dialogue lui en offrait une occasion qu'il a avidement saisie.

Déjà Épicharme avait inventé la comédie philosophique, et indiqué à l'exposition de la philosophie une voie nouvelle. Mais de plus, à côté de la comédie, et peut-être après elle, était né en Sicile un genre dramatique inférieur qui s'en distinguait par l'absence des chœurs; l'action véritable était remplacée par une scène de mœurs, le rhythme était intermédiaire entre le vers et la prose (1), la simplicité des sujets était telle qu'on pouvait les représenter comme les Planipédies romaines, sans masque et sans appareil scénique, ce qui permettait de les jouer dans les cercles de bonne compagnie (2). Sophron et Xénarque, son fils, que Platon avait pu connaître à Syracuse, y avaient excellé. Ce fut là le cadre que choisit Platon, et les modèles qu'il se proposa (3) : c'est par une étude approfondie de ces petits

(1) Athén., X, 445, b : Οἱ καταλογάδην ἴαμβοί.

(2) *Id.*, X, 452, f : Μίμων αὐτοπρόσωπος ὑποκριτής... ἐν τοῖς κύκλοις ἐποιεῖτο τὰς μιμήσεις. Plutarque, *Symp.*, VII, 8, nous apprend que cette représentation dramatique des mimes s'étendit à Rome même aux dialogues de Platon : coutume, dit-il, qui s'est introduite depuis peu, et qui n'a encore gagné que peu de maisons. On fait apprendre les plus aisés de ces dialogues à de jeunes esclaves, pour qu'ils les récitent avec le ton, les inflexions de voix et les gestes qui conviennent au caractère des divers interlocuteurs... Des esprits chagrins blâmaient cependant cet usage et trouvaient mauvais qu'on servît un dialogue de Platon entre la poire et le fromage, ou, pour parler comme Plutarque, au dessert et au milieu des parfums.

(3) Athén., XI, 504 : Ὁ τοὺς μίμους πεποιηκὼς, οὓς ἀεὶ διὰ χειρὸς ἔχειν Δοῦρίς φησι τὸν σοφὸν Πλάτωνα. Conf. Diog. L., III, 18. Quintil., I, 10 : « Sophron... quem adeo Plato probavit, ut suppositos capiti libros ejus, quum moreretur, habuisse tradatur. » Val. Max., VIII, 7; Hesych., v. Σώφρ.; Olymp., *Vit. Plat.*, *Prolegg.*, c. 3.

chefs-d'œuvre, perdus pour nous, aussi bien que des grands ouvrages de la comédie grecque (1), qu'il parvint à donner tant de mouvement et de vie dramatiques à l'exposition de ses doctrines, à décrire avec tant de relief et de vérité le lieu de la scène, à faire agir et parler les personnages conformément à un caractère réel et vivant (2), à représenter un type général dans chaque figure individuelle, et à semer avec tant d'art ces petits traits qui achèvent l'individualité, et sont nécessaires à l'illusion dramatique (3). Unir le beau au vrai et au bien, est un de ses principes, et il a voulu en donner l'exemple. La nécessité de l'art et de la beauté dans la forme, pour agir sur l'esprit et l'âme d'un peuple artiste, se fit sentir non-seulement à Platon,

---

(1) Olymp. : Ἔχαιρε δὲ πάνυ καὶ Ἀριστοφάνει τῷ κωμικῷ καὶ Σώφρονι, παρ' ὧν καὶ τὴν μίμησιν τῶν προσώπων ἐν τοῖς διαλόγοις ὠφελήθη.

(2) Dion. Hal., *de Comp. Verb.*, p. 133 : Ἀμήχανον γὰρ εὑρεῖν τούτων ἑτέρους ἐπεισοδίοις τε πλείοσι καὶ ποικιλίαις εὐροωτέραις καὶ σχήμασι πολυειδεστέροις χρησαμένους. Sur le choix intelligent de ses personnages, voir Dion Chrys., *Orat. LV*, p. 561.

(3) C'est au moins une idée ingénieuse, sinon solide, que de montrer le caractère dramatique que prennent toutes les formes de la pensée au temps de Platon, et d'en déduire le caractère de ses ouvrages : la philosophie de la nature est comme le récit épique des phénomènes sensibles ; la dialectique socratique est le retour de l'âme sur elle-même, qui se détache du monde extérieur, comme la poésie lyrique, qui vit du sentiment intime et se nourrit de la pensée recueillie et de la passion intérieure. La dialectique platonicienne est le drame même de la philosophie ; elle met en face l'un de l'autre le sujet et l'objet, et, après la lutte un instant désespérée et tragique qu'ils se livrent, a la prétention de les réconcilier. Ast, *Platon's Leben*, p. 45, 46.

mais à tous les socratiques, précisément parce que c'était le propre de leur école de considérer la philosophie comme une chose vivante : et de même que Platon, nous apprenons que Xénophon, Æschine, Antisthène, qui avaient apporté beaucoup de soin au travail du style et à la beauté de l'expression (1), adoptèrent également la forme dramatique du dialogue. Ils ne furent pas les seuls : l'École socratique tout entière, l'Académie, Aristote même, les imitèrent (2), et le fragment que nous a conservé Plutarque d'un des dialogues de ce dernier, et qui contient même un mythe, justifie les éloges de Cicéron sur l'abondance, la douceur et la grâce de son style (3). Plutarque et Athénée le modifièrent en créant le genre symposiaque, tandis que Lucien, qui appelle le dialogue le fils de la philosophie (4), invente le dialogue des Dieux et des Morts. Saint Augustin, à l'imitation de Cicéron, Mallebranche et Leibniz, pour ne citer que ces grands noms (5),

---

(1) Long., *Ars rhetor.*, *Rhet. Græc.*, éd. Spengel, t. I, p. 305; Waz., t. IX, p. 559.

(2) Comme aussi Théophraste ; mais on se plaisait à redire avec S. Basile, *Ep.* 135, qu'ils étaient tous deux restés bien éloignés de leur modèle.

(3) Plut., *Consol. ad Apoll. opp.*, I, 2, p. 453 ; Cic., *Top.* I : « Dicendi quoque incredibili quadam quum copia, tum etiam suavitate. » Acad., 1, l. II, n. 38 : « Flumen orationis aureum fundens. » Conf. *de Orat.*, I, 11; *Brut.*, 31; *de Fin.*, I, 5; *de Invent.*, II, 2; *ad Attic.*, 2, I, 1; *de Nat. Deor.*, II, 37.

(4) *Bis accusat.*

(5) A l'époque de la Renaissance, les partisans de la philosophie de Platon, Laurent Valla, Fr. Barbaro, Palmieri, Landino, Jordano Bruno, reprennent cette forme, aussi prisée et prati-

en revenant au modèle de Platon, prouvent que cette forme se prête bien aux exigences de l'exposition philosophique et justifient le choix qu'il en avait fait (1). Comme il veut enfoncer les vérités au fond du cœur et de l'âme, comme il s'adresse à tout le monde, Platon est obligé d'exclure l'obscur symbole des Pythagoriciens, et la forme sèche, impérieuse et hautaine du traité et de la leçon : il lui faut une forme animée, populaire, vivante, gracieuse et belle. C'est à ce prix qu'il peut conquérir des esprits amoureux de la beauté. Mais cette beauté de la forme a ses inconvénients : elle peut attirer à elle par son charme propre l'attention de l'auditeur et lui faire oublier la proie pour l'ombre, négliger le parfum pour le vase (2). Je ne

quée alors que la forme épistolaire, et qui avait pour les philosophes de cette époque l'avantage d'exposer, sous prétexte de les combattre, bien des opinions suspectes à l'Église ou à l'État.

(1) *Prolegg.*, c. xv, expose ainsi les raisons de cette préférence : « Notre âme se plaît à l'imitation : le dialogue est une imitation ; c'est donc pour plaire que Platon a choisi ce mode d'exposition... Une autre raison, c'est qu'en nous présentant les idées sous une forme animée, vivante, personnelle, il excite davantage notre âme à s'éloigner des mauvais exemples et à suivre les bons. Enfin le dialogue est la forme naturelle de la dialectique. »

(2) Proclus signale ce danger de la forme poétique dans la philosophie, *in Remp.*, p. 370 : « La fiction, dit-il, exerce sur nous un si grand charme que bientôt nous ne voyons plus qu'elle ; nous négligeons le fond obscur que recouvre un si riche vêtement : aussi le mythe et la poésie sont de mauvais moyens d'enseignement. » Il fait grâce cependant à Homère et à Platon, « car ils sont si semblables qu'on ne peut blâmer l'un sans condamner l'autre. » *In Remp.*, p. 362.

voudrais pas affirmer que Platon n'a jamais franchi ces limites délicates : les deux fins qu'il poursuit à la fois, de plaire et d'enseigner, de charmer et de convertir, se nuisent quelquefois réciproquement. La clarté des analyses, la conduite des raisonnements, souffrent des nécessités de l'art qui, à son tour, est sacrifié aux exigences des idées et de la méthode philosophiques. Les détours et les digressions, le mouvement libre et presque abandonné de la conversation, rompent ou du moins brouillent le fil des idées : inconvénient réel qu'augmente encore l'emploi fréquent des mythes.

§ 6. DE L'EMPLOI DES MYTHES ET DE L'IRONIE PLATONICIENNE.

On s'est demandé quel avait été le but de Platon en introduisant ces ornements tout poétiques au milieu des discussions les plus graves, et quelquefois les plus arides. Sans doute cela tient aussi à son désir de plaire, à ce goût et ce besoin d'artiste qui ne l'abandonne jamais ; il sait que les hommes sont toujours des enfants et qu'ils aiment le merveilleux (1). Mais il a aussi des raisons plus sérieuses et dont il nous fait connaître lui-même quelques-unes. L'emploi du mythe est comme un aveu d'impuissance (2) : on y a recours pour expliquer d'une

---

(1) *Prolegg.*, c. xv; *Rep.*, II, 377, a : Πρῶτον τοῖς παιδίοις μύθους λέγομεν.

(2) Max. Tyr., *Diss.*, X, 5, p. 175 : Πραγμάτων γὰρ ὑπ' ἀνθρωπίνης ἀσθενείας οὐ καθορωμένων σαφῶς, εὐσχημονέστερος ἑρμηνεὺς ὁ μῦθος.

façon quelconque les problèmes que la raison se pose, qu'elle ne peut pas résoudre et dont l'homme demande une solution telle quelle (1). Ce sont peut-être des contes de vieilles femmes, mais comment les mépriser si nous n'avons rien de mieux, rien de plus exact à dire (2)? Par exemple, sur l'origine des choses, que peut-on demander de plus qu'un mythe vraisemblable, μῦθον ἐοικότα (3)? Pour dire ce que c'est que l'âme, il faudrait avoir la science et l'éloquence d'un Dieu; mais un homme ne peut que s'en former dans l'esprit une image (4), à l'exemple de ces créatures bizarres et merveilleuses que nous offrent les vieux mythes (5), et, si nous voulons nous élever jusqu'à l'idée de Dieu, il ne faut pas orgueilleusement porter nos regards sur ce soleil du monde intelligible dont l'éblouissante lumière nous aveuglerait (6) : comme des oiseaux de nuit, nous voyons mieux dans l'ombre (7). Nous ne pouvons regarder en face la source pure de la lumière : contentons-nous d'en contempler le reflet obscurci, mais mieux approprié à notre imparfaite

---

(1) *Rep.*, II, 282, d : Ἐν ταῖς μυθολογίαις, διὰ τὸ μὴ εἰδέναι ὅπη τἀληθὲς ἔχει περὶ τῶν παλαιῶν ἀφομοιοῦντες τῷ ἀληθεῖ τὸ ψεῦδος.

(2) Plat., *Gorg.*, 527, a . Ὥσπερ γράος... καὶ οὐδὲν γ' ἂν ἦν θαυμαστὸν καταφρονεῖν τούτων, εἴ πη ζητοῦντες ἔχοιμεν αὐτῶν βελτίω καὶ ἀληθέστερα εὑρεῖν.

(3) *Tim.*, p. 29, d.
(4) *Phèdre*, 246, a.
(5) *Rép.*, IX : Οἷα μυθολογοῦνται παλαίαι γένεσθαι φύσεις.
(6) *Legg.*, X, p. 890.
(7) Aristot., *Met.*, II, p. 36, l. 11.

organisation (1). On voit donc déjà comment, pour Platon, les figures et les mythes étaient utiles et nécessaires; on le verra mieux encore si l'on se rappelle la place immense que tenaient les mythes dans l'imagination, les habitudes et les formes du langage, dans le fond même de la pensée chez les Grecs, Ἑλλὰς μυθοτόκος.

La mythologie grecque, malgré les prétentions d'une école récente, enivrée des découvertes de la philologie comparée, ne peut pas évidemment être exclusivement ni même essentiellement considérée comme une maladie du langage (2). La mythologie est un poëme : mais ce poëme n'est pas une pure création d'imagination, une œuvre exclusive de la fantaisie d'un artiste; sans compter les éléments historiques qui ont dû contribuer à les former, ces fictions merveilleuses et charmantes recouvrent une philosophie, une philosophie religieuse, et à un certain degré spiritualiste : la mythologie est un poëme philosophique. C'est en effet,

---

(1) Asclépiade (*Schol. Arist. Br.*, p. 548) distingue, et avec raison, le mythe du symbole : « Les Pythagoriciens, dit-il, n'usaient pas des mythes, mais bien des symboles, » parce que le symbole est un voile qui cache le mystère et ne dit rien, si ce n'est aux initiés. Aussi Platon n'employa pas le symbole. Les Pythagoriciens, société secrète, secte religieuse, association politique plus encore qu'école philosophique, y avaient recours pour échapper aux poursuites judiciaires, s'ils venaient à être entendus, et pour ne pas rendre publiques les doctrines qu'ils tenaient renfermées et, pour ainsi dire, cousues dans un sac, σκυτεῦσιν.

(2) M. Max Müller.

évidemment, une conception et presque un système sur l'homme dans ses rapports avec la nature et avec Dieu, confondu avec elle. Le Grec, se réfléchissant dans la nature, y a vu partout sa propre image, et a conçu tous ses phénomènes, ses forces, ses lois, comme des êtres vivants et des puissances morales et libres. Le mythe consiste à nommer Dieux les différents aspects de la force divine; ainsi le fond de la mythologie est le polythéisme que la philosophie grecque, jusqu'à Aristote, n'a pas répudié. Le spiritualisme de Platon l'épure et ne le nie pas (1) : sous la forme vivante et concrète de ces récits merveilleux, il suppose des vérités profondes que sa riche imagination philosophique y crée plus souvent qu'elle ne les y voit, mais qui n'en sont pas toujours absentes (2). Aristote lui-

(1) Dans le *Phèdre*, p. 230, il se déclare l'ennemi de ces interprétations savantes et sophistiques qui faisaient évanouir dans l'allégorie tout le merveilleux mythologique, et qui exigent trop de travail, de raffinement et de temps : il aime mieux, dit-il, croire là-dessus ce que croit le vulgaire, ou plutôt s'occuper d'autre chose, πειθόμενος δὲ τῷ νομιζομένῳ περὶ αὐτῶν. Schleiermacher, *Préf. à la trad. all. de la Rép.*, p. 19 : « Wenn sich Platon auch in der Rep. gegen alle die Idee des höchsten Wesens entwürdigende Fabelei erklärt, so war er zugleich zu tiefsinnig, um sich der flachen raisonirenden Göttervernichtung einiger Sophisten gleichzustellen und nicht vielmehr das wunderbare Gewebe von Naturahndung und geschichtlicher Sage in der hellenischen Götterlehre in Ehren zu halten. »

(2) Suivant Olympiodore, *Comment. in Gorg.*, f. 73, les anciens ont employé les mythes dans l'exposition des idées philosophiques, parce qu'ils se rapportent à la nature : les choses invisibles se concluent des choses visibles, et le mythe nous aide à aller de ce qui est apparent à ce qui est invisible, et

même affirme ce rapport du mythe à la philosophie (1). Non-seulement le Pythagoricien Empédocle, mais l'austère Parménide, en avaient adopté l'emploi dans leur exposition philosophique : il convenait encore mieux au génie poétique de Platon, et au caractère poétique et religieux à la fois de sa philosophie, puisqu'il avait lui-même cette double signification. Le mythe, dit Platon, est un mensonge, mais qui renferme de la vérité (2).

Le mythe n'est donc pas un simple jeu d'esprit, ni une forme employée dans une intention préconçue : c'est un élément intégrant de la philosophie et comme le corps de la pensée grecque (3).

en outre parce qu'ils se rapportent à notre âme, à cette faculté de notre âme, qu'on appelle l'imagination. Le mythe est une fiction qui représente la vérité sous une image, λόγος ψευδὴς εἰκονίζων ἀλήθειαν.
Proclus a toute une théorie sur l'emploi du mythe philosophique : « Le mythe, dit-il, est de l'essence de la poésie : ce voile qu'elle jette sur les mystères divins de la théologie, transparent pour les âmes d'élite, en dérobe la vue aux profanes (Procl., *in Remp.* 369) : c'est l'enveloppe symbolique de la vérité (*Id.*, 368, 392). »

(1) *Mét.*, I, p. 8 ; Br. : Φιλόμυθος ὁ φιλόσοφος πώς ἐστιν. Il est cependant le premier qui l'ait banni de l'exposition philosophique. *Mét.*, III, 4 ; XII, 8 ; *de Cœlo*, II, II, 1.

(2) *Rép.*, II, 377, a : (Μῦθος) ψεῦδος, ἔνι δὲ καὶ ἀληθῆ. *Gorg.*, 522 : ... Ὃν σὺ μὲν ἡγήσῃ μῦθον, ἐγὼ δὲ λόγον ὡς ἀληθῆ γὰρ ὄντα σοι λέξω.

(3) Les plus célèbres sont ceux du *Protagoras*, du *Banquet*, du *Phèdre*, du *Ménon*, du *Gorgias*, de la *République*, du *Politique*, et la cosmogonie mythique du *Timée*. Voir sur les mythes dans Platon, Schelling, *Religion und Philos.*, p. 35 ; Ast, *Platon's Leben* ; Schleiermacher, *Introd.* ; l'abbé Garnier, *Mém. de*

Si Platon expose sous une forme mythique les vérités qui ont un grand intérêt religieux et moral, c'est parce que sa philosophie, comme toute la philosophie ancienne, et plus qu'aucune autre, a le caractère pratique et la forme même d'une religion. Toute religion s'appuie sur le merveilleux, et, si elle veut agir sur les masses populaires, qu'on prend par l'imagination autant que par la raison, la religion la plus philosophique doit faire au merveilleux sa part et sa place. Il faut donner aux idées reconnues vraies par la raison un fondement objectif, réel, vivant, qui les dérobe à la mobilité des opi-

---

l'*Acad. des Inscr.*, t. XXXII, distingue trois sortes de mythes dans Platon : les uns purement poétiques, comme celui du *Protagoras*, du *Politique*, du *Banquet* et du *Phèdre*, ne servent qu'à répandre sur un sujet sévère les agréments et les grâces, le mouvement, la couleur et la vie des fictions poétiques, lesquelles ont pour but d'animer toutes choses et de donner un corps aux idées abstraites, σωματοποιεῖσθαι. Mais « ces fictions ne sont pas des ornements postiches, insérés pour la montre et la décoration ; ils naissent sans contrainte et sans effort du fond même du sujet, au moment où l'esprit fatigué par une marche longue et pénible a besoin de repos. » Ces sortes de mythes n'ont donc pour but que de réjouir l'imagination et de relâcher pour quelque temps la trop longue contention de l'esprit, de lui faire reprendre de nouvelles forces et de le renvoyer, pour ainsi dire, plus ardent et plus vif à la poursuite de la vérité. Les mythes théologiques, comme celui du *Politique*, du *Timée*, de la *République*, sont un aveu de l'impuissance où le philosophe se trouve de donner une explication scientifique des choses, et de la nécessité de se contenter d'un mythe vraisemblable. Enfin les mythes politiques ont pour but l'utilité publique, et ils mettent sous la protection du surnaturel et du merveilleux, qui s'empare puissamment des imaginations, les grandes vérités de la religion et de la morale.

nions individuelles, en un mot les incarner. Et de là, en même temps, le rôle de Socrate dans les dialogues. Le but de tout mythe est de transformer une conception ontologique en un fait qui se développe historiquement ; mais il n'y a pas lieu de distinguer toujours ou du moins de séparer toujours par un abîme l'élément mythique et l'élément philosophique de la pensée platonicienne. Ast (1) va jusqu'à dire, au contraire, que le mythe est la base théologique de la spéculation platonicienne, et que les expositions philosophiques des dialogues n'ont d'autre but que de conduire l'esprit à une contemplation supérieure, et de le préparer à l'intelligence et à la perfection de cet élément infini et divin qui se manifeste sensiblement dans les mythes. On voit Platon, même dans les sujets purement spéculatifs, suivre les anciennes traditions (2). Les philosophes postérieurs aiment aussi à s'appuyer sur les vieilles traditions : παλαιὰ διδασκαλία.

Le mythe, le merveilleux, est quelquefois même une solution, une explication qui peut paraître rationnelle ou tenir lieu d'une telle explication : c'est l'essor sublime de la raison, arrivant sur les confins du monde intelligible, et entrant sur le domaine du divin.

On ne peut donc pas s'étonner de l'emploi qu'en a fait Platon ; mais on peut lui reprocher, si toutefois ce n'était pas une conséquence nécessaire, de les avoir présentés sous une forme si vague, et de

---

(1) P. 165.
(2) *Phileb.*, 16, c Conf. Arist., *Met.*, XI, 8.

les mêler si intimement au tissu de sa pensée (1), qu'on ne sait plus si c'est une image ou une réalité qu'on a sous les yeux (2).

On a voulu rattacher l'emploi du mythe à l'ironie platonicienne, le mythe étant, dit-on, de sa nature ironique (3). Ceci m'amène à m'expliquer sur l'ironie dans Platon.

Il est difficile et pour ainsi dire impossible de distinguer l'ironie de Socrate de l'ironie de Platon : c'est en effet au personnage de son maître que l'auteur des dialogues donne partout ce rôle, qui fait partie de sa méthode critique, et que l'entretien semble appeler tout naturellement. En effet, lorsque des hommes de bonne compagnie se réunissent pour traiter en commun d'un objet quelconque, il va de soi qu'ils sont tenus vis-à-vis les uns des autres à certains égards, à une certaine déférence, à certaines formes de politesse et de respect mutuels : ils ne se jetteront pas à la tête des mots grossiers et des épithètes injurieuses ; ils ne se diront pas : « Vous n'avez pas le sens commun, vous êtes absurde, vous êtes un

---

(1) Conf. Baüer, *Sokrat.*, p. 44, 45, croit que Platon ne pouvait pas les séparer ; que le moment de la philosophie qu'il exprime était précisément d'unir le contenant au contenu, la forme au fond, en un mot d'incarner l'idée. Colotes (Macrob., *Sat.*, l. I, c. 4) reprochait déjà à Platon cet emploi du merveilleux dans la philosophie : « Ait a philosopho fabulam non oportuisse confingi, quoniam nullum figmenti genus veri professoribus conveniret. »

(2) Par exemple : la chute des âmes, la réminiscence, la métempsycose, la préexistence.

(3) V. Cousin, *Plat.*, t. VI, p. 356.

sot, un ignorant ; les théories que vous avancez sont odieuses, corrompues, féroces. « Mais, comme on le dit, le diable n'y perd rien : ce qu'ils ne disent pas, ce qu'ils protestent même ne pas vouloir dire, ils le font deviner ; ils l'indiquent par l'exagération même des qualités et des vertus qu'ils prêtent à leurs adversaires, et qu'ils se refusent à eux-mêmes. L'ironie est une manière de dire ce qu'on ne dit pas, de ne pas dire ce qu'on dit : arme excellente pour la polémique et la critique, et dont Platon s'est évidemment saisi, mais surtout dans le personnage de Socrate. Cependant je trouve qu'on a été trop loin, qu'on lui prête des intentions ironiques dont je n'aperçois pas la moindre trace, et qu'on a confondu souvent ce tour particulier de la discussion avec la force comique qui en est très-différente. Olympiodore nous dit même que Platon avait renoncé à l'ironie socratique (1). L'ironie au fond est un mensonge qu'on exige de la politesse, qu'on pardonne à la faiblesse dont c'est la seule défense : mais il ne faut pas prendre pour ironique le ridicule qui éclate dans les caractères, ou le risible qui éclate dans les situations comiques. Les dialogues où Gorgias, Protagoras, Hippias, jouent un rôle si plaisant et si ridicule ne sont point en cela ironiques : ce sont des scènes de la meilleure, mais de la plus franche comédie. Il est des traits qui, pour n'être pas comiques, n'en sont pas pour cela plus ironiques. Ainsi, dans le *Parménide*, Platon

---

(1) *Vit. Plat.* : Καὶ γὰρ τῆς Σωκρατικῆς εἰρωνείας ἀπήλλακτο.

raconte qu'au moment où les interlocuteurs du dialogue se rendent à Mélité, maison de campagne d'Antiphon, pour lui demander le récit de l'entrevue de Socrate avec Zénon et Parménide, « Antiphon donnait à un ouvrier une bride à raccommoder; car il était alors entièrement et exclusivement occupé de l'élève des chevaux. » M. Stallbaum veut absolument voir là une ironie; c'est pour se moquer de lui, sans en avoir l'air, que Platon met ce grave et sévère récit dans la bouche d'une espèce de *gentleman-rider*; car la dialectique, et surtout la dialectique éléatique, devait être le cadet de ses soucis. Cela peut étonner un Allemand et même un Français; mais en Grèce autrefois, comme aujourd'hui en Angleterre, la passion des chevaux, passion nationale, héréditaire dans les grandes familles (1), n'excluait en rien les études les plus profondes et les plus austères. Parce que Kant et Hégel n'ont pas fait courir, ce n'est pas une raison pour affirmer que M. Stuart Mill ou M. Grote ne peuvent pas goûter ce plaisir, et qu'on ne pourrait leur en attribuer la pensée que par une manifeste ironie. D'ailleurs les détails qu'ajoute Platon montrent qu'il n'y a pas dans son intention le plus léger grain d'ironie : « Antiphon, nous dit-il en effet, s'était rendu familiers, par une étude assidue, les entretiens de Socrate avec Zénon et Parménide, qu'il avait souvent entendu répéter à Pythodore, et

---

(1) Procl., t. IV, p. 13 : Ὡς τοῖς γενναίοις ἦν Ἀθηναίων πάτριον. Plat., *Lach.*, 182, a : « Rien ne convient mieux à un homme de bonne naissance que l'exercice des armes et du cheval. »

il les possédait assez parfaitement pour les reproduire par cœur (1). » Pour expliquer l'origine des animaux, Platon, dans le *Timée*, a recours à la métempsycose, et prétend que « les oiseaux ont été formés de ces hommes innocents, mais légers, aux discours nombreux et frivoles, qui dans leur simplicité s'imaginent que la vue est le meilleur juge de l'existence des choses (2). » Je suis bien d'avis, avec M. Cousin, que cette plaisanterie est peu à sa place, et dégrade, au lieu de la rehausser, la dignité de l'exposition philosophique sur le règne animal ; mais, à coup sûr, la feinte, c'est-à-dire l'ironie, en est absente. Enfin « croirait-on que dans la peinture gracieuse, et dans toute l'introduction du *Phèdre*, Ast ne voit que de l'ironie et un persiflage de la sentimentalité de Phèdre qui se complaît trop dans le spectacle du monde extérieur et néglige la pensée (3) ? » « C'est un grand luxe d'ironie, et l'ironie doit avoir ses limites (4). » Je m'arrête à ces conclusions de l'illustre écrivain : oui, l'ironie a sa place dans le dialogue platonicien, parce qu'elle est une forme naturelle de la méthode analytique et de l'esprit critique; mais elle a aussi sa limite. Faire de l'ironie une tendance, une manière et presque une manie de l'exposition platonicienne, c'est oublier les autres qualités de ce beau génie si mesuré et si harmonieux ; s'il y a quelque chose

---

(1) Plat., *Parm.*, init.
(2) *Tim.*, 91, d.
(3) M. Cousin, *Trad. de Plat.*, t. VI, p. 354.
(4) *Id., ibid.*, p. 356.

de manifeste dans le style de Platon, c'est la grâce et la sérénité naïves : la naïveté, dont l'opposé est précisément la manière, est le trait essentiel de l'art, de l'art grec, de l'art de Platon. L'ironie est une feinte (1), c'est-à-dire un mensonge : et le mensonge, quelque légitime, quelque innocent qu'il puisse être, ne peut pas être naïf.

Et quant à cette portée singulière de l'ironie, qu'on veut étendre sur le mythe en lui-même, « essentiellement ironique, comme la nature, » j'avoue que je ne vois pas clairement ce qu'on veut dire. La nature « semble avouer dans quelques-unes de ses productions une véritable ironie » (2), dit M. Cousin. Le monde était appelé par le mythographe Salluste un grand mythe (3); voici qu'on ajoute qu'il est une grande ironie. Qu'entend-on par là? L'ironie n'est pas simplement le fait de la discordance des choses avec leur idée, du réel avec l'idéal : elle implique une intention de tromper, une dissimulation volontaire, que je ne sais comment attribuer ou à la nature elle-même ou à son auteur, à moins de le définir comme Hérodote, et d'en faire cette divinité jalouse, maligne et railleuse du Destin; mais à coup sûr ce n'est pas là l'idée que Platon nous en donne, en sorte que je ne puis m'empêcher de répéter avec M. Cousin et contre lui : « C'est là un grand luxe d'ironie », et bien inutile.

(1) Προσποίησις. C'est la définition d'Aristote, *Ethic. Nic.*, II, 7 et 12. *Schol. Plat. Ruhnk.*, p. 17.
(2) M. V. Cousin, *Plat. trad.*, t. VI, p. 468.
(3) Sall., *de Diis et Mundo*, c. 3.

§ 7. Appréciation littéraire des Dialogues.

L'art en général, et l'art d'écrire en particulier, forme une partie si importante de la philosophie même de Platon, le goût du beau, le sens de la forme, la passion de la perfection, constituent un trait si caractéristique de ce grand esprit, si complet et si harmonieux, que ce serait mal le connaître que de ne pas connaître en lui l'écrivain et l'artiste. Sa conception de la nature, de l'homme et de Dieu, est poétique par essence : il y a du rêve dans le système, et de là cette jeunesse, cette grâce, cette vie, tout cet éclat de poésie qui se fondent si merveilleusement avec la tendance idéale de la doctrine, et en sont comme l'expression naturelle. Cicéron, dans son enthousiasme, osait dire que son style serait celui de Jupiter, si Jupiter voulait parler grec (1). Mais il ne se borne pas à cette formule générale et banale d'admiration ; entrant plus à fond dans l'analyse des qualités de l'écrivain, il en relève en lui trois principales : l'abondance (2), la grâce, la force (3) ; mais cette force a un caractère à part. Longin distingue ainsi l'éloquence de Démosthène, et celle de Cicéron : « Démosthène est sublime, τὸ ὕψος, c'est-à-dire qu'il a l'impétuosité, l'élan irrésistible, la force terrible : c'est un incendie

---

(1) *Brut.*, c. 31. Jovem sic aiunt philosophi, si græce loquatur, loqui.

(2) *Brut.*, c. 31 : Quis enim uberior in dicendo?

(3) *Orat.*, 19 : « Et suavitate et gravitate princeps. » *De Div.*, I, 36 : « Singulari illum suavitate orationis fuisse. » Conf.

qui embrase; c'est un torrent qui ravage : il tonne, il foudroie (1). » L'art de Cicéron est caractérisé par le mot χύσις, qui se dit au propre d'une mer immense qui enveloppe, baigne, inonde de ses eaux abondantes et profondes, mais tranquilles et silencieuses. C'est cette grandeur d'étendue plutôt que de force que Longin donne à Platon (2), et qui lui paraît l'image la plus vraie de son éloquence. C'est par cette douceur et cette sérénité, par ce développement calme, majestueux et puissant qu'il se rapproche en effet d'Homère, auquel les anciens aimaient à le comparer, et contre lequel il eut l'audace, dit Longin, de croiser la lance (3) et de soutenir une lutte impossible : il fut vaincu, mais la défaite ne lui fut pas inutile et n'a pas été sans gloire.

Denys d'Halicarnasse, qui cependant ne lui est

Olymp., p. 1; Plin. Maj., l. XI; Val. Max., I, c. 3; Élien, *H. V.*, X, 21; XII, 45. Théon, *Progymn.*, c. 8, t. I, p. 230, appelle Platon un écrivain γλάφυρον, c'est-à-dire qui possède une grâce aimable et brillante; car c'est ainsi que Démétrius, *Eloc.*, 128, et Eustath., *ad Hom. Od.* α, p. 1385, définissent ce mot.

(1) Long., Περ. ὕψ., 12 : Καίειν τε ἅμα καὶ διαρπάζειν, σκηπτῷ τινι παρεικάζοιτο ἂν ἢ κεραυνῷ.

(2) Long., Περ. ὕψ., 12 : Τοιούτῳ τινὶ χεύματι ἀψοφητὶ ῥέων.

(3) Long., Περ. ὕψ., 13, 3 : Ὡς ἀνταγωνιστὴς νέος... διαδορατιζόμενος. Max. Tyr., *Diss.*, XXXII, 3, qui copie Dion Chrysostome, *Or.*, 55. Thém., *Orat.*, XV. Téléphe le grammairien, cité par Suidas, avait fait une dissertation περὶ τῆς Ὁμήρου καὶ Πλάτωνος συμφωνίας; Aristoclès de Messine, d'après le même, une autre intitulée : Πότερον σπουδαιότερος Ὅμηρος ἢ Πλάτων. On sait que Panétius l'appelait l'Homère des philosophes. Cic., *Tusc.*, I, 32. Ammonius avait fait un livre περὶ τῶν ὑπὸ Πλάτωνος μετενηνεγμένων ἐξ Ὁμήρου. *Schol. Ven.*, I, 540.

pas favorable, nous le verrons, insiste sur deux autres qualités, également considérables à ses yeux, mais qui n'ont pas pour nous la même importance : l'une est une harmonie savante et parfaite, où coule la grâce et la dignité, et pour laquelle on ne peut le comparer qu'à Hérodote dans la prose, et à Homère dans la poésie (1). Qu'est-ce qui donne, dit ce critique ingénieux et sévère, qu'est-ce qui donne tant de charme, tant de noblesse, tant de beauté au style de Platon, si ce n'est l'art avec lequel il le compose des rhythmes les plus beaux et les plus distingués? et il cite, en l'analysant dans le plus grand détail, la première phrase de l'Oraison funèbre; puis il ajoute : On trouverait des milliers d'exemples semblables; pour l'harmonie et la perfection des rhythmes, Platon est divin (2). S'il eût mis autant d'art dans le choix de ses expressions que dans leur arrangement savant, il eût surpassé Démosthène, ou du moins lui eût disputé le titre du plus grand écrivain de la Grèce (3).

---

(1) *De Adm. vi Dem.*, c. 41.

(2) Δαιμονιώτατος. Il ne faut pas croire que cela veuille dire que son élocution se rapproche de la forme du vers; au contraire, rien n'est plus varié, plus ondoyant, plus souple, plus libre, au point de vue même du rhythme, que la période de Platon : les membres n'en ont ni un poids ni une dimension constants; elle glisse, tandis que celle de Démosthène vole. Démétrius, *de Eloc.*, 80, loue ce mouvement libre et varié de la période, ποικιλία τῶν κώλων, et ce rhythme, qu'il appelle ἐκτεταμένος, et qui, tout en obéissant aux lois de la mesure, n'est pourtant pas mesuré comme un vers, οὔτε μέτροις οὔτε ἀμέτροις.

(3) *De Comp. verb.*, c. 18.

Nous sommes obligés d'en croire Denys sur parole; nous ne sentons plus qu'un reflet, un écho mourant de cette harmonie divine qui enchantait son oreille, et nous ne pouvons plus étudier avec tant de soin les ressorts compliqués de cet ingénieux mécanisme, qui nous semble artificiel. Mais Denys relève encore dans Platon une qualité qui nous paraît bien supérieure, et que nous goûtons dans toute sa force : c'est son talent de mise en scène, son art incomparable de développer par une action dramatique pleine de mouvement des caractères pleins de vie et de vérité; en un mot c'est ce que le rhéteur appelle l'ἦθος (1).

Il y en a de deux sortes, et Platon les possède également; car qui lui refuserait ce souffle pur, ce grand sentiment moral qui, en se répandant sur le style, en fait ce que nous appellerions la vertu, et que les Grecs nommaient ἦθος (2) ? A côté de cet ἦθος général et philosophique, il en est un autre, propre à la forme, et qui est une qualité, non plus de l'âme, mais du goût, et une supériorité de l'artiste : il consiste à donner aux personnages le langage, les sentiments, les mœurs qui leur appartiennent, et qui en font de véritables caractères dramatiques (3). Mais, sous peine de tomber dans

---

(1) *Vett. Scriptt. Cens.*, c. 4 : Τῶν τ' ἠθῶν χάριν καὶ τῆς ἡδονῆς καὶ τῆς μεγαλοπρεπείας.

(2) Dion. Hal., *Rhet.*, c. X, 1 et 2 : Εἰς ἀρετὴν προτρέπων καὶ κακίας ἀπαλλάττων.

(3) Dion. Hal. *Rhet.*, X, 1. Conf. Aristot., *Rhet.*, II, 21 : Ἦθος ἔχουσι λόγοι, ἐν ὅσοις δήλη ἡ προαίρεσις. C'est ce qu'Hermogène,

la peinture des lâches ou ignobles passions, τὰ πάθη, de la première de ces qualités devait dépendre l'autre, et Platon les réunit toutes deux. Au grand caractère moral qui anime toute son œuvre, et qui fait qu'on y respire un air pur et généreux, se joint le mérite de rassembler dans une unité vivante les traits de caractère des sophistes, des politiques, des artisans, des hommes, des femmes, des vieillards, des enfants, des esclaves, des hommes libres. Sous ce rapport Démosthène lui-même, qui d'ailleurs emporte la palme, n'est qu'un disciple et un imitateur de Platon (1).

Aristote, ce grand critique, pénètre encore plus avant; il ramène les qualités du génie de Platon, considéré comme écrivain, à quatre. D'abord, le goût de l'élégance, de la distinction, l'horreur du vulgaire et du commun, τὸ περιττόν; ensuite, une grande habileté de main, un rare savoir-faire, une exécution soignée et attentive, un art délicat et savant, τὸ κόμψον; en troisième lieu l'originalité, τὸ καινότομον, et enfin le génie de l'investigation et de la recherche, ζητητικόν (2). Non-seulement, au point de vue de l'art, il est un des plus grands écrivains de la Grèce, mais, au point de vue de la pureté de la langue, il est cité comme un modèle du plus pur atticisme : Phrynichus le grammairien le

περὶ εὑρ., l. III, p. 128, et Théon, Progymn., t. I, p. 164, appellent προσωποποιΐα; et sous ce rapport, Théon ne trouve à comparer à Platon que Ménandre et Homère.

(1) Dion. Hal., Rhet., X, 1 et 2.
(2) Arist., Pol., II, 3, 3.

met au rang de Thucydide et de Démosthène, et s'en sert comme d'une autorité égale pour justifier le caractère attique de certaines expressions contestées (1).

Eh bien ! malgré tous ces éloges, toutes ces qualités, s'il faut en croire la critique peut-être trop subtile des anciens, Platon n'a pas encore la perfection de l'art : on aperçoit les traces du travail (2), et peut-être à cause de cela même il manque de mesure (3). Or la mesure, il le disait lui-même, c'est la vraie beauté, la vraie perfection ; et ce n'est pas seulement Denys d'Halicarnasse qui, tout en critiquant Platon, proteste qu'il sait l'admirer (4), ce sont Céphisodore, Théopompe, Zoïle, Hippodamas (5), Dicéarque, qui l'accusent de manquer de goût (6); ce sont tous les rhéteurs de l'école attique (7), et à leur tête Démétrius de Phalère (8), son fondateur, qui lui reprochent de se laisser emporter comme une bacchante par l'ivresse de la phrase, et de s'abandonner, comme un char sans frein, à des métaphores excessives et à des allégories ambitieu-

(1) Phryn., *Ecl.*, p. 101, 312, 331. Sur le rapport de Platon à Démosthène, comp. Hermogène, *de Ideis, Rhet. græc.*, Walz, t. III, p. 372.
(2) Théon, *Progymn.* : Παρὰ δὲ Πλάτωνι τὴν ἐξεργασίαν.
(3) Dion. Hal., *ad Pomp.*, t. II, 86, éd. Gros : Οὐ κρατεῖ τοῦ μετρίου.
(4) *Ad Pomp.*, t. I, p. 58, éd. Gros.
(5) *Id., id.*, p. 70.
(6) Diog. L., III, 38. Τὸν τρόπον ὅλον τῆς γραφῆς φορτικόν.
(7) Longin, περὶ ὕψ., 32, 8.
(8) Dion. Hal., *ad Pomp.*, l. l., p. 77.

ses ; et Cæcilius de Calantia, rhéteur et grammairien du temps d'Auguste, se fondait sur ces défauts pour soutenir que Lysias était de tout point supérieur à Platon (1). Denys d'Halicarnasse était moins injuste ; mais, en élevant Platon au-dessus de la simplicité trop nue de Lysias, comme des grâces affectées et de l'enflure de Gorgias (2), il se refusait à voir en lui le modèle des écrivains : « Si on compare Isocrate, Platon et Démosthène, la palme est à ce dernier. Quelque mérite qu'aient les autres, ils ne sont pas parfaits (3). »

Il faut bien reconnaître en effet, et tous les critiques l'ont reconnu, qu'il a répandu un éclat si lumineux sur son style, que parfois on croit lire un poëte et même un poëte dithyrambique (4). Aristote (5) et Cicéron (6) trouvaient que son genre d'élocution tient le milieu entre la prose et la poésie, et penche peut-être vers ce dernier caractère. Les critiques signalent dans le *Phèdre*, — et Denys ne fait que généraliser cette remarque, — le ton emphatique, la période trop

---

(1) Long., l. l. Ὥσπερ ὑπὸ βαχχείας τινὸς τῶν λόγων... τῷ παντὶ Λυσίαν ἀμείνω Πλάτωνος.

(2) *De Adm. vi Dem.*, c. 3 et 16.

(3) *Ad Pomp.*, l. l. p. 62. Οὐδὲ ἅπαντα ἐπίσης κατωρθῶσθαι. Il va jusqu'à dire que sa langue n'est ni pure ni correcte. *De Adm. vi Dem.*, c. 5. Κάκιον ἑλληνίζουσα.

4) Olymp., c. 3. Τοῦ διαλόγου πάνυ πνέοντος τοῦ διθυραμβώδους χαρακτῆρος.

(5) Diog. L., III, 37. Φησὶ δ' Ἀριστοτέλης τὴν τῶν λόγων ἰδέαν αὐτοῦ μεταξὺ ποιήματος εἶναι, καὶ πεζοῦ λόγου.

(6) Cic., *Orat.*, 20, 44 ; *de Legg.*, II, 7. Quintil., IX, 4 ; X, 1.

artistement travaillée, l'élocution toute fleurie et parée (1). L'auteur des *Prolégomènes* appelle le *Timée* un hymne, l'hymne du Tout (2), et le rhéteur Ménandre rappelle que ce mot est de Platon lui-même (3). L'étude attentive de son style prouve qu'il recherche les grâces et vise à l'effet (4). Pour nous servir d'une figure qu'on lui a trop sévèrement reprochée, il s'assied souvent, comme le poëte, sur le trépied des Muses (5). Denys cite comme exemples l'Invocation aux Muses, le Discours sur l'Amour, la Palinodie de Phèdre, et il ajoute : « Si ce passage et d'autres semblables avaient la mesure et le rhythme du vers, comme les dithyrambes et les hyporchèmes, on pourrait comparer la marche dans le ciel du chœur des Dieux à la suite de Jupiter à l'ode de Pindare sur le soleil (6). » Longin reconnaît, à propos de la fameuse phrase, plusieurs fois reproduite dans l'antiquité, du VI° livre des *Lois* (7), qu'appeler l'État une coupe où fermente et bouillonne un vin en délire, dont on réprime la fureur à l'aide d'un autre dieu sobre, grâce auquel on peut alors se procurer une boisson bonne et saine, Longin reconnaît, dis-je, qu'appeler l'État une coupe, l'eau

---

(1) Herm., *Schol. ad Phædr.* Ast, p. 63. Τῇ λέξει ἐξωγκωμένῃ καὶ στομφώδει καὶ ποιητικῇ μᾶλλον.

(2) C. 7.

(3) *De Enc.*, c. 5, extr.

(4) Longin, cité par Proclus, *ad Tim.*, p. 19. Ὡραΐζεσθαι... καλλωπίσαντα τοῦ λόγου.

(5) *De Legg.*, IV, 719, c.

(6) *Ep. ad Pomp.*, p. 83, t. II, éd. Gros.

(7) *De Legg.*, VI, 773, d.

un dieu sobre, le mélange de l'un et de l'autre une correction, κόλασιν, et de faire du tout une boisson, c'est d'un poëte qui a oublié d'être sobre, οὐχὶ νήφοντος (1). On peut reconnaître cette exagération dans la couleur, sans mettre pour cela Platon au-dessous de Lysias, comme ce Cæcilius qui aimait plus Lysias qu'il ne s'aimait lui-même, mais qui détestait Platon encore plus qu'il n'aimait Lysias (2).

On explique, il est vrai, ces caractères poétiques, qui se révèlent par la couleur, la vivacité, le mouvement du style, par le luxe et l'éclat des métaphores, à l'aide de ses premiers essais dans la composition poétique, et particulièrement dans la tragédie; mais les expliquer ainsi, ce n'est pas les justifier. Il me semble, quant à moi, que l'on exagère beaucoup cet excès prétendu, qui n'apparaît que dans un seul de ses ouvrages, et qui y est parfaitement à sa place. Le ton dithyrambique du *Phèdre* n'a pas échappé à Platon, et il est le premier à en rire. Après l'Invocation et le Discours sur l'Amour : Grand Dieu! dit Phèdre à Socrate, voilà un style qui ne t'est pas habituel. N'est-ce pas, répond ironiquement le vieillard, n'est-ce pas que c'est beau, ce style chargé de mots figurés et de tout l'attirail poétique ? cela sent le dithyrambe, c'est presque un hymne

---

(1) Long., περὶ ὕψ., 32. Conf. Athén., X, 61, et Plut., *de Aud.*, p. 11, 15; *An Seni Ger. R.*, 13. Tibulle a pourtant profité de la métaphore, II, 1, 46 : « Mixtaque securo est sobria lympha mero. » Voir d'autres exemples dans la note de Stallbaum au *Banquet*, p. 196, c.

(2) Long., l. l.

mythique ; et il ajoute expressément que c'est pour Phèdre qu'il l'a adopté (1). Ainsi cette couleur un peu chargée est le résultat d'une intention formelle : d'une part l'auteur a voulu mettre dans la forme un peu du désordre et du délire que son sujet l'appelait à peindre, de l'autre il en dénonce lui-même l'hyperbole comme un vrai badinage et un jeu d'esprit. Mais ailleurs, sauf ces taches que les plus parfaits écrivains ne peuvent éviter, et qu'on retrouve dans Homère, je n'accorderais pas que Platon manque de proportion et de mesure dans le coloris et le mouvement de son style, tour à tour et à la fois aimable, spirituel, fin, gracieux, sévère, éclatant, sublime. C'est sous cette réserve que j'accède à ce jugement de Denys d'Halicarnasse, trop rigoureux (2), mais bien étudié. « Lorsque Platon se borne à un style simple, naturel, sans couleur poétique, il est ravissant de charme et de grâce ; sa diction est pure et transparente comme la source la plus limpide, et il l'emporte sur tous ses rivaux

---

(1) *Phèdre*, 238, a, 257, a. Μυθικόν τινα ὕμνον. Il l'appelle même du nom qu'on donne au vers héroïque : Ἤδη ἔπη φθέγγομαι, ἀλλ' οὐκ ἔτι διθυράμβους, p. 241, e, et il ajoute que s'il continuait, il ne sait pas où s'arrêterait l'enthousiasme poétique qui déborde, ἐνθουσιάσω.

(2) Montaigne est plus rigoureux encore, mais il désarme par sa candeur et aussi par son art de dire, l. II, c. x : « La licence du temps m'excusera elle de cette sacrilége audace d'estimer aussi traisnants les dialogismes de Platon, étouffant par trop sa matière, et de plaindre le temps que met à ces interlocutions vaines un homme qui avait tant de meilleures choses à dire ? Mon ignorance m'excusera mieulx, sur ce que je ne veois rien en la beauté de son langage. »

en correction et en élégance. Il n'emploie que les mots familiers et usuels, s'attache à la clarté et dédaigne la recherche et l'effet. Il se mêle à son style un je ne sais quoi de négligé, d'inculte, d'antique, qui exhale comme la fraîcheur de l'ombre et les grâces des fleurs : c'est comme un doux parfum. Mais, lorsqu'il veut s'élever au grand et au sublime, il prend un tel élan qu'il ne garde plus de mesure ; il devient moins doux, moins pur, et même lourd (1). Sa diction s'obscurcit et semble se couvrir d'épais nuages ; elle est diffuse et jette l'intelligence dans le vague. Lorsque la pensée devrait être concise, elle est noyée dans de fastueuses périphrases et dans une abondance de mots stériles. Il dédaigne les termes consacrés par l'usage pour des expressions nouvelles, étrangères ou surannées ; il court après les figures gigantesques, prodigue les épithètes et les métonymies ; ses métaphores sont forcées et contraires à l'analogie ; il emploie des allégories longues, fréquentes, qui manquent de mesure et d'à-propos. En un mot, il tombe dans ce style poétique à l'excès, dans cette manière théâtrale et puérile de Gorgias, qui l'avait séduit (2). »

C'est en effet un rapprochement curieux que

---

(1) *De Adm. vi Dem.*, c. 5. Καὶ κάκιον ἑλληνίζουσα, que Bernhardy, *Grundr. d. griech. Litteratur*, § 8, 2, a tort de prendre dans un sens absolu. Denys ne dit pas que Platon parle un mauvais grec ; mais, ne comparant Platon qu'à lui-même, il prétend que dans certains de ses ouvrages sa diction est moins pure que dans d'autres.

(2) *Ep., ad Pomp.*, t. II, p. 73, éd. Gros. *De Adm. vi Dem.*, t. III, p. 141, c. 5. Ἐπὶ τὰ θεατρικὰ τὰ Γοργεῖα.

relève, non sans malice, le subtil critique. Non-seulement Platon est un écrivain de génie, mais il a ses procédés, sa rhétorique, un art savant et calculé ; un travail des plus scrupuleux et des plus minutieux, que les rhéteurs désignaient d'un nom emprunté à la sculpture, ἐξεργασία, se manifeste dans le choix de ses expressions et la composition de sa période (1) ; ce qu'il y a de plus piquant, c'est qu'il imite ces rhéteurs et ces charlatans d'éloquence dont il s'est tant moqué (2).

Les rhéteurs et les sophistes ont en effet rendu des services à la langue et à l'art d'écrire, et appris aux Grecs, enivrés de poésie, que l'on pouvait revêtir même la prose, si longtemps dédaignée, de formes correctes et pures, ὀρθοέπεια, et d'un reflet de grâce et de beauté, εὐέπεια, καλλιέπεια (3). Ce charme répandu sur le langage, cette douce musique de la parole, μουσεῖα λόγων, Platon les a durement reprochés à Gorgias et à Polus : et cependant on ne peut nier que leur école n'ait ravi toute la Grèce, et n'ait eu pour imitateurs ses plus beaux esprits et ses plus grands écrivains : Aspasie, Cri-

---

(1) Longin, cité par Procl., *ad Tim.*, p. 19. Quintil., IX, 4, l'appelle « diligentissimum compositionis ».

(2) Dion. Hal., *Ep. ad P.*, p. 86. Aristid., vol. III, p. 519 : Τὸν σοφιστὴν δοκεῖ μέν πως κακίζειν ἀεί, καὶ ὅ γε δὴ μάλιστα ἐπαναστὰς τῷ ὀνόματι Πλάτων εἶναί μοι δοκεῖ. Cicéron ne l'appelle pas un sophiste, mais il fait remarquer cependant, *de Orat.*, I, II, que dans le *Gorgias* il se montre, en attaquant l'orateur, un grand orateur, « in oratoribus irridendis ipse esse orator summus videbatur ».

(3) Leon. Spengel, *Artt. Scriptt.*

tias, Eschine le Socratique, le grave Thucydide, Platon lui-même, n'hésitèrent pas à *Gorgiaser* (1); celui-ci leur emprunta l'élévation et la majesté; à leur exemple, cisela sa phrase avec l'amour et le soin d'un sculpteur (2) : en beaucoup d'endroits de ses ouvrages, on entend comme un écho de Protagoras et d'Hippias (3), on surprend une imitation de leurs artifices les plus puérils. On sait qu'ils aimaient à distribuer leurs phrases en membres parallèles, et dans ces membres se répondant deux à deux, à opposer, chacun à chacun, des mots de même catégorie grammaticale, de mêmes désinences, de même quantité de syllabes, de même son : c'est ce qu'ils appelaient ἀντίθετα et πάρισα. Telle est, par exemple, cette période binaire :

τοὺς μὲν τετελευτηκότας ἱκανῶς ἐπαινέσει,
τοῖς δὲ ζῶσιν εὐμένως παραινέσει,

où l'on entend l'article faire écho à l'article, la conjonction à la conjonction, le participe au participe, l'adverbe à l'adverbe, le verbe au verbe, et les deux membres se renvoyer comme un écho fidèle le même son. Or ces *parisa* si artistement arrangés, ces *antitheta* si laborieux et si puérils, à qui les

---

(1) Γοργιάζειν. Philostr., *Ep.*, 73, p. 919. *Schol. Thucyd.*, Duker, IV, p. 317.

(2) Dion. Hal., *de Adm. vi Dem.*, c. 51 : Ἰσοκράτην καὶ Πλάτωνα γλύπτοις καὶ τορνευτοῖς ἐοικότας λόγους.

(3) Philost., l. l. : Κατὰ τὴν Ἱππίου καὶ Πρωταγόρου ἠχὼ φθέγγεται.

attribuez-vous? Aux Agathon et aux Lycimnius? Pas du tout : ils sont du divin Platon, c'est une phrase du *Ménéxène* (1). Mais qu'est-ce que cela prouve? Platon n'a jamais nié qu'il y a, en dehors et au-dessous de l'inspiration, un ensemble de règles et de procédés, un savoir-faire technique : il reconnaît au contraire que c'est une préparation, et une préparation nécessaire (2), et il montre qu'il s'était rendu maître de cette pratique, qui est comme le mécanisme de l'art. Mais il affirme, et il a raison d'affirmer, que ce n'est point l'art même.

Le grand vice de l'École sicilienne n'a point été de communiquer à la prose le mouvement et la couleur, la variété, la symétrie, l'ampleur de la période, les effets charmants ou pathétiques des rhythmes ou de l'harmonie : son vice incurable a été de sacrifier tout à cette grâce extérieure et à cette beauté matérielle du style. A force de travailler le vase, on oublia d'y verser le parfum. L'amour de la ciselure s'empare vite des esprits médiocres, et, tandis qu'ils sculptent avec tant d'art, et fouillent leur phrase avec tant d'amour, ils se croient dispensés d'y mettre une idée. C'est sans doute un défaut dont on n'osera pas accuser Platon : l'art ne sert pas chez lui à masquer le vide de la pensée, mais à la faire valoir et à la mettre dans un jour plus lumineux, dans un relief plus saillant. Quand bien même on pourrait découvrir çà et là,

---

(1) Dion. Hal., *de Adm. vi Dem.*, p. 1035.
(2) Plat., *Phèdr.*, 269 : Τὰ πρὸ τῆς τεχνῆς... ἀναγκαῖα.

dans le coin d'un dialogue, une métaphore trop poétique, quelques formes qui sentent le rhéteur, comme certains raisonnements qui frisent le sophiste ; quand on sera parvenu à signaler quelques *antitheta* et quelques *parisa* affectés, rien de tout cela ne lui ôtera l'honneur d'être un grand écrivain ; il serait le plus grand prosateur de la Grèce, si tous ne pâlissaient pas devant la perfection de Démosthène. Sans doute il a des défauts, mais ils disparaissent, comme les taches du soleil se perdent dans la splendeur de ses rayons.

Il faut même ajouter que cette habileté technique, dont on semble vouloir lui faire un crime, n'ôte rien au caractère parfaitement simple, naturel et sain de sa langue. On lui a reproché quelque obscurité qu'on attribuait à la prudence (1). Elle tient plutôt à une certaine négligence de la précision technique, à une certaine horreur, commune à tous les Grecs, d'une terminologie spéciale, d'une pédanterie scolastique « indigne d'un honnête homme (2). » C'était un principe de Platon d'éviter la distinction rigoureuse et l'exacte définition des nuances des mots : il recommande au contraire une élocution aisée et naturelle (3), et trouve que la

---

(1) Diog. L., III, 63 : Πρὸς τὸ μὴ εὐσύνετος εἶναι τοῖς ἀμαθέσι τὴν πραγματείαν. Ce qui est bien étrange, c'est que Stobée l'accuse d'avoir moins d'idées que de mots, *Ecl. Eth.*, p. 82, πολύφωνος, οὐχ, ὥς τινες οἴονται, πολύδοξος.

(2) Port-Royal, *Log.*

(3) *Théét.*, 184, e : Τὸ εὐχερές.

rigueur du langage savant, cette sévérité de précision du style (1), n'est pas de bonne compagnie, de bon ton, ni de bon goût (2). C'est une puérilité et une servitude de s'assujettir à ces règles, quoiqu'il soit parfois nécessaire de le faire (3). Il reprochait à Prodicus de faire dégénérer l'exactitude en subtilité puérile (4), et recommandait un langage plus libre et plus franc. Il ne se gênait même pas pour inventer des mots nouveaux et qu'on trouvait barbares (5). Galien et toute l'école académique approuvaient sa devise : Le philosophe doit s'occuper des choses, et ne pas trop

---

(1) *Id.*, *l. l.* : Δι' ἀκριβείας ἐξεταζόμενον.
(2) *Id.*, *l. l.* : Ἀγεννὲς, ἀνελεύθερον.
(3) *Politic.*, 261, e : Κἂν διαφυλάξῃς τὸ μὴ σπουδάζειν ἐπὶ τοῖς ὀνόμασι.
(4) *Crat.*, 384, b; *Euthyd.*, 277, e; *Lachès*, 197, d; *Protag.*, 358, e.
(5) Aristot., *Top.*, VI, 2, 5, en cite quelques-uns qu'on ne trouve pas dans ses dialogues, et qui n'étaient peut-être que de ces mots échappés à l'improvisation. Diogène le Cynique (Diog. L., VI, 53) lui reprochait l'emploi de τραπεζότης, κυαθότης, et Diogène de Laërte, III, 24, lui attribue l'invention de ἀντίποδες, στοιχεῖον, διαλεκτική, ποιότης. Mœris, p. 128, cite διαφορότης comme appartenant au *Théétète*, et dit qu'il ne l'a pas trouvé ailleurs. Lobeck (*Phryn. Ecl.*, p. 350) mentionne le mot chez beaucoup d'écrivains, tous, il est vrai, postérieurs. Quoi qu'il en soit, il y a eu de bonne heure des travaux sur la terminologie platonicienne : outre le lexique de Timée, que nous avons encore, Photius (*Segm.*, 154 et 155) en cite un de Boëthus, qu'il dit supérieur; Suidas en mentionne un autre d'Harpocration. Les obscurités de sa langue mathématique avaient été éclaircies par des études spéciales de Cléarque, Théodore de Soles, Philippe de Mendès, Théon de Smyrne.

s'inquiéter des mots (1). « C'est aux paroles de suivre, dit Montaigne, et non de commander. Haïssons toute tyrannie, et la parlière et l'effectuelle (2). » Aussi le style de Platon a plutôt une clarté esthétique qu'une clarté logique résultant d'une perfection grammaticale; il ne s'inquiète ni des anacolouthes (3), ni des parenthèses, ni des longues périodes; il se joue des règles des rhéteurs, et n'observe leurs procédés que quand et autant qu'il lui plaît. Néanmoins le fond de la pensée reste toujours limpide et lumineux, et dans sa phrase, dont la longueur n'exclut pas la souplesse, la chaîne des idées n'est jamais réellement brisée.

Ce qui éclate surtout en lui, c'est d'une part la riche diversité de couleurs et de tons qui se fond dans une admirable harmonie; de l'autre, la puissance de vie qu'il répand sur sa pensée, et dont il pénètre la forme de l'expression. Il suffit de lire quelques-uns et peut-être un seul de ses dialogues pour saisir ces deux qualités caractéristiques de son génie d'artiste. Qu'on prenne le *Phédon* ou *le Phèdre*, et on va le voir passer, sans discordance, sans dissonance, du ton dithyrambique, de l'enthousiasme lyrique, de l'émotion tragique, de l'accent pathétique, du mouvement dramatique, à la dis-

---

(1) Gal., *Comm. in Hipp. de Artic.*, IV, 436, d, et *de Meth. Therap.*, XI, 12. Cicéron, cité par S. Augustin, *adv. Acad.*, I, 11.

(2) *Essais*, l. III, c. 8.

(3) Voir les exemples cités dans les *Index* de Stallbaum au mot *anacolouthon*.

cussion tranquille, simple, froide, logique, bientôt y mêler la plaisanterie vive, ironique, le persiflage aimable, spirituel, mordant, et même le plus haut et le plus vrai comique. La gravité et la légèreté, la force comique et le don d'émouvoir, l'enthousiasme du poëte et le calme froid du logicien qui analyse et dissèque, il a tout, et non-seulement il réunit, mais il unit tout. La vitalité de son style et de sa composition en surpasse encore la richesse, la variété et l'harmonie. Non-seulement il fait vivre tous ses personnages, ce qui est le don suprême du poëte dramatique, mais il fait vivre la pensée abstraite, et il a fait, ce que nul n'a plus tenté de faire après lui, une philosophie vivante.

Nous venons de faire connaître l'homme et l'écrivain : on pourra maintenant aborder le philosophe. Antiphane disait en plaisantant qu'il y avait une ville où il faisait si froid que les paroles y gelaient aussitôt qu'elles sortaient des lèvres, et qu'on ne pouvait pas les entendre. Ce n'était que plus tard, lorsque l'été faisait fondre la neige et la glace, que s'éveillaient alors tous ces sons endormis et ensevelis. Il en est ainsi, disait-il, de Platon ; ce n'est pas au moment qu'il vient de parler, qu'on peut l'entendre : c'est seulement lorsque le développement de l'âge et de la raison a fait fondre l'enveloppe de sa pensée, et en a mûri le fruit, qu'on peut le comprendre et le goûter (1).

(1) Plut., *de Profect. in Virt.*, 7.

TROISIÈME PARTIE.

LES BIOGRAPHES, COMMENTATEURS, TRADUCTEURS ET ÉDITEURS DE PLATON.

C'est un fait très-remarquable, et au fond assez honorable, que Platon, qui a écrit un nombre relativement considérable d'ouvrages, n'a jamais rien laissé percer de sa personnalité, et n'a dit de lui qu'un seul mot (1). On n'y trouve aucune indication, ni même aucune allusion à ses relations de famille, à l'emploi qu'il a fait de sa vie, aux événements qui l'ont traversée ou remplie, à ses travaux d'écrivain, à ses occupations de professeur. Ce silence modeste n'est que très-imparfaitement suppléé par les renseignements des autres écrivains, dont les plus autorisés sont presque entièrement perdus pour nous. Il nous est resté trois biographies grecques de Platon (2) : l'une est de Diogène de Laërte;

---

(1) *Apol.*

(2) Il en existe deux autres : l'une inédite et anonyme, qui se trouve à la bibliothèque de Munich ; l'autre, d'Hésychius, de Milet, fait partie de son dictionnaire alphabétique des écrivains illustres : περὶ τῶν ἐν παιδείᾳ διαλαμψάντων. D'après la notice altérée de Suidas, consacrée à l'auteur de ce lexique biographique, Ὀνοματόλογος, son ouvrage ne nous est pas parvenu

l'autre, d'Olympiodore, fait partie de son commentaire sur le premier *Alcibiade* (1); la dernière est de l'auteur anonyme des *Prolégomènes grecs à la philosophie de Platon* (2). Ces *Prolégomènes* contiennent peu de choses qui puissent nous mettre sur la trace de leur auteur inconnu : nous sommes certains qu'il a vécu après Jamblique, puisqu'il le cite, et au chapitre 5 il nous apprend que la théorie de la moyenne proportionnelle, par

complet, et nous n'en avons qu'un abrégé, ἐπιτομή. L'article consacré à Platon n'est qu'une compilation très-résumée de Diogène de Laërte, si bien que Meursius voulait suppléer ainsi le texte dans la notice de Suidas : Ὀνοματόλογον... Διογένην Λαέρτιον μιμησάμενος, οὗ ἐπιτομή ἐστὶ τοῦτο τὸ βιβλίον. Cette restitution a paru un peu téméraire à Fabricius, quelque justifiée d'ailleurs qu'elle soit par la comparaison facile des deux biographies. On trouvera celle d'Hésychius dans les *Fragm. Histor. græc.*, publiés par M. Didot, t. IV, p. 17, § 53. Il ne faut pas confondre cet écrivain, auteur d'une Histoire des origines de Constantinople, et qui vivait au sixième siècle, sous Anastase, Justin Ier et Justinien, avec le lexicographe Hésychius, qui est du troisième siècle.

(1) Imprimée pour la première fois à la suite des notes d'Isaac Casaubon sur Diogène de Laërte, par les soins de Méric Casaubon, son fils, éd. Londr., 1664; réimprimée dans la Collection des auteurs grecs de M. Didot, à la suite du Diogène, et accompagnée d'une traduction latine faite par M. Westermann.

(2) Les *Prolégomènes* font partie de l'édition de Platon de M. K. Fr. Hermann, t. VI, p. 196; les chapitres 1, 2, 3, 4, 5, 6, qui contiennent la vie de Platon, ont été publiés à part pour la première fois par Heeren (*Bibl. d. alten Literatur u. Kunst*, t. V, Goetting, 1789), d'après un manuscrit de Vienne, et tout récemment, à la suite du Diogène de M. Didot. Les *Prolégomènes* complets l'avaient été déjà dans les *Commentarii de Bibl. Cæsar. Vindob.*, 1665-1669, t. VII, p. 125, par Lambecius.

laquelle Platon résolut le problème de la duplication de l'autel cubique de Delphes, avait été l'objet d'une démonstration faite par lui ; τὴν μέσην καλούμενον ἀνάλογον περὶ ἧς ἐν τῇ Ἀποδεικτικῇ λόγον ἐποιήσαμεθα. Or cette question de géométrie avait été traitée avec développement par les commentateurs d'Aristote, nous le savons par les longs extraits que Jean Philopon nous donne d'une démonstration et d'une solution de ce problème : deux droites étant données, trouver une moyenne proportionnelle entre elles. Cette démonstration, qui paraît avoir été fameuse au temps de Jean Philopon, était attribuée par Parménion à Apollonius de Perga (1). Faudrait-il donc attribuer nos *Prolégomènes* à ce commentateur? D'autres indices nous portent à une autre conjecture. Lambecius (2) avait déjà observé que les deux manuscrits contenant les *Prolégomènes* les faisaient précéder de Προτελεία συμμικτὰ εἰς τὸν Πλάτωνα, entièrement extraits de Diogène de Laërte et des Commentaires d'Olympiodore sur le *Gorgias* de Platon. Il en avait conclu qu'Olympiodore pouvait être l'auteur des *Prolégomènes* eux-mêmes ; et cette conjecture, admise comme certaine, peut-être à la légère, par Muraltus (3), reçoit du moins quelque apparence de vraisemblance de la remarque faite

---

(1) *Ad Analyt. Poster.*, c. VII, p. 75, b, 10. Bekk., *Schol. Br.*, p. 209, a, 35, sqq. : Τοῦ μέντοι Ἀπολλωνίου τοῦ Περγαίου ἐστιν εἰς τοῦτο Ἀπόδειξις.

(2) *Comm., l. l.*, p. 129.

(3) *Bulletin de la classe philolog. de l'Acad. de S.-Pétersb.*, 1843, p. 251.

par M. K. Hermann : c'est que la préface d'Olympiodore, placée en tête du commentaire de l'*Alcibiade* où se trouve la vie de Platon, reproduit les idées et les expressions, souvent littéralement, du chapitre I et du chapitre 27 de nos *Prolégomènes*, et que même les commentaires d'Olympiodore sur le *Gorgias*, par l'identité de leurs divisions scolastiques avec celles de notre introduction anonyme, semblent trahir la même origine et la même main. Il est donc au moins possible et presque probable qu'Olympiodore est l'auteur à la fois de la biographie de Platon qui porte son nom, et de la biographie contenue dans nos *Prolégomènes* anonymes. J'ajoute, ce qui fortifie la conjecture, que cette dernière, quoiqu'un peu plus étendue, en est très-peu différente, et pourrait être considérée comme une rédaction plus développée.

Olympiodore, disciple d'Ammonius (1), commentateur fécond des ouvrages de Platon et d'Aristote, est très-peu connu. M. Creuzer, dans ses *Initia Philosophiæ ac Theologiæ*, et M. Cousin dans ses *Fragments de philosophie ancienne*, ont soutenu comme Fabricius (2) qu'il appartenait au sixième siècle, et qu'il faut le distinguer du Péripatéticien Olympiodore, un des maîtres de Proclus, et auquel Ideler (3) attribue un commentaire conservé, mais incomplet, sur la météorologie d'A-

---

(1) Comme il s'appelle lui-même, *in Gorg.*, p. 153.
(2) *Bibl. græc.*, IX, p. 421, Harl.
(3) Ideler, *Aristot. Meteor.*, I, XVIII.

ristote. Jonsius (1) n'en fait qu'un seul et même personnage, et M. Zeller (2), tout en distinguant le Péripatéticien qu'il appelle Olympiodore l'Ancien du Platonicien qu'il nomme le Jeune, paraît prouver que l'auteur du commentaire sur la météorologie est aussi celui du commentaire sur Platon. Olympiodore a écrit et professé à Alexandrie (3); les cinq commentaires que nous avons de lui sur l'*Alcibiade I et II*, le *Gorgias*, le *Philèbe* et le *Phédon*, ne semblent pas cependant de sa main même, ou ce ne sont que des notes de professeur, peut-être des rédactions d'élèves qui mettaient par écrit ce qu'ils avaient entendu de la bouche du grand philosophe (4). La date de la composition du commentaire de l'*Alcibiade*, qui renferme la biographie de Platon, a paru à M. Creuzer et à M. Cousin indiquée par une phrase, où il est dit que les successeurs de Platon ont conservé comme lui l'usage de ne recevoir aucun salaire de leurs leçons, « même jusqu'à cette époque, quoiqu'il y ait eu déjà beaucoup de confiscations des biens dont les écoles avaient été dotées. » « Ceci suppose, dit M. Cousin, deux choses : d'abord que cette phrase a été écrite au moment où Justinien dépouillait les écoles, ensuite qu'elle a été écrite avant le temps où ce

---

(1) *De Scriptt. Hist. Phil.*, l. III, c. xviii, p. 101.
(2) *Philos. d. Griech.*, t. V, p. 674 et 772.
(3) Olymp., *Vie de Plat.*, p. 2, éd. Didot. Φάρος νύ τι σεῖο χατίζει : le Phare, c'est-à-dire évidemment Alexandrie.
(4) Titre du commentaire sur l'*Alcib. I* : Ἀπὸ φωνῆς Ὀλυμπιοδώρου τοῦ μεγάλου φιλοσόφου.

même Justinien, sous le consulat de Décius, fit fermer toutes les écoles et même l'école d'Athènes, » c'est-à-dire que le commentaire sur l'*Alcibiade* aurait été écrit avant l'année 529. M. Zeller a néanmoins contesté cette date, et fait observer que la phrase citée devait se rapporter plutôt à des confiscations opérées à Alexandrie, qu'aux événements arrivés à Athènes : il resterait néanmoins prouvé qu'au moment où l'auteur écrivait les écoles n'étaient pas encore fermées.

Le style d'Olympiodore, si l'on doit le juger sur ces commentaires, est sans caractère personnel, sans originalité, sans mouvement, sans couleur, sans vie ; la langue non-seulement n'est plus saine : elle est incorrecte, et presque barbare ; on sent déjà cette décrépitude générale qui atteint peu à peu toutes les parties de la vie nationale, qui fait languir la pensée, et dessèche jusqu'à la séve pourtant si vivace de la langue grecque. Son ouvrage néanmoins, intéressant et précieux au point de vue de l'histoire des doctrines, l'est pour nous en ce moment davantage encore, puisqu'il nous a conservé une biographie et peut-être deux de Platon, contenant des détails que nous ne connaissons que par lui.

Apulée de Madaure, du deuxième siècle après J.-C. auteur de la *Métamorphose*, d'un traité sur le *Démon de Socrate*, et des *Florides*, a fait précéder son exposition de la doctrine de Platon, *de dogmate Platonis*, d'une vie de Platon qui est visiblement faite d'après celle de Diogène de Laërte. C'est un fait relevé déjà par M. Cousin (1), mais qui nous servira à fixer avec plus de précision l'époque où a vécu ce dernier biographe. Jer. Froben et Nicol. Episcopius, dans la préface de leur édition faite à Bâle en 1553, et qui est, je crois, la première édition du texte grec de Diogène, disaient déjà qu'on ne trouvait de cet auteur aucune trace qui pût mettre sur la voie de son époque et de sa vie. Isaac Casaubon reconnaît qu'il est plus facile de dire quand il n'a pas vécu, que de dire à quelle époque il vivait; il n'est cité que par des grammairiens, et le plus ancien de ces grammairiens est Étienne de Byzance (2), qui en parle comme d'un écrivain ancien : il est donc antérieur au cinquième siècle, vers la fin duquel a écrit le géographe. Le savant commentateur remarque en outre qu'en parlant de Polémon, Diogène nous dit qu'il a écrit « il y a peu de temps, πρὸ ὀλίγου ». Or nous savons par Suidas que Polémon est contemporain d'Auguste. D'un autre côté, Diogène cite Plutarque, né en 48 ou 50, et mort vers 138 apr. J.-C., Sextus Empiricus, son petit-fils, qui vivait vers la fin du deuxième siècle, et même Saturninus Cythenas, disciple de ce philosophe médecin : il a donc vécu après eux ou du moins a été leur contemporain.

(1) *Fragm. de Phil. anc.*, p. 251, éd. in-18.
(2) V. Χολλίδαι et Δρυίδαι. Ménage, *Præf.*, complète la liste de Casaubon par les noms de Sopater, qui a vécu sous Constantin, et, au dire de Photius, avait fait à Diogène de nombreux emprunts, et d'Hésychius de Milet, qui est du temps de Justinien.

C'est à cette dernière conclusion que nous sommes forcés de nous arrêter, puisque d'une part Apulée, qui est mort en 190, a résumé la vie de Platon de Diogène, et de l'autre que ce dernier avait dédié son ouvrage à une femme, φιλοπλάτωνι, qu'on peut croire être cette Arria, chère à Gallien, et qui eut l'estime des Antonins (1). Il est donc presque certain que Diogène a vécu sous les Antonins, et a peut-être vu le commencement du règne de Sévère.

Son ouvrage qui porte aujourd'hui le titre de Βίοι καὶ Γνῶμαι, Vies et Pensées des plus illustres philosophes, cité par Étienne de Byzance sous celui de Φιλόσοφος ἱστορία, par Photius, sous celui de Φιλόσοφοι βίοι (2) par Eustathe sous celui de Σοφιστῶν βίοι (3), est divisé en dix livres; il atteste une lecture immense et une tendance à l'exactitude qui se manifeste par les citations très-nombreuses et très-fréquentes des auteurs sur lesquels il appuie ses assertions. Ambroise, son premier traducteur latin, a dit qu'il avait plus de lecture que d'exactitude, *plus in legendo studii, quam in scribendo diligentiæ,* ce qui doit s'entendre de l'intelligence des doctrines qu'il ne reproduit pas fidèlement, parce qu'il ne les comprend pas. S'il n'a pas le sens philosophique, ni

---

(1) Galen., *de Theriac. ad Pis.*, c. 3. C'est Thom. Reines, *Var. Lect.*, l. II, c. 12, qui a émis cette conjecture ingénieuse et vraisemblable, et qui conserverait sa valeur quand bien même Galien ne serait pas l'auteur de l'ouvrage cité, puisque cet auteur serait toujours son contemporain.

(2) *Bibl.*, 161.

(3) *Ad Il.*, μ'.

même le sens critique, il a encore moins le sens du style : il est décousu, languissant, froid, et a la manie de citer des vers de sa façon qui n'ont pas grand mérite, et qui surtout ont le défaut d'être parfaitement hors du sujet : ce qui lui a fait donner par Tzetzès l'épithète d'ἐπιγραμματόγραφος (1), et laisse supposer qu'il avait écrit tout un volume d'épigrammes sur les philosophes illustres (2), dont il n'a pas voulu priver entièrement les lecteurs de ses biographies. Néanmoins il est d'autant plus précieux qu'il est le seul historien de la philosophie qui nous soit resté des anciens, et qu'à défaut d'intelligence, il a au moins la passion de l'exactitude matérielle, et produit à chaque instant les témoins des choses qu'il avance.

Nous allons rapidement passer en revue ceux qu'il cite dans la vie de Platon, et cette analyse nous confirmera dans la confiance que nous devons avoir dans ses assertions, quand elles n'ont pour objet que des faits. Je ne suivrai d'autre ordre que celui dans lequel se présentent les citations de Diogène.

1. Zosime (3) d'Alexandrie, philosophe, est l'auteur d'un ouvrage intitulé : Χυμευτικά, art de faire les mélanges, ou Χειροκμητά, les Travaux manuels, divisé en vingt-huit livres où les matières étaient disposées par ordre alphabétique : il avait de plus

---

(1) *Chil.*, III, c. 61.
(2) Ce volume aurait été intitulé Πάμμετρον, parce que les *Inscriptions* étaient faites en toute espèce de mètres.
(3) Diog. L., III, 2.

écrit une vie spéciale de Platon (1). On ignore si ce personnage, différent de Zosime de Gaza, est le même qui a vécu du temps de Théodose le Jeune (399, empereur en 408, † 450), et avait laissé six livres d'histoire dont Photius loue la diction concise, claire, pure et agréable.

2. Speusippe (2), neveu et premier successeur de Platon, fils d'Eurymédon et de Potoné, paraît avoir été de vingt à vingt-cinq ans plus jeune que son oncle. Parmi les ouvrages qu'Aristote acheta trois talents, Diogène (3) cite un éloge de Platon, Ἐγκώμιον : c'est peut-être l'ouvrage désigné dans la vie de Platon sous le titre de Περίδειπνον, c'est-à-dire le Banquet funéraire de Platon, qui n'est pas mentionné dans le catalogue des œuvres de Speusippe. Saint Jérôme (4), en traduisant le passage de Diogène, ne donne pas le titre, que les éditions d'Étienne changent en Περὶ δείπνου. Quoi qu'il en soit, cet éloge renfermait évidemment des détails biographiques autorisés, comme le remarque Apulée, puisqu'ils étaient empruntés directement aux souvenirs les plus intimes de la famille (5).

3. Cléarque (6) de Soles, disciple d'Aristote, suivant Josèphe (7), qui le déclare l'égal de tous les

---

(1) Suid., v.
(2) Diog. L., III, 2.
(3) Diog. L., IV, 5.
(4) C. Jovin., I.
(5) Apul., *de Dogm. Plat.*, I : « Domesticis instructus documentis. »
(6) Diog. L., III, 2.
(7) C. Apion, I. I.

Péripatéticiens, et cite un fragment de son ouvrage sur le Sommeil. Outre un livre sur l'Éducation, Diogène lui attribue un éloge de Platon, qui appartenait peut-être à la collection de biographies, περὶ βίων, mentionnée par Athénée (1). On connaît encore de lui un traité de Tactique, et un sur les Énigmes.

4. Anaxilaïdas (2) avait écrit un ouvrage au moins en deux livres, περὶ φιλοσόφων, cité par saint Jérôme (3) qui l'appelle sans doute par erreur *librum philosophiæ*.

5. Antiléon (4), auteur d'une chronologie dont le deuxième livre est cité par Diogène, et que mentionne une seule fois le seul Pollux (5), est complétement inconnu.

6. Alexandre (6), dont Diogène produit en témoignage une histoire de la philosophie, ou plutôt des philosophes, intitulée Φιλοσόφων διαδοχαί, est, d'après Jonsius (7), suivi de Brandis (8) et de K. Müller (9), le fameux Alexandre de Milet, surnommé

---

(1) Athén., VIII, 344, b; IX, 396, e; XII, 539, b; 543, c; VI, 234, f, où il confirme que c'était un disciple d'Aristote. Comme Athénée cite le 8ᵉ livre (XII, 548, d), nous connaissons par là l'étendue minimum de son ouvrage.
(2) Diog. L., III, 2.
(3) C. Jovin, l. I.
(4) Diog. L., III, 3.
(5) Poll., *Onom.*, II, 4, 151.
(6) Diog. L., III, 4.
(7) *De Scriptt. Hist. Philos.*, p. 238.
(8) *Geschichte d. Phil.*, t. I, p. 31.
(9) *Fragm. Hist. græc.*, t. III, p. 240. Vossius est dans le

Polyhistor pour sa profonde connaissance de toutes les parties de l'antiquité. Ce savant grammairien, qu'on a confondu à tort (1) avec Alexandre de Phrygie, fils d'Asclépiade, appartenait à l'école de critique fondée à Pergame par Cratès de Malles; il était de Milet, fut affranchi par Sylla, qui lui donna son nom, Cornélius (2), et enseigna avec éclat à Rome, où il eut pour disciple Hygin, affranchi d'Auguste (3). Sa vaste et solide érudition se révèle dans les fragments conservés de ses nombreux ouvrages, qui ont pour objets l'histoire, la géographie, la grammaire, la philosophie et son histoire. Nous avons encore sept fragments de sa Généalogie des philosophes, tous tirés de Diogène de Laërte, sauf un seul emprunté à Chalcidius (4), et peut-être à tort rapporté à notre Polyhistor, et deux courts extraits de son ouvrage sur les Symboles pythagoriciens conservés, l'un par S. Clément d'Alexandrie (5), l'autre par Cyrille (6).

doute; Reines l'attribue à un Alexandre d'Æges, précepteur de Néron.

(1) Klinton, *Fast. Hell.*, ann. 83, et Schoell, t. II, p. 723. L'erreur est manifeste puisque le fils d'Asclépiade a été le maitre de Marc-Aurèle dont il a écrit l'oraison funèbre. Aristid., *Orat.*, XII.

(2) Suid., v. Servius, *in Virg. Æn.*, X, 388.

(3) Suet., *de illustr. Gramm.*, c. 20.

(4) *In Plat. Tim.*, p. 155, éd. Meurs.

(5) Strom., I, 15, p. 131.

(6) *Adv. Jul.*, IX, p. 133. Diogène cite fréquemment, mais non dans la Vie de Platon, deux généalogies des philosophes, semblables de titre et de sujet à celle de Polyhistor: ce sont les Διαδοχαί d'Antisthène et celles de Sotion, qu'il a dû évidem-

7. Hermippe (1) est fréquemment cité par Athénée (2), et est appelé par lui Καλλιμαχεῖος, parce qu'il appartenait à l'école de grammairiens dont Callimaque était le chef. Il était de Smyrne et avait écrit une biographie des philosophes, βίοι, dont on a quelques fragments sur Pythagore, Philolaüs, Diodore, Empédocle, Héraclide, Démocrite, Zénon,

ment consulter partout, et qui ne pouvaient avoir oublié Platon. Vossius croit que cet Antisthène est celui que Diogène appelle l'historien et le Rhodien, Ῥόδιός τις ἱστορικός, et Jonsius, p. 249, comme M. Zeller, pense que cette conjecture est au moins très-vraisemblable. M. K. Müller, *Fragm. Hist. græc.*, t. III, p. 182, rapporte les Διαδοχαί à un Antisthène péripatéticien, cité par Phlégon. Sotion d'Alexandrie, dont Diogène produit (*Proœm.*, I, 7) le XXIII° livre, vivait à Rome du temps de Tibère, si c'est lui qui a eu avec Potamon de Lesbos l'entrevue dont parle Plutarque dans sa *Vie d'Alexandre*. Eunape, au commencement de ses Vies, cite son ouvrage sous le titre de ἡ φιλόσοφος ἱστορία, tandis qu'Athénée, VIII, 343, c; XI, 505, c; IV, 162, le connaît sous le même nom que Diogène. Tzetzès le nomme, *ad Lycophr.*, f. 102, et Chil., IV, 144, et Cassianus Bassus, dans ses Γεωπονικά. Athénée, VIII, 336, lui attribue un autre ouvrage sur les Silles de Timon; Stobée, un traité de la Colère; Diogène, X, 4, un traité en douze livres intitulé Διοκλείοι ἔλεγχοι. Héraclidès, surnommé Lembus, fils de Sérapion, avait fait un résumé de l'ouvrage de Sotion, comme aussi des biographies de Satyros. Diog. L., VIII, 7 et 40. Athén., III, 20. Jonsius, p. 197, pense que notre Sotion diffère de celui dont parle Plutarque, et que le nôtre a vécu sous Ptolémée-Épiphane.

(1) Diog. L., III, 3.
(2) Athén., II, 58. Il a dû par conséquent fleurir sous les règnes de Ptolémée III, qui monte au trône en 240, et de Ptolémée IV, jusqu'à 205 av. J.-C. Callimaque meurt quelque temps après l'avénement de Ptolémée III Évergète. Ritschl., *Alex. Bibl.*, p. 90.

Anaxagore, Socrate, Platon, Arcésilas, Aristote, et d'autres encore.

L'autorité d'Hermippe a dû être grande, car les historiens postérieurs s'appuient souvent sur son témoignage, et nous voyons ses nombreux ouvrages historiques à chaque instant cités par Plutarque, Athénée, Diogène et les auteurs de Diogène (1). Josèphe (2) l'appelle très-illustre, ἐπισημότατος, et vante son exactitude; et S. Jérôme, dans la préface de son Histoire ecclésiastique, s'autorise de son exemple : *Fecerunt quidem hoc apud Græcos Hermippus peripateticus.*

8. Néanthès de Cyzique (3) était l'auteur d'une biographie des hommes illustres, citée par Étienne de Byzance ou son abréviateur Hermolaüs (4), et d'une biographie spéciale des Pythagoriciens (5). Jonsius suppose qu'il a dû vivre sous Attale et se fonde sur un passage d'Athénée (6) qu'il donne ainsi : ἕνα τῶν περὶ Ἄτταλον ἱστορικῶν; c'est une fausse leçon : le vrai texte est ἐν α′ ἱστοριῶν, dans le premier livre des Histoires. On peut croire cependant qu'il a été le précepteur de ce roi, puisqu'il était disciple de Philiscus, disciple lui-même d'Isocrate.

---

(1) Jons., p. 190.
(2) C. Apion, 1, 22 : ... Ἀνὴρ περὶ πᾶσαν ἱστορίαν ἐπιμελής.
(3) Diog. L., III, 3.
(4) V. Κράσιος.
(5) Diog. L., VIII, 72. C'est à cette biographie que S. Clément, Théodoret, Porphyre et Jamblique ont emprunté ce qu'ils nous rapportent de Pythagore.
(6) XV, 699, d.

9. Athénodore (1), fils de Sandon, appelé le Chanaanite (2), et quelquefois l'Alexandrin (3), était l'auteur d'un ouvrage au moins en huit livres intitulé : Περίπατοί (4), ce qui porte à croire que c'est l'Athénodore de Tarse, précepteur d'Auguste, confondu par Ménage avec un personnage du même nom, précepteur de Tibère.

10. Dicéarque (5) de Messénie, disciple d'Aristote, philosophe, orateur, géomètre, grammairien, était contemporain et ami d'Aristoxène (6). Cicéron en fait souvent mention et constate que c'était l'auteur favori d'Atticus (7). C'était un écrivain très-instruit et très-fécond, comme on en pourra juger par le catalogue de ses ouvrages, où nous trouvons, dans la classe des ouvrages d'histoire politique :

1. Une vie de la Grèce, βίος Ἑλλάδος;
2. Un recueil des constitutions politiques des Grecs;
3. Un traité de philosophie politique sur la meilleure forme de gouvernement;

Dans l'histoire philosophique et littéraire :

4. Des biographies des philosophes, dont il nous

---

(1) Diog. L., III, 3.
(2) Strab., XIV, 676.
(3) Cedren., p. 173.
(4) M. Müller a omis dans ses *Fragm.* le titre de cet ouvrage, peut-être trop spécial pour sa collection.
(5) Diog. L., III, 4.
(6) Suid., v. Δικ. et Ἀριστ. Cic., *de Legg.*, III, 6.
(7) *Ad Attic.*, II, 16; II, 12; VII, 3. Conf. Plut., *Symp. qu.*, VIII, 2; A. Gell., XIV, 11.

reste quatre fragments sur Platon, et quatre sur Pythagore;

5. Des dissertations sur Homère, Alcée;

6. Des Didascalies sur Sophocle, Euripide et Aristophane;

7. Des mémoires sur les jeux musicaux;

8. Et enfin des ouvrages de philosophie pure, et par exemple un Traité de l'âme. Les anciens ne lui ménagent pas les éloges : Varron l'appelle *doctissimus* (1), Cicéron, ἱστορικώτατος (2), *deliciæ meæ Dicæarchus* (3), *peripateticus magnus et copiosus* (4), *mirabilis vir* (5), et celui-ci rapporte qu'il était du nombre des grands hommes dont Panétius avait sans cesse le nom à la bouche (6).

11. Timothée d'Athènes (7), auteur d'une biographie, est produit souvent par Diogène, mais il serait difficile de le trouver cité par un autre. C'est peut-être le même que Timothée de Pergame dont S. Clément d'Alexandrie produit un ouvrage, περὶ τῆς τῶν φιλοσόφων ἀνδρείας (8).

12. Hermodore (9), dont Dercyllidas (10) avait co-

---

(1) *De Re R.*, I, 1.
(2) *Ad Attic.*, II, 6.
(3) *Tusc.*, I, 31.
(4) *De Off.*, II, 2.
(5) *Ad Attic.*, II, 2.
(6) *De Fin.*, IV, 28 : « Semper habuit in ore Platonem, Aristotelem, Xenocratem, Theophrastum, Dicæarchum. »
(7) Diog. L., III, 5.
(8) Clem. Alex., p. 213, ed. Sylb.
(9) Diog. L., III, 6.
(10) Porph., *ad Simplic.; ad Arist. Phys.*, f. 54 ; Br., 344, a.

pié, en la dénaturant, la monographie de Platon, est probablement l'Hermodore dont parle Cicéron (1). Ami et disciple de Platon, suivant Porphyre, il publia ses ouvrages, soit de son vivant, soit après sa mort, mais, d'après les termes de Cicéron, certainement sans son autorisation. Zénobius ajoute que c'était surtout en Sicile qu'il écoulait ses produits (2). C'est un véritable libraire-commissionnaire pour l'exportation.

13. Aristoxène (3) de Tarente, fils de Spinther, qui avait vécu dans l'intimité de Socrate et d'Epaminondas, était disciple d'Aristote, et le contemporain d'Alexandre et de ses successeurs (4) ; ce polygraphe célèbre avait écrit de nombreux et savants ouvrages sur la musique et la danse, des mélanges, des traités de philosophie, parmi lesquels on cite un recueil de thèses pythagoriciennes, Πυθαγορικαὶ ἀποφάσεις ; enfin des biographies (5), entre autres celles de Pythagore, d'Archytas, de Xénophile, de Socrate et de Platon. Il perce dans ses vies de Socrate et de Platon un accent de dénigrement visible qui rend parfois son témoignage suspect. On lui a même repro-

---

(1) *Ad Attic.*, XIII. ep. 21.
(2) Prov. Cent., V, 6 : Κομίζων εἰς Σικελίαν ἐπώλει.
(3) Diog. L., III, 8.
(4) C'est donc une erreur d'Eusèbe, déjà relevée par Vossius, l. I, c. 9, de le placer dans les environs de l'Ol. XXIX. Il l'aura confondu avec un poëte de Sélinonte du même nom.
(5) S. Jérôm., *Præf. Hist. eccl.* : « Hoc fecerunt... et omnium longe doctissimus Aristoxenus musicus. » Plut., *Mor.*, p. 1093 : Βίους ἀνδρῶν ἔγραψεν. Luc., *de Paras.*, c. 35, l'appelle πολλοῦ λόγου ἄξιος, et cite de lui une anecdote sur Platon.

ché d'avoir outragé son maître, dont il avait espéré être dans le Lycée le successeur (1). Aristoclès, il est vrai, auteur lui-même d'une histoire des philosophes et de la philosophie, a soutenu que c'était une erreur d'interprétation. Si Aristoxène, dans sa vie de Platon, dit-il, raconte que pendant le voyage de ce dernier en Sicile, des étrangers, ξένους, avaient soulevé contre lui son école et élevé chaire contre chaire, on s'imagine que c'est d'Aristote qu'il veut parler; on a tort, car il s'est toujours exprimé en termes respectueux envers son maître (2). Mais d'autres témoignages viennent confirmer l'opinion, que donne la lecture de ses fragments, sur la sévérité de ses jugements et son penchant à la calomnie. Au dire d'Élien (3), c'était un homme morose et chagrin, ennemi acharné de la gaieté et du rire; il était du moins partisan exclusif d'une musique grave et sévère, correspondant à son humeur (4), et le philosophe Adraste d'Aphrodise dit que son caractère n'était pas du tout musical, c'est-à-dire doux et harmonieux, et qu'il sacrifiait tout au plaisir de dire quelque chose de nouveau (5).

Le fait de ses relations avec les Pythagoriciens ne résulte que des informations spéciales que nous lui devons sur cette école, dont il a vu les derniers re-

(1) Suid., v.
(2) Aristocl., *ap. Euseb. Præp. ev.*, XV, 2.
(3) *H. Var.*, VIII, 13.
(4) Thémist., *Or.*, XXXIII, p. 364.
(5) Procl., *in Tim.*, éd. Cous., t. III, p. 192 : Οὐ πάνυ τὸ εἶδος ἀνὴρ ἐκεῖνος μουσικός.

présentants et mourir la gloire (1). Ce n'est pas une raison pour en faire, avec Stobée (2), Jean Damascène (3) et Suidas, un Pythagoricien (4).

14. Satyrus de Rhodes (5), péripatéticien, mentionné comme un biographe instruit par S. Jérôme (6), avait écrit les vies des rois et des généraux, des poëtes, des orateurs et des philosophes illustres. Son ouvrage eut assez d'importance et d'autorité pour qu'Héraclide Lembus pût croire utile d'en faire un abrégé. Ptolémée fils d'Héphæstion (7) en fait un disciple d'Aristarque, ou du moins un adhérent de son école, et raconte que son érudition curieuse lui avait fait donner de nom de Ζῆτα, διὰ τὸ ζητητικὸν αὐτοῦ.

15. Praxiphane (8), dont Diogène cite une Conversation, διατρίβην, qui est censée avoir eu lieu dans une maison de campagne où Platon avait reçu son ami Isocrate. Il était également auteur d'une histoire que cite Marcellin dans sa vie de Thucydide.

16. Onétor (9) n'est connu que par les citations de Diogène, qui nous apprend qu'il était l'auteur

---

(1) Diog. L., VIII, 46.
(2) Serm., 101, 4.
(3) Parall., p. 46.
(4) Suid., v.
(5) Diog. L., III, 8.
(6) *Præf. Hist. eccles.* Il est cité fréquemment par Athénée, XII, 534, b.
(7) *In Mythog.*, Westermann, p. 194.
(8) Diog. L., III, 8.
(9) Diog. L., III, 9.

d'un livre intitulé : Si le sage peut travailler à s'enrichir.

17. Alcimus (1) avait écrit une histoire de la Sicile, dont un livre était intitulé l'Italie (2), et un ouvrage en quatre sections, adressé à Amyntas, où il accuse Platon d'avoir emprunté au Syracusain Épicharme la plupart de ses doctrines et particulièrement la théorie des Idées. Antérieur à Théopompe et né en Sicile, il est difficile de l'identifier avec le disciple de Stilpon de Mégare, que Diogène nomme le plus illustre des rhéteurs de la Grèce (3).

18. Favorinus (4) d'Arles, né sous Trajan, est un écrivain très-fécond. On cite de lui des ouvrages de philosophie et d'histoire (5), parmi lesquels un livre sur la philosophie d'Homère, un sur Socrate et son Art d'aimer, un sur Platon ; des mémoires, ἀπομνημονεύματα (6), des traités de rhétorique, et surtout une histoire universelle sous les titres : Παντοδαπὴ ἱστορία (7), Παντοδαπαὶ ἱστορίαι (8), Παντοδαπὴ ὕλη ἱστορικὴ (9). A en juger par les citations fréquentes des auteurs postérieurs, et particulièrement de Stobée (10), il a dû mériter l'éloge que lui donne Suidas,

---

(1) Diog. L., III, 9.
(2) Athén., X, 441.
(3) Diog. L., II, 104.
(4) Diog. L., III, 8.
(5) Suid., v.
(6) Diog. L., I, 79.
(7) *Id.*, III, 3 et 19.
(8) *Id.*, VIII, 15.
(9) *Etym. magn.*
(10) Conf. Philostr., *Vit. Soph.*, I, c. 8; Lucien, *Eun.*, c. 7;

d'avoir été, malgré son goût particulier pour la rhétorique, versé dans toutes les sciences et plein de philosophie. Photius (1) prétend que Sopater avait tiré son troisième livre d'extraits, ἐκλογαί, de l'Histoire universelle de Favorin, qui, d'après les termes de Photius, aurait été disposée par ordre alphabétique.

19. Pamphilé (2), sur laquelle je n'ai rien à ajouter à ce que j'en ai dit dans ma Vie de Socrate (3).

20. Héraclide du Pont (4), disciple de Platon, de Speusippe et d'Aristote, et dont Diogène a écrit la biographie, avait laissé plus de soixante ouvrages sur toutes sortes de sujets : histoire politique, morale, musique, rhétorique, grammaire, et deux livres de biographies, parmi lesquels on ne cite pas celle de Platon, quoiqu'il ait dû, d'après les citations de Diogène, avoir sur son maître, des renseignements détaillés et précieux. Cicéron, qui le croit un vrai platonicien, l'appelle un très-savant homme, *vir doctus in primis* (5). Par ses doctrines, l'élégance de son style, la grâce et la chaleur de son génie, il rappelait Platon, tandis qu'il se rattachait à l'école péripatéticienne par son érudition étendue,

Dém., c. 12 et 13 ; Dion Cassius, LXIX, 3 ; Aul. Gell., *N. Att.*, II, 22 ; Plut., *Mor.*, p. 334 et 896, éd. Didot; Phryn., v. πλόκιον.
(1) Cod., 161.
(2) Diog. L., III, 23.
(3) P. 8.
(4) Diog. L., III, 26.
(5) *Tuscul.*, V, 3 ; *de Div.*, I, 23. Conf. *de Nat. D.*, I, 13.

solide, variée, et par la fécondité de sa plume. Diogène de Laerte lui attribue un livre sur les pythagoriciens, dont Porphyre (1) et Clément d'Alexandrie (2) citent quelques fragments.

21. Aristippe de Cyrène (3) est le célèbre disciple de Socrate dont Diogène a raconté la vie (4). Son ouvrage, en quatre livres au moins, intitulé περὶ τῆς παλαίας τρυφῆς, fréquemment produit par Diogène, paraît n'avoir été qu'un recueil de calomnies et d'outrages contre les plus grands hommes de son temps, Aristote (5), Polémon (6), Xénocrate (7). Le ton amer et violent de ce livre est si contraire à ce qu'on nous rapporte de l'humeur enjouée et aimable de son auteur prétendu, que Lusacius (8) en a contesté l'authenticité, se fondant en outre sur la difficulté qu'il y a à supposer qu'un disciple de Socrate ait pu vivre assez longtemps pour voir à la tête de l'école Aristote et Xénocrate. Il est assez étonnant en outre que Diogène, qui cite fréquemment cette diatribe, ne la compte pas dans le catalogue des œuvres d'Aristippe, qui même, suivant quelques historiens, parmi lesquels Sosicrate de Rhodes, n'avait rien écrit du tout (9). Il n'est

---

(1) *De Abstin.*, I, p. 40.
(2) *Strom.*, II, p. 179, 28 Sylb.
(3) Diog. L., 29.
(4) Diog. L., II, 83.
(5) Diog. L., V, 3 et 39.
(6) *Id.*, IV, 19.
(7) *Id., l. l.*
(8) *Lect. Attic.*, p. 108. Gessner l'attribue à un autre Aristippe.
(9) Diog. L., 84 : Οἱ δ' οὐδ' ὅλως γράψαι.

guère possible de croire qu'elle faisait partie des six livres de διατριβαί que Sotion et Panétius reconnaissaient pour authentiques; car le περὶ παλαίας τρυφῆς en comprenait au moins quatre, et les six livres de *Dissertations* devaient avoir un tout autre sujet, puisque Théopompe de Chio, au dire d'Athénée (1), accusait Platon d'en avoir dérobé presque toutes les idées pour se les approprier.

22. Idoménée (2) de Lampsaque est l'ami et le disciple d'Épicure, qui en mourant lui écrivit pour lui recommander les fils de Métrodore : il a donc fleuri de 310 à 270 av. J.-C. Premier magistrat de sa ville, il montra dans l'exercice de ses fonctions une si extrême sévérité qu'Épicure fut obligé de le rappeler à la clémence et à la modération. Il avait écrit un ouvrage sur les Socratiques (3), auquel sont empruntés sans doute les renseignements qu'il nous donne sur Platon. Il est cité par Strabon (4), Athénée (5), Sénèque (6), Plutarque (7). Pour terminer cette énumération incomplète peut-être, et certainement trop longue, des auteurs qui donnent quelque poids aux récits biographiques de Diogène de Laërte, je nommerai encore deux écri-

---

(1) Athén., XI, 508 : ... Ἀλλοτρίους δὲ τοὺς πλείους ὄντας ἐκ τῶν Ἀριστίππου διατριβῶν.
(2) Diog. L., III, 36.
(3) Diog. L., II, 19.
(4) XIII, p. 589.
(5) VII, p. 279, f.
(6) *Ep.*, I, 21 et 22.
(7) Plut., *adv. Colot.*, p. 1127. Conf. Phot., v. Πύθια, et Suid., v. Ἰδομ.

vains sur lesquels s'appuie Athénée dans ses amères critiques contre la vie et les ouvrages de Platon. Ce sont Hégésandre de Delphes, auteur de mémoires, ὑπομνήματα, qu'il est le seul des anciens à nous faire connaître (1), et qui paraît avoir vécu après Antigone Gonatas, dont le règne va de 229 à 231 ; et Théopompe de Chio, l'historien, disciple d'Isocrate. Outre l'histoire de Philippe, qui comprenait cinquante-huit livres (2), et un résumé d'Hérodote, qui en contenait deux (3), il avait écrit un traité spécial sur Platon, ἡ Πλάτωνος διατριβή (4).

À l'aide de ces documents et de ces témoignages, auxquels il faut ajouter tous les documents épars dans les auteurs, et particulièrement dans Cicéron, Apulée, Plutarque, Élien, dont quelques-uns, Apulée, par exemple (5), avaient à leur dispo-

(1) Athén., XI, 507, a. Son livre, à en juger par le titre : *du Penchant habituel de Platon à dénigrer tout le monde*, paraît avoir eu un caractère critique et hostile très-prononcé.

(2) Et non 72, comme le dit Suidas. Conf. Voss., *de Histor. græc.*, l. I, p. 19.

(3) Vossius attribue ce résumé d'Hérodote à un autre Théopompe, soit celui de Cnide, ami de J. César, soit celui de Sinope, mentionné par Phlégon de Tralles, soit celui de Colophon, poëte épique, cité par Athénée.

(4) 508, c. Les anciens louent la profondeur des recherches et l'art de la composition chez cet habile écrivain ; mais on l'accuse aussi de violence et d'âpreté dans ses jugements, et d'avoir l'esprit porté à voir les hommes en laid, κατηγορεῖν μᾶλλον ἢ ἱστορεῖν (Luc., *de Scribend. Histor.*) ; Cornélius Népos, dans la *Vie d'Alcibiade*, le joint à Timon le Sillographe, et les nomme tous deux les plus médisants des hommes. Conf. Voss., *de Hist. gr.*, l. I, p. 30.

(5) Les mémoires de Speusippe sur son oncle,

sition des renseignements précieux, on peut écrire, non sans difficulté, car il est souvent difficile de les concilier, et parfois même d'y ajouter foi, mais enfin on peut écrire une biographie vraiment historique de Platon. Aussi ce travail a-t-il été déjà bien souvent exécuté, et dans ces derniers temps en Allemagne, avec autant de savoir que de talent.

Marsile Ficin, de Florence, a placé en tête de sa traduction latine des œuvres de Platon (1), qui est restée sans égale pour la pénétration profonde du sens philosophique de son auteur, une vie de Platon, qu'il a fait suivre de celles de Plotin, de Proclus, de Psellus.

Guarini (2), disciple de Chrysoloras, de Vérone ou de Ferrare, professeur à Venise, et ensuite à Ferrare, a écrit les Biographies de Platon, d'Aristote, d'Évagoras et d'Homère, qui ont été imprimées à Lyon avec les Vies de Plutarque.

Daniel Omeisius, d'Altorf, exposant la morale de Platon et l'éthique pythagoricienne, a publié en tête de ces deux ouvrages une Vie de Platon, 1696, et une Vie de Pythagore, 1693, à laquelle se trouvent joints un commentaire sur les Vers d'Or, et une explication de dix des symboles pythagoriciens. Cette école l'occupa beaucoup; car on a encore de lui, en 1702, une dissertation spé-

---

(1) Publiée à Lyon, avec des remarques critiques d'Is. Casaubon, en 1550 ; plus tard à Francfort, en 1602.
(2) Né en 1370, mort vers 1460.

ciale sur les symboles, et, en 1706, une autre sur l'Idylle d'Ausone intitulée: Πυθαγορικὴ ἀκρόασις.

Musurus, que Léon X, sur la recommandation de Lascharis Ier, son maître, avait fait venir de Crète, sa patrie, à Rome, a laissé, parmi d'autres ouvrages, un Éloge de Platon, *Encomium Platonis,* en vers élégiaques, signalé par Lilius Gyraldus (1).

Notre ancienne Académie des inscriptions et belles-lettres a produit, aux dix-septième et dix-huitième siècles, de nombreux travaux sur les dialogues de Platon (2), et particulièrement des mémoires de l'abbé Arnauld, qui en a traduit et commenté plusieurs. Mais ni lui, ni Maucroix, ni Grou, n'ont écrit, que je sache, une biographie de notre philosophe. Cette lacune regrettable, que Dacier ne suffit pas à combler (3), a été remplie par les Allemands qui, sous la préoccupation de systèmes philosophiques récents, ont été portés à étudier avec un soin curieux et une exactitude scrupuleuse la vie et le caractère de Platon, croyant y trouver l'explication de sa pensée et de ses doctrines. Je ne peux que signaler ici leurs travaux, dont j'aime à reconnaître et à dire que j'ai tant profité.

Tennemann a fait précéder d'une biographie de Platon son ouvrage intitulé : *Système de la philo-*

---

(1) P. 62.

(2) Mém. de Fraguier, Massieu, Couture, Sallier, Arnaud, Garnier.

(3) Dix dialogues ont été traduits par And. Dacier, 1699, qui les a fait précéder d'un discours et d'une Vie de Platon.

sophie platonicienne. Publié à Leipsig en 1792, cet ouvrage ouvre la série des doctes et profondes recherches dont la vie et la doctrine du philosophe ont été l'objet dans ce pays, qu'on peut appeler le grand atelier de l'érudition moderne. Schleiermacher en a fait autant, en tête de sa traduction allemande des Dialogues; Ast, en 1816, a publié un volume dont le titre est : *Vie et ouvrages de Platon*. Socher, en 1820, a repris ce même sujet dans une Étude spéciale, qui n'a pas empêché de nouveaux travaux de se produire, dont la liste serait ici trop longue. Je ne veux pourtant pas oublier M. K. Fr. Hermann, qui, dans son *Histoire et système de la philosophie platonicienne*, dont il n'a paru malheureusement qu'une partie, avait consacré à la biographie et à l'histoire des ouvrages de Platon tout un volume.

Les commentaires grecs destinés à éclaircir les ouvrages de Platon, et à en faciliter l'intelligence, étaient fort nombreux. La plupart ont péri; d'autres sont enfouis, inédits ou inconnus, dans les bibliothèques : un petit nombre a été publié intégralement ou partiellement.

Schoell (1) attribue à Dexippus, disciple de Jamblique, auteur de trois livres de *Questions sur les Catégories d'Aristote*, des commentaires sur Platon que ne cite pas Jonsius. Ceux de Damascius (2),

---

(1) *Hist. de la Littér. greq.*, t. V, p. 161.

(2) C'est l'auteur des Ἀπορίαι καὶ λύσεις sur les premiers principes, publiés en partie par Kopp, 1826, Francf. C'est le dernier anneau de la fameuse Chaîne d'or; il occupait la chaire

successeur d'Isidore de Gaza à l'école platonicienne d'Athènes, intitulés : *Doutes et solutions*, ἀπορίαι καὶ λύσεις, sur le *Parménide* de Platon, sont conservés manuscrits à la bibliothèque de Munich. De l'ouvrage de Théon de Smyrne, *sur l'Utilité des mathématiques pour la lecture de Platon*, il ne reste que la partie qui traite de l'arithmétique et de la musique. (1).

Olympiodore le Platonicien, qui a professé à Alexandrie vers la fin du sixième siècle, disciple de Damascius qui s'y était réfugié, a laissé des commentaires sur cinq dialogues, le premier et le deuxième *Alcibiade*, le *Philèbe*, le *Gorgias*, le *Phédon* (2). Proclus de Lycie, né en 412, mort en 485, disciple de Syrianus, auquel il succéda, a écrit de nombreux commentaires sur le *Timée*, l'*Alcibiade*, la *République*, le *Parménide*, le *Cratyle*, qui sont publiés (3), et d'autres sur le *Phédon*, le *Philèbe*, le *Phèdre*, le *Protagoras*, les *Lois*, qu'on n'a pas encore retrouvés.

---

de philosophie en qualité de διάδοχος, quand survint le décret de Justinien.

(1) Publiée à Paris, 1664, par Bouillaud.
(2) V. plus haut, p. 522.
(3) M. Cousin, entre autres, a donné deux éditions de *Proclus*, l'une en 1825, l'autre en 1864 ; elles ne comprennent, parmi les commentaires, que ceux du *Parménide* et du *I Alcibiade*. Le commentaire sur le *Cratyle* a été publié en 1820 par M. Boissonade, à Leipsig, et celui sur le *Timée*, à Breslau, en 1847, par M. Schneider. La *Théologie platonicienne* a été imprimée pour la première fois à Hambourg, 1618, avec l'*Institution théologique*. Je n'en connais pas d'autre édition.

Le livre du Pythagoricien Didyme sur la doctrine de Platon, περὶ τῶν ἀρεσκόντων Πλάτωνι, celui de Numénius d'Apamée, qui avait pour sujet *les Dissentiments entre les Académiciens et Platon*, ont péri : de ce dernier ouvrage cependant Eusèbe nous a conservé des fragments intéressants.

Boëce mentionne (1) un commentaire de Porphyre sur le *Sophiste*, et Proclus, en maints endroits de son propre ouvrage sur le *Timée*, un autre du même auteur sur ce dialogue, dont le scholiaste de Platon (2) reproduit quelques passages. Les observations sur la *République*, citées par Simplicius (3), ne paraissent pas avoir appartenu à un commentaire spécial ; un Anonyme (4) cite encore de Porphyre un traité *sur les Différences entre Platon et Aristote*, dédié à Chrysaorius, qu'on dit exister inédit, et, ce qui ne s'accorde guère avec la pensée de cet écrit, Suidas lui attribue un ouvrage en sept livres ayant pour objet de démontrer l'identité des deux doctrines (5).

Albinus, contemporain de Galien, avait écrit une introduction aux dialogues de Platon, Εἰσαγωγή, que deux manuscrits intitulent : *de l'Ordre des livres de Platon*. Cette petite dissertation que nous avons conservée, ou dont nous avons conservé du moins un

---

(1) *De Divis. Init.*; p. 638.
(2) Éd. Bekker, p. 438.
(3) *In Physic.*, 144, a.
(4) Cramer, *Anecdot.*, Oxf., IV, 432.
(5) Περὶ τοῦ μίαν εἶναι.

abrégé (1), a été publiée pour la première fois par J. Alb. Fabricius (2), plus tard par J. Fr. Fischer avec les quatre premiers dialogues de Platon (3), ensuite par Dan. Beck en tête du Platon de Tauchnitz (4), puis par Ern. Chr. Schneider (5) et enfin par K. Fr. Hermann, qui en a amélioré singulièrement le texte (6). Ce savant a également apporté d'heureuses corrections critiques à la dissertation d'Alcinoüs, intitulée dans certains manuscrits Διδασκαλικὸν τῶν Πλάτωνος δόγματων, et dans d'autres *Introduction aux doctrines de Platon du philosophe Alcinoüs*. Imprimé d'abord à Venise par les Aldes, 1521, ensuite par Dan. Heinsius qui l'a réuni à son Maxime de Tyr (7), ce petit ouvrage fait partie du sixième volume de l'édition de Platon de K. Fr. Hermann.

J'ai donné plus haut les renseignements nécessaires sur un travail du même genre, qui porte le titre de *Prolégomènes à la philosophie platonicienne*, et dont l'auteur n'est pas nommé. Eusèbe nous a conservé quelques fragments d'un ouvrage du Platonicien Atticus, qu'il ne faut pas confondre avec le rhéteur Hérode Atticus, son contemporain (8). Ce traité avait pour objet de déterminer la différence

(1) *Platonis Dialogi.* K. Fr. Hermann, t. VI, p. xv : « Unde non mutilos, sed consulto breviatos esse liquido apparet. »
(2) *Biblioth. græc.*, t. II, p. 44-50, 1707.
(3) Leips., 1783.
(4) Leips., 1813.
(5) Varsovie, 1852.
(6) Leips., 1858, dans le VIe vol. de son édition de Platon.
(7) Leyd., 1614.
(8) Ils vivaient du temps de Marc-Aurèle.

qui existe entre la philosophie de Platon et celle d'Aristote (1), et de réfuter ceux qui soutenaient l'identité des deux systèmes.

Claude Galien de Pergame (2), le grand théoricien de la médecine grecque, avait étudié tous les systèmes de philosophie, sur lesquels ses ouvrages fournissent des renseignements précieux. Deux d'entre eux sont particulièrement intéressants pour l'étude de notre philosophe : l'un, composé de neuf livres, est intitulé : *des Opinions d'Hippocrate et de Platon*, et est consacré à soutenir les opinions de Platon contre celles de Chrysippe et autres philosophes, relativement au siége de l'âme et à la localisation de ses facultés. Le second est un fragment dont nous n'avons que la version latine de Gadaldini, qui lui donne pour titre : *Fragmentum in Timæum Platonis, vel e quatuor commentariis quos ipse inscripsit : De iis quæ medice scripta sunt in Platonis Timæo;* d'où il résulte que Galien aurait écrit quatre mémoires sur les doctrines physiologiques et médicales de Platon (3). Les scholies

---

(1) Euseb., *Præp. ev.*, XI, 1, 2 ; XV, 4, 9, et c. 13. Le sujet de l'ouvrage est indiqué par ces mots qu'on trouve dans le premier des passages indiqués : Πρὸς τοὺς διὰ τῶν Ἀριστοτέλους τὰ Πλάτωνος ὑπισχνουμένους.

(2) Né en 131 apr. J.-Ch.

(3) Il faut mentionner encore le commentaire de Chalcidius sur le *Timée* qui accompagne sa traduction latine de ce dialogue, éditée à Leyde, par J. Meursius, 1617, et par J. Alb. Fabricius à la fin des Œuvres de S. Hippolyte, Hambourg, 1718. On possède encore, inédit, dans la bibliothèque Bodléienne, un commentaire grec de Mich. Psellus εἰς τὴν Πλάτωνος ψυχο-

proprement dites, qu'on trouve dans toutes les éditions de notre auteur, ont peu d'importance philosophique : le contenu en est presque exclusivement historique ou grammatical. Il est bon de savoir que les scholies sur le *Timée*, qui forment presque un ouvrage complet, dont le caractère et l'importance dépassent de beaucoup ceux des scholies, ne se trouvent que dans Ruhnken (1) et l'édition de Bekker.

La langue de Platon, qu'avec un singulier pédantisme Denys d'Halicarnasse ne trouvait pas suffisamment grecque, κάκιον ἑλληνίζουσα, avait été l'objet de travaux spéciaux. Un seul s'est conservé jusqu'à nous : c'est le Glossaire de Timée, grammairien du quatrième siècle, édité d'abord par Ruhnken, et tout récemment par M. K. Fr. Hermann. Un autre grammairien, nommé Boethus (2), cité avec éloge par Photius, avait fait deux lexiques platoniciens, intitulés l'un : Λέξεων Πλατωνικῶν συναγωγή, l'autre :

γονίαν... Fabricius, *Biblioth. græc.*, l. III, c. 1 et 15, mentionne encore comme commentateurs de Platon Adraste d'Aphrodisée, le Péripatéticien, cité par Porphyre (*ad Ptolem. Harmon.*, l. I, c. 5); Élien le Platonicien, cité dans le même ouvrage, l. I, 3 ; Aristoclès de Pergame, Asclépiodote, cité par Olympiodore (*Météorol.*, IV), et d'autres pour lesquels on pourra le consulter.

(1) *Scholia in Platon.*, Leyde, 1800.

(2) J'ignore quel est ce personnage; en tout cas il ne faut le confondre avec aucun des philosophes qui portent ce nom : ni avec le Stoïcien contemporain de Chrysippe, ni avec le Péripatéticien de Sidon, qui étudia avec Strabon (XIV, 2, 24) et fut le disciple d'Andronicus, ni avec un autre Péripatéticien appelé Flavius, personnage consulaire, dont le maître, Alexandre de Damas, vivait du temps de Marc-Aurèle (161-180 apr. J.-Ch.).

περὶ τῶν παρὰ Πλάτωνι ἀπορουμένων λέξεων; ils sont tous les deux perdus.

La première édition complète de Platon a été imprimée en 1513 par Alde Manuce l'ancien, et le texte en a été revu par Marc Musurus, de Crète, dont nous avons parlé plus haut.

Après deux éditions de Bâle, l'une de 1534, l'autre de 1536, est venue la belle impression d'Henri Estienne, 3 vol. in-folio, Paris, 1578, qui est comme le type de toutes les autres postérieures. Le savant imprimeur et helléniste a fait d'heureuses et importantes corrections au texte des Aldes, aidé de la version de Ficin et des observations critiques de Jean Cornarius. Malheureusement il a confié la traduction latine au péripatéticien de Serres, qui a distribué les dialogues arbitrairement dans une classification pédantesque et scolastique, et, ce qui est plus grave, n'a pas toujours compris et aide bien rarement à comprendre son auteur.

L'édition des Deux-Ponts, 1781-1787, a emprunté le texte d'Estienne, mais a repris la traduction de Ficin ; Tiedemann a fait précéder les dialogues de bons arguments. Les éditeurs subséquents ont profité des travaux de la critique moderne, pour apporter des améliorations au texte, à l'aide de la collation des manuscrits. Je cite rapidement l'édition de Bekker, 1816-1818 ; celle d'Ast, 1819-1832, accompagnée d'une nouvelle et excellente traduction latine et de commentaires malheureusement inachevés. Un ouvrage dû à la science et à la patience de ce docte critique, et qui est indispensable pour l'intelligence du texte de Platon, est son *Lexicon Platonicum*, Leips., 3 vol., 1835-1838, où je voudrais qu'il eût fait entrer les noms propres (1).

M. Stallbaum a publié, avec des notes critiques, des commentaires et des prolégomènes fort savants, mais peut-être quelquefois un peu longs, presque tous les dialogues de Platon. Il est regrettable qu'il n'ait pas fait entrer dans son plan les dialogues inauthentiques. Cette lacune a été comblée par M. K. Fr. Hermann, qui, dans l'édition de Teubner, a donné tous les dialogues suspects, les lettres, et y a ajouté les scholies grecques, l'introduction d'Albinus et celle d'Alcinoüs, la vie de Platon par Olympiodore, l'Onomasticon de Timée, et les prolégomènes anonymes dont nous avons parlé plus haut.

Enfin un Français qui soutient l'antique honneur d'un nom illustre dans la typographie de notre pays, M. Ambroise Firmin Didot, a publié de 1846 à 1856, en deux volumes, une nouvelle édition complète, accompagnée d'une traduction latine, revue, ainsi que le texte, par MM. E. Ch. Schneider et R.-B. Hirschwig.

Les traductions latines ont dû être déjà mentionnées plus haut; je rappelle seulement qu'elles sont dues à Marsile Ficin, Jean Cornarius, de Serres et Ast. La traduction allemande si justement célèbre de Schleiermacher voit aujourd'hui sa réputation

---

(1) Cette lacune est remplie par la *Prosopographia Platonica* de Groen Van Prinsterer.

balancée par celle de M. H. Müller, dont on vante surtout les arguments, dus à la plume de M. K. Steinhart (1). En France, la traduction de M. Cousin, accompagnée de notes et d'arguments éloquents et profonds, comme elle était sans précédents, est restée sans rivale. Je dis sans précédents, comme traduction complète, car l'abbé Arnaud, Dacier, Grou surtout, avaient traduit quelques dialogues (2), sans compter des essais antérieurs, par exemple, les traductions de la *République*, du *Timée*, du *Phédon*, du *Banquet*, par Leroy, professeur au Collége de France, qui ont paru au seizième siècle, en 1559.

(1) Leips., 1850-1859.
(2) Maucroix en a traduit également quelques-uns, 1685. Racine, à qui l'abbesse de Fontevrault, sœur de Mme de Montespan, avait envoyé une traduction du *Banquet*, avec prière de la corriger, aima mieux la refaire en entier, sous prétexte que le style de « l'illustre dame » étant « admirable », en y retouchant on n'aurait fait que le gâter. Mais il n'alla pas jusqu'au bout : il recula devant le discours d'Alcibiade, qui n'avait pas effarouché la noble marquise, et s'arrêta au discours d'Eryximaque.

TABLE DES MATIÈRES.

	Pages
Avertissement	i

Première partie.
- § 1. La Vie 1
- § 2. Le Caractère 40
- § 3. L'École 64

Deuxième partie. Les Écrits de Platon.
- § 1. De l'authenticité des écrits de Platon 75
- § 2. Arguments analytiques des Dialogues.
    - I. Les Dialogues non authentiques.
        1. L'Alcyon 117
        2. L'Axiochus 118
        3. L'Eryxias ou l'Érasistrate 120
        4. Du Juste 121
        5. Le Démodocus 122
        6. Le Sisyphe 123
        7. De la Vertu 124
        8. Les Divisions .... »
        9. Les Définitions 126
        10. Les ἄγραφα δόγματα 128
        11. L'Hipparque 137
        12. L'Alcibiade II 139
        13. Les Amants 142
    - II. Les Dialogues authentiques.
        14. L'Hippias II 144
        15. Les Lettres 147
        16. Le Clitophon 155
        17. Le Minos 157
        18. Le Théagès 160

TABLE DES MATIÈRES.

Pages.

19. Le Lachès.................................... 163
20. L'Ion.. 166
21. L'Alcibiade I................................ 168
22. Le Charmide................................. 172
23. Le Lysis.................................... 177
24. Le Protagoras............................... 181
25. L'Euthydème................................. 186
26. L'Apologie de Socrate....................... 191
27. Le Criton................................... 195
28. Le Gorgias.................................. 196
29. L'Euthyphron................................ 208
30. Le Ménon.................................... 212
31. L'Hippias I................................. 220
32. Le Cratyle.................................. 224
33. Le Théétète................................. 234
34. Le Sophiste................................. 244
35. Le Politique................................ 258
36. Le Parménide................................ 270
37. Le Phèdre................................... 311
38. Le Banquet.................................. 318
39. Le Ménexène................................. 328
40. Le Phédon................................... 332
41. Le Philèbe.................................. 346
42. La République............................... 358
43. Les Lois.................................... 395
44. Le Timée.................................... 434
45. L'Épinomis.................................. 446
46. Le Critias.................................. 452

§ 3. L'Ordre chronologique......................... 453
§ 4. L'Ordre logique.............................. 460
§ 5. Pourquoi Platon a-t-il écrit en prose et sous la forme du dialogue?................................ 469
§ 6. De l'emploi des mythes et de l'ironie platonicienne. 488
§ 7. Appréciation littéraire des Dialogues......... 500

TROISIÈME PARTIE. Les Biographes, Commentateurs, Éditeurs et Traducteurs de Platon........................ 519

LIBRAIRIE ACADÉMIQUE DIDIER ET Cⁱᵉ
35, QUAI DES AUGUSTINS, 35

L'HERBIER
DES DEMOISELLES
OU
TRAITÉ COMPLET DE LA BOTANIQUE

PRÉSENTÉ SOUS UNE FORME NOUVELLE ET SPÉCIALE

OUVRAGE ILLUSTRÉ DE 230 FIGURES DANS LE TEXTE

CONTENANT

1° LA DESCRIPTION, LES USAGES NATURELS ET LES HARMONIES
DES DIVERSES PARTIES DES PLANTES, LA MANIÈRE DE GREFFER LES ARBUSTES
ET LES CLASSIFICATIONS BOTANIQUES
2° L'EXPOSÉ DES PLANTES LES PLUS UTILES; LEURS USAGES DANS LES ARTS
ET L'ÉCONOMIE DOMESTIQUE, ET LES PRINCIPAUX SOUVENIRS QUI Y SONT ATTACHÉS
3° LES RÈGLES POUR HERBORISER
UNE PETITE FLORE SIMPLE ET FACILE POUR AIDER A DÉCOUVRIR LE NOM DES PLANTES
LA DISPOSITION D'UN HERBIER

PAR EDMOND AUDOUIT

NOUVELLE ÉDITION, REVUE ET CORRIGÉE

PAR LE Dʳ HOEFER

1 joli vol. in-12, avec les gravures noires	5 fr. »
— — avec les gravures coloriées	7 fr. 50
Format in-8, avec les gravures coloriées	10 fr. »

L'*Herbier des Demoiselles* est l'histoire et la description des plantes le mieux appropriées à la destination que son titre indique. L'accueil qu'il a reçu dans les familles, son introduction dans un grand nombre de maisons d'éducation pourraient nous dispenser d'en dire davantage, si nous ne tenions, à propos de cette nouvelle édition, à montrer le prix que nous attachons à ces suffrages, en cc fiant la révision de cet ouvrage à un savant qui s'est acquis un légitime renom par ses travaux consciencieux et variés. « Ainsi revu et corrigé, dit M. Hoefer, en présentant l'*Herbier des Demoiselles* au public, c'est un des livres à la fois les plus instructifs et les plus attrayants qu'on puisse mettre entre les mains des jeunes personnes curieuses de connaître les beautés de la nature. Avec ce guide, elles pourront se passer de maître dans l'étude des plantes, et entrer d'elles-mêmes « dans ce temple sacro-saint, « pour y admirer, comme dit Montaigne, des statues non ouvrées « de mortelles mains. »

« Mais ces *statues*, silencieusement éloquentes, il ne suffit pas de les admirer, de les contempler de loin, il faut les voir de près, les toucher, les sentir, les *interroger*. Et, dans ces interrogatoires sublimes, il importe de ne jamais prêter à la nature des conceptions qui ne sont pas celles du Créateur. C'est de la violation de cette règle de conduite que sont nées, que naissent et que naîtront toutes les erreurs.

« Quel travail, quelle source d'inspirations que ce dialogue de l'homme avec Dieu représenté dans ses œuvres! Efforçons-nous donc d'en saisir toute la grandeur, et tâchons, au milieu des merveilles qui de toutes parts nous environnent et que souvent nous foulons sous nos pas, tâchons, dans la mesure de nos forces, de nous identifier avec la Pensée créatrice d'où tout émane et au sein de laquelle tout doit retourner. »

ATLAS
DE
L'HERBIER DES DEMOISELLES

Bel album in-4 de 107 planches contenant environ 300 figures
dessinées par Bejaise

Prix : 10 francs.

LE MÊME, avec les planches coloriées avec soin : 16 francs.

www.ingramcontent.com/pod-product-compliance
Lightning Source LLC
Chambersburg PA
CBHW060751230426
43667CB00010B/1530